中经理财

专　业　知　识
理　性　思　维
智　慧　头　脑

【无形期货实战系列】

一年十倍的期货操盘策略（二）

无　形◎著

中国经济出版社
CHINA ECONOMIC PUBLISHING HOUSE
·北京·

图书在版编目（CIP）数据

一年十倍的期货操盘策略（二）/无形著

北京：中国经济出版社，2010.10

ISBN 978－7－5017－9959－6

（无形期货实战系列丛书）

Ⅰ.①一… Ⅱ.①无… Ⅲ.①期货交易—基本知识 Ⅳ.F830.9

中国版本图书馆 CIP 数据核字（2010）第 083744 号

责任编辑　余静宜

责任印制　石星岳

封面设计　任燕飞工作室

出版发行　中国经济出版社

印 刷 者　北京市昌平区新兴胶印厂

经 销 者　各地新华书店

开　　本　710mm×1000mm　1/16

印　　张　23.75

字　　数　352 千字

版　　次　2010 年 10 月第 1 版

印　　次　2011 年 3 月第 2 次印刷

书　　号　ISBN 978－7－5017－9959－6/F·8362

定　　价　48.00 元

中国经济出版社 **网址** www.economyph.com **社址** 北京市西城区百万庄北街 3 号 **邮编** 100037

本版图书如存在印装质量问题，请与本社发行中心联系调换（联系电话：010－68319116）

前　言

精进技艺，获利不停止

在《一年十倍的期货操盘策略（一）》中，笔者为各位读者列出了一份赢利计划，希望这份计划书您一直在坚持进行着，并且无论盈亏您每天都会认真地把操作情况记录下来。

在《一年十倍的期货操盘策略（二）》中，各种分析的方法难度开始明显加深，书中特别介绍了无形期货操盘的独特方法——特殊的多空市场性质以及在此情况下的操作方法。同时，还对指标背离的判断技巧、多单平仓技巧和空单平仓技巧等做了详细的讲解。这些新的知识进一步丰富了投资者的期货操盘理念与方法，投资者掌握的知识越多，价格的波动也就看得越清楚，对市场的判断也越准确，顺势而为，您肯定可以赚到满意的收益。

《一年十倍的期货操盘策略》丛书，是笔者和团队成员多年的实战操作经验，通过与读者朋友的分享，必然会使您的操作水平有所增长。笔者将会在实践和教学中继续总结和丰富期货操盘的方法和技巧，让您从《一年十倍的期货操盘策略》丛书中找到适合您的操作方法，在纷繁复杂的期货市场中，使用正确的理念和操作方法和策略，立于不败之地。

笔者真诚希望能与各位投资者就本书内容或者期货投资方面的知识进行交流。

联系方式：

电话：13810467983

QQ：987858807

E-mail：stock_yiyang@sohu.com

网址：www.tzsd168.com

目录 CONTENTS

1.一年十倍的正确心态

进行期货交易，除了要掌握与精通多种技术分析方法以外，投资者必须还要有正确的心态。笔者认为：期货交易是三分技术七分心态，即使你拥有较高的技术水平，但是如果心态非常不稳定，很容易受到价格波动的影响，那么，照样也不会实现令人满意的收益。

在我们为“每天赢利1%=一年十倍”这个目标奋斗的时候，我们应当持有什么样的心态呢？这是本章笔者将与大家进行交流的主要内容。

1.1　目光别只盯在收益上

进行期货交易,如果不是为了实现收益,我们又何必来到这个市场呢?我们最直接的目的就是获利,学习各种知识、保持良好的心态都是一种使目的可以实现的手段。

但是,笔者认为作为一名合格的投资者,目光不能只盯在收益上,我们不能沦落为钱的奴隶,这样的生活没有意义。

炒期货不是我们生活的全部,它只是我们生活中的一小部分而已,只占每天不到四个小时的时间。所以,如果把期货当成全部的生活,就陷入了误区,必然会干扰您的正常生活。生活一乱糟,又怎么可能会保持平和的心态呢?

不建议大家把目光盯在收益上,并不是说不必在意获利,获利是必须的,只是不能被它所累。期货交易必须是快乐的,如果您感到期货交易非常累,不管是否获利,都说明您的方法出现了问题,有需要调整的方面,不管是技术方面的,还是心态方面的。

当您炒期货的时候,如果心情是非常快乐的,电脑前一坐就信心十足,没有任何压力,不管今天是赚是亏,都是成功的一天。能够保持快乐心态去进行交易的投资者,往往也很难出现严重亏损。试想一下,一位投资者心理压力巨大,而另一位投资者则非常轻松,他们谁的判断准确性会更高呢?

不要把目光只盯在收益上,因为我们还需要关注很多的事情。盘面价格波动变化瞬息万变,需要不断地判断盘面中价格后期的走势,需要在极短的时间内制定出周全的操作策略,而并非只是查看自己资金的多少。假设在盘中做出的判断都是正确的,但并没有进行交易,笔者认为这也是一种成功,因为我们需要不断地练眼力,提高自己的判断能力。只有这些能力提高之后,获利才会水到渠成。如果连方向的判断都不准确,资金暂时性的盈亏又有何意义。

在进行期货投资的时候,投资者切记以下几点:

首先,要把目光盯在自己的内心,看一看您的内心状况当前是什么样的。审视自己的内心,找到问题的所在并去解决它,这是通往赢利之路的第一道关口。在操作过程中,如果始终有心结没有解开,必然会自乱阵脚,那么，这一天您就不可能获取收益，即使获利，更多的只是运气成分。

其次，要把目光放得长远一些，而不要只盯在当前，如果总是过于计较当天的得失，而没有一份长期的交易计划，就是一种盲目的投资行为。立足长远，只要脚步不断朝着目标方向前行，哪怕走一些弯路也是允许的。今天大赚就兴奋不已，明天出现较大的亏损就垂头丧气，这是一种要不得的行为。今天的盈亏虽然比较重要，因为长远的赢利计划是由每一天的收益累积起来的。但是，过于重视眼前的收益，就好像在操作时不注重价格波动的大方向，而只注重局部走势一样，如果这样进行操作，可能会有丰厚收益吗？

最后，一定要记住，期货炒的是心态，而不是技术，更不是收益，当您能够正确理解这句话的时候，是否能够获利已不是问题，因为对于此时的您来说，获利已成必然。

初级期民炒收益，中级期民炒技术，高级期民炒境界。目光停留的高度不同，结果也是不同的。初级期民一心为收益，但却往往事与愿违，赔钱是最常见的结果。中级期民认为技术最重要，他们已经意识到收益不是第一位，虽然操作的境界有所提高，但技术并不能解决所有问题，他们单纯地认为学好技术就可以持续地获利，事实上，却总是在获利与亏损之间徘徊，持续性地获利成为一个很难实现的目标。高级期民则淡视收益，在他们眼中期货是一种生活态度，他们驾驭着收益，这才是真正的炒家。

“每天盈获利 1% =一年十倍”，是一种收益吗？并不是，它是一种炒期货的态度，降低您的收益预期，恰恰是为了获得更大的收益，以退为进，无欲则刚！如果您认为“一年十倍”只是一种收益，很抱歉，您已经偏离了航线。

1.2　贪念越重，收益越小

相信很多期民都有这样的经历：上午心情好，实现了远超过 1% 的收益，本来想就此收手停止当天的交易，但最终却没有抵挡住价格波动的诱惑，又再次入场交易，一天下来，获益回吐了一大半，甚至还出现了亏损，这样的结果的确让人感叹。

市场不喜欢贪心的人，贪心的人会被市场惩罚。因为贪心的人有一个最大的特点，那就是抵挡不住诱惑，而市场中却充满着种种的诱惑，所以，这些人必然会遭到市场的惩罚。

已经获得的利润是市场对您的奖励,它希望您就此收手,因为后边的走势充满了陷阱,而脑中一闪而过的收手的想法就是市场给您的暗示。但是,这种极为珍贵的暗示却总是被人忽视,这也是很多投资者在获利之后又出现亏损的主要原因。

获利之后想要收手的投资者有很多,但真正做到的人却没有几个,这也是为何成功者总是少数的原因。想多获利是每个投资者也会有的想法,但是,我们并不能总想着获取暴利,收益需要慢慢地积累。“一年十倍”这样的收益已经是很高的,就是一年赚一倍相信很多投资者也会感到非常满足。那么,我们就必须克服贪心,只要每天获利 1%,一年一倍也好,一年十倍也好,都可以实现。反而越是贪心越容易出现问题。

一旦贪念生起,投资者的内心必然不会平静,这个时候的操作也很容易出现追涨杀跌的现象,亏损也就由此而生。贪心并不一定都是错,问题就在于,贪心的想法出现后,内心开始变得复杂,心态一旦复杂,必然会导致操作方法出现问题,这就是为何贪心容易导致出现亏损的主要原因。

从盘后反思来看,盘中那些在贪念影响下的失误都是非常低级的错误,这些错误如果在心态平和的情况下,肯定不会出现,贪心使投资者变得急功近利,而急功近利者又有几个能真正地获得成功?

一年十倍只需要投资者每天使资金增值 1% 就可以了,并不需要太多的收益,把较高的收益分摊到每一天,通过时间的积累谁都可以获得满意的收益,但是,如果你由此变得贪婪,本来计划一年的时间完成目标,但您却想半年甚至两三个月就达到,必然会被市场惩罚。

路要一步步地走,收益也要一天天地积累,虽然有些时候价格的波动幅度比较大,可以完成数倍每天赢利 1% 的基本目标收益,但我们都不能因为价格波动幅度大就改变原定的操作计划,随意更改计划的人最终是达不到目标的。所以,无论价格波动幅度是大还是小,我们都要坚定每天 1% 的收益目标。

贪念越重收益越低,越是不贪心,反而会得到市场更多的奖励。市场中绝大多数的投资者都非常贪婪,您想成为大部分的人群,还是想成为少部分的人群呢? 相信您的心中已经有了答案。

这不是在说一些大道理,而是为实现“一年十倍”目标必须要做的事情,除不掉心中贪念这个魔障,就不可能到达目的地。

希望从此以后,各位读者朋友在每天实现1%收益以后,可以很快乐地关掉您的看盘软件,停止当天的操作,这是克服贪念最简单的方法。装到口袋里的钱才是自己的,当您完成1%的收益关掉电脑的时候,已经注定您是今天市场中的赢家,天天成为赢家不好吗?

1.3 操作质量是重中之重

在实战操作的过程中,什么才是最重要的呢?这是许多投资者都希望知道的答案,其实很简单,操作的质量是最重要的。

在期货市场中,每时每刻都有着各种各样的获利机会,总会有一些投资者想要把这些机会都捕捉到,从而在盘中持续不断地进行操作。如果技术运用正确,频繁地操作倒也无妨。但是,如果技术运用错误,当价格上涨就想做多,当价格下跌就想做空,这样一天下来,资金将很难增值。

除非是炒单操作,否则,交易的次数绝对不等于收益的多寡,即使是进行炒单交易,如果大方向判断失误也将会出现较大的亏损。相信投资者都有这样的经历,每天查看结算单时,发现十几次的操作有一多半都是亏损的,只有几次是赢利的,并且亏损的资金要远大于赢利的资金。如果总是这样进行操作,又怎么可能会实现赢利呢?

因此,必须要树立一个正确的理念:操作的质量才是重中之重,而操作的次数并不重要。如果一天只进行了一笔交易,但这笔交易是赢利,那就远比交易十几次,一算总账却是亏损的要强得多。

之所以告诉投资者一天只要获利1%就可以实现一年十倍的思路,除了要让投资者减少贪念以外,交易的次数也要减少。投资者一定要懂得在盘中耐心地等待机会的到来,虽然期货机会非常多,但是,真正属于您的机会一天也许只有一两次,其他的机会并不属于您,如果您勉强争取那些机会,十有八九都会出现亏损。我们的收益目标每天只有1%,在四个多小时的时间里,任何品种都将会为我们提供这样的获利机会,所以,我们完全没有必要担心会错过机会。

例如,能源化工板块中的L,只需要价格波动三个变动单位就可以完成1%的收益(最小变动单位5元,涨跌15元),这岂不是一件很轻松的事情吗？我们为什么还要贪多，总想着全部机会呢？如果连一年十倍这样的收益您都觉得少，市场还会青睐您这样的人吗？

把收益目标降低到每天1%，把每天的操作尽量控制在5次以内，并且一旦完成1%的收益就要停止当天的操作，起初这样做会很难受，但是，经过一两个月的操作，您就会觉得期货交易真的是一件非常轻松和快乐的事情，每天资金都会按照预定目标增值，有什么比这样的操作还完美的呢？

不要总想着获取暴利，在这个市场中，即使您获得了暴利，最终还是要回吐给市场的。细水长流，踏踏实实地获取收益，才可以在期货市场中活得更长久。

交易次数的减少并不会影响我们的收益，因为你有了更多的时间可以冷静地思考，也只有在这种情况下，您才会做出准确的判断，要么不出手，但出手必定赢利。

希望各位投资者能真正地领悟到操作质量的重要性，当今无论是什么行业都在要求产品的质量，一个厂家生产的产品如果质量不过关，即使一时的销量不错，但最终也不会长久。在期货市场中，如果不注重操作的质量，也将会踏上一条不归路，无论您有多少资金，都将会留在这个市场里。

自我限制每一天的交易次数，有助于始终处于谨慎状态之中，这是操作过程中必须始终保持的心态，大意失荆州的事情不能一再地重复。哪一次失误的操作不是因为我们的疏忽？当您减少了操作次数的时候，也就等于间接地避免了这些有可能出现的疏忽。降低了交易的次数，耐心地等待真正属于您的那个机会，每天赢利就并不是困难的事情。

不要企图捕捉到所有的机会，其实获利的机会每天只需要一次就足够了，因为我们的获利目标只有很少的1%，价格的任何一次波动都会为我们带来这样的收益。耐心些吧，减少交易次数、提高我们操作的成功率，这才是持续赢利的正道。

如果您能把每天的交易次数控制在5次以内，这就已经是一种成功。谋定而后动，您的每次操作必然是经过深思熟虑的，这样的投资者不实现赢利，难道那些冲动的投资者会赢利？

想要实现“每天赢利1% = 一年十倍的收益”，就要求投资者必须要懂得什么才是操作中最重要的事情，投资者做到这一点，就有希望得到市场给您“一年十倍”的奖励。

2.特殊多空市场的判断标准

特殊的多空市场行情的出现，很容易让投资者在当天迷失方向，在空头中有多头的力量，在多中有空头的力量，一个不留神，操作方向就会与市场的运行方向产生偏差。本章将详解介绍特殊多空市场的判断标准。

2.1 空头中的强多市场的判断标准

投资者询问：

我听了一段时间您的课，老师讲解的知识让我的操作水平提高了很多，特别是如何判断市场多空性质的方法更是极为有用，它让我明白了当天应当如何做多或是做空。

但是，最近我发现了一个问题，所有的品种从涨跌幅的角度来看，相比前一个交易日的结算价都是下跌的，但如果在市场中进行做空操作，却出现了亏损。在各品种都下跌的时候，分时线却在盘中连续地上行，并且波段涨幅也都比较大。说它是多头市场，所有的品种都处于下跌的状态；说它是空头市场，分时线的连续上行又只能入场做多，这是什么样的市场性质呢？

无形：

市场中正常的多空分类有强多市场、强空市场、弱多市场和弱空市场，这是最为常见的四种市场，判断它们的方法也比较简单。但是，市场每天都在变化，所以，不可能只有这四种类型，除此之外，还有另外四种市场性质，它们分别是空头中的强多市场、空头中的弱多市场、多头中的强空市场和多头中的弱空市场。这四种市场性质较为特殊，判断的难度也相对大一些。本章我们将为大家详细讲解这四种市场的判断方法以及相应的操作策略。

您所描述的市场性质属于空头中的强多市场，虽然这种市场性质出现的频率并不是太高，但在一些关键时期却也经常出现，所以，我们也需要好好地学习一下。

在对多空市场进行判断的时候，我们判断的主要依据是价格的具体涨跌幅度，也就是当前价格相对于前一个交易日结算价的涨跌幅度。

在正常情况下；如果各品种的涨幅都比较大，我们则称之为是强多市场；如果各品种涨幅相对较小，则称之为弱多市场。反之，如果各品种跌幅都较大，则是强空市场；如果各品种跌幅都比较小，则是弱空市场。

但是，当某一天各品种出现大幅低开的现象以后，情况则有可能发生变化。各品种纷纷大幅低开，从涨跌幅的角度来看，肯定是空头市场。但是，由于大幅低开后，当天盘中的下跌一步到位，所以，引发连续的反弹上涨走势。通过当前价格与前一个交易日结算价的对比，可以首先确定出当前的市场性质为空头市场。但是，虽然身处空头市场，但各品种均不下跌，而是连续反弹上涨，如果在市场中进行做空操作，则必然会出现亏损，所以，此时就需要转换一下思路，用另一种方法进行操作。

识别当前的市场性质是否是空头中的强多市场，我们需要从以下几方面分析：

1. 各品种的开盘跌幅是否足够大。如果各品种低开幅度较小，则不会形成空头中的强多市场，只有在各品种纷纷大幅低开以后，才有可能会形成空头中的强多市场。

2. 各品种开盘后是否会集体连续上行，并且没有品种跌停。在大幅低开以后，如果有品种出现跌停的走势，当天的盘面则不会形成空头中的强多市场，跌停品种将会对其他品种起到下跌的带动作用。只有没有出现跌停的品种，在价格下跌一步到位的时候，才有可能在盘中产生集体反弹上涨的走势。

3. 各品种的分时线以及均价线是否保持着连续上行的走势。如果只有少量品种分时线与均价线上行，这也无法形成空头中的强多市场，而只有绝大多数品种在低开以后纷纷上行，才有可能形成空头中的强多市场。

因为各品种均处于下跌的状态，所以，我们说当前的市场为空头市场，但是，由于各品种在盘中连续反弹上涨，这又符合多头市场的技术特征。因此，将这种特殊的盘面特征称之为空头中的强多市场。

一旦形成空头中的强多市场，在日 K 线图中，大多数品种都将会收出一根低开高走的阳线。上涨力度弱一些的，当天的阳线不会插入前一个交易日 K 线的实体中；如果上涨力度较大，当天这根低开高走的阳线则有可能向上插入前一个交易日 K 线的实体中。

下面我们通过几个案例进行讲解，大家一看就会明白。

在图 2 – 1 中，橡胶 1009 合约在 2010 年 4 月 28 日这一天，收出了一根大实体的阳线，但是，这一根阳线相比前一个交易日的日 K 线图来看，出现了较大幅度的下跌。从这一天的 K 线图来看，开盘价就是最低价，开盘之后价格连续上行，至当天收盘基本上以高点区间报收。

由于开盘价格过低，所以，价格在盘中出现一定幅度的反弹。从日 K 线

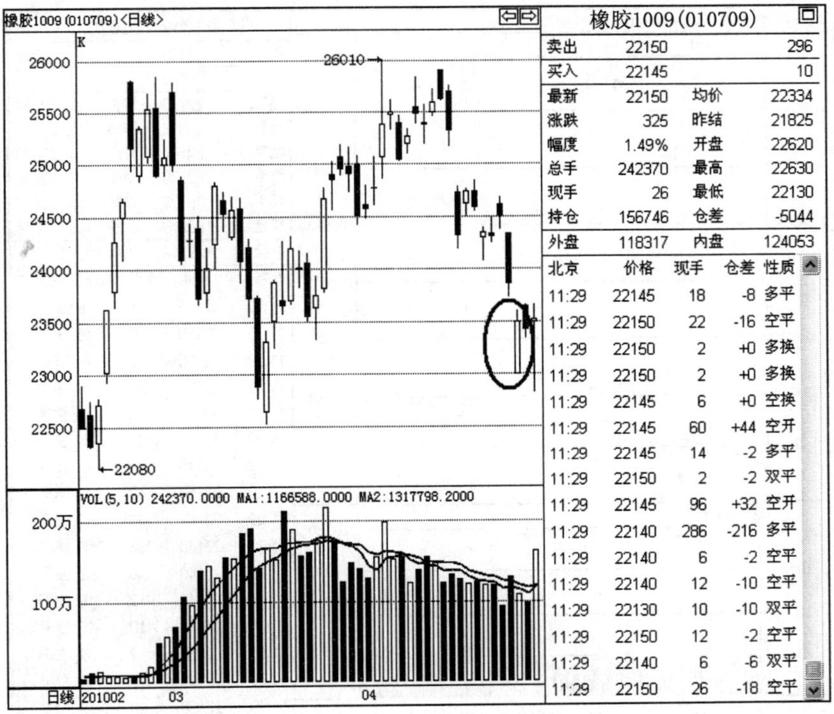

图 2－1　橡胶 1009 合约 2010 年 4 月 28 日走势图

图来看，K 线实体较大，这说明价格在盘中出现了较大幅度的反弹。

如果这一天盘中其他品种的走势与橡胶 1009 合约的走势基本一致，那么，我们就可以确定在这一天的盘中形成了空头中的强多市场。之所以称之为空头市场，是因为各品种大幅低开，并且相对前一个交易日的结算价都出现了一定幅度的下跌。而又称之为多头是因为低开以后，价格在盘中连续上行，并且上涨幅度相对较大，面对这种走势只能入场做多，而无法进行做空。所以，将这种各品种的价格大幅低开，而后又连续反弹上涨的盘面走势称之为空头中的强多市场。

下面我们再来看一下橡胶 1009 合约 2010 年 4 月 28 日盘中走势的技术特点。

在图 2－2 中，从橡胶 1009 合约在 2010 年 4 月 28 日这一天的盘中走势来看，开盘价就是当天的最低价。从盘中的走势来看，这一天做空并没有什么太好的赢利机会，并且由于开盘后价格连续上行，高点的位置也很难判断。

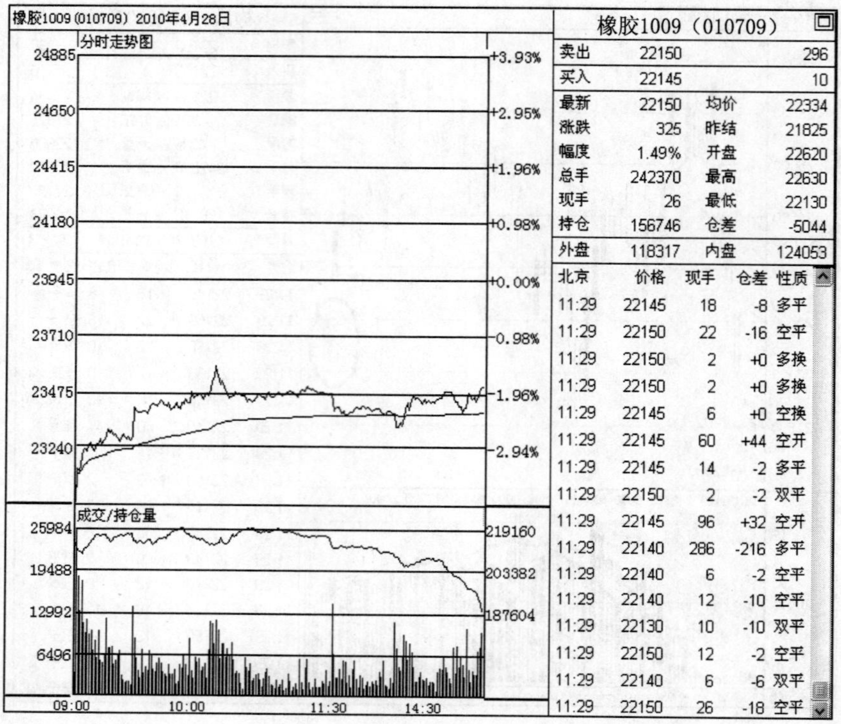

图 2-2　橡胶 1009 合约 2010 年 4 月 28 日走势图

价格大幅低开，但是，分时线与均价线均保持着上行的状态，这就是空头中的强多市场的主要技术特征。从这一天的盘中走势来看，虽然价格相比前一个交易日的结算价是下跌的，但是，却只能在这一天做多，因为做多的赢利概率要远大于做空的赢利概率。

从橡胶 1009 合约在 2010 年 4 月 28 日这一天的走势我们可以总结出空头中的强多市场的以下技术特征：

1. 开盘价为当天的最低价。

2. 价格盘中上涨的幅度相对较大，波段涨幅超过 2%，给投资者提供的做多空间较大。

3. 价格基本上在最高点区间收盘，但收盘价依然低于前一个交易日的结算价。

4. 盘中的操作要以做多为主，不宜积极做空。

5. 从脱离涨跌幅的角度来看，这一天分时线的波动特征与强多市场中分时线的波动特征基本一致。

下面我们结合另一个案例再次分析一下空头中的强多市场的特点。

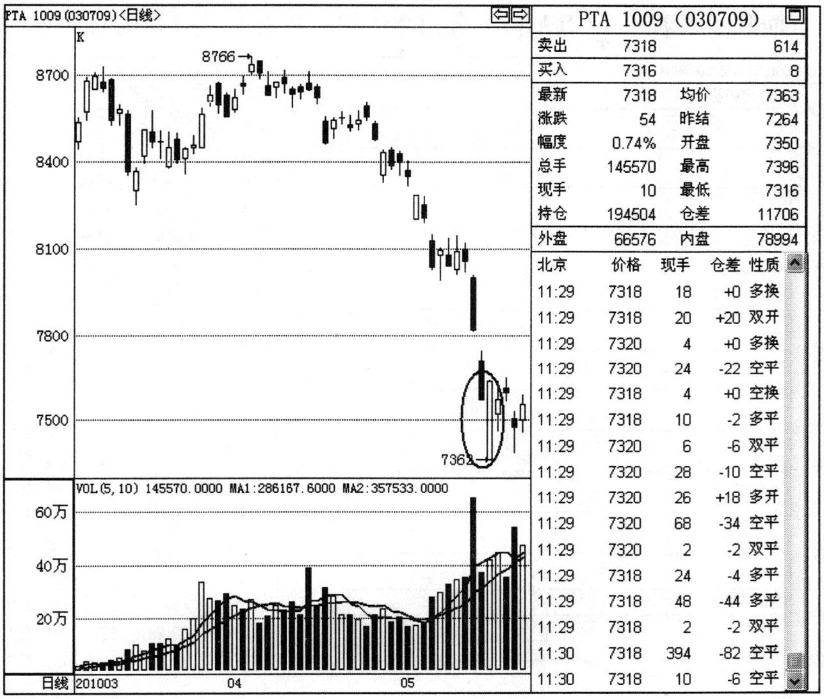

图 2-3　PTA1009 合约 2010 年 5 月 18 日走势图

在图 2-3 中,PTA1009 合约在 2010 年 5 月 18 日收出了一根大实体的阳线,可惜的是这一天的大阳线并不是价格真正的上涨,而是在大幅低开以后盘中形成的连续反弹。由于价格低开的幅度过大,使得下跌一步到位,因此多方盘中趁机反攻。

从日 K 线图的走势来看,当天的开盘价就是最低价,而收盘价基本上就是最高价。虽然阳线实体很大,但只切入前一个交易日 K 线很少的一部分。如果当天盘面中多个品种都出现这种低开高走的走势,我们就可以确定这一天形成了空头中的强多市场。

相比橡胶 1009 合约 2010 年 4 月 28 日的走势,PTA1009 合约的阳线切入到了前一个交易日 K 线实体中,所以,PTA1009 合约盘中的多头迹象更加明显一些。这两个品种相似之处在于:开盘均出现了大幅低开的走势,盘中价格均连续上行,基本上都以最高点收盘。不同之处在于:PTA1009 合约插入前一个交易日 K 线实体之内，而橡胶 1009 合约的 K 线则位于前一个交易日 K 线下方。

下面我们来看一下 PTA1009 合约盘中的走势有什么样的特征。

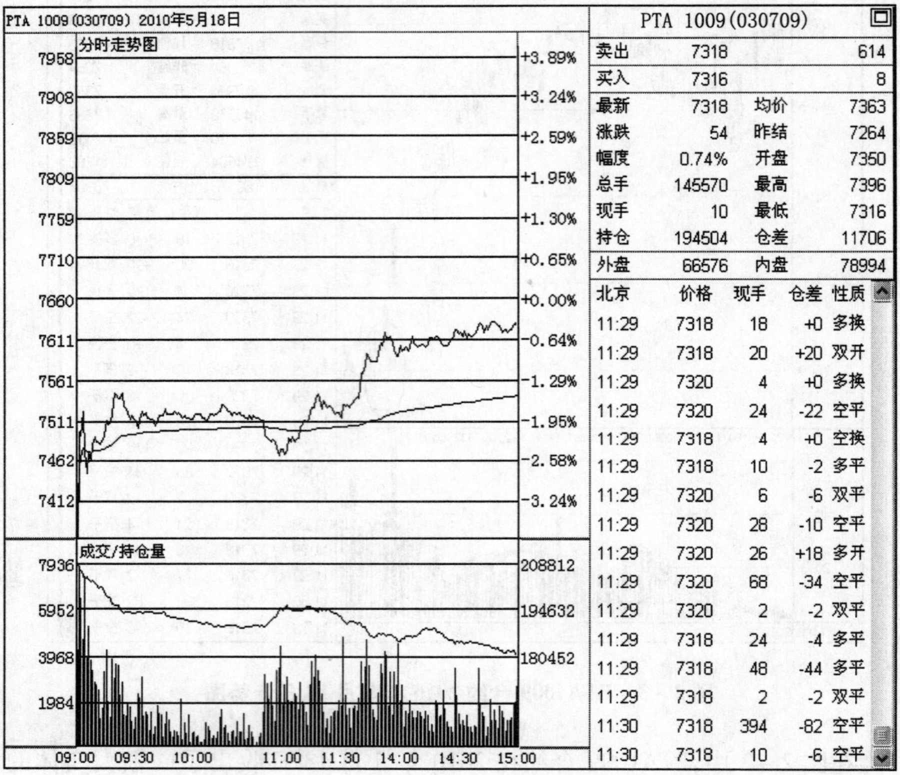

图 2－4　PTA1009 合约 2010 年 5 月 18 日走势图

在图 2－4 中，从 PTA1009 合约 2010 年 5 月 18 日盘中走势来看，有着以下的技术特点：

1. 开盘价即为当天的最低价。

2. 开盘后价格快速上行脱离低点区间。

3. 均价线在这一天不断保持着上行的趋势。

4. 从分时线整体形态来看，做空的风险相对大一些，而做多的机会则很多，特别是到了下午，如果入场进行投机性做空的操作，则会产生较大幅度的亏损。

5. 虽然价格连续上行，但相比前一个交易日的结算价依然保持着下跌的状态。

这一天的分时线波动形态其实较为常见,因为我们在强多市场中会经常见到类似的走势。因此,在价格处于下跌状态时,我们称之为空头市场,但分时线形态又与强多市场时的分时线形态一致,所以,把这种盘中状况称为空头中的强多市场

简而言之,一旦形成空头中的强多市场,各品种都会在大幅下跌之后连续上行,并且当天价格都将会在最高点区间收盘。

2.2 空头中的弱多市场的判断标准

投资者询问:

最近在实战操作过程中我遇到了这样的问题:开盘时所有品种均下跌,由于低开的幅度并不是很大,所以,可以明确这一天为弱空市场。开盘以后,我看到价格出现下跌,并且产生破位的走势,于是入场做空,但谁知价格却很快转为上涨。我在随后的走势中继续找高点做空,但谁知每一次都以失败告终,虽然亏损的幅度并不是很大,但心里却十分难受。为何所有的品种都保持着下跌的状态,在场中做空却赚不到钱呢?

无形:

从正常的分析角度来看,所有品种的低开现象符合了空头市场的技术要求,由于低开幅度较小,所以这是典型的弱空市场。在弱空市场中,您找高点做空的思路是肯定正确的。而之所以产生亏损,是因为当天的市场并不是真正的弱空市场,而很有可能是形成了空头中的弱多市场。

空头中的弱多市场是一种另类的市场,虽然大多数品种的涨跌幅相比前一个交易日的结算价都是下跌的,但是,在盘中如果进行做空操作却非常困难,反而进行做多操作才可以获利。同时,由于整体品种涨跌幅度都不是很大,又进一步增大了操作的难度。

空头中的弱多市场有着以下的技术特征,我们必须要掌握这些技术特点:

1. 绝大多数品种相比前一个交易日的结算价都是下跌的,允许个别品

种是上涨的，这与标准的弱空市场要求一致。

2. 均价线保持上升趋势，但上升角度相对较小，或是保持水平状态，分时线虽围绕均价线震荡，但却形不成下跌趋势。

3. 从当天整体走势来看，做多实现赢利的机会较多，并且做多方法的确定难度较小，而做空难度较大，并且适合于做空的方法较难确定。

4. 整体品种无论是上涨还是下跌幅度都较小，不会出现大幅上涨或大幅下跌的走势，因此，面对这种行情绝对不要贪心。这里所指的上涨或下跌的幅度大小与目标品种的具体涨跌幅度无关，而是与分时线的波动幅度有关。

下面我们结合几个案例讲解空头中的弱多市场。

图2-5　白糖1101合约2010年5月5日走势图

在图2-5中，白糖1101合约在2010年5月期间的下降趋势非常明确，在5月5日这一天，价格出现低开的走势，但收盘却在相对高点，形成一根低开高走的小阳线，只不过这一根阳线的实比较小，这意味着价格在盘中的上涨空间也比较小。

相比前一个交易日的结算价，价格是低开的，并且从收盘的角度来看，价格也是下跌的，因此，确定这一天价格的波动带有空头性质也是正确的。虽然整体趋势依然趋空，但是，由于价格在盘中出现上涨，所以，在这一天继续做空是错误的。

价格的整体波动带有空头性质，所以确定它是空头市场，但由于盘中价格的小幅上涨又具有多头的迹象，所以确定这一天价格波动的性质为空头中的弱多市场。

从图中的日K线图形态可以看出，价格低开以后出现小幅上涨，从而在日K线图中形成一根低开高走但K线实体较小的阳线。

下面我们再结合白糖1101合约分时走势来具体讲一下空头中弱多市场的技术特点。

在图2-6中，白糖1101合约在2010年5月5日开盘后略作下探便出现了连续上行的走势。从整体波段涨幅来看，上涨幅度小于1%，同时，每一个子波段的上涨幅度也都比较小，这是弱多市场中常见的上涨形态。如果我们忽略价格开盘幅度的高低仅看分时线形态，这一天的走势就非常明确了，因为在标准的弱多市场中我们常会见到这样的走势。

如果我们结合前一个交易日结算价的因素分析，因为价格是低开的，所以，盘面带有空头的特点，但由于这一天分时线整体波动重心是向上的，分时线又具有多头的特点，因此，称这种盘面状况为空头中的弱多市场。

从图中的走势来看，只有在10:00左右利用高点不过技术可以把握住一次做空的机会，但其余时间都应当进行做多的操作。如果在其他时间段做空将很难实现赢利，这就是空头中的弱多市场最大的技术特点。

在实战操作时，标准弱多市场的操作方法完全适用于空头中的弱多市场，在这里就不再过多讲解，大家可以阅读一下《一年十倍的期货操盘策略(二)》系列之一中的相关内容。

面对空头中的弱多市场，我们应当持有这样的想法：不必过分在意价格的低开，而应更多地关注分时线的具体波动形态，顺应分时线的趋势进行操作。

在图2-7中，豆一1101合约在2010年6月期间下降趋势非常明确，虽然大趋势不断下行，但是下跌途中却总是会出现各种各样小级别的反弹走

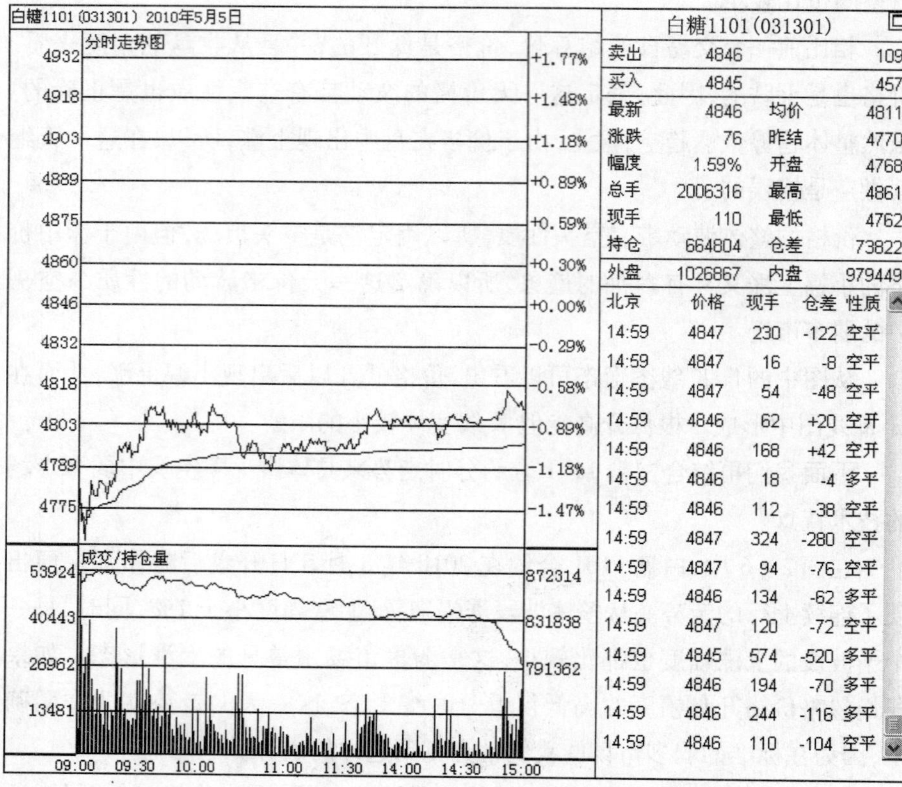

图 2-6　白糖 1101 合约 2010 年 5 月 5 日走势图

势。6 月 2 日在小幅低开以后再度出现反弹。

从日 K 线图形态来看，其价格形成低开高走的走势，但整体涨幅相对有限，低开使得当天的盘面带有空头的性质，而价格的高走又具有多头的性质。对于这样的日 K 线图形态，我们可以确定当天的整体市场状况为空头中的弱多市场。

豆一 1101 合约与豆粕、豆油、棕榈油和菜油关联性极高，它形成小幅波动的走势意味着其他几个品种也是如此表现，而农产品形成空头中的弱多市场，那么，能源化工与有色金属板块将很难形成强多走势。

通过一个品种的走势判断该板块的动向，再通过一个板块的动向判断全局状况。通过日 K 线图的低开高走判断出空头中的弱多市场以后，接下就要再看一下分时走势是否具备弱多的技术特征。

在图 2-8 中，豆一 1101 合约在 2010 年 6 月 2 日开盘以后连续上行，开

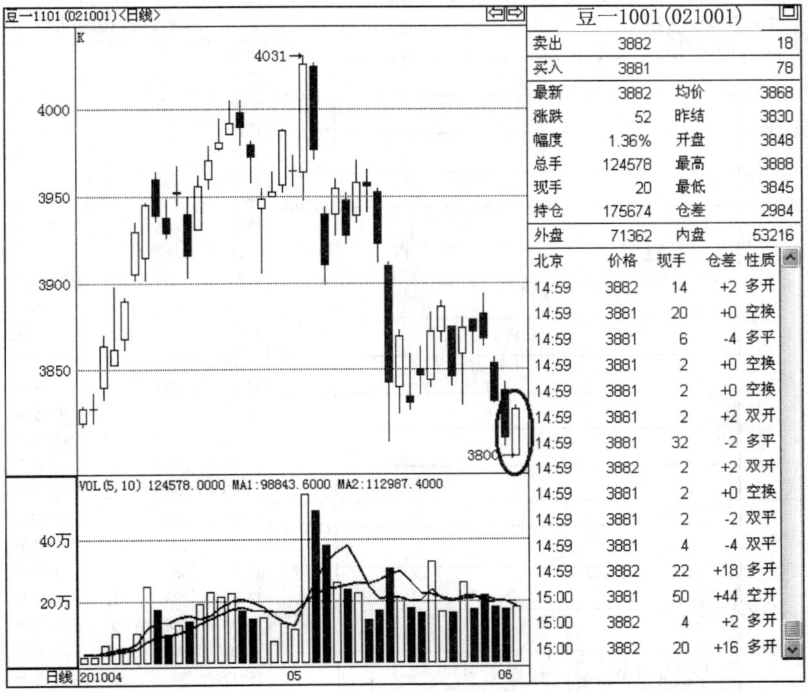

图2－7　豆一1101合约2010年6月2日走势图

盘价就是当天的最低价，从开盘的走势来看，符合多头市场的技术特征。

虽然开盘以后分时线连续上行，但是，波段涨幅并未超过1%，整体上涨波段较小是弱多市场的一大技术特征。

从当天整体走势来看，除了上午临近收盘时有一次做空的机会以外，其余的时间都没有适合的做空机会，这一天做多的赢利机会大于做空的赢利机会，这也是多头市场的技术特征。

价格虽然形成低开的走势，但在开盘以后均价线保持缓慢上升趋势，价格难以深幅下跌，也难以大幅上涨，所以使得当天的走势形成弱多的走势。但由于整体趋势向下，并且价格惯性低开，所以把这样的走势称为空头中的弱多市场。

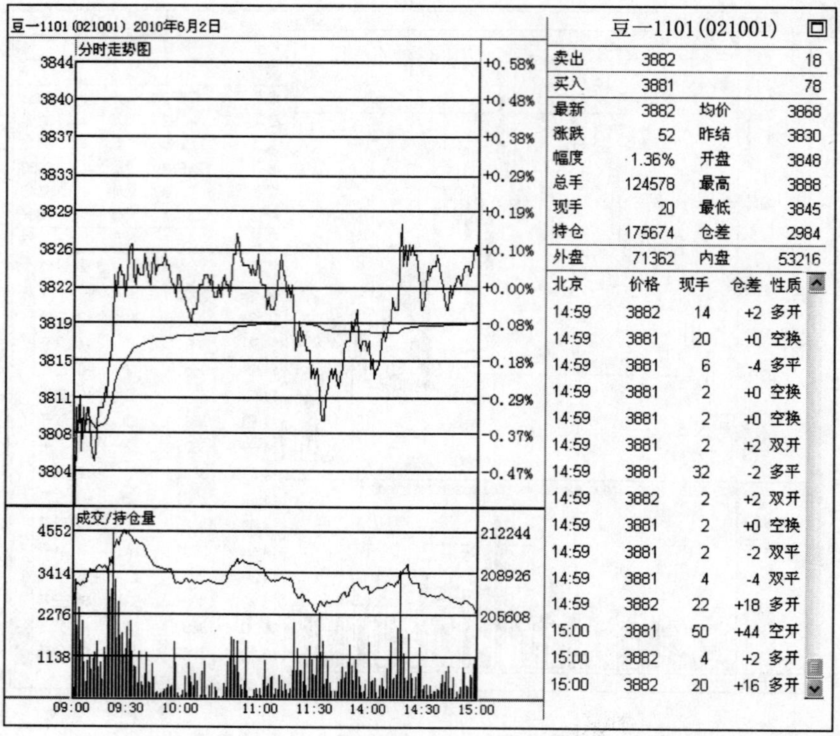

图 2－8　豆一 1101 合约 2010 年 6 月 2 日走势图

2.3　多头中的强空市场的判断标准

投资者询问：

我在近一段时间的操作中出现了一次较大的亏损，价格的上升趋势非常明确，并且当天出现高开的走势，我入场顺势做多，但价格却在盘中连续回落，因为我看到大趋势向上，所以没能及时止损，结果亏损不少。

后来我发现，在价格上涨的过程中，时常会出现这种高开连续回落的走势，这样的市场该如何判断呢？

无形：

您说的这种市场状况也是一种特殊的市场，价格出现高开，盘中绝大多数品种价格上涨，但是，盘中却一路下行，在任何位置做多都将会产生亏损，这是多头中的强空市场独有的技术特点。

多头中的强空市场有着以下技术特征：

1. 绝大多数品种出现大幅高开的走势，从开盘的涨幅情况来看，具备明显的强多市场的技术特征。

2. 对于很多品种而言，开盘价就是当天的最高价，开盘以后价格连续回落。

3. 在盘中价格波动的时候，做空的机会远大于做多的机会，虽然相比前一个交易日的结算价，价格长时间处于上涨的状态，但波动重心却在不断下移。

4. 价格的整体波段跌幅往往超过2%，投资者在盘中做空而实现的获利空间较大。

5. 至当日收盘，价格往往以当天最低点区间或是次低点区间收盘，日K线图中收出一根高开低走的大阴线。

6. 很多时候多头中的强空市场常出现于价格上涨的末期阶段，这种走势的出现，往往意味着近期有很大可能将会出现调整的走势。

由于日K线图中价格的上升趋势比较明显，同时，当日的大幅高开又给了投资者一种价格还会继续上涨的错觉，而盘中的真实走势却以下跌为主。因为盘面整体上涨，所以称之为多头市场，但由于盘中价格连续回落，并且下跌幅度较大，因此称为多头中的强空市场。

下面我们结合两个案例讲解一下多头中的强空市场的技术特征。

在图2-9中，橡胶1009合约在2010年6月中旬期间出现了一波连续反弹上涨的走势，上升趋势变得较为明显。在这一时期想要获得好的收益，只有在盘中不断地做多。

6月17日，价格继续惯性高开，但是在收盘时却出现了连续的回落，日K线图上留下了一根高开低走的大阴线。价格大幅高开使其具备了多头市场的技术特征，但是，由于价格在盘中的连续回落，又使价格的波动具备了空头市场的技术特征。我们将这种高开低走的大阴线对应的整体市场称为多头中的强空市场。

橡胶与燃油、PTA、PVC和L的关联性很高，属于能源化工板块。在橡胶高开低走的时候，该板块中的其他品种也必然会出现类似的走势，由橡胶的走势我们可以确定出能源化工板块的波动性质。而在能源化工板块集体高

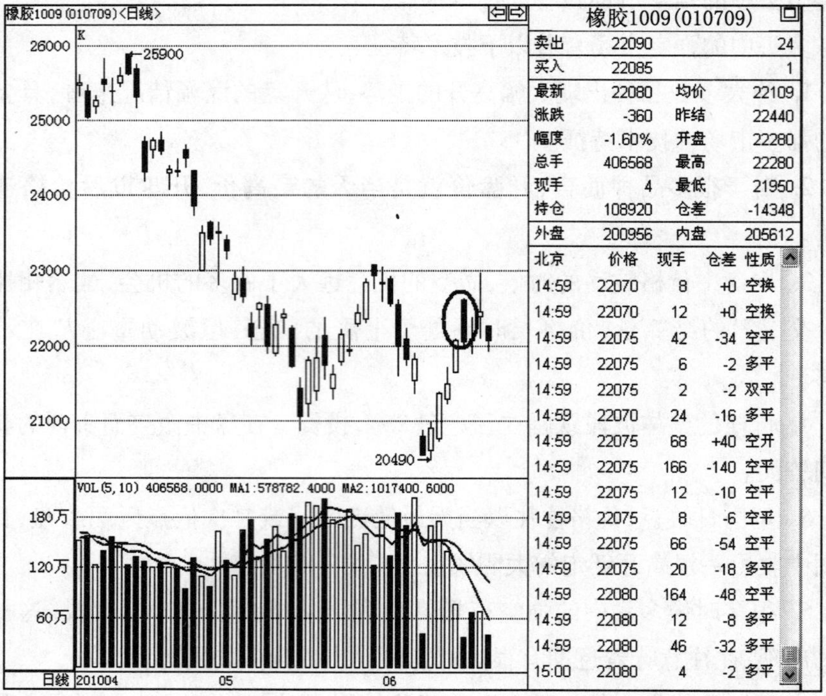

图 2-9 橡胶 1009 合约 2010 年 6 月 17 日走势图

开低走的时候，其他品种极少会出现与之相反的走势，因此，当天其他品种也多会形成与橡胶类似的走势，从而使得整体盘面演变成为多头中的强空市场。

从这根阴线的位置来看，恰出现于上涨的高点区间，并且在这根阴线出现以后，价格停止了上涨形成震荡的走势。虽然价格大幅高开，但是空方有能力将价格再打落，这也是造成调整走势出现的原因。

下面我们再结合橡胶 1009 合约的分时图来看一下多头中的强空市场的技术特征。

在图 2-10 中，橡胶 1009 合约在 2010 年 6 月 17 日开盘之后价格便连续回落，开盘价即是当天的最高价，这种开盘形态符合空头市场的技术特征。

从均价线的走势来看，开盘以后，均价线连续下行，并对分时线起到了强大的压力作用，分时线长时间位于均价线下方，这更是一种常见的空头市场的技术特征。

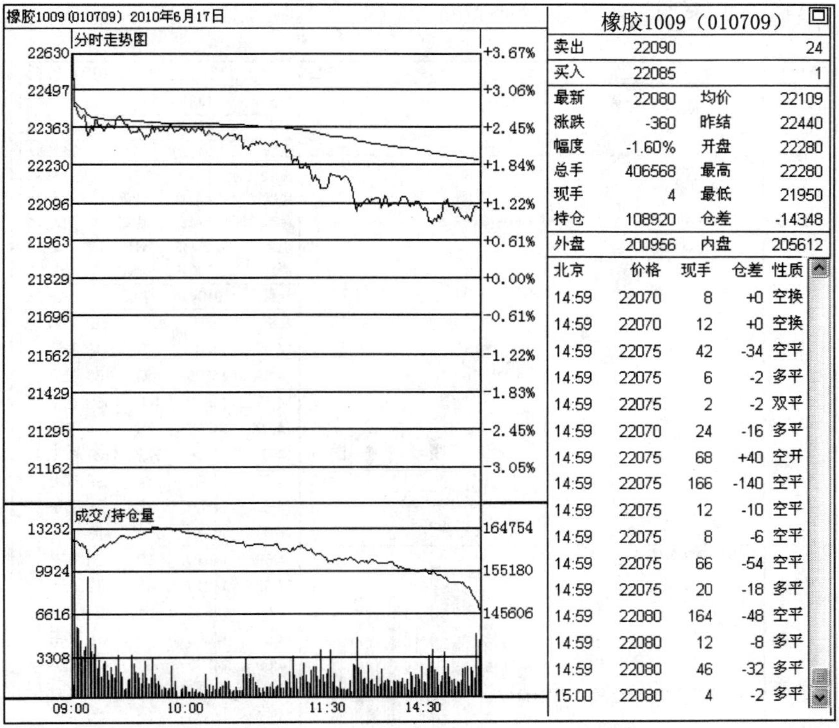

图 2－10　橡胶 1009 合约 2010 年 6 月 17 日走势图

从当天整体分时线的运行状况来看，分时线一路震荡下行，无论投资者在什么位置进行做多的操作，都将很难实现赢利，面对这样的走势，只有做空才可以获利。虽然相比前一个交易日的结算价价格仍是上涨的，并且盘面长时间上涨，但却不能做多。价格上涨但要坚决做空，这正是多头中的强空市场最明显的技术特征。

从开盘至收盘，价格的下跌幅度非常大，波段跌幅远超过 2%，跌幅越大说明空方的力量越大。同时，这么大的跌幅给投资者带来的赢利空间也是比较大的。虽然价格处于上涨状态，但做空获利的空间却比较大。

经过长时间的下跌，价格最终在当天的最低点区间收盘，收盘的状况也符合空头市场的技术特征。

虽然收盘价格相比前一个交易日的结算价仍然是上涨的，但是，由于分时线在盘中的趋势不断向下，所以，多头中的强空市场得以形成。如果抛开前一个交易日的结算价的因素仅看分时线的变化形态，我们可以发现，这一天的走势在强空市场中将会经常见到。

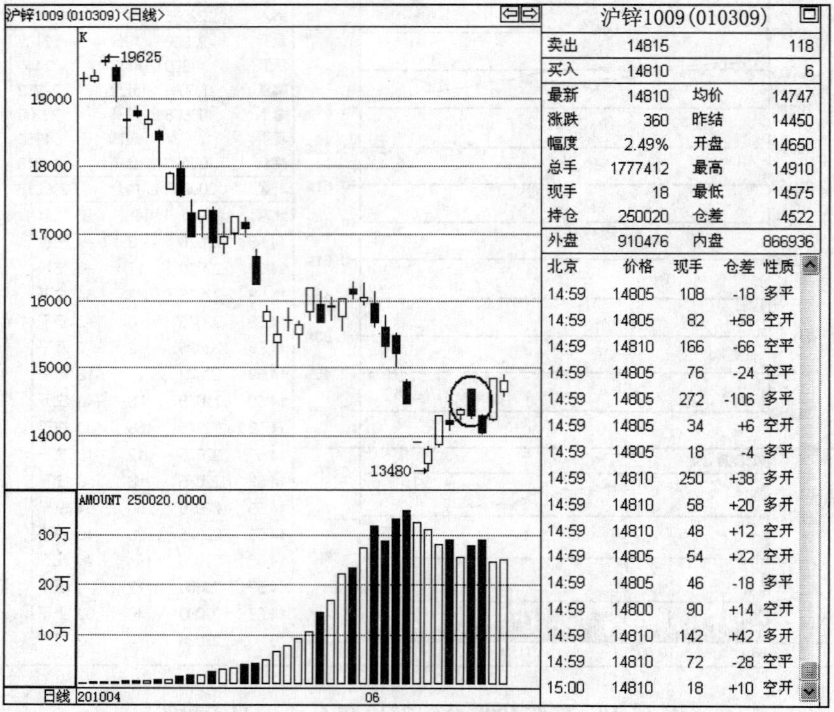

图 2-11　沪锌 1009 合约 2010 年 6 月 17 日走势图

在图 2-11 中，沪锌 1009 合约连续下跌之后，出现了反弹的走势，在上升趋势刚刚明确的时候，却收出了一根实体较大的阴线。这根阴线是在价格高开之后连续下跌而形成的，通过对两天的结算比较，虽然价格是上涨的，但如果在盘中进行交易，却还要以空单为主。

价格的大幅高开使得上升趋势看似延续，但是多方并没有乘胜追击，而是在空方的打击下连连退让，虽然有了较高的开盘价，但收盘价却是非常低的。高开低走的大阴线对应的就是多头中的强空市场。

在沪锌 1009 合约盘中大幅下跌的时候，有色金属板块中的其他品种也必然会随之下跌，这使得该板块整体形成多头中的强空市场。同时，其他的品种也必然会形成类似的走势，只不过具体的跌幅可能有所差异。例如橡胶 1009 合约在这一天也形成了类似的走势。

这根高开低走的大阴线由于出现在价格连续反弹的局部高点，所以，需要留意调整走势的出现。同时，在这一天也必须要明确操作的方向：空单为主,虽然价格的高开具备了多头的技术特征,但是,盘中的连续回落却是标准的空头走势,因此必须要顺应价格的趋势变化。多头中的强空市场不要考虑做多,而要围绕着“空”字做文章。

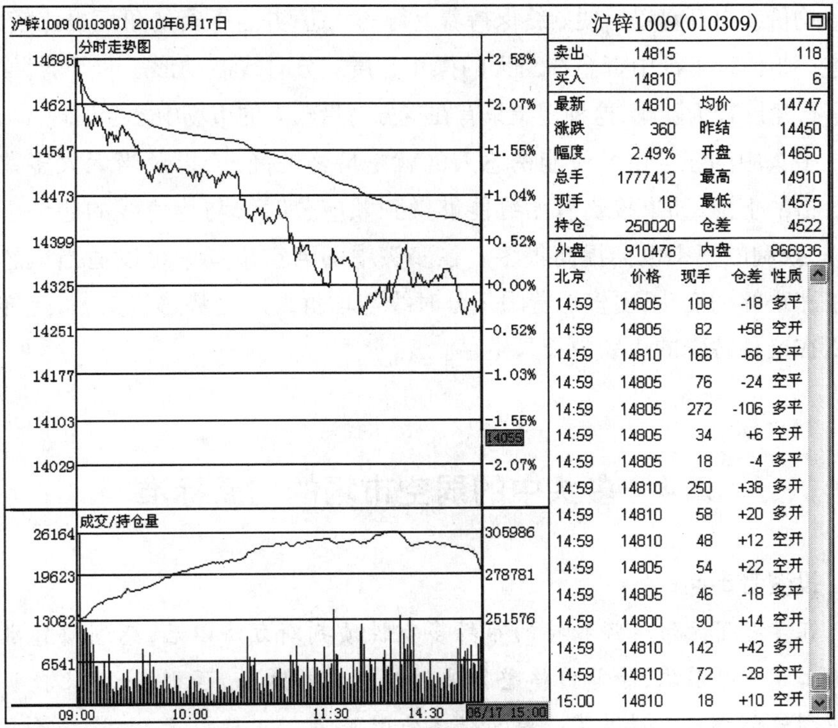

图 2-12　沪锌 1009 合约 2010 年 6 月 17 日走势图

在图 2-12 中,沪锌 1009 合约在 2010 年 6 月 17 日开盘以后出现连续下跌的走势。从开盘初期的走势来看,开盘价就是最高价,这种走势完全符合力度较大的空头市场的特征,因为在绝对的空头市场中价格将要连续大幅下行,而开盘价自然是当天的绝对高位。

开盘以后价格连续回落,虽然在下跌途中出现多次各种形态的反弹走势,但是,反弹的幅度却都非常浅,较浅的反弹幅度说明多方的力度非常虚弱。每一次的反弹都留下了一次低点,这些所谓的低点全都是虚假的,暂时的企稳之后价格再度出现破位的走势,想要在这种行情下进行抄底操作无疑会产生很大的损失。

从早开盘至下午收盘,价格下跌的幅度非常大,波段跌幅超过 2%,这么大的波段只有在空方力量较大的情况下才会出现。投资者在这一天如果进行做多的操作，无疑将会出现较大的亏损，而只有顺应分时线的趋势进行做空操作，才可以实现较高的收益。

均价线自开盘以后便始终保持着上行的状态，并且下行的角度也比较大，这进一步体现了盘中资金在当天的操作态度。分时线波动形态非常弱，均价线下行角度较为陡峭，这种现象只有在空方力量较大的市场中才会出现。

多头中的强空市场最能诱惑人的就是价格的高开，以及当天大多数时间价格的上涨，如果投资者始终能够做到顺应分时线与均价线的趋势进行操作，获利的概率也会提高很多。在多头中的强空市场中可以适当地忽视价格涨跌幅的变化，更多地着眼于分时线与均价线的趋势进行交易，这样才可以在这种特殊的市场中长久生存。

2.4 多头中的弱空市场的判断标准

投资者询问：

在学习了无形老师独特的市场多空性质判断方法以后，感到操作水平的确上了一个层次，除非价格整体波动幅度都非常小，否则，一些比较明显的获利机会都不会错过了。对市场多空性质判断正确以后，也就知道当天该采用什么样的方法进行操作，老师的这种方法真是太有效了。

但最近碰到了这样的走势，我始终判断不出这到底是属于什么样的市场。价格随日K线大的上升趋势形成高开的走势，但随后却没有出现预期中的上涨，而是保持震荡下跌的走势，但是下跌的幅度又比较小，无论是做空还是做多都挺难操作。做空，价格处于上涨状态；做多，分时线又不断地震荡下行。请老师指点一下。

无形：

您说的这种市场状况并非是单纯的弱多市场，也绝非是单纯的弱空市场。而是多头中的弱空市场。一旦形成多头中的弱空市场，操作的难度将会变大，投资者很容易左右为难。做多，价格的波动重心却在下移；做空，价格的跌幅又比较有限，一旦出现反弹又很容易触发投资者的止损位。

面对这种行情不要马上操作，应当首先对这种行情做出正确的判断，这样才好操作。

价格的波动是否形成了多头中的弱空市场需要从以下几方面分析：

1. 大多数品种出现小幅高开的走势，允许少量品种出现低开，但低开的幅度不能过大，要求低开幅度在0.5%以内。

2. 价格在盘中为上下震荡的走势，但是高点明确降低，同时，价格盘中的新低也屡次出现。

3. 均价线以较小的角度下行。

4. 价格很少会出现较大幅度的上涨，也很少会出现较大幅度的下跌，但下跌的空间大于上涨的空间。

5. 日K线图上留下一根小幅高开低走的阴线。

下面结合两个案例为大家进一步讲解在上涨行情中途常见的多头中的弱空市场的技术特征。

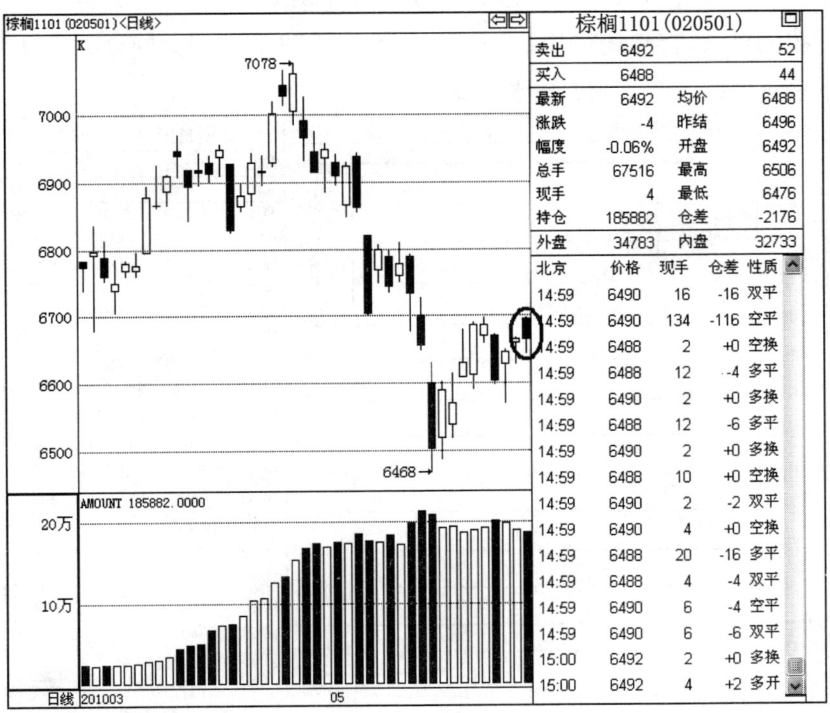

图2-13 棕榈1101合约2010年5月28日走势图

在图2-13中，棕榈1101合约在连续下跌之后，于2010年5月期间出现反弹的走势，在反弹过程中，收出了一根小幅高开回落的阴线，这一根阴线的实体较小，说明价格在盘中震荡的幅度比较小，虽然空方在这一天占有优势，但却无力将价格过深地打落下来，这是典型的弱空市场特征。

由于这一天形成了高开的走势，价格在盘中长时间上涨，所以又具有多头市场的技术特征。因为多空市场的划分是以具体涨跌幅度为判断标准的：价格上涨称之为多头市场，价格下跌称之为空头市场，再结合涨跌幅度的大小，进一步细分为强多市场、弱多市场、强空市场和弱空市场。

而棕榈 1101 合约在 2010 年 5 月 28 日这一天形成了高开回落的走势。从涨幅的角度来看，必然是多头市场，而如果从整体走势来看，价格盘中连续下跌，又具有了空头的特征，因此，我们将这种市场称之为多头中的弱空市场。

多头中的弱空市场在日 K 线图中最明显的特征就是收出一根高开低走且实体较小的阴线。这种走势常出现于上涨的中途或是上涨的末期阶段。由于 K 线实体相对较小，所以分析的价值并不是太大。

我们再来结合棕榈 1101 合约 2010 年 5 月 28 日这一天的分时走势讲解一下多头中的弱空市场的技术特征。

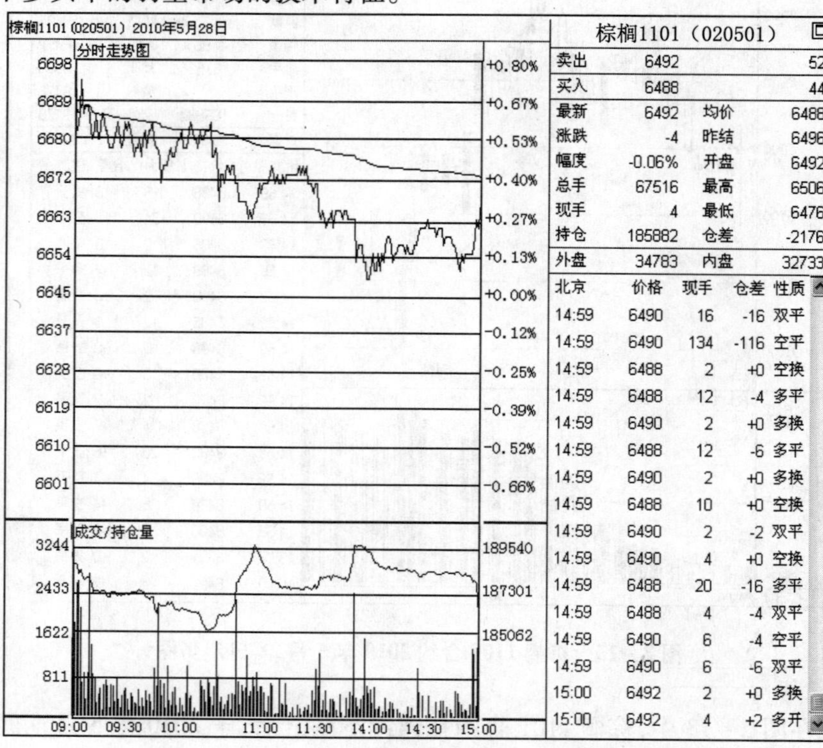

图 2－14　棕榈 1101 合约 2010 年 5 月 28 日走势图

在图 2－14 中，棕榈 1101 合约在 2010 年 5 月 28 日开盘后便出现了下跌的走势，开盘价为当天的最高价，很显然，这样的开盘形态符合了空头市场的技术要求。

在价格下跌的过程中，分时线的波动形态非常曲折，这说明空头的力量并不是太大，在价格下跌的过程中，多方虽然连续反抗，但始终无法促使价格上涨，因此，空头占据着上风。

均价线在这一天始终保持着下降的状态，并且对分时线起到了明显的压力作用。虽然均价线连续下行，但是下跌的角度却比较平缓，这也是空方力度不是很强大的体现，相比强空市场中均价线的下行角度，棕榈 1101 合约在 2010 年 5 月 28 日的下行角度是非常小的了。

虽然价格在这一天始终保持着上涨的状态，但是，分时线的连续回落没有给投资者提供任何好的做多机会，在这一天做多非常困难。而如果在这一天做空的话，获利却是非常容易的，因为分时线在这一天高点不断降低，并且新低不断出现。

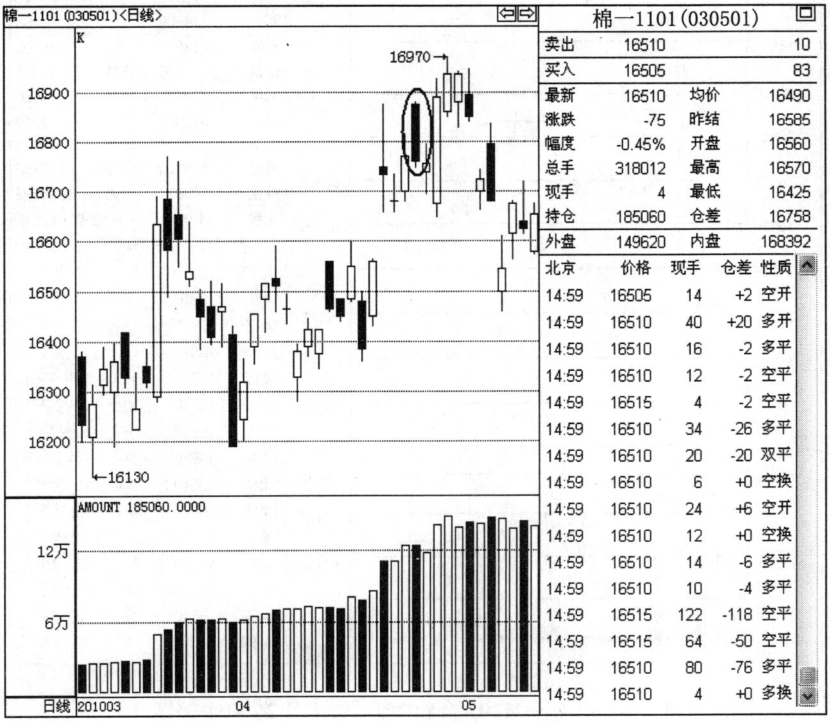

图 2－15　棉一 1101 合约 2010 年 4 月 26 日走势图

在图 2－15 中，棉一 1101 合约在 2010 年 4 月期间形成了震荡上行的走势，4 月 26 日这一天出现跳空高开的走势，开盘价很漂亮，使得上升趋势有继续延续的迹象，并且这一天的开盘价也很诱惑人，给人一种将要突破新高的感觉。但是，开盘虽然不错，这一天收出的 K 线却比较难看。

开盘之后价格连续回落，收盘时形成了一根高开低走的阴线。因为盘中的价格位于前一个交易日的结算价上方，涨幅始终为正，因此具备了多头市场的技术特征，但是，又由于价格连续回落收出了阴线，又具备了空头市场的技术特征。同时具有几个市场的特征，因此，将其称为多头中的空头市场。而又由于这一天价格回落的幅度并不是很大，所以，将这样的走势称为多头中的弱空市场。它与标准的弱空市场唯一不同的就是：价格形成了高开，高开之后出现下跌，而标准的弱空市场是价格平开或低开之后出现下跌，除此之外，其他的技术特征都基本类似。

下面我们再来看一下棉一 1101 合约在 2010 年 4 月 26 日盘中的志势。

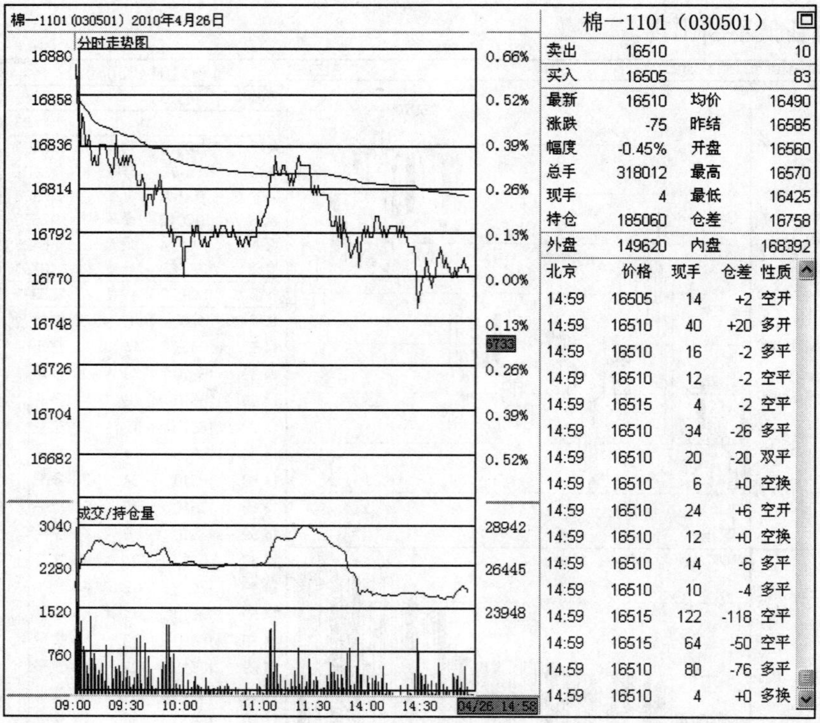

图 2－16　棉一 1101 合约 2010 年 4 月 26 日走势图

在图 2－16 中，棉一 1101 合约在 2010 年 4 月 26 日开盘以后便出现了连续的回落，开盘价再次成为当天的最高价。在价格下行的同时，均价线也随之连续下行，虽然下行的角度相对平缓，但是，依然满足空头市场的技术特征。

在价格下跌的过程中，均价线还对分时线形成了明显的压力作用，均价线的压力作用也是空头市场中最明显的技术特征之一。压力越沉重，空头的迹象也就越明显。

这一天价格在下跌的时候，分时线始终保持着较为曲折的状态，没有形成强空市场中典型的下跌形态，这说明空方虽然占据着绝对的主动，但是，空方的力度相对偏小，这是弱空市场的特点之一。

由于价格在这一天绝大多数时间里都保持着上涨的状态，因此，将这种状态称之为多头市场。同时，因为分时线始终保持着下行的状态，并且新低不断出现，所以，又符合空头市场的特征。因此将其称为多头中的空头市场。而之所以称之为多头中的弱空市场，是因为价格在下跌的时候，整体下跌空间比较有限，跌幅保持在 1% 以内，下跌幅度不大，自然不能称之为强空。

3. 特殊多空市场的操作策略

在学习了特殊的多空市场判断方法以后，我们要掌握在特殊多空市场中如何操作，在多空市场中采取做多的方法，在空头市场中采取做空的方法，这就是主要的思路。然后，再根据具体的变化灵活调整操作策略就可以。

3.1 空头中的强多市场操作策略

无形：

当盘面形成空头中的强多市场以后，最容易让投资者作出错误判断的就是大多数品种的下跌状态，因为相对前一个交易日的结算价绝大多数品种都是下跌的，所以，在做多的时候难免会有些担心。因为在真正的空头市场中，每一次的反弹都是做空的大好时机，并且每一次反弹出现以后，价格都将会出现深幅回落的走势，所以，担心是正常的。

但是，我们还需要考虑另一件事情，形成空头中的强多市场的第一要点就是价格，当天的开盘价一定要非常低，只有在下跌一步到位的情况下，才会形成空头中的弱多市场。同时，这种市场也常见于价格的下跌末期或是底部区间，因为之前价格已经出现过连续下跌的走势，再加上当天大幅度的低点，所以，下跌的空间变得较为有限，而在当天下跌走势一步到位以后，多头开始进行反击。

面对空头中的强多市场时，投资者最好忽略价格的具体涨跌幅度，而是把目光紧紧盯在分时线的趋势变化上，分时线向上就顺势做多，分时线向下则顺势做空。如果总是惦记着价格的具体跌幅就会受到干扰。

在很多时候，如果我们抛开价格具体涨跌幅度，只对分时线进行分析就会发现，空头中的强多市场中各品种的分时线形态与标准强多市场中各品种的分时线形态完全一致，这足以说明问题。

下面我们结合两个案例讲解一下在空头中的强多市场中应当如何进行操作。

在图 3 - 1 中，橡胶 1009 合约在 2010 年 4 月 28 日出现了大幅低开的走势，但是开盘之后价格便快速上行。从开盘时的分时走势我们得知，首根 K 线为一根阳线，并且后期 K 线均位于首根 K 线的上方，这是不是一种经典的做多 K 线形态呢？

在早盘期间，价格上涨的中途出现了一次调整的走势，如果受到价格下跌的影响，投资者在调整低点不敢介入也没有关系，但是，一旦价格在后期向上突破调整高点时一定要及时做多。在价格上涨力度较大的时候，只要

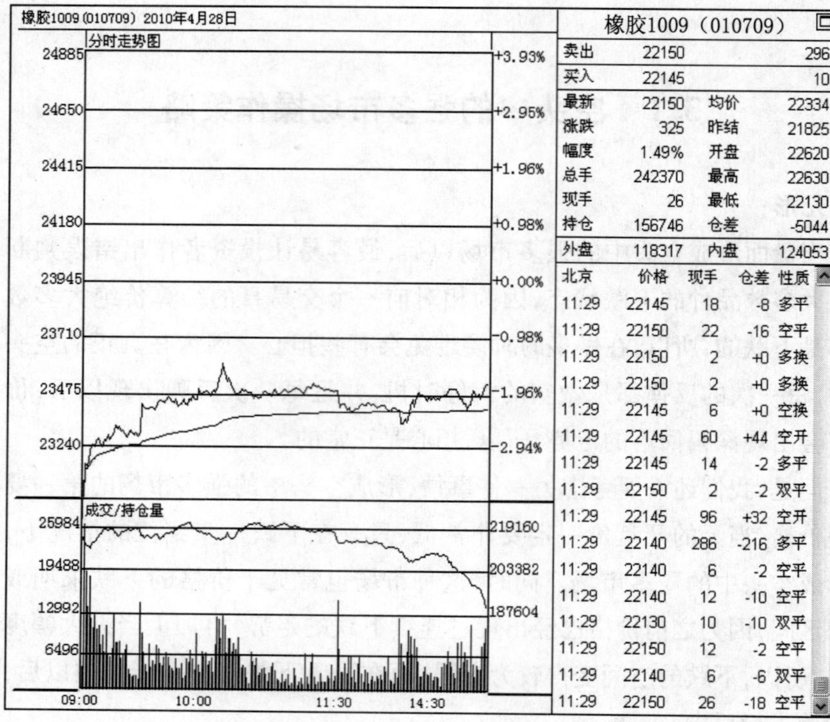

图 3-1　橡胶 1009 合约 2010 年 4 月 28 日走势图

整体涨幅不是很大，每一次的突破都是一次极好的做多机会，这种方法也是在标准的强多市场中常用的方法。

在标准的强多市场中均价线的支撑作用是非常大的，而这同样适用于空头中的强多市场。下午价格出现回落，但跌至均价线处时便止稳回落，这样的走势又一次为投资者提供了做多的机会，虽然价格此时的上涨幅度并不是很大，但实现每天 1% 的盈益目标还是没有任何问题的。

在图 3-2 中，PTA1009 合约在 2010 年 5 月 18 日形成了标准的空头中的强多市场。从整体走势来看，每一次价格回落产生的低点都是一次极好的做多机会。虽然价格出现了较大幅度的低开，但是，盘中资金的态度是做多，所以，价格每次回落之后都会出现创新高式的上涨，这种走势是标准的强多市场与空头中的强多市场共同的特点。

从上午 11:00 以后，价格开始进入当天的主升浪，并且在上涨的过程中，成交量始终保持着放大的状态，形成放量上涨的完美量价配合形态，而这种形式的上涨是标准强多市场中常见的现象。同时，在空头中的强多市场中也将会

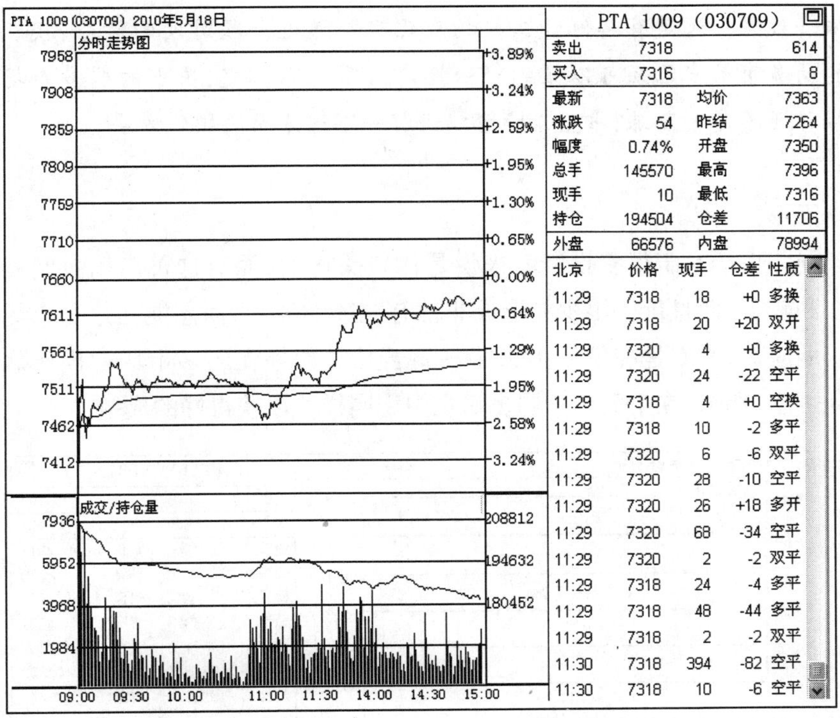

图 3-2 PTA1009 合约 2010 年 5 月 18 日走势图

经常见到。在价格保持着完美量价配合并连续上涨的时候,投资者必须要在这一区间大胆地入场做多,量价配合没有异常,价格的上涨也不会停止。

一旦整体市场进一步明确多头的强大力度时,投资者还需要注意价格在当天往往会以最高点或是次高点收盘,而这种收盘形态与标准的强多市场完全一致。所以,在操作的时候可以适当贪心一些,当然,贪心的前提是价格的上升趋势没有任何改变。

空头中的强多市场的操作方法与标准强多市场的操作方法没有太大的差别,只不过止损必须要坚决执行,这是为了防止价格的突然转势。

3.2 空头中的弱多市场操作策略

投资者询问:

在空头中的弱多市场中进行操作,是否与在标准的弱多市场中的操作方法一致呢？还是有其他什么样的变化呢？通过一段时间的学习，我在标准的弱多市场中已经可以做到轻松地应对了，只是对空头中的弱多市场中的操作还不是太熟练，希望老师可以讲解一下这方面的操作方法。

无形：

弱多市场对于很多投资者来说是比较头疼的，面对这种市场投资者不仅获利较少，而且价格很少能形成非常有规律的波动，而您能在这种市场中轻松地应对，看来是在学习上下了一番苦功。如果在弱多市场中操作您不感到困惑，那么，在空头中的弱多市场中您同样可以获得好的成绩。

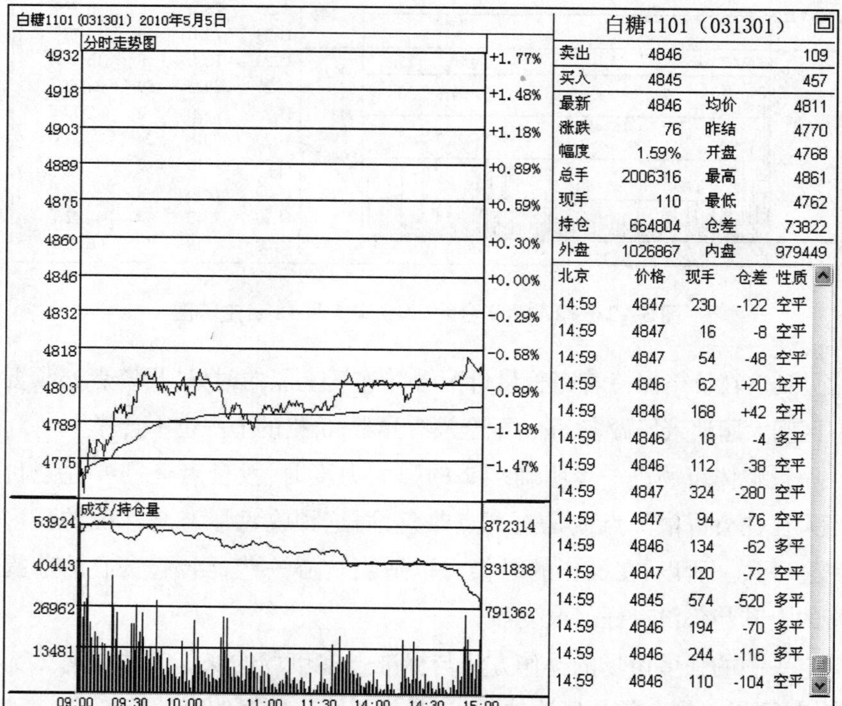

图 3-3　白糖 1101 合约 2010 年 5 月 5 日走势图

空头中的弱多市场的操作方法与标准的弱多市场是完全一样的，只不过让您感到麻烦的可能就是价格长时间处于下跌的状态。价格下跌，这说明市场是空头性质的，但是分时线却又不下行，反而震荡向上，在操作时肯定会让投资者担心价格的突然回落。担心价格的突然转势是在这种特殊市场中令投资者最为顾虑的问题，其实解决的方法很简单，只要设好止损位就没有任何问题了。

关于空头中的弱多市场的操作方法,我们还是结合具体的案例进行讲解,您有弱多市场的操作基础,一讲就会明白。

在图 3－3 中,白糖 1101 合约在 2010 年 5 月 5 日形成了标准的空头中的弱多市场。它具有空头的性质是因为价格在当天始终处于下跌的状态,而它又具有多头的性质是因为分时线在这一天连续上行,并以相对的最高点收盘,这种走势只有在多头市场中才会出现。

从图中的整体走势来看,除了在早盘期间进行追涨操作可以实现赢利以外,其他时间都不适合进行过于积极地追涨操作,而是应当耐心等待价格出现调整走势以后再进行操作。无论是弱多市场还是空头中的弱多市场,都不宜进行追涨操作,除非目标品种具有领涨特征。

无论是在弱多市场还是在空头中的弱多市场中,价格的波段涨幅都非常小,所以,只要完成了 1% 的盈益目标就应当择机止盈。正常情况下,价格在这两种市场中的波段涨幅往往很少超过 0.4%,去除很难把握住的低点和

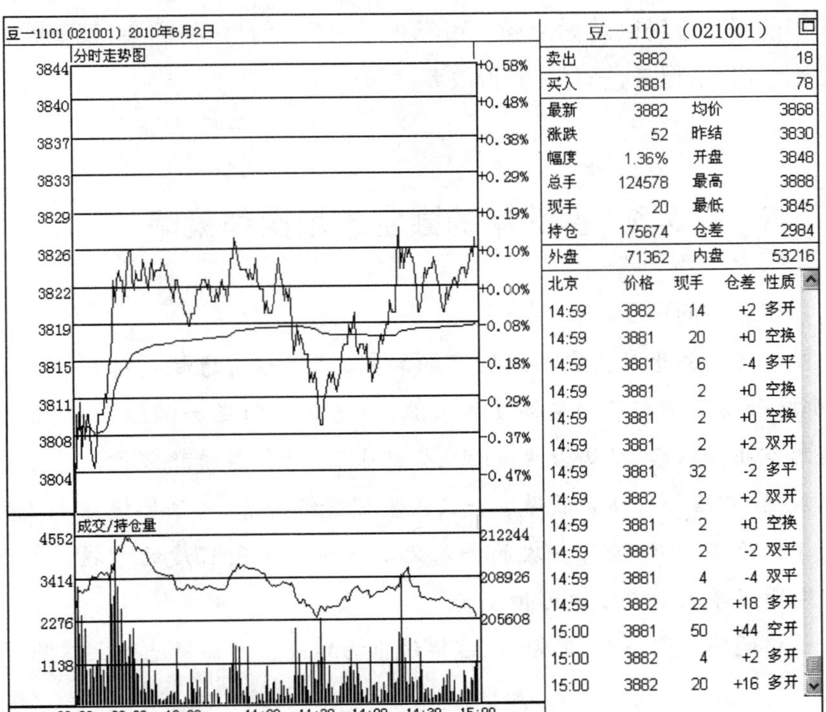

图 3－4　豆一 1101 合约 2010 年 6 月 2 日走势图

高点,能够把握住的赢利空间也就很小了。

在图 3-4 中,豆一 1101 合约在 2010 年 6 月 2 日低开以后价格连续上行,并在当天的相对最高点收盘,这种走势具有明显的弱多特征。因为价格出现低开,并且分时线大部分时间处于下跌的状态,所以,我们说它具有空头的特征。将这两种技术特征结合起来,我们称之为空头中的弱多市场。

面对空头中的弱多市场投资者一定要切记,千万不要盲目地进行追涨操作,特别是在价格形成突破走势的时候,最好不要参与操作。从豆一 1101 合约在 2010 年 6 月 2 日的走势来看,在接近 11:00 和接近 14:30 时出现了两次突破的走势,但每次突破走势出现以后,价格都马上产生了回落的走势,在此时操作的投机性风险还是比较大的。虽然多头占据一定的优势,但是,多头的力度并不是太大,所以,突破走势最好不进行操作,以此防止经常性的假突破出现。

在空头中的弱多市场中,投资者一定要耐心地等待两种操作的机会:一是有明确支撑的低点做多机会,二是低点抬高的做多机会。这两种机会是空头中的弱多市场以及标准弱多市场中最为安全的获利机会,其他的机会虽然也会出现,但是,一定要懂得放弃。

3.3 多头中的强空市场操作策略

投资者询问:

听了老师关于多头中的强空市场的判断方法后,想起我以前的一次操作,那时价格已经有了一定幅度的上涨,但是我认为还会继续上涨,在看到出现跳空高开以后,我认为做多的机会到来了,于是在价格经过一轮下跌后多单入场,可谁知价格只反弹了一点点便又继续回落,为了摊低成本又先后进行了两次买入,结果每一次的介入又都出现了不同程度的亏损。这样的走势对于多单来说真是太可怕了。

价格明明上涨,却不能做多,这样的市场到底应当如何进行操作呢?

无形:

当价格处于上涨状态判断是多头市场,这并没有犯错,因为市场多空的分类就是以价格具体的涨跌为判断标准的。但是,如果在分时线连续下行的时候入场做多,这就要吃大亏了。

不管在什么市场中,只要分时线保持下降趋势,就不能做多,只有在分时线向上的时候才可以顺势做多。在多头中的强空市场中,虽然价格是上涨的,但波动重心却会不断下移,此时正确的方法就是进行做空操作。

在多头中的强空市场中,当价格出现反弹走势时,只要触及压力位,就可以择机做空;在价格向下创下新低的时候,更是做空的绝好时机,面对这种市场,不能有任何做多的想法,不要让价格的上涨状态影响您的判断。

下面我们结合具体的案例讲解一下在多头中的强空市场中应当如何进行操作。

图3-5 橡胶1009合约2010年6月17日走势图

在图3-5中,橡胶1009合约在2010年6月17日开盘后便一路回落,开盘价就是最高价,这是空头市场最明显的特征,因为价格出现大幅高开的走势,所以很最容易让投资者产生做多的想法。

从这一天的分时线形态来看，下行趋势非常明显，属于标准的单边走势，同时，高点始终保持着降低的状态，并且新低不断出现，面对这种走势，在任何价位做多都要产生亏损。

在实战操作时，早盘价格的下跌速度过快，因此没有合适的介入机会。后期走势中，只要价格出现破位的走势，投资者就可以入场开空单，因为价格处于上涨状态。开空单后，为了防止价格的突然上涨，可以将破位前的高点作为止损位，一旦价格向上突破破位前的高点便意味着下跌行情的暂时结束，对于投机性空单来讲，就必须要离场。

因为价格下跌的周期比较长，下跌的幅度比较大，所以，留给投资者做空的机会非常多，除了尾盘期间的震荡走势外，在其他任何时间顺势开空单都可以轻松地实现赢利。

图 3-6 沪锌 1009 合约 2010 年 6 月 17 日走势图

在图 3-6 中，沪锌 1009 合约在 2010 年 6 月 17 日开盘以后，价格便出现快速回落的走势，从开盘期间的分时线形态可以看出，所有的 K 线都位于首根 K 线的下方，而这样的技术形态正是空头市场最明显的特征。

价格在下跌过程中出现了多次反弹的走势，但是，每一次反弹的幅度都非常小，这体现了多方的无力。每一次反弹出现以后，价格又快速地向下破位。从分时线的波动形态我们可以很容易地判断出空方占据着盘中的主动，既然空方力度强大，那么，在价格出现破位现象的时候，就一定要及时地开空单。同时，因为反弹幅度很小，所以，每一次反弹的高点也都是一次做空的机会。

随着下降趋势变得越来越明确，成交量也随之开始明显放大，这说明资金此时操作的积极性变得高涨，由于价格的方向向下，所以，这些入场的资金操作方向同样是做空。既然这么多资金都在场中坚定地做空，我们为何不跟随它们的步伐。

在多头中的强空市场中，请放弃一切想要做多的方法，特别是不要盲目地抄底，想一想强空市场的特征能预测出底在哪里来吗？因为多头中的强空市场一旦形成，价格往往会以最低点或是次低点收盘，所以，只要距离收盘还有较长的时间，就要让思维始终围绕着空字运转。

3.4 多头中的弱空市场操作策略

投资者询问：

价格跳空高开以后出现回落形成多头中的弱空市场时，我已经知道此时不能轻易做多，但是，又该如何进行做空的操作呢？我认为因为价格处于上涨状态，并且空方的力度也并不是太大，所以，做空也要讲究一些方法，而不能过于积极，但是，这些方法具体又是什么呢？希望老师解答一下。

无形：

价格上涨并且下跌幅度比较小，如果不讲方法地任意做空，也有可能会引发投机性风险。形成多头中的弱空市场后，操作的要求是比较多的，虽然以空单为主，但却有很多的限制条件。

首先，最好不要以杀跌的方式做空，看到价格下跌以后不计成本地杀跌做空，一旦价格反弹很容易触发止损的执行。

其次，在多头中的弱空市场中，应当尽量寻找高点进行做空，因为空方占据着主动，所以，价格并不会形成大力度的上涨，只要反弹高点受到压力就可以择机做空。比如，受到均价线压力，或是在 1 分钟 K 线图中受到布林线指标中轨的压力，这些位置都是最合适的做空点。

最后，因为价格整体下跌幅度较小，所以，反弹走势会频繁出现，千万不要在下跌的低点做多，这是为了防止价格连续回落向强空市场过渡。

只要按照以上几点进行操作，就不会出现大问题。下面我们结合具体的案例进行讲解。

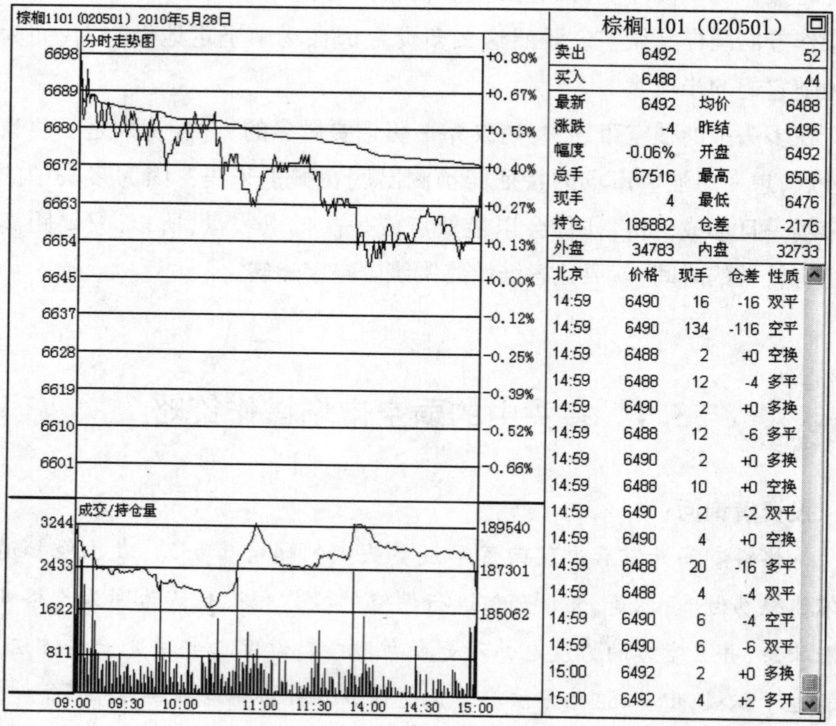

图 3－7　棕榈 1101 合约 2010 年 5 月 28 日走势图

在图 3－7 中，棕榈 1101 合约在 2010 年 5 月 28 日开盘之后出现了连续下跌的走势，从整体分时线的形态来看，多方的力度很弱，虽然空方占据着主动，但曲折下行的分时线也说明空方力度并不是很大，这正是弱空市场最明显的技术特征。

因为价格波动重心不断下行，所以，操作上要以空单为主，虽然在每一次下跌之后价格都出现了反弹，但这些反弹却并不适合做多，因为每一次反弹的高点都呈现降低的状态，做多的收益有限，但风险却非常大。

从图中的走势来看,第一次反弹的高点是一次极好的做空机会。在价格受到均价线压力时可以做空,在反弹高点受到前期低点压力时也可以做空。在这些位置做空顺应了价格波动的大趋势,所以风险较小,同时,又因为反弹使得空单持仓成本较高,以此能实现的收益也比较可观。

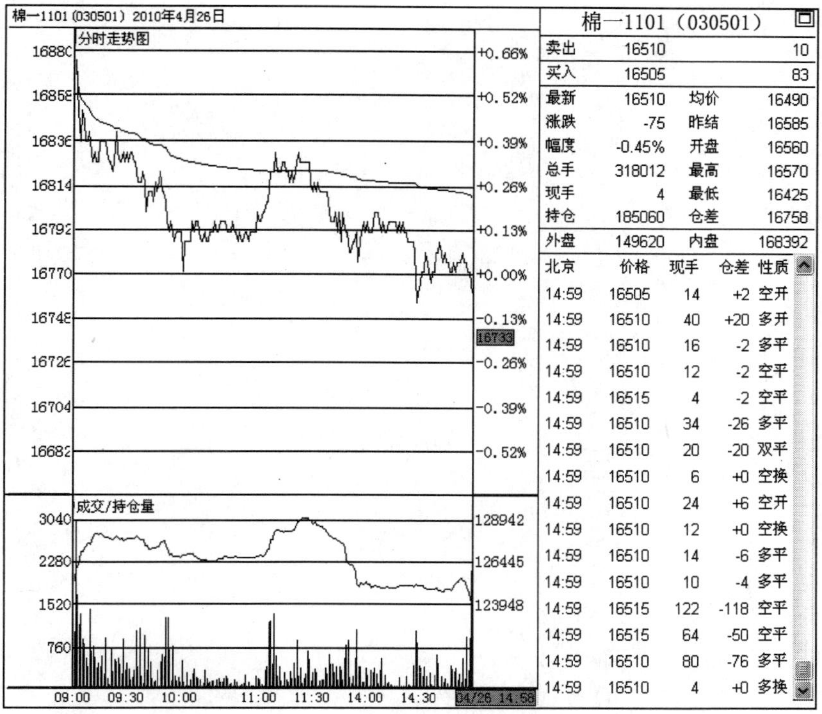

图 3-8 棉一 1101 合约 2010 年 4 月 26 日走势图

在图 3-8 中,棉一 1101 合约在 2010 年 4 月 26 日开盘后便出现了连续回落的走势,从开盘初期的走势来看,因为首根 K 线是当天最高的一根 K 线,所以,早盘期间的走势非常适合进行做空操作。

中午临近收盘时,价格出现了一波反弹的走势,反弹在高点区间受到了均价线的压力,价格在这一区间始终无法继续向上。均价线的压力作用是多头中的弱空市场形成时必须要高度关注的事情,因为机会往往就在其中。

除了均价线的压力作用以外,价格在这一区间还形成了高点不过的走势，第二个小高点无法顺利突破第一个高点，这也是做空的一大理由。无论是在标准的弱空市场中，还是在多头中的弱空市场中，高点不过也是一种最适合的操作方法。只要第二个高点无法突破前一个高点，在成交量出现萎缩的情况下积极开空单，获利的概率将会是很大的。

4.常见指标经典运用技巧

在进行实战操作的时候，我们除了要对K线形态以及成交量变化进行分析外，还需要对各类技术指标进行同步分析。因为各类技术指标可以反映不同的市场情况，有助于帮助投资者重视那些在分析过程中可能忽视的市场要素，以及可以不同程度地提高投资者操作的成功率。

4.1 KD 指标抄底技巧

小美助教：

本节内容为大家介绍一种日内进行投机性抄底的技巧。抄底对于许多投资者来说都很熟悉，但是，能够每天都将底部真正抄到的投资者却并不多，且有不少投资者都在抄底过程中出现了亏损，我觉得这主要是投资者方法的应用出现了问题。

学员王女士：

我原来就是经常在抄底过程中出现亏损，现在都有些不敢轻易抄底了，觉得还是顺势而为进行操作要安全一些。

小美助教：

抄底其实算是一种难度较高一些的操作，因为它是逆势交易，而在价格下跌的过程中进行做多的操作，一旦价格的波动并未在此形成底部，也就容易让介入的多单产生亏损。

学员王女士：

既然属于是逆势交易，为什么我们要学习这种技巧呢？

小美助教：

抄底技巧并不是仅仅用来在价格下跌的低点进行操作，它还是一种判断价格波动性质的重要方法。利用这种方法判断底部是否形成，除了可以抄底做多以外，它也可以被视为一种平仓空单的方法。因为一旦底部迹象成立，空单是不是也该平掉呢？所以，这种方法我们还是必须要学习的。

学员王女士：

从我以往错误的抄底操作来看，我认为最主要的问题就是介入时机比较早，价格的进一步下跌使我产生了亏损并触及了止损行为的操作。

小美助教：

抄底晚一些倒没有太大关系，无非就是价格明显反弹后再介入，这样获利的概率反而大一些。但是，如果抄底的时间较早，那将会很容易产生亏损。抄底的难度在于介入的时机，但其实这个时机是有方法去把握的。

本节交流中我们结合KD指标以及MACD指标为大家讲解抄底的技巧。其中KD指标为主要指标，MACD指标为辅助指标。

学员王女士：

KD指标属于绝对的短线指标，反应过于灵敏，不知使用它进行分析是否能有好的效果？

小美助教：

KD指标的确是过于灵敏，很多朋友都说它不太好用，其实并不是这样，这个指标对于投机性抄底以及逃顶操作来讲，可谓是功不可没。使用KD指标时我们需要注意的是，并不是什么时候都可以运用它，一定要在指标数值低于20值的时候才可以使用。只要指标数值高于20值就不宜抄底，此时价格有很大的可能还没有跌透。

学员王女士：

MACD指标在此时又该如何运用呢？

小美助教：

我们要求MACD指标线必须在此时形成低谷，MACD指标线的位置越低，价格后期反弹的概率也就会越大。

学员王女士：

两个指标结合在一起进行分析，这样分析的成功率就会高很多，希望老师能够结合具体案例进行讲解，看来我是需要恢复信心好好学习一下抄底的技巧。

小美助教：

在图 4－1 中，L1009 合约在 2010 年 6 月 25 日的盘中出现了震荡下跌的走势，如果我们只看 K 线图可以发现价格有形成底部的迹象吗？

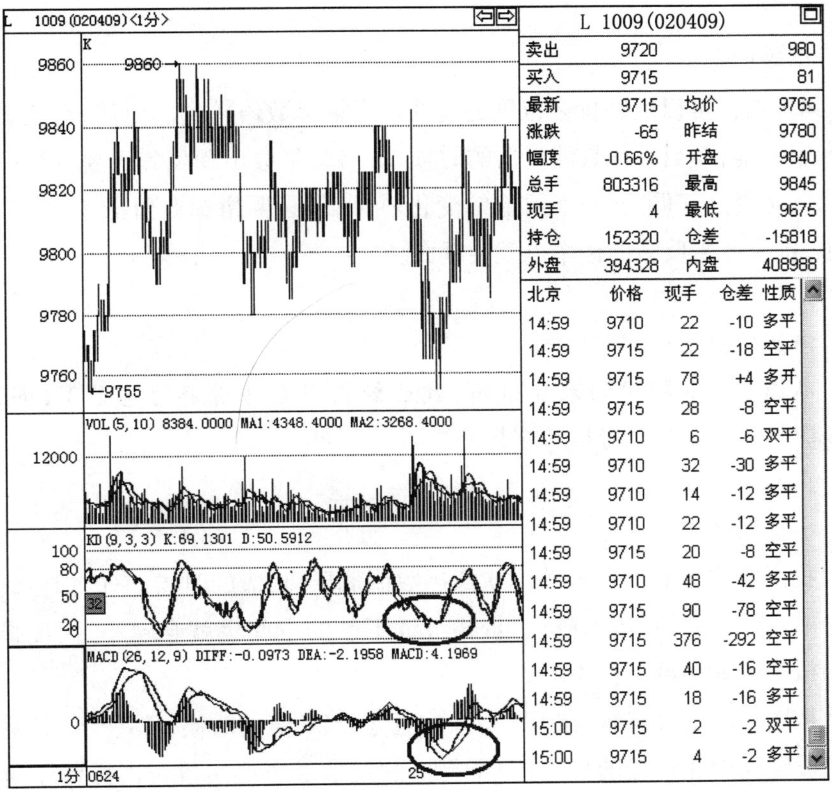

图 4－1　L1009 合约 2010 年 6 月 25 日走势图

学员王女士：

没办法看出来，无论是量能形态还是 K 线形态都没有形成底部的迹象。如果说下跌的低点形成用无形老师常说的异常巨量倒也好判断，但是，低点的量能却是萎缩的，这很难进行判断。

小美助教：

当我们无法从量价配合形态之中找出答案的时候，就需要借助技术指标进行分析了。我们先来看一下 KD 指标线在价格下跌的低点有什么样的技术特征。

学员王女士：

KD 指标在价格下跌的低点处数值小于 20 值。并且从图中前几次的低点来看，一旦指标数值低于 20 值的时候，价格就会呈现反弹的走势。

小美助教：

KD 指标可以反映价格位置的高低。当指标数值较高的时候，价格就容易产生回落；而当指标数值较低的时候，价格又将会出现反弹。要判断指标的位置是否足够低，看一下数值的变化就可以，只要指标数值低于 20，数值越小，价格产生反弹的概率也就会越大。

学员王女士：

从图中 KD 指标的表现来看，我已经明白老师讲解的意思了，那么，MACD 指标又如何进行辅助分析呢？

小美助教：

我们要求 MACD 指标在 KD 指标数值低于 20 值的时候，它的指标线能够形成较低的峰值，峰值越低，价格继续下跌的空间也就会越小，而反弹上涨的概率也就会越大。

从图中的走势来看，在 KD 指标数值低于 20 值的时候，MACD 指标形成了一段时间内非常低的峰值，两个指标的技术形态都向投资者提示了价格下跌空间较小的信号，因此，我们就需要考虑在此区间入场做多。

学员王女士：

具体的操作方法是不是在 KD 指标形成金叉的时候入场操作呢？

小美助教：

是这样的。但这只是第一步。当 KD 指标形成金叉并且 MACD 指标柱体连续缩短的时候，我们可以考虑介入一定仓位的多单。而当 MACD 指标形成金叉的时候，我们则可以再加重一些仓位，以这样的方式介入，资金的安全性相对高一些。

在图 4－2 中，沪锌 1009 合约在 2010 年 6 月 25 日开盘之后便出现了下跌。正常情况下，价格跌的幅度越大，未来反弹的空间也将会越大，涨跌都是相互的。从图中的走势来看，价格开盘后的下跌有着什么样的技术特征呢？

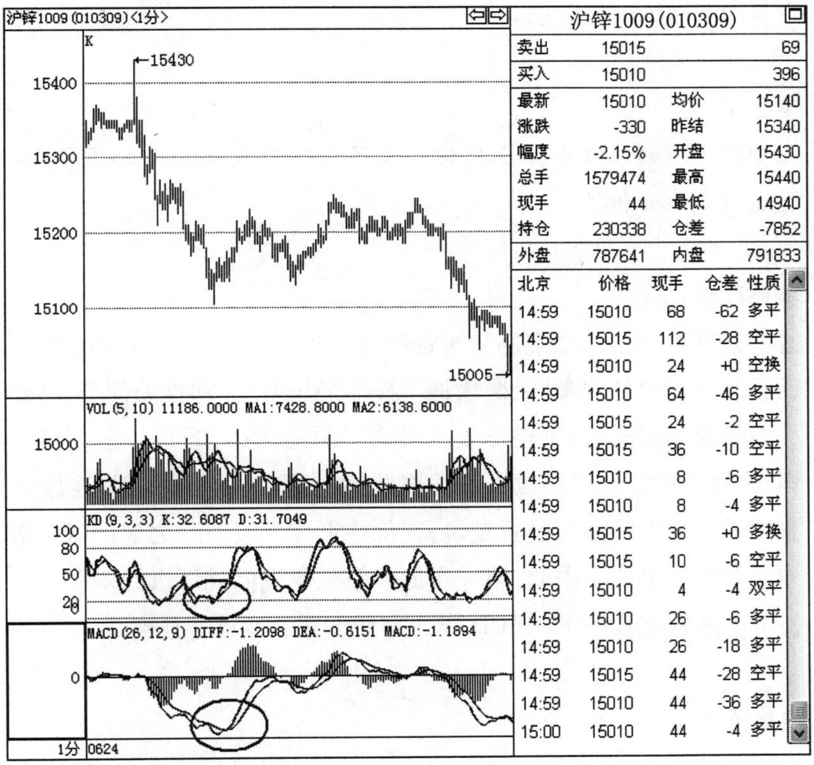

图4-2 沪锌1009合约2010年6月25日走势图

学员王女士：

价格开盘后的下跌趋势倒很单一，没有过于复杂的波动形态出现，但是在下跌的时候，成交量却保持着放大的状态。记得无形老师曾说过，一旦价格形成放量下跌的走势，下跌的幅度就会加深，并且下跌的周期也将会延长。

小美助教：

在进行抄底操作的时候，我们最好寻找成交量相对小一些的品种，对于形成放量下跌的品种一定要谨慎抄底。因为放量下跌的品种往往会是板块中的下跌龙头，这类品种最大的特征就是跌幅较大。而无量下跌的品种因为做空的资金数量相对少一些，所以，下跌的空间相对有限。

虽然形成了放量下跌，但我们所讲解的技术却依然是适用的。请您先说一下KD指标的变化形态。

学员王女士：

在价格下跌的过程中，KD指标形成了两次低数值金叉的现象，我有些搞不懂这该如何分析了。

小美助教：

这个案例相比上一个案例分析难度大一些。价格在下跌的时候，KD指标形成两次低数值的现象，无疑增加了操作的风险性，那该如何分析呢？

从图中的走势来看，价格形成波段式下跌的走势，下跌一定空间后又出现反弹，而反弹后价格又继续下跌。因此，我们要求价格的下跌波段必须超过三波才可以考虑操作。也就是说，在价格形成三波下跌之后的KD指标低数值才具有参考价值。因此，第一次低数值现象我们就可以回避了。

接下来您再来说一下MACD指标有什么样的波动特征吧。

学员王女士：

MACD指标在价格下跌的时候，始终保持着下行的状态，受到价格反弹的影响多次想形成金叉，但却都失败了。

小美助教：

随着价格的下跌，MACD指标的峰值越来越低，指标峰值越低，后期出现反弹上涨的概率也将会越高。在KD指标数值低于20值并且形成金叉的时候，只要MACD指标柱体连续缩短，这个时候投资者就可以入场进行操作了。从图中的走势来看，在KD指标形成金叉以后，MACD指标也随之形成金叉，至此可靠的买点随之成立。

利用这种方法进行操作，如果投资者担心价格反弹幅度不会很高、价格继续下跌的概率较大，则不必非要入场抄底操作，而是可以在价格有较大可能出现反弹的时候平仓持有的多单，投资者可以在做空抄底操作时使用这种方法，它也可以用来平仓多单。

4.2 KD指标如何预测上涨的空间

小美助教：

利用KD指标与MACD指标成功抄底做多之后，接下来的问题就是要预测价格将会上涨到哪里。预测价格的上涨幅度也是投资者必须要掌握的一种分析方法，它有助于我们提前计算出这笔操作有可能实现的赢利。

您能说出您所知道的预测价格涨幅的方法吗？

学员王女士：

当价格形成某种经典的技术形态的时候，可以预测出价格的涨幅。比如W底一旦明确形成，W底形态中的两个低点至颈线位的距离就是价格后期的上涨空间，除此之外，还有头肩底也可以预测出价格的上涨空间。

小美助教：

您说的这些方法都很正确，利用形态预测价格的涨幅非常容易，并且准确性也比较高。这一节我将为大家讲解一种新的方法，也就是利用KD指标来预测价格的上涨空间。

学员王女士：

KD指标不是只能告诉我们价格所处的位置高低吗？它又如何帮助我们预测价位的变化呢？

小美助教：

技术形态可以帮助投资者预测出价格具体的涨幅价位，但KD指标却无法做到这一点，那么，KD指标又是如何帮助我们预测价格上涨幅度的呢？其实思路很简单，当价格进入低数值区间的时候，后期上涨的概率就会加大，而当价格进入到高数值区间，价格会发生什么现象呢？

学员王女士：

当KD指标进入80值以上区间的时候，价格出现调整的概率将会是比较大的。

小美助教：

这样一来我们是不是就可以预测出价格的上涨幅度了？当KD指标没有进入高数值区间的时候，价格继续上涨的概率将会是比较大的，而一旦KD指标数值接近或超过80值，价格的上涨也将会进入尾声。KD指标由低数值运行至高数值，对应的价格也往往会完成一轮上涨的走势。

学员王女士：

老师的这种预测方法我还真是头一次听说，请老师结合具体的案例讲解一下这种方法，真想尽快学会。

小美助教：

在图4－3中，橡胶1011合约在一波上涨结束以后，出现了较大幅度的杀跌走势，您来说一下低点处有什么样的技术特征。

学员王女士：

价格下跌到低位以后，出现了异常巨量的现象，量能的异常意味着下跌行情将有很大的结束可能。同时，这一时期KD指标也进入了低数值区间，这预测着价格出现反弹的概率极大。

小美助教：

价格反弹到高点以后，K线形态有什么样的特征呢？

学员王女士：

价格的反弹高点受到了大阴线开盘价格的强大压力。由于阴线的实体较大，所以，这一根阴线具有非常重要的作用，它可以对后期价格的波动产生压力与促跌的作用。

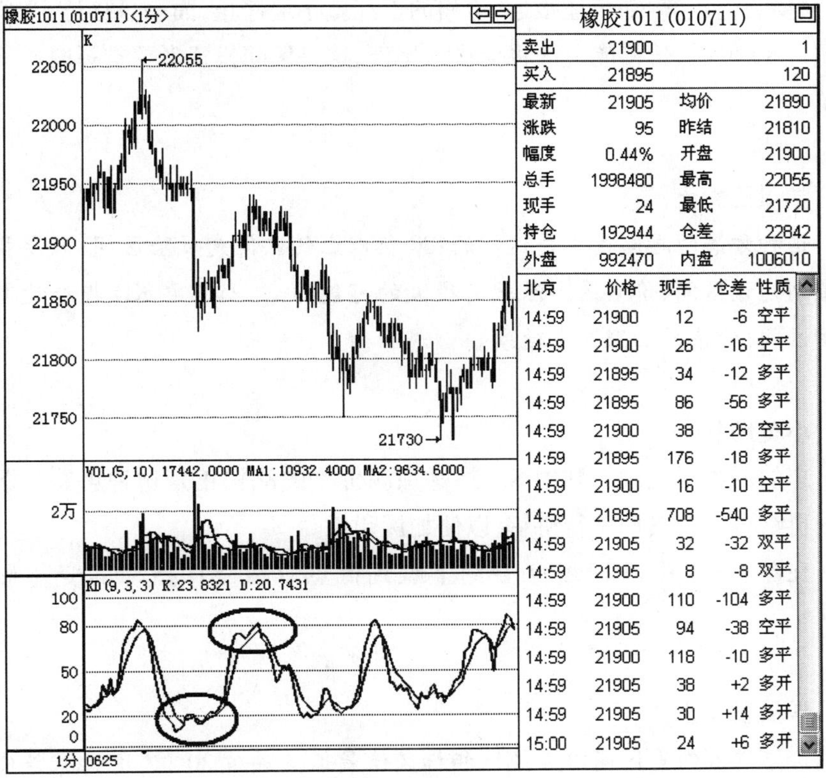

图4-3　橡胶1011合约2010年6月25日走势图

小美助教：

在价格反弹的时候，一旦触及压力，就很容易进行回落，投资者也可以用这种方法判断价格的理论上涨空间。在价格上涨至高点并且出现下跌的时候，KD指标又是如何表现的呢？

学员王女士：

KD指标随着价格的上涨进入了高数值区间，如同指标进入低数值区间将会反弹一样，一旦进入高数值区间，价格回落的概率将会是比较大的。

小美助教：

从图中的走势来看，当KD指标接近80值的时候，价格的上涨也随之结束。由此我们可以得出这样的规律：当KD指标数值由20值开始向上运行时，只要数值距离80值还很远，价格的上涨就不会停止，而一旦接近80值或是超过80值时，价格的上涨将会进入尾声，这一区间投资者要选择时机平仓多单。

学员王女士：

这种方法的思路是不是这样的：80值以上的区间是风险区间，只要指标数值到达该区间，价格的上涨就有很大的可能结束，而只要KD指标没有进入该区间，价格的上涨就会延续。

小美助教：

您的回答很正确。利用KD指标预测价格的涨幅正是这种思路。下面我们再结合一个案例进行讲解，以便加深印象。

在图4－4中，PTA1009合约下跌到低点以后，KD指标的变化形态如何？

学员王女士：

价格进入低点区间以后，KD指标数值最低点跌破20值，这意味着价格在该区间出现反弹的概率是极大的。

小美助教：

当价格出现反弹行情并上涨至高点的时候，KD指标又是如何变化的？

学员王女士：

KD指标数值达到了80值以上，但很快指标线又形成死叉，这提示投资者风险的到来。

小美助教：

从这个案例中我们可以发现这样的规律：KD指标进入20值以下区间时，价格上涨概率较大，而当KD指标进入80值以上区间时，价格下跌的概率较大。而当指标形成金叉，指标线连续上行的时候，对应的就是价格的上涨，只要指标数值没有超过80值，价格的上涨也就不会停止。因此，指标线

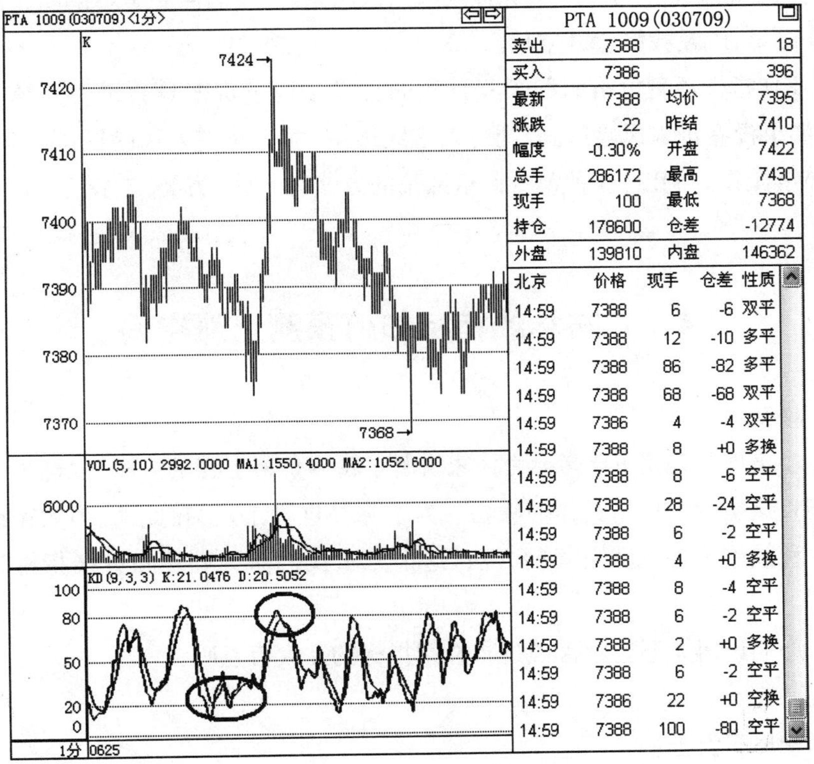

图 4－4 PTA1009 合约 2010 年 6 月 25 日走势图

是否进入风险区间就等于价格的上涨是否结束。

学员王女士：

我现在有一个问题：KD 指标并不能提示我们价格上涨的具体幅度，有可能价格只涨了一点点，但是 KD 指标就进入了高数值区间，也有可能价格上涨了很多，价格才进入风险区间。我这样说是否正确？

小美助教：

您说的是正确的。KD 指标的确无法衡量价格的具体涨幅，在空方力度较大的时候，可能价格在下跌后保持横盘的走势，但是，KD 指标依然会形成上升的趋势并进入风险区间。也有可能价格大幅度上涨后，KD 指标才会进入到高数值区间，这是这种方法的一个不足之处。虽然有缺点，但它的优点我们仍不能忘记。在KD指标进入风险区间以后,我们需要考虑的就是择机平仓多单,以及找机会开空单。

KD指标预测价格的涨幅其真实的含义是衡量价格是否进入了风险区间,如果没有进入风险区间,则可以继续做空,而一旦进入风险区间,多单就要谨慎操作。所以,这种预测价格涨幅的方式有一些“另类”的味道。

4.3 布林线指标如何预测上涨空间

杨助教：

小美助教利用KD指标为大家讲解了预测价格上涨的方法,但这种方法不能直接衡量出价格具体的涨幅。为了弥补这种不足,在此,我为大家讲解另一种预测价格上涨空间的方法,这个方法我们需要利用布林线指标进行分析。

您还记得无形老师曾说过布林线指标的几大特点吗?

学员王女士：

记得。布林线指标在帮助投资者进行分析的时候,有以下几个特点：

1. 可以追踪价格的趋势。
2. 可以反映价格波动过程中的压力位与支撑位。
3. 可以提示价格强势上涨或强势下跌行情的平仓点。
4. 可以提示投资者价格变盘的区间以及变盘的方向。

杨助教：

在所有经典指标之中,只有布林线这个指标可以同时反映多个市场信息,这也是无形老师在实战操作时会经常运用它的主要原因。

布林线指标具有压力的作用,那么该指标的什么位置会对价格的波动起到压力的作用呢?

学员王女士：

当K线位于布林线指标中轨下方的时候,布林线指标的中轨将会对价格的波动产生强大的压力。当K线位于布林线指标中轨之上、上轨之下的时候，布林线指标上轨将会对价格的波动起到强大的压力作用。但相比之下，布林线指标上轨的压力作用更加明显。

杨助教：

在价格上涨的过程中，一旦触及重要的压力，价格就会出现调整或是下跌的走势，在这种情况下，投资者就需要考虑将持有的多单平仓出局。而只要价格未接触压力区间，那么上涨行情就可以延续。利用这个特点，我们就可以在价格上涨的初期预测出上涨的空间将会有多大。

学员王女士：

根据老师讲解的内容，当价格出现上涨的时候，一旦上涨至布林线指标上轨，强大的压力作用就会促使价格回落。因此，价格起涨的位置距离布林线指标上轨的空间，就是价格的上涨幅度。

杨助教：

非常正确。在价格起涨的时候也可以这样理解，布林线指标通道有多宽，那么涨幅就有多大。布林线指标通道较窄，那么价格上涨的空间也就会小一些；而如果布林线指标通道较宽，价格的上涨幅度则会大一些。

下面我们结合具体案例进行详细讲解。

在图4－5中，螺纹1010合约在图中出现了一轮下跌的走势。结合布林线指标来看，价格下跌的过程中有着什么样的技术特点？

学员王女士：

价格在下跌的时候，K线始终位于布林线指标中轨的下方，因为布林线指标是价格波动的多空分界线，K线位于其下方，意味着空方点占据绝对的主动地位，因此，应当在这一区间积极地进行做空的操作。

杨助教：

下跌到低点以后，由于异常巨量的出现，价格出现了反弹的走势。在价格出现反弹上涨走势的时候，我们都有哪些方法可以预测价格的涨幅呢？

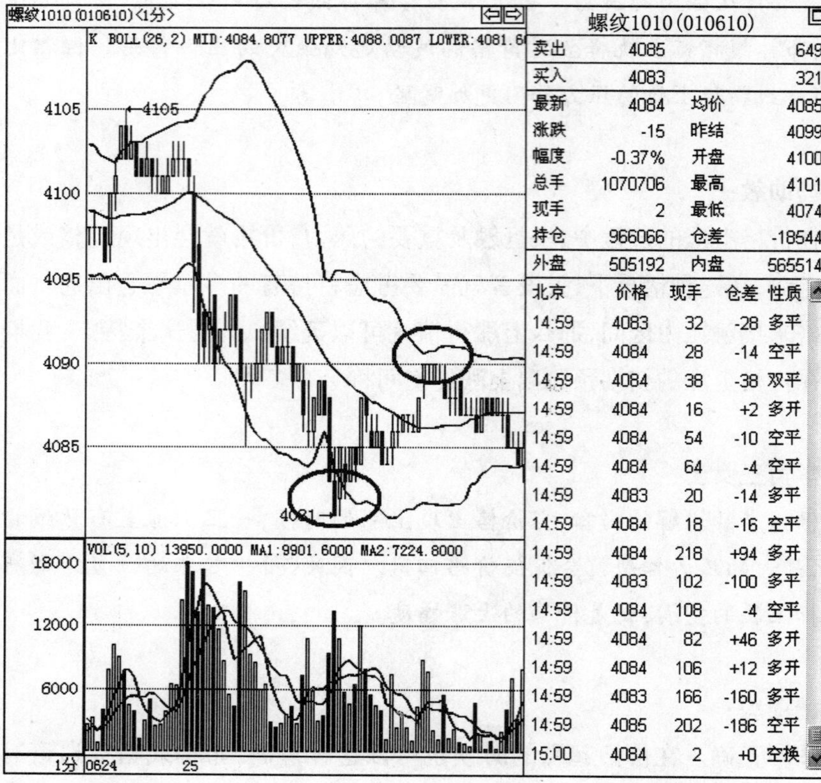

图 4－5　螺纹 1010 合约 2010 年 6 月 25 日走势图

学员王女士：

首先，价格在上涨的时候，没有形成什么标准的技术形态，因此，我们只能利用前期价格波动时留下的低点或高点来预测价格的上涨空间，因为价格一旦到达该区间，就会受到理论的压力，从而结束上涨。

其次，还可以根据小美助教讲解的方法预测价格的涨幅，一旦 KD 指标进入高数值区间，价格的上涨就有可能结束。

最后，我们还可以利用布林线指标预测价格的上涨空间。第一上涨的目标位就是价格起涨时距离布林线指标中轨的空间，第二上涨的目标位就是价格起涨时距离布林线指标上轨的空间。

杨助教：

从价格的整体走势来看，当上涨至布林线上轨附近时，价格停止了上行并转头向下。在价格接触布林线上轨的时候,成交量的放大宣告了上涨的结束。

学员王女士:

从图中的走势来看,价格离布林线上轨还有一点距离,这也可以称为压力吗?

杨助教:

布林线指标上轨的压力有三种表现形式:

1. 价格正好与布林线上轨接触到,这是我们通常所说的压力。

2. 价格瞬间突破布林线上轨,但很快又跌破布林线上轨产生回落,这也是一种压力的体现。

3. 价格与布林线指标上轨还有较小的距离,这种现象称之为布林线上轨的悬浮压力。

图 4 -5 中布林线的压力就是悬浮式的。

学员王女士:

因为价格可能并不完全接触到布林线上轨,所以,在预测价格上涨空间的时候,我们是不是应当让预测的价位略微低于布林线上轨呢?

杨助教:

这样做是最科学的。因为价格并不距离布林线上轨太远,所以,这样做有助于及时地平仓;如果预测价格与布林线上轨完全一致,并以此作为平仓的信号,一旦形成悬浮式压力,就会给投资者的操作造成麻烦。

在图 4 -6 中,白糖 1101 合约的价格见底反弹后到达布林线中轨的时候,价格出现小幅调整的走势,从此时的走势可以看到,布林线中轨的确具有压力的作用。当价格反弹至布林线中轨的时候,因为到达了第一预测位,所以投资者需要保持谨慎的态度。

学员王女士:

价格上涨至中轨的时候,如果明显走弱应当考虑平掉多单,但是如果价

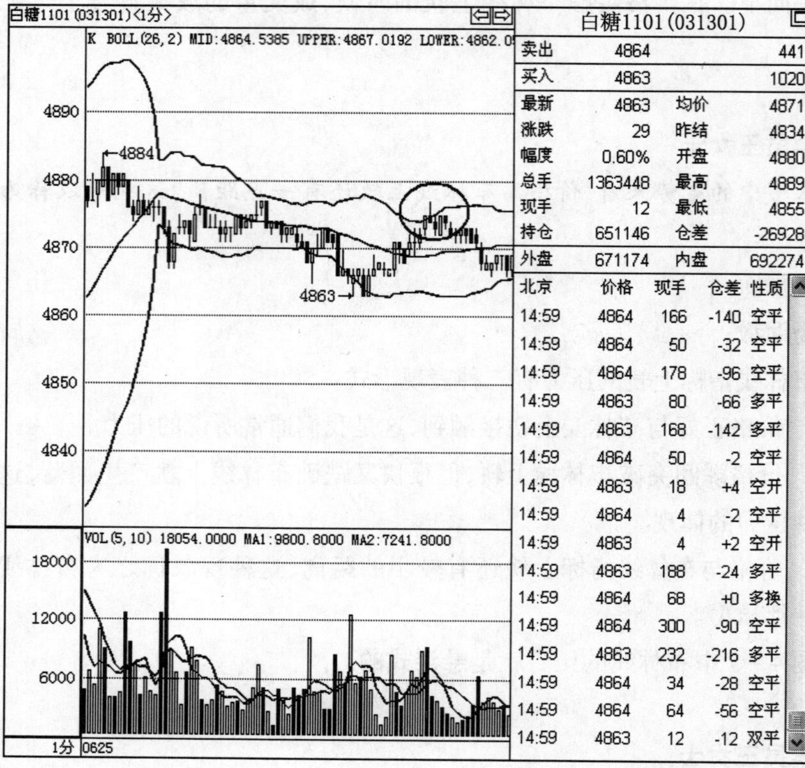

图 4-6　白糖 1101 合约 2010 年 6 月 25 日走势图

格调整幅度较小，就可以继续持仓吧？

杨助教：

布林线中轨的压力要比上轨的压力小一些，所以，如果价格有继续走高的迹象，此时是可以继续持仓的。当突破了第一预测目标价位后，第二预测目标价位处投资者最好先行出局。

就算价格后期还将会上涨，也必然会在触及布林线上轨的时候产生回落，并且只有下跌至中轨获得支撑的时候，才有可能继续上涨。所以，布林线上轨这道压力很难一下子突破。

学员王女士：

从图中的走势来看，价格上涨至布林线上轨的时候，的确受到了明显的强压力并产生回落，回落的时候，布林线中轨并没有起到支撑的作用，因此，价格又下跌至布林线指标下轨附近。

杨助教：

从图中的走势来看，价格瞬间突破了布林线指标上轨，但很快又回到了布林线上轨的下方，这种走势也是常见的一种压力形态。

结合 K 线图与布林线指标来想一个问题，为何我说价格要想展开真正的上涨行情，需要触及布林线上轨后回落，而后只有在受到中轨支撑以后才会继续上涨呢？

学员王女士：

在价格接触布林线指标上轨的时候，中轨并没有任何上升的趋势，所以，多方需要进一步集聚能量，因此，需要在回踩中轨受到支撑以后，才有能力继续上行，并将中轨拉到向上。

杨助教：

您回答得很贴切。趋势的扭转往往就是这样：第一波上涨后受到压力回落，再获得重要支撑后，重新继续上涨，而直接涨上去的可能性相对小一些。因此，这也是我们要在价格上涨至布林线上轨的时候平仓多单的原因：价格在这一轮行情的上涨空间已经结束。

从这两个案例我们还可以发现另一种现象：布林线通道有多宽，价格的上涨空间就有多大。相比利用 KD 指标预测价格涨幅的方法，利用布林线指标可以把预测的空间做到精细，在开仓做多的那一刻，您就已经知道自己能够赚多少钱了。

4.4 布林线指标的趋势转变提示

杨助教：

没有只涨不跌的行情，也没有只跌不涨的行情，价格涨得多了以后就会下跌，而跌得多了以后就会上涨，正是这种原因使得我们必须要掌握价格顶和底的各种技术特征,从而把握住趋势转变的时机。

您能说出趋势转变时的两种常见形态吗?

学员王女士:

在价格正常波动的时候,趋势的转变有两种形态:

1. 价格上涨到位后直接下跌,中间没有任何过程,这样的走势会使价格形成"A"字顶形态。

2. 价格上涨到位后经过一番震荡,而后下跌,趋势转变有一个过程。

杨助教:

"A"字顶无论对谁来说都很难把握,因为趋势的转变速度非常快,投资者很难在新趋势方向形成前做出正确的判断。但是,如果趋势的转变存在一个过程,那么,投资者的操作就会变得非常简单了,只要存在这个过程,哪怕时间相对较短,我们也有方法做出正确的判断,并在新趋势形成前提前入场进行操作。

您能说出哪些方法可以帮助我们判断趋势方向将有可能发生转变吗?

学员王女士:

我记得无形老师曾说过,布林线指标可以提示趋势的转变,但是,我还没有听到这节课,老师是否可以教给我这个方法呢?

杨助教:

布林线指标对趋势转变的提示作用非常好,而且在常用指标中也只有它具有这项功能。

从K线的角度来讲,您认为价格变盘前会形成什么样的技术形态?

学员王女士:

我认为应当是横盘震荡的走势,因为价格出现横盘走势以后,有可能出现上涨,也有可能出现下跌。

杨助教：

在价格出现横盘走势的时候，布林线指标又将会如何变化呢？

学员王女士：

布林线指标将会出现缩口的迹象，直到价格重新上涨或是重新下跌之后，才会再度张口。

杨助教：

您已经把布林线指标提示趋势转变的方法说出来了。在价格波动的过程中，一旦布林线指标出现缩口的迹象，这就意味着趋势转变区间的到来。

下面我们结合具体案例进行讲解，您一看就明白这个方法应当如何使用。

在图4－7中，您来说一下沪铜1009合约的价格在下跌之前的K线形态有什么样的技术特征。

学员王女士：

价格在下跌之前，K线的震荡幅度变得越来越小，并且成交量也出现了明显的萎缩迹象。

杨助教：

价格的波动幅度开始减小，这是趋势转变之前常见的走势，同时，量能的明显萎缩，这说明资金也都在等待着新趋势的形成。缩量以及价格波动幅度减小这样的技术特征一定要记牢。

在价格波动幅度变小的情况下，布林线指标的技术形态又是如何？

学员王女士：

布林线指标的上轨与下轨开始慢慢靠拢，形成缩口的状态。

杨助教：

请大家记住这样的技术形态，一旦布林线指标通道由宽变窄，形成缩口的迹象，就意味着价格将会由此进入趋势转变的区间。在这个时候，无论持

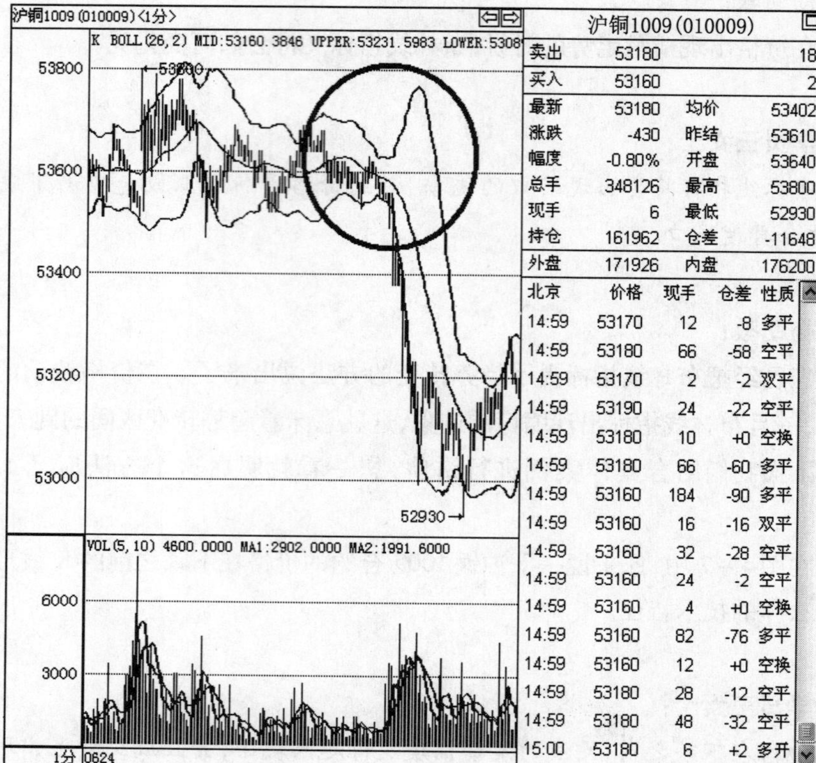

图4－7　沪铜1009合约2010年6月25日走势图

有多单还是持有空单，都需要随时留意后期价格方向的变化，一旦新方向出现，就要顺势交易。

学员王女士：

这是否意味着在新方向明确出现之前，无论是做多还是做空都不宜在趋势转变区间进行操作呢？

杨助教：

趋势转变是指价格由此开始进入没有方向的波动，但经过短暂的蓄势以后，价格将会选择出新的方向。既然新的方向还没有出现，无论是做多还是做空自然都不宜提前介入。

学员王女士：

布林线指标的缩口到什么程度才可以称之为是进入趋势转变的区间呢？

杨助教：

其实这种判断方法并没有一个固定的数值，如果非要说一个数值的话，那就是上轨至下轨之间的距离小于0.2%的涨跌幅度，当然数值越小越好。更好的方法就是进行对比，即将当前的通道宽度与价格波动幅度较大的通道宽度进行对比。

在图4－8中，白糖1101合约的价格上涨至中途出现了调整的走势。您来说一下这一时期的调整有什么样的技术特点。

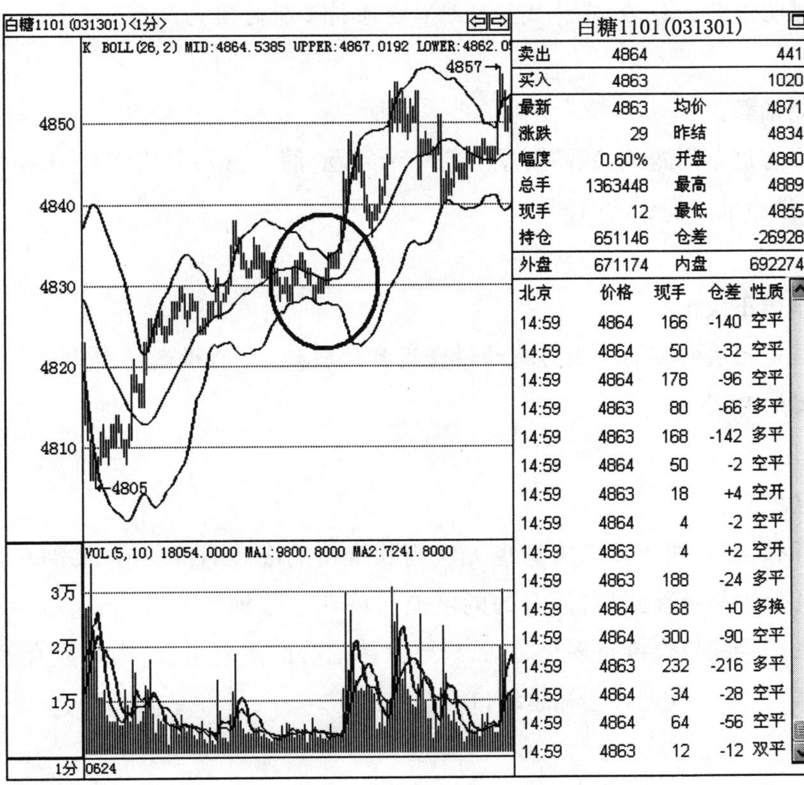

图4－8　白糖1101合约2010年6月24日走势图

学员王女士：

价格调整的低点受到了布林线指标下轨的支撑，根据总体趋势可以得知，支撑位就是较好的做多位。同时，成交量开始萎缩，并且布林线指标形成缩口的迹象，价格进入趋势转变区间。

杨助教：

看来上一个案例已经让您掌握了这种判断方法，其实这种方法非常简单，因为布林线指标是否形成缩口的走势可以说是一目了然。只要布林线形成缩口迹象，价格在后期形成新方向的趋势的概率将会极大。

学员王女士：

根据老师的经验，布林线指标缩口会维持多长时间呢？

杨助教：

回答这个问题前，我需要反问您一个问题，假如价格形成横盘震荡的走势，横盘会维持多长的时间？

学员王女士：

这是无法回答的。因为有的横盘周期比较短，有的横盘周期比较长，没有固定的时间。

杨助教：

那么，布林线指标的缩口也无法判断维持的准确时间。有的缩口可能保持几分钟便重新张口，而有的则可能保持几十分钟才会张口，所以，我们不要去理会缩口会维持多长时间，只要保持耐心盯盘就可以，因为只有等到指标张口以后，我们才会知道缩口至此结束。

学员王女士：

另外一个问题是，新方向出现是以什么为标志的，以及后期的新方向到底是会向上还是会向下呢？

杨助教：

新方向的出现是以布林线指标重新张口为标志的，这一点相信也不难判断。而新方向到底是会向上还是会向下，这还需要再结合其他技术进行分析，这并非本节内容要与大家交流的，在无形老师《一年十倍的期货操盘策略（二）》后期的系列丛书中必将与大家分享，希望大家耐心等待新知识的出现，就像有耐心等待新的操作机会一样。

5. 指标背离的判断与操作技巧

价格在波动的过程中，有一种现象最需要引起投资者的重视，那就是指标的背离现象。一旦指标与价格的波动方向形成背离，指标总是会引领方向，而价格也将会最终向指标的运行方向妥协，指标在此时提前于新趋势的方向向投资者发出信号。从历史的走势来看，这种交易方法的成功率是极高的，因此，要求每一位读者朋友必须要熟练地掌握本章内容中所讲解的方法。

5.1 什么是指标的背离

投资者询问：

无形老师您好！我是一名新炒手，正在学习之中，我最近听到一个词：指标的背离，不太明白这是什么意思。不知您是否可以详细为我讲解一下呢？

无形：

指标背离是市场中一种较为常见的现象，具有很重要的参考性，因为一旦指标形成背离走势以后，价格在后期形成趋势反转的可能性非常大。因为指标可以在价格新趋势方向没有形成之前就提示投资者未来趋势的方向，所以，受到了许多投资者的重视。

在价格正常波动的情况下，价格上涨，各种指标也都会随之形成多头排列的状态，而当价格下跌时，各种指标又会随之形成空头排列的状态。由于指标的趋势方向与价格的趋势方向完全一致，所以，这是指标正常状态下的提示信号。但是，在价格连续下跌以后，价格虽然并没有停止下跌，但指标却先行一步形成上升趋势，或是，价格连续上涨以后，指标先于价格形成下降趋势，这都称为背离。

指标背离最大的特点就是：指标的趋势方向与价格的趋势方向完全相反。

在指标形成背离走势以后，更多出现的现象是价格最终服从于指标的方向，而并非是指标的方向向价格的方向妥协。所以，在背离现象出现以后，指标往哪个方向走，哪个方向就是未来价格的变化趋势。

那么，指标的背离现象常会出现在什么位置呢？这是投资者必须要注意的，如果您不知道指标将会在什么位置出现背离，实战分析过程中就不会有好的效果。

指标的背离现象常出现在四个位置：

1. 价格连续上涨以后的顶部区间。

2. 价格连续下跌以后的底部区间。

3. 上涨中途的横盘调整区间。

4. 下跌中途的横盘调整区间。

价格连续上涨以后，并不是任何 K 线形态都会导致指标背离现象的出现，只有形成震荡上涨走势的时候，才会在顶部出现指标的背离现象。如果价格的上涨形成 A 字顶形态，指标背离现象就不会出现。因为此时指标与价格的方向形成背离走势以后，价格将会出现下跌的走势，所以，我们将这种背离称为顶背离。

在价格连续下跌的时候，也要求必须形成震荡下跌的走势，否则如果形成 V 形底形态，指标的背离现象也就不会出现。由于在指标背离现象出现以后，价格将会在后期展开上涨的走势，所以，这种背离被称之为底背离。

顶背离和底背离是两种最为重要的技术信号，均可以提前告诉投资者价格后期的变化方向，对这两个位置的背离现象，请各位投资者务必重视。

除了有顶背离和底背离的现象，之外，价格在上涨中途或是下跌中途的调整区间，指标也容易形成背离的现象，不过，并非任何 K 线形态都会导致指标在这一期间的背离，只有在较为标准的横盘走势出现时，才会形成背离的现象。此时的背离并不完全能够向投资者提示价格未来的波动变化，只能起到警示的作用，如果价格连续横盘没有向上的突破或向下的破位走势，则可以继续持仓，但是，如果价格形成向上的突破或是向下的破位走势时，就需要按指标的提示方向顺势交易。

下面，我们结合一些品种的走势来说明一下什么是指标的顶背离、底背离和上涨中途的背离以及下跌中途的背离。

在图 5－1 中，白糖 1101 合约在 2010 年 5 月 31 日盘中出现了一波上涨的走势，在价格上涨的时候，MACD 指标随着价格的上行而上行，二者的趋势方向一致，投资者应当坚定地顺势做多。

经过一段时间的上涨以后，价格在相对高位区间形成震荡的走势，从图 5－1中的走势来看，形成了两个高点一致的波动形态，但这个时候 MACD 指标的变化却出现了问题。价格的高点没有明显降低迹象，但 MACD 指标却提前形成了下降的趋势。

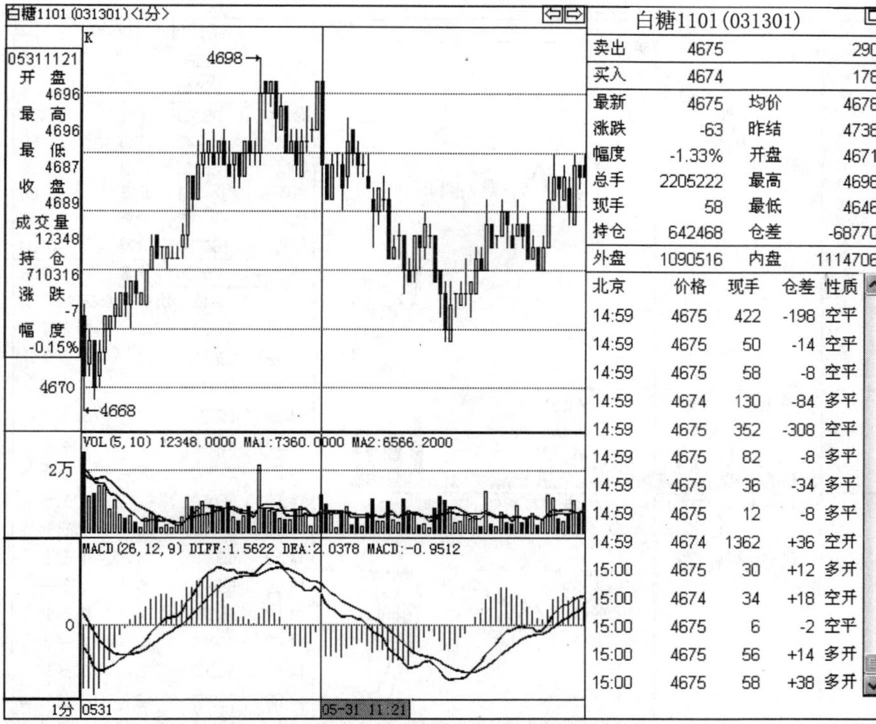

图 5-1　白糖 1101 合约 2010 年 5 月 31 日走势图

价格未下跌，而 MACD 指标却率先形成下跌的走势，这就是指标的顶背离现象。从后期的走势来看，价格的波动方向最终向指标的波动方向妥协。

在图 5-2 中，沪铜 1009 合约的价格在 5 月 31 日上涨时的形态是震荡式的，但由于价格的上涨较为真实，MACD 指标并没有异常的变化，指标线始终追随着价格的上涨，只要两者方向一致，投资者就要顺应当前的趋势进行做多操作。

上涨到高位以后，K 线依然保持着震荡的形态，并且价格也并没有下跌，但此时 MACD 指标却开始出现下跌的迹象：价格高点水平，MACD 指标却高点降低，指标的趋势与价格的趋势产生了差异的现象。因为指标的这种变化形态发生于价格上涨的高点区间，因此称之为顶背离。

顶背离走势一旦形成，价格最终将会按照指标的方向波动，MACD 指标先行一步提示了投资者价格未来的方向，所以，在顶背离形成的区间不宜再进行做多的操作。

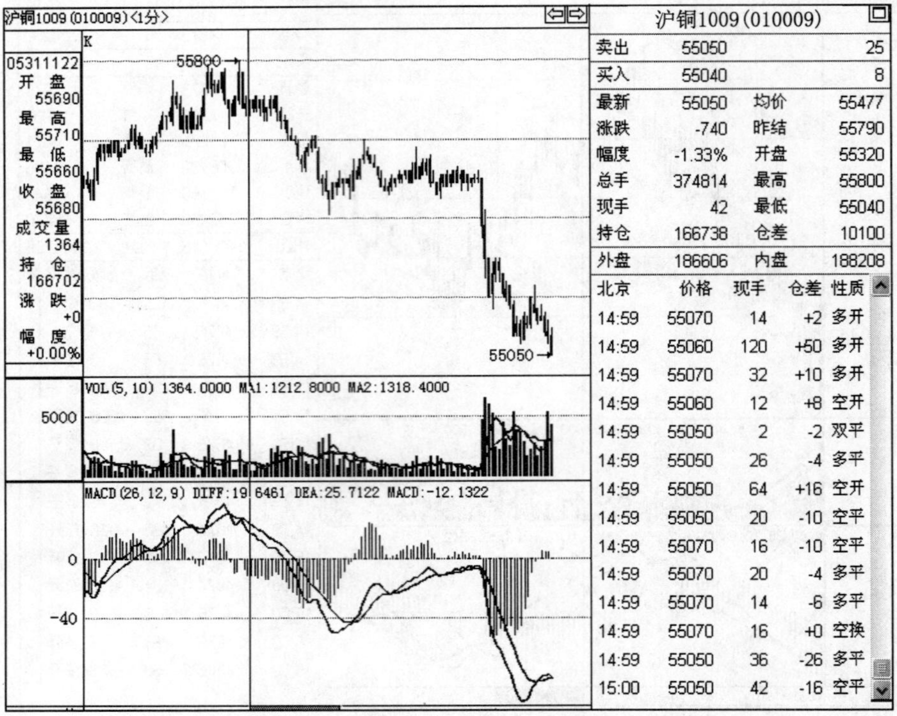

图 5-2　沪铜 1009 合约 2010 年 5 月 31 日走势图

在图 5-3 中，沪铜 1009 合约在 2010 年 5 月 28 日盘中形成了较大幅度的震荡走势。从图中的走势来看，在价格上涨的时候，MACD 指标均能及时地跟踪因价格上涨而形成多头排列的迹象，并在价格下跌的同时，又能及时地形成空头排列的走势而提示做空机会的到来。

从图中低点的位置来看，第三次、第四次和第五次的低点都保持着降低的状态，从 K 线形态来讲，价格可以不断创新低，做多时就需要保持一些警惕。但是，如果此时结合 MACD 指标同步分析就可以发现问题的所在。

在价格连续创新低的时候，MACD 指标却率先形成了上升的趋势，并且低点呈现抬高的迹象，指标线的趋势变化与价格的趋势方向完全相反。由于这种现象出现于价格下跌之后的低点区间，所以称之为底背离。在底背离现象出现以后，沪铜 1009 合约也随之出现了一波幅度不小的上涨行情，我们如果利用底背离的方法进行分析，那么，这次投机做多的机会就不会错过。

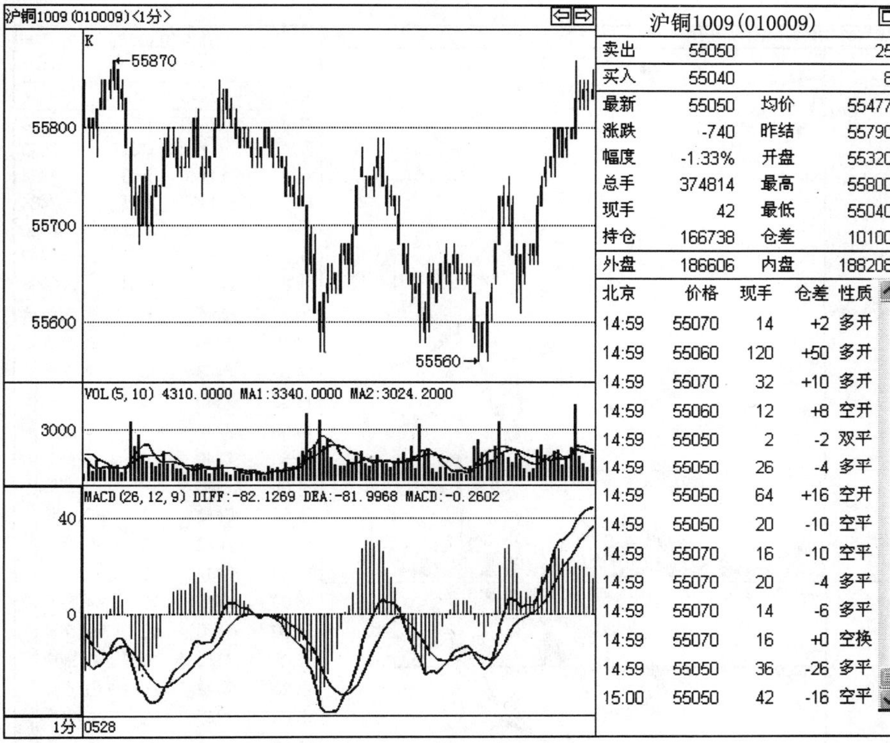

图 5-3　沪铜 1009 合约 2010 年 5 月 28 日走势图

在图 5-4 中，PTA1009 合约在 2010 年 6 月 2 日盘中出现了连续下跌的走势，在价格下跌的过程中，MACD 始终长时间保持着空头排列的状态，指标明显的下行趋势要求着投资者一定要耐心地在场中做多。

经过一段时间下跌之后，价格会略作反弹，而后再次形成破位向下的走势，自这一时期的走势起，MACD 指标的方向与价格出现了明显的差异。价格继续向下，但 MACD 指标却率先形成上升趋势，价格低点下移，但指标却形成低点抬高的走势。在价格连续下跌的低点处，指标的方向与价格的方向完全不同，因此，对于这种走势就称之为底背离。

底背离走势的出现，往往意味着价格的方向将会扭转，所以，在指标先于价格不断上行的时候，投资者需要留意做多机会的到来。

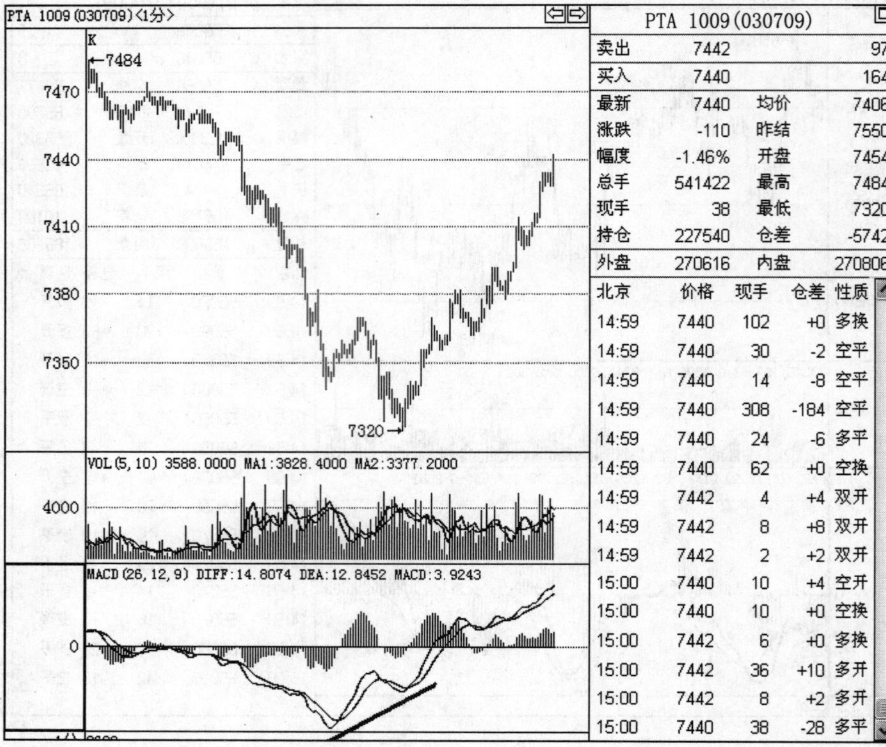

图 5-4 PTA1009 合约 2010 年 6 月 2 日走势图

在图 5-5 中，豆油 1101 合约 2010 年 6 月 21 日价格于盘中出现了上涨的走势，经过一波上涨以后，价格出现横盘震荡调整走势。价格调而不跌，说明盘中多方在控制着局面，这往往意味着价格将会有较大可能进一步上涨。

虽然上升趋势没有明显改变，但是，在价格横盘震荡的时候，MACD 指标却出现连续向下的迹象，价格保持波动重心的水平，而指标却提前下行，因为处于上涨中途，所以，这种现象就称之为上涨中途的背离走势。

上涨中途的背离走势与顶背离较为接近，唯一不同的就是，顶背离形成以后，价格将会下跌。而上涨中途的背离现象出现以后，价格并不会下跌。

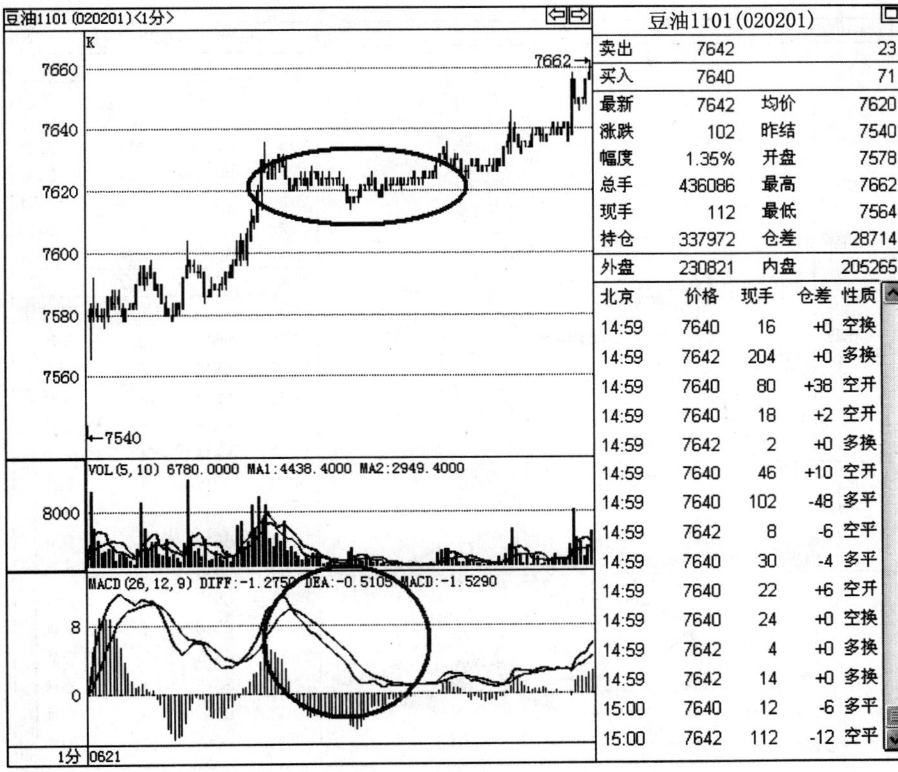

图 5-5　豆油 1101 合约 2010 年 6 月 21 日走势图

在图 5-6 中，棕榈 1101 合约 2010 年 6 月 21 日价格在上涨的过程中，成交量配合放大，而当调整走势出现的时候，成交量又连续萎缩，量价配合较为正常，这也是价格可以连续上涨的一大原因。

一波放量上涨过后，价格出现调整的走势，因为空方力度很虚弱，所以，调整的形态呈较为标准的横盘，这种技术形态说明空方根本没有能力将价格打落下来。上涨显示了多方力度的强大，而调整也显示了多方力度的强大，因此，投资者应当在盘中耐心地持仓。

在价格横盘震荡的时候，MACD 指标却形成连续下行的走势，指标此时的走势对投资者的分析产生了干扰：价格此时是会继续上涨呢，还是将会服从指标的方向而出现下跌？其实此时大可以不必过分关注指标的方向，只要价格没有追随 MACD 指标的下行趋势，投资者就没必要平仓多单。

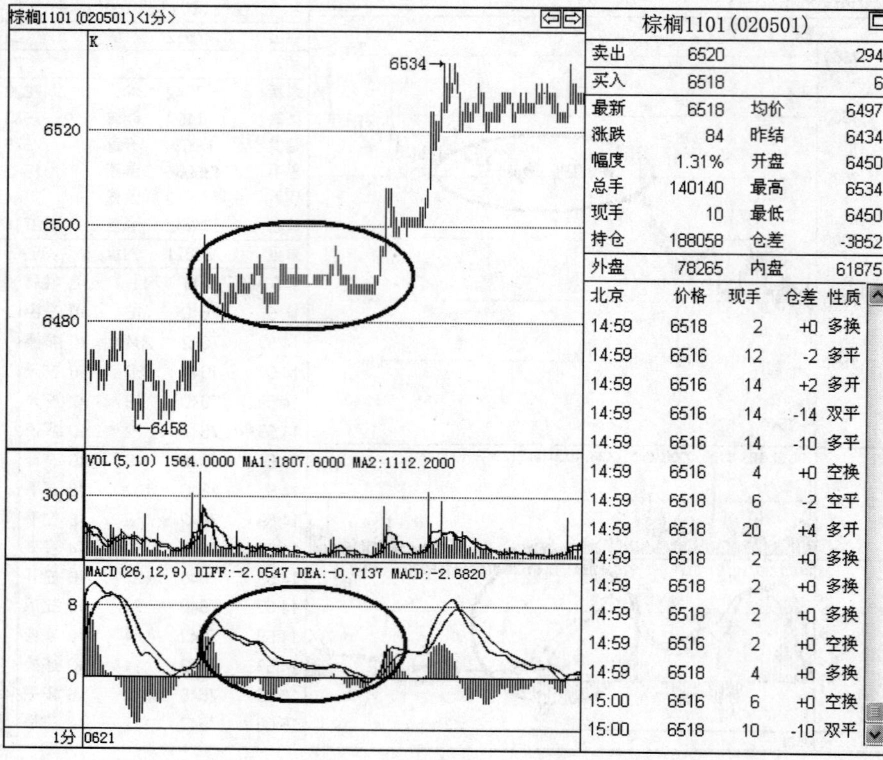

图 5-6　棕榈 1101 合约 2010 年 6 月 21 日走势图

在图 5-7 中，L 1009 合约 2010 年 5 月 28 日盘中形成连续下跌的走势，在价格下跌的过程中 MACD 指标始终保持着趋势向下以及空头排列的状态，指标与价格的波动方向完全一致，这要求着投资者一定要在盘中不断寻找机会顺势做空。

在价格再次经过一波下跌以后，出现了横盘震荡的调整形态，从 1 分钟 K 线图来看，价格的下降趋势此时并没有任何结束迹象，因此，应当继续顺势做空。MACD 指标却在此时发生了变化，价格没有任何明显的上升或是下降的趋势，但是，MACD 指标却在此时是连续上行的，这与 K 线形态的变化形成了方向上的明显不同，这种走势就是下跌中途常见的指标背离现象。

此时的背离最大的特点就是价格在下跌以后波动重心保持水平状态，而 MACD 指标均形成上升的趋势。

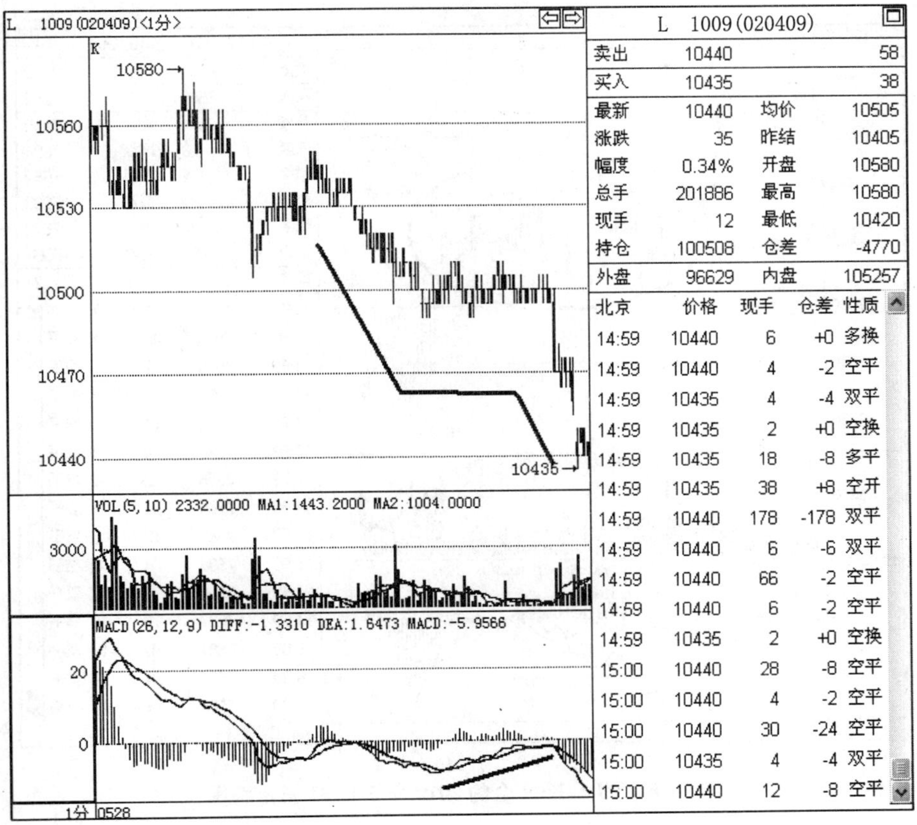

图 5-7　L 1009 合约 2010 年 5 月 28 日走势图

在图 5-8 中，PTA 1009 合约在下跌的时候，MACD 指标始终与 K 线的波动方向保持一致，在指标与 K 线没有方向上的差异出现时，投资者应当坚决地顺势做空。

下跌一定的空间以后，价格出现带有反弹性质的波动，只不过反弹的幅度非常小，这使得整体波动重心保持着水平的状态。在价格弹而不起的时候，MACD 指标却形成明显的上升趋势，这与价格的横盘形态呈现出明显的方向上的差异。

从后期的走势来看，价格处于下跌的中途，我们称这种走势为下跌中途的背离。与底背离最大的不同之处在于，底背离形成以后价格将会出现明显的上涨，而下跌中途的背离出现后，价格却难以上涨，只是保持在横盘的状态。

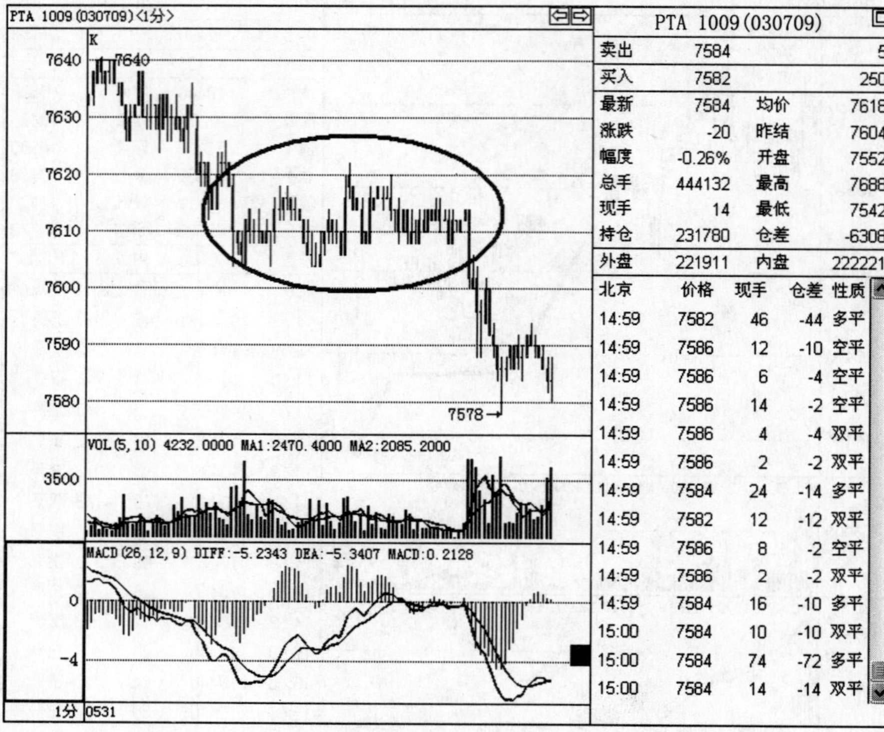

图 5-8　PTA 1009 合约 2010 年 5 月 31 日走势图

5.2　指标背离周期与价格波动周期的关系

投资者询问：

我在想一个问题，在期货分析过程中，需要注重量与价的变化，而量价的变化可以衍生出许多指标，但是，另一个问题也需要重视，那就是时间的问题。因为指标的背离现象只可能保持一定的周期，那么，背离周期的长短和未来价格新趋势形成以后的周期有什么关系吗？还请老师讲解一下。

无形：

看来你对使用指标背离走势进行分析的方法掌握的比较全面。指标形成背离走势以后，背离的周期的确与价格未来新方向形成以后波动的周期有很大的关系，简单地说就是：指标背离的周期越长，一旦价格服从指标方向进行波动时,其周期与背离周期就是一致的。这个“一致”并不是指:指标背离了半小时,未来新趋势形成以后,价格也形成半小时的波动,而是指标背离周期长,价格新趋势形成以后波动的周期也将会是比较长的,指标背离周期短,价格后期波动的周期就比较短,不能用具体的时间来判断。

指标形成背离的周期比较长,价格不可能在后期的波动周期非常短,而同样,指标背离的周期比较短,价格在后期波动的周期也不可能长到哪儿去。所以,我们根据这一特点,在实战操作中,就可以确定操作的周期了。

假设在价格连续下跌以后,指标形成了较长时间的背离现象,一旦价格形成明确上涨走势,我们持有的多单就可以拿的时间长一些。而如果背离周期较短,只能进行绝对的投机性交易。

只有在价格形成顶背离或是底背离的时候,关于周期的应用才是有效的,在价格上涨或下跌中途出现横盘震荡调整走势时,指标背离的周期与后期价格波动的周期,则没有太大关系。

下面,我们结合具体案例来进一步进行讲解。

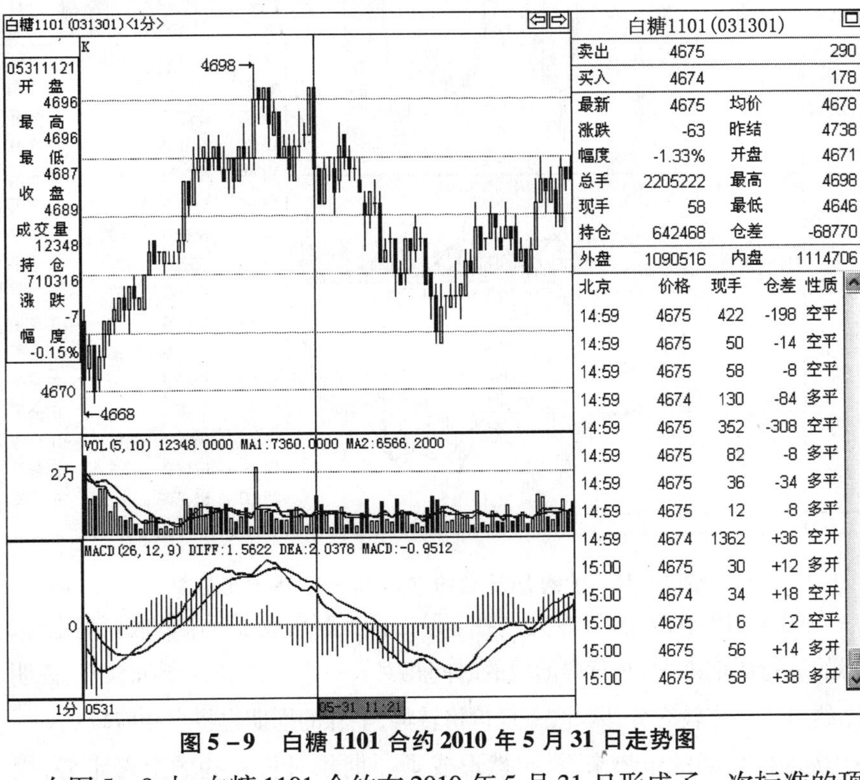

图 5-9 白糖 1101 合约 2010 年 5 月 31 日走势图

在图 5-9 中,白糖 1101 合约在 2010 年 5 月 31 日形成了一次标准的顶背离走势，从1分钟K线图的走势来看，顶背离形成的周期较短，价格的波动级别相对较低，并非是大级别的波动形态。在正常情况下，如果价格形成小级别的上涨，那么，在上涨结束之后出现下跌时，也往往会是小级别的下跌。

同样，MACD指标的顶背离周期较短，这也意味着价格后期下跌的周期并不会太长。顶背离出现以后，价格随着指标的方向下跌，整体下跌周期相对较短，并且下跌的幅度也并不是很大，因此，只适合进行投机性交易，而并不适合大级别的趋势性交易。

顶背离周期短，那么，价格随后的下跌周期也不会太长，顶背离周期长，价格后期下跌的周期也将会相应的较长，这是对等的。

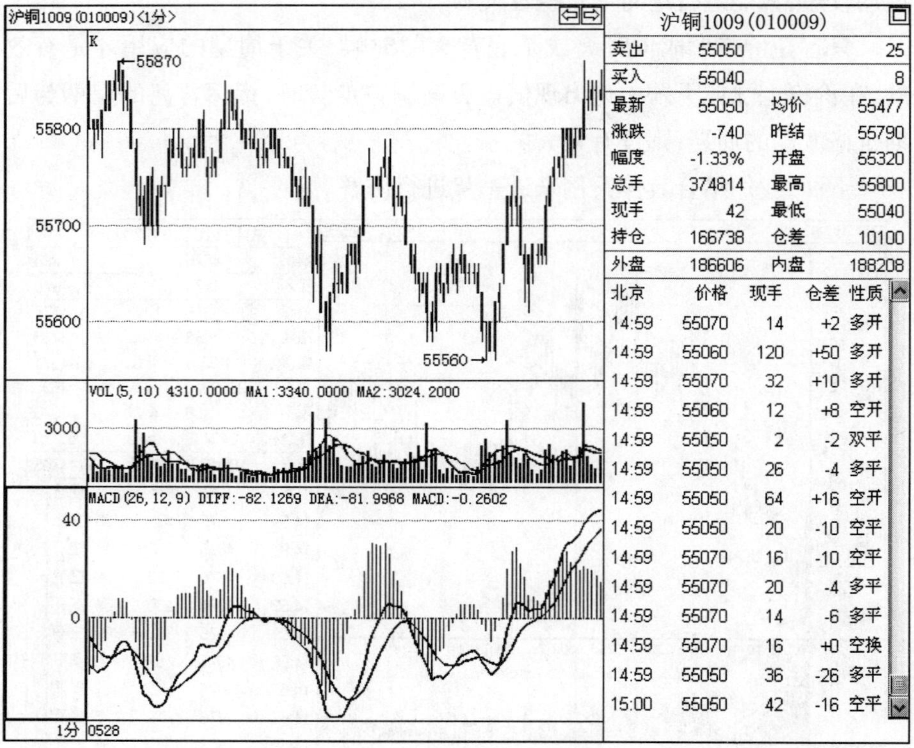

图5-10 沪铜1009合约2010年5月28日走势图

在图5-10中，沪铜1009合约在下跌的低点区形成了标准的底背离走势，从指标的运行周期来看，底背离形成的时间相对长一些。底背离周期较长，说明多方做的蓄势工作较充分，因此，一旦价格转势，上涨的周期也将会相应较长。

从价格后期的走势来看，果然形成了周期相对长一些的上涨走势，投资者在上涨过程中有多次机会可以入场进行投机性交易,而并不会因为晚入场几分钟就会错过一波投机性上涨行情。

对于短周期的背离现象,投资者可以以绝对的投机角度进行操作,而如果背离周期较大,则可以延长一些持仓的时间,这样有助于提高收益。不过,切记:较长时间形成的背离现象,正常情况下后期价格波动的周期也会较长,但在有些时候,也并非一定如此。期货市场没有必然的事情,这是一条永远不变的规律。

5.3 顶背离的实战技巧

投资者询问:

顶背离的技术含义已经明白了,但在实战操作过程中还应当注意哪些事情呢?毕竟顶部背离形成时,价格还始终保持着上升的状态,如何确定那个最合适的开空仓的位置呢?

无形:

顶背离最好的介入时机是比较难把握的,的确如您所说,在形成顶背离的时候,价格依然保持着上升趋势,在这种情况下,持有空单的压力还是较大的。顶背离的操作是一个区间性的概念,这个区间还是一个较大的价格波动范围区间,所以,操作上尽量要找高点去开空单。

从实际的走势来看,虽然 MACD 指标会提前于价格形成下降的走势,但是,指标第一次死叉出现的位置却并不是价格的最高点,而在指标第二次甚至是第三次出现死叉的时候,价格才有可能形成最高点。根据这个技术特点,我们在使用顶背离方法进行操作时,可以在 MACD 指标形成第二次或第三次金叉时再逢高做空。当然,指标是否一定会形成第三个死叉,也就是说,价格是否会形成连续三次的震荡上涨走势,这是未知的,但价格必须要形成二次震荡上涨才会引发 MACD 指标的背离,所以,在 MACD 指标第二次形成死叉的时候开空单是比较适合的。就算价格在后期没有产生太大幅度的下跌,至少在这个位置也不会出现严重的亏损。

在分钟 K 线有明显震荡上行走势迹象时,绝对不能在 MACD 指标第一次形成死叉时就入场做空，这一点是使用背离走势做空操作时必须要注意的。在价格形成背离走势之后和没有出现下跌走势之前，介入的时间越晚风险也就越小。

另外，使用顶背离方法进行操作需要注意的事情就是：一定要对整体市场多空性质进行确定，这种方法只有在弱空和强空市场中运用才会有最好的效果，弱多市场虽然也可以使用，但由于是做空的方法，所以，还是在空头市场中运用效果较好。在强多市场中一定不要使用顶背离的方法做空，因为在强多市场中，价格就算是出现调整，下跌的幅度也不会太大，而且很容易结束调整重新向上，在强多市场中做空亏损的概率是极大的。

下面，我们结合具体的案例来讲解一下顶背离的操作方法。

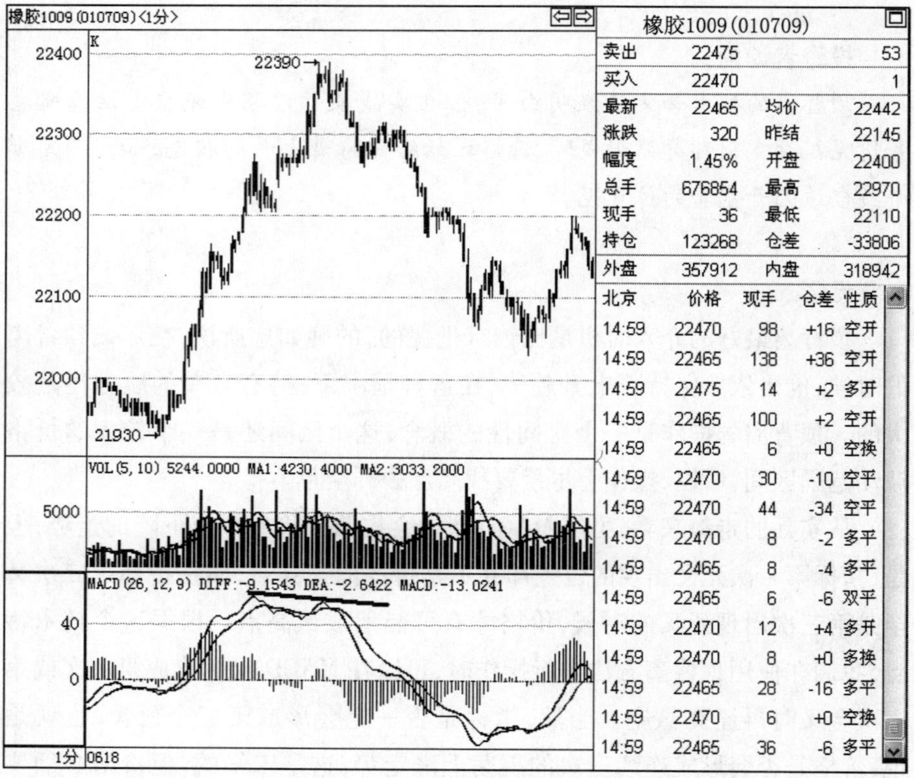

图 5－11　橡胶 1009 合约 2010 年 6 月 18 日走势图

在图 5－11 中，橡胶 1009 合约 2010 年 6 月 18 日价格出现了强劲的上涨走势，在上涨的过程中，成交量连续放大，之前曾说过，只要量能不萎缩，就应当耐心地持有多单。在价格单一上涨的时候，MACD 指标也始终保持着多头排列的走势,K 线方向与指标方向完全一致便没有必要考虑平多单。

经过连续上涨以后,价格在高位出现震荡上行的走势,虽然此时波动重心并没有下移,但是,MACD 指标的变化却出现了问题:指标不再进一步支持价格的上行,而是在价格上涨的时候率先形成了空头排列的走势。价格向上指标向下,这是经典的顶背离走势。

当顶背离走势出现以后,投资者就不可再坚定地持有多单,因为后期价格就算不下跌,也必然会出现一段时间的调整走势,无论是下跌还是调整对多单都是不利的,因此,在指标形成顶背离的时候,应当开始逢高平多单。

如果整体市场处于弱多或弱空状态,则更有必要及时地平掉多单,特别是在其他品种同步上行无力的情况下,更应当珍惜当前高点的平仓机会。

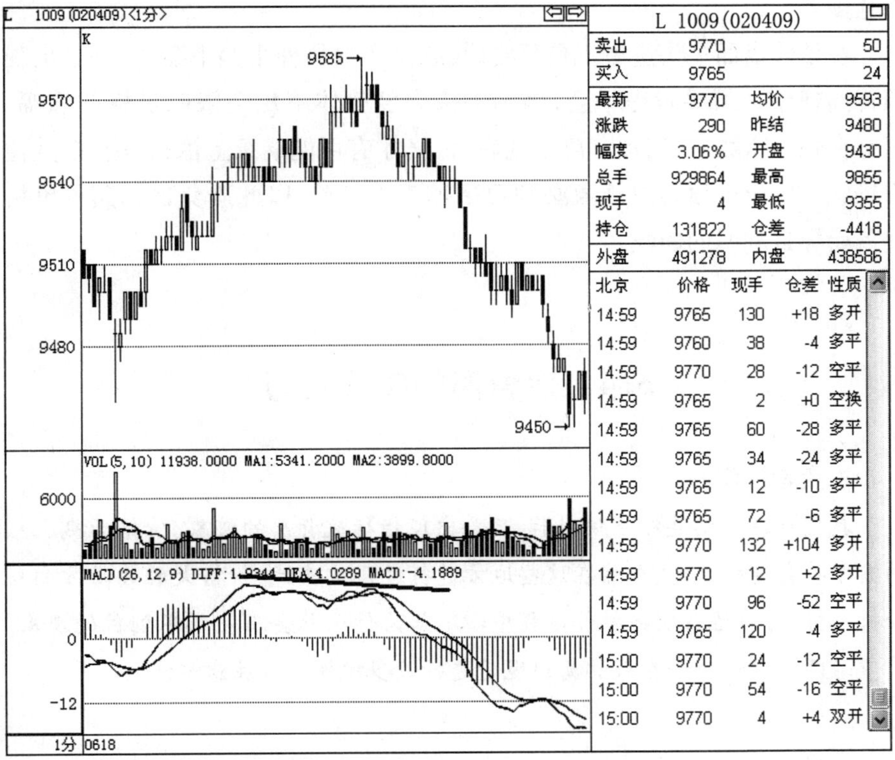

图 5-12 L 1009 合约 2010 年 6 月 18 日走势图

在图 5-12 中,L 1009 合约 2010 年 6 月 18 日上涨到高位以后,从 K 线形态来看,价格的波动没有任何异样,上升趋势依然确立,1 分钟 K 线看样子还有继续上涨的劲头，但是，随着价格涨幅的扩大以及上涨时间的延长，在此时必须要结合 MACD 指标来进行分析。如果在价格震荡上行的时候，指标也始终保持着上升的趋势，则可以继续持有多单，但是，从图中的走势来看，在价格震荡上涨的时候，MACD 指标却先行一步形成下降趋势，此时，顶背离现象形成。

一旦顶背离现象形成，投资者就应当做好逢高平多单的准备，特别是量能不再形成完美配合的情况下更是应当及时平掉多单。在 MACD 指标顶背离形成时，成交量往往会有两种常见的变化：一是出现高点异常巨量，很显然，必定要在此时平掉多单；二是成交量出现萎缩，价格上行而量能萎缩，说明资金做多的积极性明显降低，这将会限制价格的涨幅，在此，也需要考虑平仓多单。

在整体盘面多头迹象不是很明确，或是多数品种小幅下跌时，一旦出现顶背离现象必须要考虑平仓，因为多头力度整体不足会限制价格的涨幅。只有在强多市场中，当顶背离出现后，价格才有可能继续上涨，否则，在其他市场状态中出现顶背离现象必须要平掉手中多单，以此避免目标品种价格回落而导致利润的回吐。

5.4 底背离的实战技巧

投资者询问：

我发现在价格连续下跌以后，只要出现指标底背离的迹象，价格后期上涨的概率将会是极大的，虽然在这些地方进行过几次实战，价格大的波动方向与分析一样，可自己在实战操作过程中却不知为什么总会有把握不到位的现象。希望老师可以讲一讲在底背离出现时进行做多操作应当注意些什么。

无形：

首先运用指标底背离的迹象进行操作，需要来看一下应用的 K 线周期，如果是根据日 K 线进行操作，那么，这就属于大波段的交易方式，在操作时一定不要忽视每天价格波动的变化，而只注重大趋势。如果使用大趋势的分析方法，却按照投机性交易方式操作，自然不会实现可观的收益。如果使用的是分钟 K 线，那么，操作就是投机性质的，因此，不宜长时间持仓。这是因为，指标背离的周期与价格后期波动的周期是一致的，日 K 线上价格形成多久的背离，后期就会大致出现多少天的上涨。而分钟 K 线中，指标形成几分钟的底背离，未来也就会大致出现相应分钟的上涨。

其实，在价格连续下跌以后，不能一见到 MACD 指标的金叉就认为是底部的到来，价格由下降趋势转变成为上升趋势必然要有一个时间的过程，没有这个过程，价格后期上涨的根基也就不深。特别是在价格形成底背离的时候，低位的金叉更是会连续出现两三次，而如果在第一次金叉出现时就开多仓，这个时候价格很可能刚刚处于下跌的末期，并且还有一定幅度的下跌空间。

最后，在使用指标底背离进行操作的时候，尽量在 K 线形成低点不破的时候入场，这样可以提高操作的成功率。否则，虽然指标连续上行，但 K 线却连续下跌，操作上也就会存在一些难度，而在指标底背离，并且 K 线又形成低点不破走势，获利的机会也就近在眼前了。

特别需要注意的是，利用底背离现象进行操作，是一种做多的方法，因此，必须要注意整体市场的多空状况。底背离做多只能用于弱多市场和强多市场中，虽然弱空市场中也可以使用，但是，存在一定风险。特别是在强空市场中绝对不要使用底背离的方法进行做多，因为价格不断向下，背离之后还会有背离，所以，还是在强空市场中顺势做空为宜，不宜进行做多的操作。利用指标的背离现象再结合整体市场的多头状况进行操作，获利的概率就大得多了。

下面，我们结合具体的案例来讲解一下底背离的操作方法。

在图 5 – 13 中，L1009 合约在 2010 年 6 月 2 日盘中出现了大幅下跌的走势，在下跌的过程中，成交量配合连续放大，量价形态非常经典。

在价格不断下跌的过程中，MACD 指标始终保持着空头排列的状态。但是，在价格有了较大幅度的下跌以后，MACD 指标的运行状况则出现了变化。从图 5 – 13 中可以看到，在价格又一次创下新低的时候，MACD 指标却拒绝创新低，而是形成了低点抬高的走势。价格依然下跌，而指标却形成上升趋势，这就是标准的底背离现象。

在正常的情况下，当底背离现象出现以后，我们需要关注市场的多空性质，但是，如果价格曾在盘中出现过较大幅度的下跌，此时可不必过分关注

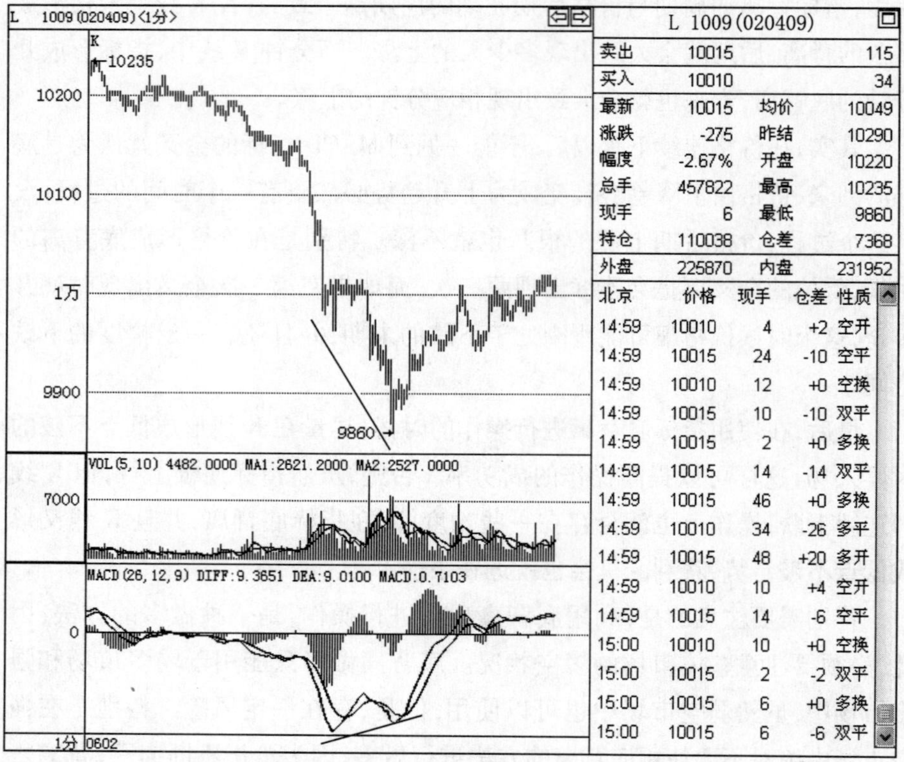

图 5－13　L 1009 合约 2010 年 6 月 2 日走势图

市场的多空状况，因为价格连续下跌以后，出现反弹也是极为正常的现象。所以，在价格大幅下跌之后一旦发现底背离现象时，投资者就可以开始逢低建立多仓了。

对于这种价格出现大幅度下跌之后形成的底背离走势，投资者还可以结合低点巨量的现象进行交易，一旦在指标底背离区间出现异常巨量，则可以多单杀入。这种操作方式属于是区间性的操作，所以，不必过分计较介入位，因为价格波动的级别较大，下跌的幅度较深，在正常情况下，后期的反弹幅度也将会相对较大。

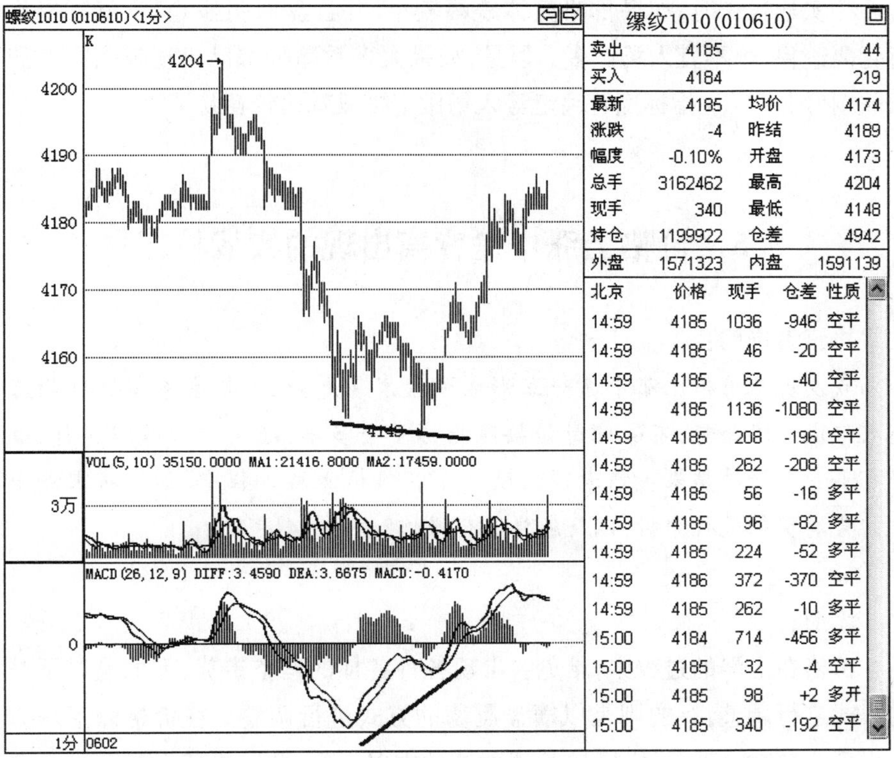

图 5-14　螺纹 1010 合约 2010 年 6 月 2 日走势图

在图 5-14 中，螺纹 1010 合约在 2010 年 6 月 2 日连续下跌之后，形成了左高右低 W 底形态。从第二个低点的走势来看，下降趋势依然较为明显，但在价格又一次创下新低的时候，MACD 指标却向投资者发出了底背离的信号。从图中的走势来看，在价格上升趋势还没有出现的时候，MACD 指标的上升趋势却早已形成。

在价格连续下跌之后出现的底背离现象，往往意味着投机做多机会的到来。投资者可于价格再度形成低点的时候考虑开多单做反弹。在入场操作的时候，需要关注两点：一是整体盘面状况如何？如果其他品种都已出现过较大幅度的下跌，那么，此时的底背离将很容易促使价格出现一轮反弹。同时，再结合低点处的量能进行同步操作，从图中的走势来看，在价格再度创新低的时候，低点出现了异常量能，这种量能状况会进一步提高价格上涨的可能性。

在实战操作时，如果价格整体跌幅较小，并且盘面明显趋空，就算指标有背离迹象，也不宜入场做多。但是，如果大多数品种都已出现较大幅度的下跌，利用 MACD 指标底背离走势入场做多赚钱就比较容易了。

5.5 价格上涨中途背离出现的实战技巧

投资者询问：

我发现在价格上涨中途一旦形成横盘震荡走势，就会导致 MACD 指标随之形成下降趋势，不管此时是按照指标平仓多单，还是进行做空操作，最终都不会有好的结果。请老师讲解一下在价格上涨过程中，如何对上涨中途的背离现象进行分析，以及怎样进行操作？

无形：

价格在上涨的过程中，难免会出现各种各样的调整走势，有的是以下跌的方式进行调整，有的则是以横盘震荡的方式进行调整。在价格以下跌方式出现调整时，MACD 指标与 K 线的波动方向一致，此时投资者需要平仓多单并可以考虑谨慎进行做空的操作。但是，当价格形成横盘震荡走势时，再单一地结合 MACD 指标进行分析效果就不是太好了。

价格波动重心虽然没有下移，但是，MACD 指标线却不断向下，如果平掉多单，价格调整结束以后，必然还会继续上涨，这样就会错过赢利的机会，如果做空，价格难以下跌，并且后期还将会继续上涨，风险自然很大。对应这种走势的方法其实很简单，在价格横盘震荡的时候，我们根据 K 线的具体形态设定一个止赢位就可以了，如果价格不破止赢位就继续持有多单，一旦跌破止赢位则平仓多单。

同时，还需要对整体市场的多空性质进行判断。如果在上涨途中价格横盘导致 MACD 指标背离现象出现时，整体市场为强多性质，就不必理会指标的提示信号，在强多市场中，价格往往会以当天的最高点区间收盘，所以要继续耐心持仓。而如果是弱多性质或是弱空性质，就需要考虑平仓多单。假设价格后期还有机会继续上涨再使用别的方法进行操作。在上涨力度并不是很大的市场中，一旦有点风吹草动最好先行离场，而后择机再次操作为妙。

下面,我们结合具体的案例讲解一下在价格上涨中途出现背离现象时,应当如何进行操作。

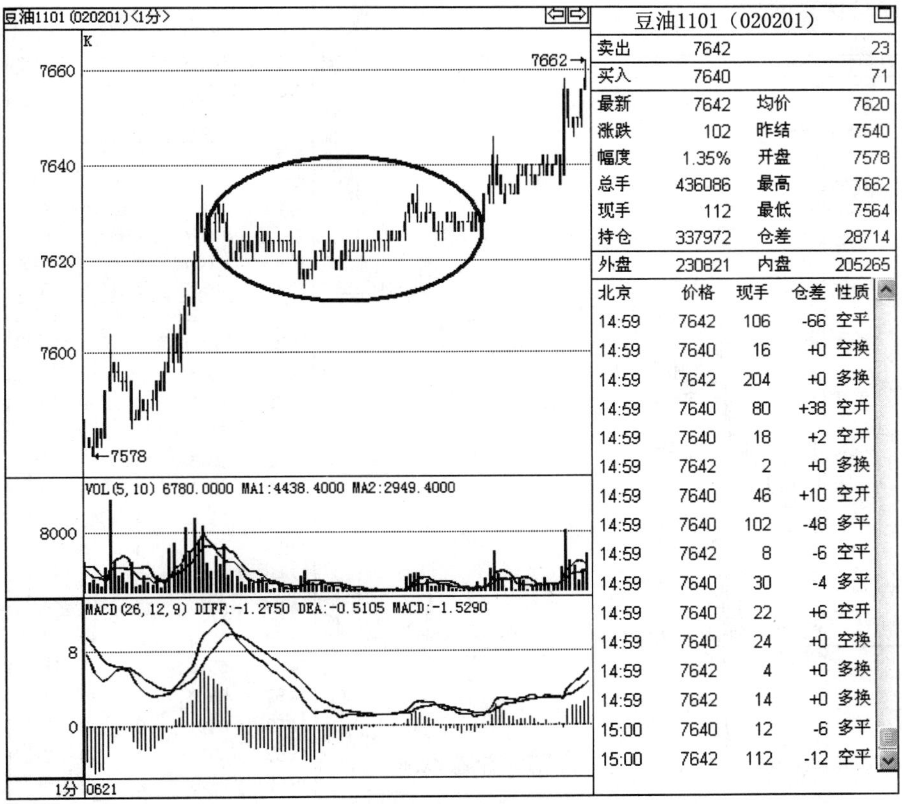

图 5－15　豆油 1101 合约 2010 年 6 月 21 日走势图

在图 5－15 中,豆油 1101 合约 2010 年 6 月 21 日在盘中出现了震荡上涨的走势,由于价格上涨周期相对较长,所以,上涨过程中的震荡走势必然会较多。投资者想要在价格震荡上涨的过程中实现更高的收益,就必须要把这些小级别的反向调整全部过滤掉。

在上涨过程中,除了 K 线形态会对投资者的分析起到干扰以外,MACD 指标也会出现伪信号。从图 5－15 中的走势来看,在价格横盘震荡调整的时候,MACD 指标却形成了下降的趋势,这与价格的走势完全相反,价格后期是将会继续上涨呢,还是会追随指标的方向而下跌呢?

面对这种走势投资者在操作时就需要另想办法,我们可以将价格横盘震荡的低点区间设为平多单的位置，只要价格没有跌破横盘区间的低点则继续持有多单，而一旦价格跌破横盘低点追随 MACD 指标的方向则需要平仓多单。用这一个小方法，便可以轻松地过滤掉上涨中途 MACD 指标出现背离现象时所产生的干扰了。

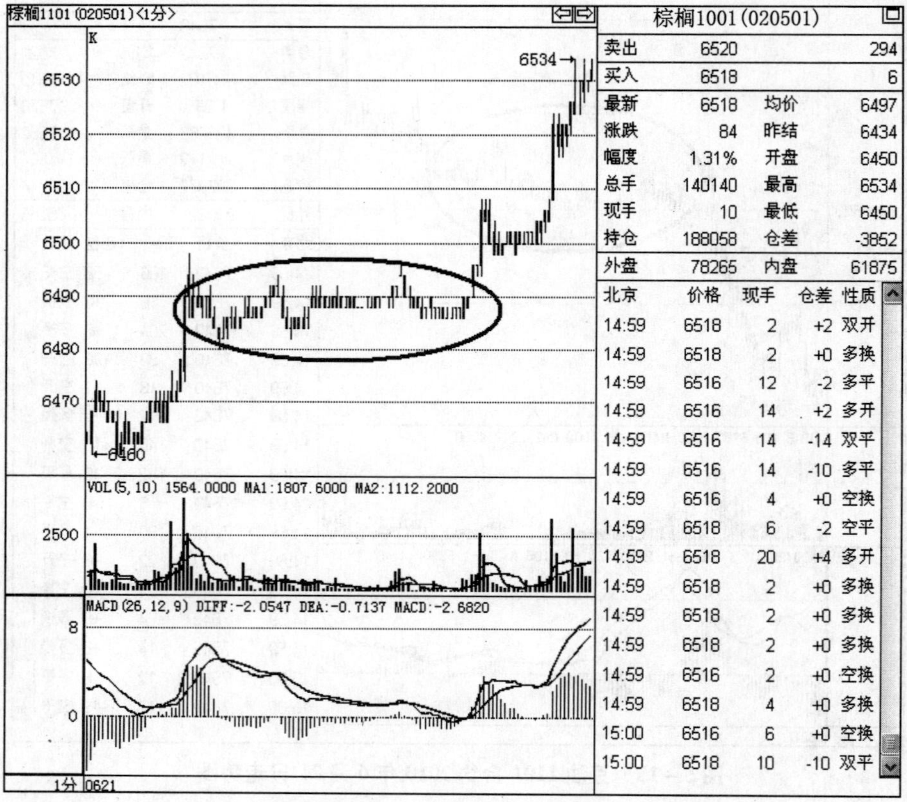

图 5－16　棕榈 1101 合约 2010 年 6 月 21 日走势图

在图 5－16 中，棕榈 1101 合约 2010 年 6 月 21 日在价格经过一轮波动上涨之后，出现了横盘震荡的走势，在价格暂时没有明确方向的时候，MACD 指标却形成了下降的趋势，这是否就是顶背离的信号呢？从指标的技术形态来看，上涨中途出现的背离现象与顶背离完全一致，但二者之间却有着很多的不同。

当顶背离出现以后价格将会在后期出现下跌的走势，而不会形成横盘震荡形态，这是二者之间最为重要的区别。除此之外，整体市场的多空性质也必然不同，顶背离出现时，市场的多头力度往往不足，而当上涨中途出现背离现象时,整体市场往往明显趋多。价格横盘不跌,并且整体市场趋多,这需要投资者坚定地持有多单,而不要去理会此时 MACD 指标的背离现象。

但是,如果当前整体市场有转空迹象,或是上涨力度明显不足,虽然价格形成横盘的走势,也需要考虑择机平掉多单。无论形成什么性质的背离现象,整体市场的多空状况都是必不可少的分析项。

5.6 价格下跌中途背离出现的实战技巧

投资者询问:

我最近进行了这样一次操作,虽然并没有亏太多的钱,但始终没有琢磨出是什么原因导致了亏损,还希望老师能够讲解一下。

我看到价格下跌以后有所企稳,并且 MACD 指标也形成背离的现象,在价格没有上涨前指标就已经形成上升趋势,可是抄底做多后,价格并未上涨,而是形成一段时间的横盘以后便又再度下跌,结果导致了投机性亏损。

无形:

您是在价格下跌中途出现横盘震荡导致 MACD 指标出现背离现象时进行了操作,从操作思路的角度来讲,并没有什么大问题。因为下跌中途的背离与底背离有很大的共性,唯一不同的就是,真正的底背离出现以后,价格将会出现上涨的走势,而下跌中途的背离出现以后,价格则是以横盘的方式波动。在介入的那一刻,我们无法得知价格后期是否会上涨,只能参照 MACD 指标的背离走势做出价格上涨概率较大的分析结论。所以说,介入时的操作思路并没有什么问题。

如此说来,您出现亏损的原因应当是:看到价格上涨无望,而后又出现破位走势时,在破位点或价格明显走坏时进行的止损。如果是这样进行的操作,虽然亏了钱,但我认为也是一次正确的操作,因为止损纪律严格执行了,这是非常棒的事情。

那么,我们如何来面对下跌中途出现的背离走势呢?这需要结合整体市场的多空性质进行分析,如果整体市场形成弱空或是多头状况,则可以入场进行做多。但是,如果整体市场空头迹象明显,价格均连续下跌,这个时候就不要考虑做多的操作了，而是要择机入场进行做空的操作。这样说来，您这笔亏损的操作应当是在市场空头力度较大的时候进行的。空头力度较大就顺势做空，不要想着做多，这样才不会出现失误。

下面，我们结合几个案例讲解一下下跌中途出现背离现象时的具体对策吧。

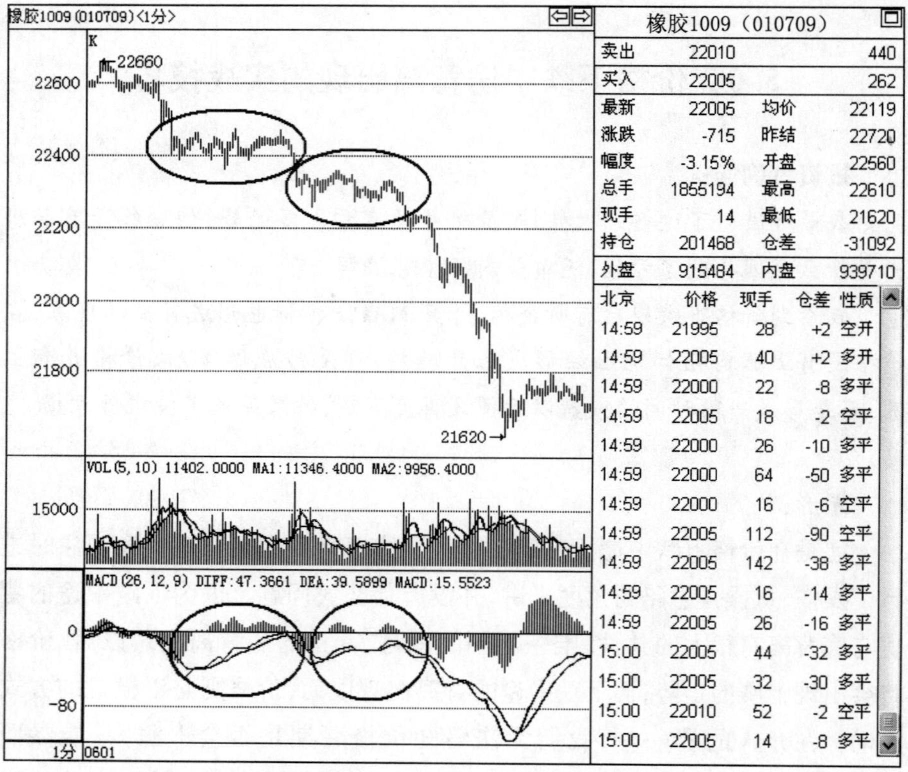

图 5－17　橡胶 1009 合约 2010 年 6 月 2 日走势图

在图 5－17 中，橡胶 1009 合约在 2010 年 6 月 1 日出现了一轮连续下跌的行情，在价格下跌的时候，无论在什么位置开空单都可以轻松地实现赢利。由于价格形成了较大级别的下跌走势，所以，在下跌过程中必然会出现各种各样的波动形态。

在初中期下跌阶段，价格出现了二次震荡的走势，虽然这二次反弹的位置各不相同，但却都有一个共性：价格弹而不起，波动重心保持着水平的状况。这是下跌中途较为常见的横盘震荡走势。虽然价格没有什么明显的趋势,但是,MACD 指标却在价格横盘震荡的时候形成上升趋势,这与价格的波动方向完全不同,因此,称之为下跌中途的背离走势。

从指标的形态来看,这种走势与真正的底背离很接近,可能会使一些投资者入场进行操作。在实战操作时,就算此时开了多单也没有关系,因为通过指标的变化我们无法得知价格到底是会真正的反弹,还是会形成横盘震荡的走势。如果入场做多,只要在价格向下破位时及时止损就可以。

除此之外,还需要对整体盘面的多空性质进行重点关注,如果整体市场明显趋空,此时的横盘就不宜入场做多,因为盘面空头迹象越发的明显,价格就越容易连续下跌。

下跌中途的背离与真正底背离的技术形态没有明显差别(指 MACD 指标的变化形态),唯一不同的就是下跌中途的背离出现后价格并不会真正地上涨,而底背离出现后,价格将会连续上行。实战中,从价格后期的波动状况便可以判断出当前指标背离的性质到底是什么。

在图 5 - 18 中,PTA1009 合约在 2010 年 6 月 17 日盘中出现了下跌的走势,在价格下跌的中途形成了一次横盘调整的走势,这样的技术形态使得价格的波动方向暂时未明,因此,价格此时既可以上涨,也可以再次下跌,不明确的方向增加了投资者操作的难度。同时,在价格横盘震荡的时候,MACD 指标形成了上升的趋势,这是否就是底背离的信号呢?

价格下跌的过程中,会出现下跌中途的背离和底背离走势,而二者的区别就在于:底背离出现于价格大幅下跌之后,而下跌中途的背离则是在价格小幅下跌之后出现。从图 5 - 18 中的走势来看,价格的跌幅并不是很大,除非此时整体盘面明显转多,否则价格继续下跌的概率将会是极大的。

实战操作时,如果按照 MACD 指标的上升趋势入场进行了做多的操作,那么,设置好止损位,一旦价格破位向下则必须离场出局,而如果破位走势始终没有出现,则可以继续持仓等待价格有可能的反弹。切记,在价格下跌幅度不是很大的情况下,由于横盘震荡的出现而引发 MACD 指标背离出现时,一定要注意整体盘面的多空变化,只有在市场有趋多迹象时,才可以考虑入场交易。

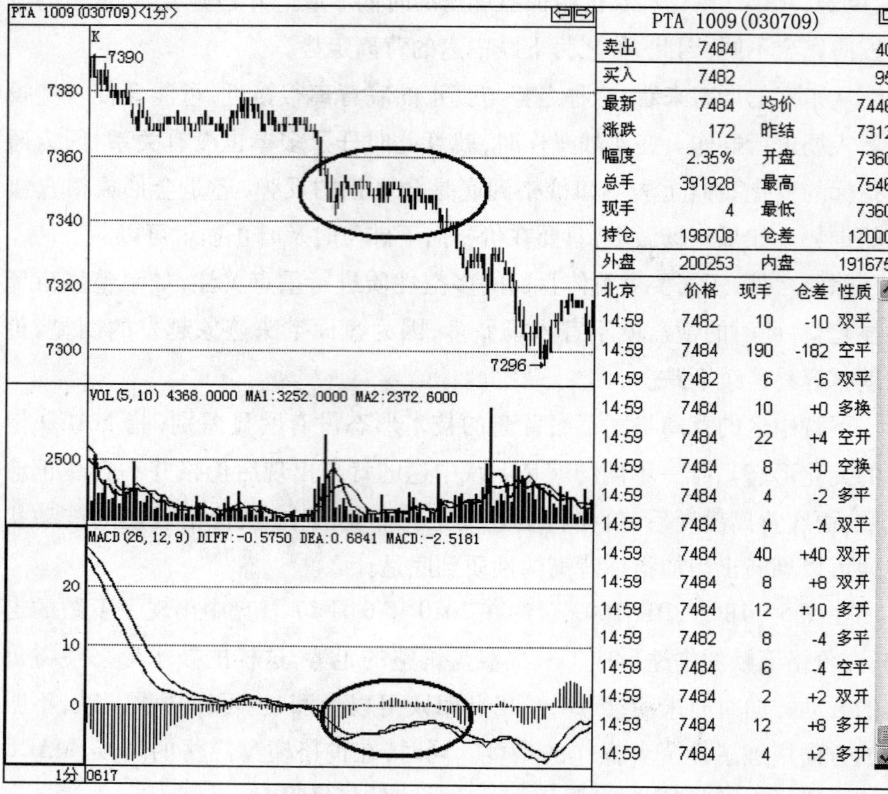

图 5－18 PTA1009 合约 2010 年 6 月 17 日走势图

6.多单平仓技巧

本章讲解的是有关多单的平仓技巧，这些方法无论是作为获利后的止盈操作，还是对于多单持仓成本较高投资者的止损操作，都是投资者必须要掌握的实战技巧。在使用这些方法的时候，请注意一个前提：持仓成本的不同，具体的操作方法也必然不同。

6.1 MACD 高峰平多单技巧

纪助教:

本节内容是结合 MACD 指标为大家讲解一种平仓多单的技巧。MACD 指标是一项经典的指标,也是投资者经常会使用的一项指标,一个指标能一直被大家使用,足见它的独到之处。

学员柳先生:

无形老师用 MACD 指标为我们讲解了许多操作的方法,比如利用 MACD 指标的背离进行抄底或是逃顶操作,还有卷土重来、五日变值等中途买入方式。您这节将为我们讲解什么新内容呢?

纪助教:

本节为大家讲解的是一种平仓多单的方法,利用的是 MACD 指标线体的峰值决定何时将手中的多单平仓。

随着价格的波动,MACD 指标线体形成了高低不同的峰值。对于那些峰值较低的高点我们没有必要过多关注,但是,对于那些指标线峰值较高的波动,我们就需要引起注意,因为这样的走势往往可以提示我们重要的价格波动信息。

具体应用方法为:

价格在之前上涨的时候,MACD 指标线体随之上行,而后价格下跌,使得 MACD 指标形成近期的一个高峰值,下跌过后,价格再度形成上涨,从而带动指标线继续上行,一旦指标线在前一个高峰值区间再次形成死叉,或是有明显的迹象要形成死叉的时候,就需要平仓手中的多单。

学员柳先生:

是不是可以这样理解;老师的这种方法与 K 线形态中的 M 头走势有相同之处?

纪助教：

完全可以这样理解。而且这种平仓多单的方法从技术形态上来看的确与 K 线形态中的 M 头走势一致，您的这种举一反三非常正确。

不过，这种方法有两点与 K 线形态中的 M 头走势不同。

其一，在 K 线形态中，M 头是相邻的两个波动，但是，本节利用 MACD 指标讲解的方法既可以是相邻两个波动形成的两个高峰值，也可以是间隔几个波段形成的高峰值。

其二，在 K 线形态中，M 头的两个高点基本在同一个区间，但在本方法中，虽然 MACD 指标线的高点是在同一区间，但是价格却并不一定在同一区间，并且还有可能两个高点的实际价格落差很大。

下面我们结合具体的案例来看一下这种平仓多单的效果吧。

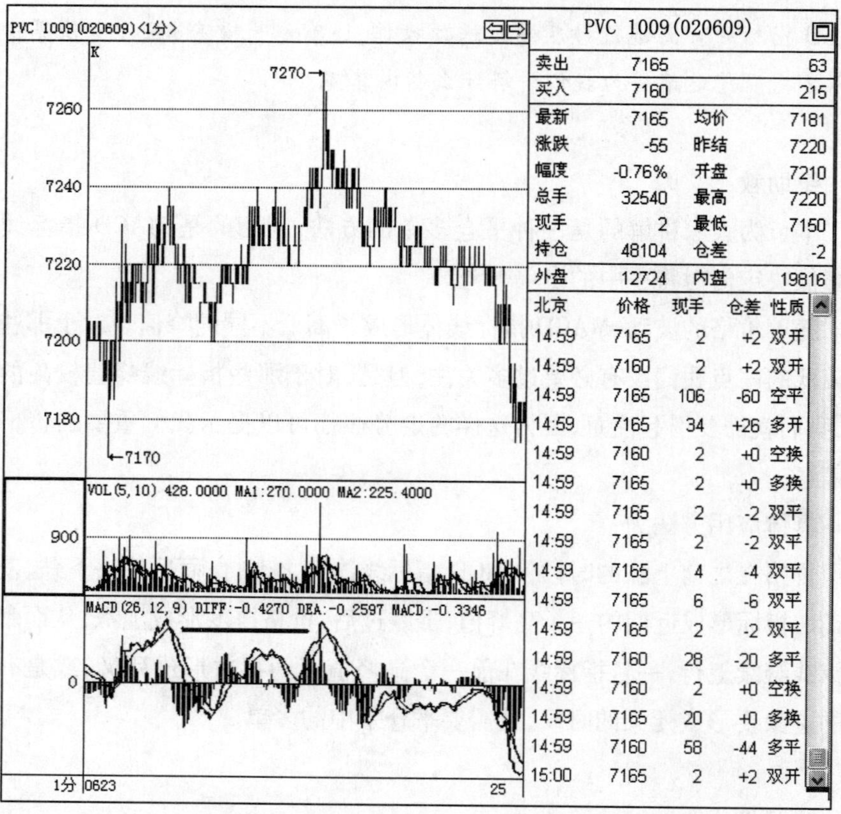

图 6－1　PVC1009 合约 2010 年 6 月 24 日走势图

在图 6－1 中，PVC1009 合约在 2010 年 6 月 24 日价格出现了震荡上涨的走势。从图中的走势来看,两个波段上涨行情的高点相差很远,K 线形态没有任何 M 头走势,但是,从 MACD 指标的变化中我们能发现什么问题呢?

学员柳先生:

第一轮震荡上涨走势结束以后,MACD 指标随之回落,形成了一个高点;第二轮价格创出新高见顶以后,MACD 指标再次随之回落形成高点,指标的两个高点基本在同一区间之内,这种走势是否就是老师讲解的技术形态呢?

纪助教:

PVC1009 合约在这一天盘中的走势形态就是我们这一节要讲解的内容,MACD 指标线的形态非常标准,两个高点恰恰都在同一区间。

在这个区间中第一次波动形态在顶部,那么,在 MACD 指标线运行至此再次形成死叉时,对应的价格也必然会形成顶部,因此,投资者就需要考虑在此时平掉手中的多单。

学员柳先生:

MACD 指标的峰值具体是多少才符合要求呢?

纪助教:

MACD 指标因为数值可以是无限大的,所以,无法用固定的数值来进行限制。指标线峰值是否较高的判断用的是对比的方法,当第一个峰值形成的时候,我们看一下这个峰值是否是最近一段时间内最高值,如果它是最高值,那么,就可以作为参考,一旦指标线在后期的同一区间形成死叉就可以按指标的提示进行操作。

第一个峰值的高度越高,并且对比的周期越长,那么,它就越有效。如果高度一般,就不适用了。

学员柳先生:

按照老师的讲解,我觉得是不是这也意味着只有当价格形成近期较大幅度的波动时,才会导致 MACD 指标形成如此的走势。如果价格波动幅度较小,就不太适用呢?

纪助教：

只有当价格形成较大幅度的波动，才会导致MACD指标形成较高的峰值；如果价格波动幅度较小，指标自然很难形成较高的峰值。这些细节的变化大家一定要掌握。

下面我们再结合另一个案例进行讲解。

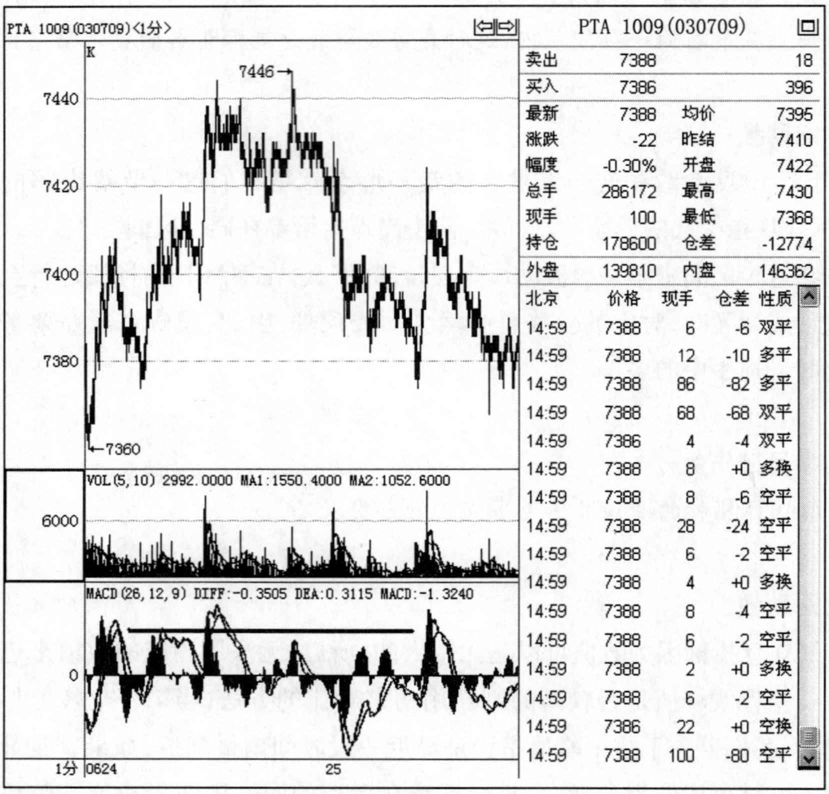

图6-2 PTA1009合约2010年6月25日走势图

在图6-2中，我们来看一下PTA1009合约在2010年6月25日的走势，图中显示的K线数量较多，周期跨度较大。本节所讲的内容最有特点的地方就是无论时间周期跨度有多大，这种方法都完全适用。

学员柳先生：

从图中老师标注的直线来看，在两个峰值之间还有一个更高的峰值，这样的技术形态也是适用的吗？

纪助教：

图中最左侧的第一个峰值可以视为第一个参照，而中间较高的峰值则可以视为第二个参照，后期无论 MACD 指标在哪一个峰值处形成死叉都可以视为仓多单的信号。

学员柳先生：

这个案例中，MACD 指标线的技术形态与上一个案例有相似之处，但是，K 线图的形态却相差很大。第一个案例中，价格的高点是抬高的，但在本案例中，价格的高点却是降低的。

纪助教：

这是 MACD 指标峰值平多单的第二大特点，我们只注重指标线的变化，而不必去管价格的实体变化。因为 MACD 指标形成了二次高点意味着价格出现了二次上涨，但是，这二次上涨可以是左低右高，也可以是两个高点一样高，还可以是左高右低，指标线峰值的高度并不能代表价格的高度，这是需要注意的一个方面。

学员柳先生：

在 MACD 指标形成死叉的时候，价格往往已经有所下跌，卖点的位置相对低一些。有没有什么方法可以将卖点提高一些呢？

纪助教：

将平仓点提高的方法也很简单，您想一下 MACD 指标将要形成死叉的时候，将会有什么样的现象出现呢？

学员柳先生：

在指标将要形成死叉的时候，MACD 指标柱体会先于死叉的出现而连续缩短。

纪助教：

在指标线到达前一个高点峰值区间的时候，我们要开始留意指标柱体的变化。如果指标柱体没有任何缩短的迹象,意味着价格的上涨劲头依然较大,此时可以不必平仓多单,在柱体连续放长的时候,指标线将会突破前一个高点。但是,在指标线与前一个高点峰值接近的时候,指标柱体开始连续缩短,这个时候就可以开始将持有的多单陆续平仓出局。

学员柳先生:

指标柱体一旦连续缩短,先进行减仓的操作,而一旦形成死叉则将持有的多单全部卖出。

纪助教:

这种平仓多单的方法是最科学的,平仓的点位也将会提高。我仅为大家讲解了一种方法,在这个方法之中必然还会有一些细节可能还没有给大家分析,希望大家在未来的学习以及实战运用中多多总结。

6.2 长上影平多单技巧

纪助教:

本节为大家讲解的方法是利用K线形态平多单的技巧。您能试着说出几种常见的顶部K线形态或K线组合吗?

学员柳先生:

顶部常见的K线形态我倒是知道的很少,因为我觉得一根K线好像不足以发出趋势将要发生改变的信号,应该多留意的是顶部的K线组合。

常见的顶部K线组合有黄昏之星、乌云盖顶、穿头破脚和三只乌鸦,等等。这些都是较为基础的分析技巧。

纪助教:

常见的顶部K线组合的确有很多种,这些K线组合可以一直使用至今,可见它们的确有独到之处,虽然是基础的分析技巧,但也绝对不能轻视。

K线组合由多根K线构成,因为参考的信息较多,所以准确性也比较高。但是,单根K线也并非不能作为提示操作的信号,只要在某些关键的位置出现这些单根K线,同样也可以直接用于实战之中。

您认为这样的单根K线应当具有什么样的特点呢?

学员柳先生:

您刚才提示了一下,它们在关键位置出现就会起到很大的作用,比如重要的底部以及顶部区间。然后就是这根K线的波动幅度一定要比较大,如果单根K线波动幅度比较小也就没有什么分析的价值了。

纪助教:

是这样的。那些实体较小的K线的确都没有太大的分析价值,K线的实体或影线越长,分析的价值也就越大,再结合重要的位置进行同步分析,虽然只是一根K线,但依然可以告诉投资者当前应当如何进行操作。

我们这一节要交流的就是长上影线平多单的方法。

利用长上影线来平多单是一种在价格强势上涨以后经常会用到的方法。这种方法必须用于价格已经出现较大幅度上涨以后,不太适用于价格小幅上涨的情况,因为此时的长上影线有可能是资金的一种人为做盘行为。但是,在价格大幅上涨以后出现的长上影线,则说明价格的上涨已经结束,空方开始大力度反击,此时就需要将持有的多单进行平仓操作,或是将持有的多单减持一半。

学员柳先生:

当长上影线出现以后,价格可能已经有所回落,高点机会已错失,这种平仓方法应当是区间性卖点吧?

纪助教:

长上影线告诉了投资者最高点的所在,但是,它已经成为过去时,眼前价格的变化才是最重要的。长上影线说明空方才开始大力度反击,所以,在长上影线过后一定要及时出局。这种方法并不能把卖点精细化,所以,属于区间性的卖点,适用的人群为那些持仓成本较低的投资者。如果持仓成本过高,用这种方法平仓可能不会实现太好的收益。

下面我们结合两个品种的走势讲解一下如何利用长上影线平仓多单。

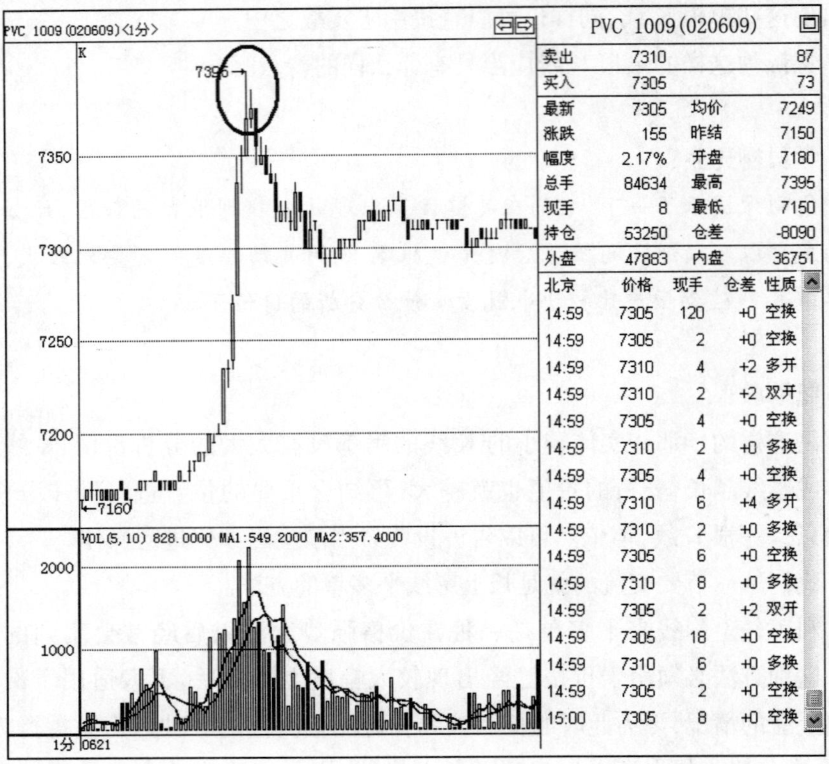

图 6－3　PVC1009 合约 2010 年 6 月 21 日走势图

在图 6－3 中，PVC1009 合约在 2010 年 6 月 21 日盘中出现了一轮大力度上涨的行情。在价格上涨的过程中，成交量连续放大，这使得大实体的阳线连续出现，量价配合非常完美。

学员柳先生：

是不是这种快速的上涨行情一旦结束，价格后期下跌的速度也将会很快？

纪助教：

并不见得。如果多方力度非常强大，价格大幅上涨以后，可能会形成强势横盘的调整形态，此时价格下跌的幅度将会非常有限。但是，如果多方军心不稳，价格大幅上涨以后才有可能大幅回落。

但在价格形成明确顶部的时候,我们是无法提前得知后期是会形成强势横盘震荡形态还是将会出现下跌,所以,在有风险信号出现时,必须要先行离场。

学员柳先生:

从整体走势来看,价格在高点停留的时间真短,一个犹豫就有可能错过最好的卖出时机。

纪助教:

很多时候机会都是一闪即逝的,为了把握住这些难得的机会,我们必须要好好学习,培养自己的潜意识,一旦价格形成类似的走势,想都不用想就知道该怎样去做。而要达到这样的境界,必须要下苦功。

您先来看一下价格在上涨的过程中 K 线都有哪些特征吧。

学员柳先生:

价格上涨的时候,K 线的实体都很大,并且上影线与下影线都很小,这说明价格上攻有力。

纪助教:

因为多头占据着绝对的上风,所以不会允许空方反攻,因此,上涨过程中的阳线实体都比较大,并且很少会留下较长的上、下影线。

而在价格上涨到高点以后情况发生了变化:最后一根阳线带着长长的上影线。此时的上影线有着什么样的含义呢?

学员柳先生:

一则说明价格上涨的力度有所减弱,因为无法像之前的阳线那样牢牢地守住阵地;二则说明空方开始了反击,虽然价格涨了上去,但又被空方狠狠地打了回来。这说明多方的力度有所减弱,而空方的力度有所增强。

纪助教:

不论价格后期是否还会继续上涨,在多方力度明显减弱的情况下,就不适合再继续持有多单，所以，当长长的上影线出现以后，投资者要么在此时进行减仓的操作，要么就干脆将手中的多单全部平掉。

在价格连续上涨的高点并且收出较长上影线的时候还不平仓，价格后期的快速回落将会使投资者的收益大幅回吐，如果持仓成本较高，有可能还会产生亏损。

切记在价格上涨的高位长上影线代表的含义——多方力度的减弱以及空方力度的增强。

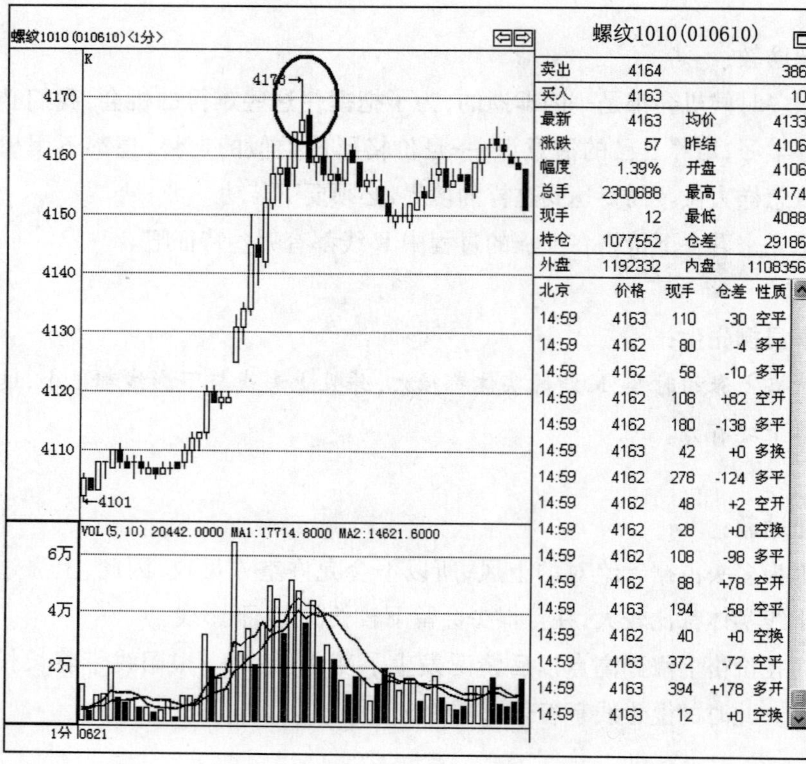

图6-4　螺纹1010合约2010年6月21日走势图

在图6-4中，螺纹1010合约在2010年6月21日开盘以后，在成交量连续放大的推动下出现了一轮快速上涨的行情。您来总结一下这一时期K线形态都有什么样的特点。

学员柳先生：

在价格快速上涨的阶段，阳线的实体都普遍较大，而阴线的实体都非常小。同时，阳线的数量也比较多，而阴线的数量比较少。

纪助教：

阳线的数量多是多方力度大的一种体现，如果多方无力，不可能连续出现阳线。同时，阳线的实体较大则更是一种多方力度较大的体现，如果是空方力度较大，又怎会收出大实体的阳线呢？

整体的K线特征告诉我们此时的操作方法，再结合完美的量能形态，坚定做多不犹豫！

您再来说一下上涨过程中K线的上、下影线的技术特征。

学员柳先生：

在价格上涨的过程中，阳线也有上影线，但是，此时的上影线相对较短，这是与实体对比的结果。虽然存在上影线，但由于阳线的实体也比较大，这仍说明多方占据着上风。

纪助教：

由于价格上涨速度较快，在上涨过程中，难免会有资金因为获利而选择出局，这是造成上影线形成的一大原因，但是，因为更多的资金仍在继续做多，所以，大实体阳线上的上影线不足以改变上升趋势。

而在价格出现了较大涨幅以后，K线图中较长的上影线就发生了质的变化。对比K线实体可以看到，高位那根长上影线是阳线实体的数倍，这与上涨时大实体阳线上带着的相对短一些的上影线完全不同。

学员柳先生：

上涨过程中收出上影线时，价格只是小幅度回落，而高位的那根上影线则是大幅度回落，价格怎么涨上去的又怎么跌了回来，走势上的差异真是太明显了。

纪助教：

上影线越长，越说明空方力度的强大，而在价格连续上涨以后空方力度有所增大这可不是什么好事。这根较长的上影线出现以后，价格便在第二分钟继续回落，长上影线构成了当天的最高点。

多强空退，空强多退，多方向空方妥协的标准就是那根长长的上影线。

学员柳先生：

虽然在上涨的高点出现了较长的上影线，但是，上升趋势并没有改变，按照顺势而为的原则，此时如果只进行减仓操作也是可以的吗？

纪助教：

在价格强势上涨的时候，风险信号可能会在多次出现以后才会形成真正的下跌，所以，在第一次出现风险信号时，只进行减仓而不进行清仓操作是完全正确的。但我认为至少要把持有的多单卖掉一半，这样可以锁定利润，即使后期价格一下子跌到了开仓价位，至少也能保证半仓资金的赢利，主动权就提高了，余下的仓位可以在价格明确走弱时再平掉。

学员柳先生：

通过老师这一节的讲解和对案例的分析，果然在价格大幅上涨之后出现的上影线都会引发调整的出现，看来以后要对这种现象进行高度重视，K线组合要重视，重要的单根K线也要重视。

纪助教：

一根较长的上影线随后再跟一根阴线，这就演变成了射击之星，就算上影线没有清仓，当射击之星出现时也应当考虑出局。

重要的位置出现重要的单根K线可以直接视为风险信号的到来，而不必非要等到某种风险性的K线组合出现时再做操作。见多识广，对这种走势见得多了，也就会养成一种操作上的习惯。

6.3 双死叉平多单技巧

纪助教：

本节为大家讲解另一种平多单的技巧，这种方法称为双死叉平多单。

学员柳先生：

记得无形老师之前教过我们这个方法，它是指 MACD 指标在连续上行后于高位出现两个死叉时平仓吗？

纪助教：

这两个方法的名称接近，不过含义却是不同的。您说的方法名称是 MACD 指标双死叉平多单，而我说的是双死叉平多单。您说的方法只用到 MACD 一个指标，而我说的方法则需要移动均线与 MACD 两个指标。

学员柳先生：

用两个指标来指导操作是不是可以起到彼此验证的效果，从而提高分析的准确性呢？

纪助教：

是这样的。如果两个指标均在同一周期内形成一致的信号，那么，这种信号的可信度就要高很多。在实战操作时，大家结合的指标越多，得出的分析结论也就往往越可信。

比如 MACD 指标，为何双死叉要比一个死叉更值得关注呢？这是因为，指标的第二个死叉对第一个死叉进行了验证。这就好像是学生在做数学题一样，在写完答案后一定要再验算一遍，这样才可以保证之前得出的答案是正确的。

学员柳先生：

这两个指标在实际操作时应当如何运用呢？请老师详细地讲解一下，指标的组合应用我还没有学到，很期待接触这方面的知识。

纪助教：

使用 MACD 指标与移动均线组合进行分析，首先要求这两个指标在同一周期内形成方向一致的信号，同一周期并不是指上午 10:00 或是下午2:00 时两个指标都形成死叉，假设 MACD 指标在上午 10:00 形成死叉，而移动均线随后在 10:05 形成死叉，这就是同一周期两个指标形成了同方向的信号。

二者之间的方向性信号出现时间略差一些，但并没有相差太多，这都是正常的。

在一个指标形成死叉现象时，投资者应当考虑进行减仓操作，而在两个指标均形成死叉时，则必须要平掉持有的空单。一旦双死叉形成，价格停止上涨的概率将会很大，继续持仓则会带来投机性风险。

学员柳先生：

通过老师的讲解我发现一个问题，虽然这些方法都是平多单的技巧，但是，当平仓信号出现以后，价格后期都出现了下跌，那是不是可以在平仓信号出现时进行反手委托呢？

纪助教：

您的这种想法肯定会得到不少朋友的响应，但这却是一种错误的想法。这是万万要不得的，平多单的方法绝对不能与做空联系到一起。

当平多单信号出现时，并不一定意味着价格将会出现下跌，有时是因为价格上涨力度开始变小所以需要平掉多单，有时可能因为价格要出现临时的调整所以要平仓多单，当然，也有可能预测价格将会下跌所以平仓多单。正因为平多单时价格并不一定会下跌，所以与做空联系在一起是不合适的。

学员柳先生：

看来在这方面是不能做任何变通的，这种形式的举一反三原来是错误的。

纪助教：

下面我们结合两个案例来讲解双死叉平多单的方法。

在图 6－5 中，橡胶 1011 合约 2010 年 6 月 18 日在盘中形成了过山车的走势，价格出现一波连续上涨走势之后，又出现了一波持续下跌的走势，由于高点形成的时间非常短，“A”字顶形态很标准。所以，在平多单的时候，卖点是一个区间性的概念，因为卖在最高点只能靠运气，而没有任何一种方法可以提示投资者在最后一根阳线处卖出。

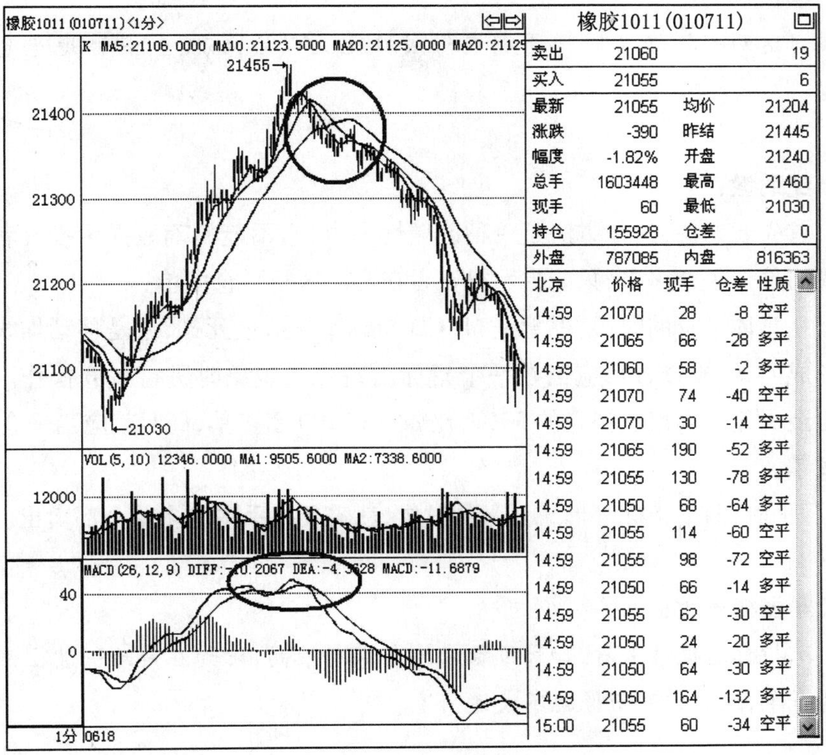

图 6-5　橡胶 1011 合约 2010 年 6 月 18 日走势图

学员柳先生:

在价格上涨到高点区间的时候,MACD 指标有所背离,价格继续创新高,但指标的两个高点却没有明显的差异,这是一大风险信号。

纪助教:

如果单一利用 MACD 指标的高位双死叉的确可以帮助投资者提示出风险区间的所在,不过,为了使分析的结论更加准确,所以,再结合移动均线进行分析就更加合理了。

在 MACD 指标形成死叉后不久,移动均线的死叉现象也随之形成,虽然两个指标形成死叉的时间略有差别,但间隔时间相对较短,因此,可以视之为同一周期内的双死叉。

学员柳先生：

当这两个指标在同一周期内形成双死叉以后，该如何具体地平仓多单呢？

纪助教：

首先要明白，这个方法是一种区域性卖点，它不能精确地提示投资者应当在何价位平仓多单，只能提示投资者在当前区间平仓多单。

在具体平仓的时候，不管是 MACD 指标率先形成死叉，还是移动均线率先形成死叉，投资者都应当在一个指标出现死叉现象时进行减仓操作。我认为至少应当卖出总持仓的 50%，比如持有 100 手多单，此时就应当平仓 50 手多单。

而一旦两个指标都形成死叉的时候，就需要将手中的多单全部卖出。

学员柳先生：

从指标的提示来看，如果投资者持仓成本较高，比如在最后一波上涨时开的多单，这种方法好像就不太适用了。

纪助教：

既然这种方法是一种区域性的卖出方法，所以，对于持仓成本较高的投资者来说肯定是不适合的。它主要针对持仓成本较低的并且在盘中操作级别略大一些的趋势的投资者使用。虽然平仓点并不是最高的，但是，从后期的走势来看，这种平多单的方法对于大级别的波动走势的提示效果还是不错的。

在图 6-6 中，沪铜 1009 合约在 2010 年 6 月 18 日盘中出现了一轮震荡上涨的走势。从 1 分钟 K 线图的形态来看，价格在上涨的过程中震荡较多，这些震荡或多或少都会给投资者的持仓造成一定的干扰，但是如果结合 MACD 指标或是移动均线进行同步分析，则可以将这些上升途中的震荡干扰过滤掉。

学员柳先生：

价格上涨时，10 分钟移动均线始终保持着上升的趋势，没有出局信号的

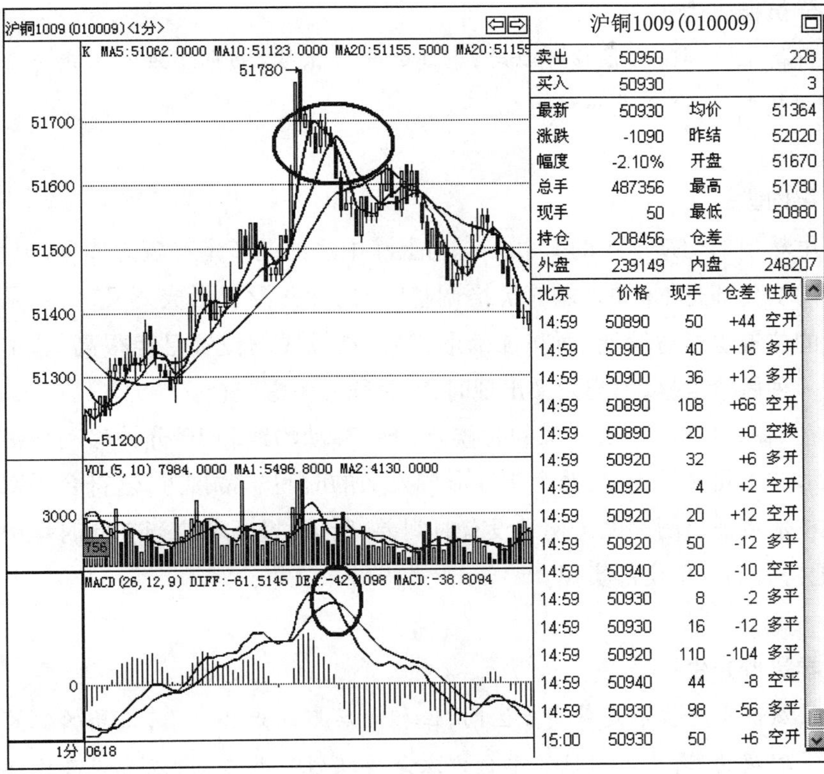

图 6-6　沪铜 1009 合约 2010 年 6 月 18 日走势图

出现，同时，MACD 指标也始终保持着上升的趋势，移动均线和 MACD 指标都提示做多，所以，就没有必要过早地平掉多单。

纪助教：

从纯技术的角度来讲，平仓是因为价格有可能停止上涨或是有可能出现下跌，而当价格出现调整走势时，只要指标方面没有提示卖出信号，就不必对调整过于担心。价格上涨的周期越长，上涨的空间越大，出现调整的次数就会越多，所以，如何回避调整的干扰是确保高收益的根本，这部分内容我们将在后期陆续与大家交流。

在价格上涨的过程中，MACD 指标并没有像橡胶 1011 合约一样出现背离，而是始终与 K 线形态保持一致，指标没有形成背离现象，未提前提示投资者风险区间的到来，能做的就是继续做多。

学员柳先生：

价格上涨到阶段性顶部以后，下跌的速度很快，初期下跌的形态与上涨时的调整类似，这又是一种干扰。

纪助教：

虽然顶部初期下跌的K线形态与上涨中途的调整走势较为接近，但是，指标的变化却是不同的：之前价格调整时，指标并没有形成死叉，特别是指标线的位置也相对较低；而在顶部形成时，指标线的位置已经很高，这本身就是一种风险信号，而当死叉出现时，就必须要考虑减仓。

在MACD指标形成死叉的时候，5分钟移动均线和10分钟移动均线也随之形成了死叉的走势，两个指标形成死叉的时间非常接近，这符合了双死叉的技术特征。因为两个死叉没有时间差，所以，投资者应当在此时集中平仓，把持有的多单全部卖掉。

学员柳先生：

虽然说平仓位不是最高点区间，但相比后期的走势来看，出局的位置也是非常理想的，看来区域性的平仓方法是要牺牲一些空间，以此换来价格最稳定趋势的形成，而后离场出局。

纪助教：

因为这种方法针对较大级别的波动最为有效，所以，如果留给价格的波动空间过于狭窄，则不能确定趋势是否明确成立。而留给价格一定的空间波动形成新的趋势，肯定就不能在最高点区间进行交易，所以，这是一件无法两全的事情。

但从历史的行情走势来看，双死叉平多单的方法完全可以帮助投资者在下跌的初期及时平掉手中的多单，所以，这种方法还是非常具有实战性的。方法的应用非常简单，无论何种水平的投资者都可以很好地运用此方法。

6.4 前低点破位平多单技巧

姚助教:

本节为大家讲解一种针对大波段的平仓方法,这种平仓方法只适合持仓成本较低的投资者使用,因为并不是纯粹的投机性操作,所以,如果投资者的持仓成本较高,用这种方法平仓的效果就会不太理想。

学员柳先生:

不同的持仓成本,虽然面对同样的走势,但是操作的方法却是完全不同的,这一点无形老师已经多次告诉我们了。

姚助教:

持仓成本不同,不仅买卖的方法差异很大,而且止盈或是止损的技巧也有很大的不同。针对低成本的平仓方法绝对不适合于高成本的投资者,而针对高持仓成本的平仓方法也未必适用于低成本的平仓方法。

价格在变化过程中,大波段的波动形态并不少见,所以这种方法大家还是有必要掌握的。先问您一个问题,大波段的上涨往往具有什么样的技术特征呢?

学员柳先生:

上涨的周期比较长,上涨时震荡比较多,但是大趋势却比较单一。

姚助教:

在价格上涨过程中,因为震荡比较多,所以,我们在决策是否平仓时,可以将前一次调整的低点位作为平仓点。如果价格向下跌破该位置,便意味着无法再继续上攻,但是,如果价格始终位于该低点上方,上涨行情便有可能延续,因此,就没有必要平掉持有的多单。

这样做虽然会错过高点卖出的机会,但是,在价格还有可能继续上涨的情况下,却不会放过下一轮的上涨波段,优点还是大于缺点的。

学员柳先生：

老师的这种方法注重于大级别的形态，只要大的形态没有被破坏，价格就有继续上涨的潜力，但是，如果大的形态被破坏，价格将会出现连续的下跌。听老师这样一讲，看来这种方法的平仓位很容易掌握。

姚助教：

无形老师的方法都是简单易懂的，大家一听便会，正所谓大道至简，期货交易其实真的没有想象的那么复杂。

下面我们结合具体的案例进行讲解。

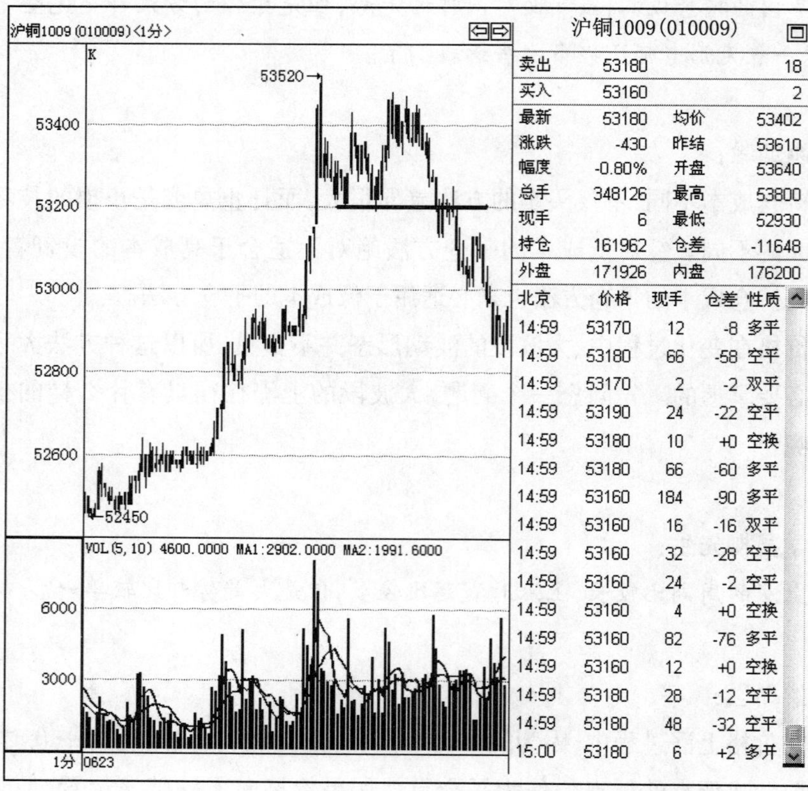

图 6－7　沪铜 1009 合约 2010 年 6 月 23 日走势图

在图 6－7 中，价格在当天形成了一轮连续上涨的走势，波动的级别较大，您来说一下价格上涨时都有什么样的技术特征。

学员柳先生：

价格上涨的时候，阳线的实体比较大，并且阳线的数量比较多，而阴线的实体都比较小，并且阴线的数量也比较少，这是多方力度强大的直接体现。

在价格上涨的过程中，成交量都出现了放大的状态，并且在价格调整的时候，成交量都配合出现了萎缩，量价配合非常完美，这也是价格能够大幅上涨的基础。

整体上涨形态是波段式的，每上涨一定的幅度，价格就会出现调整，但是调整结束以后价格又会继续上涨。

姚助教：

您所说的这些正是波段式上涨行情最主要的技术特点。在价格上涨的中期出现了一次调整的走势，从图中的走势来看，第一次形成的低点始终没有破位，只要价格位于该低点上方，就没有必要平掉持有的多单，因为低点不破，大的技术形态就没有遭到破位，上升形态没有异常，自然要继续做多。

那么，价格上涨到高位调整的时候又有什么样的技术特征呢？

学员柳先生：

价格上涨到高位以后，同样形成了一次调整的低点，在初期震荡的时候，这个低点依然没有破位，K 线位于低点上方，所以价格还会继续上涨。但是，经过一段时间的震荡以后，价格向下跌破了前期的低点，破位走势的出现使得上升趋势有了结束的迹象。

姚助教：

请记住：在价格向下跌破调整低点的时候，一定要及时地将持有的多单平仓。低点没能守住，说明多方资金放弃了操作，空方将会趁机反击。在价格波动的时候，低点都是重要的支撑，一旦这道支撑失效，价格将会再下一个台阶，所以这个位置必须要离场。

同时，从整体走势来看，当这个低点被跌破以后，整体上升趋势也的确发生了改变，价格的变化明显对空方有利。在价格上涨无力并且有很大可能下跌的时候，持有的多单自然不能再继续持有。

在图 6－8 中，L1009 合约在 2010 年 5 月 21 日出现了震荡上涨的走势，

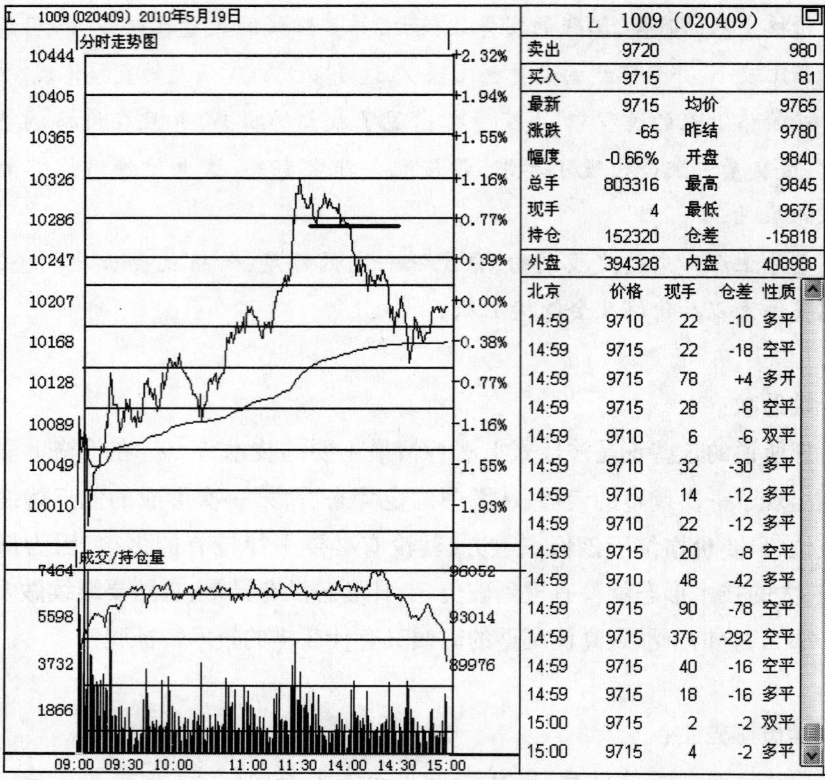

图6-8　L1009合约2010年5月21日走势图

这一天的上涨形态非常经典，请总结一下价格上涨时的技术特征。

学员柳先生：

价格整体的上涨周期较长，上涨形态较为复杂，虽然调整次数较多，但是，每一次调整出现之后，价格都会继续向上创出新高。

姚助教：

价格上涨的周期越长，震荡的次数就越多，这是一种必然的现象，就好像人跑步一样，跑一会儿，休息一会儿，这样才可以跑得更远。所以，上涨过程中，每一次调整走势的出现都应当视为一次赢利的机会。

除此之外，还有什么样的技术特征呢？

学员柳先生：

分时线始终位于均价线上方，均价线的支撑作用非常明显。

姚助教：

支撑作用明显也是价格上涨过程中最重要的一个技术特征。除了均价线的支撑作用非常明显以外，从图中我们还可以看到，价格上涨以后第一次调整的低点对后期的走势起到了支撑的作用。只要低点的支撑作用明确，价格的上涨就会一直延续下去。

您再来看一下价格上涨到高点以后，这一区间的分时线变化又有什么样的技术特征。

学员柳先生：

最后一轮上涨走势出现后，价格再次出现调整，并留下一个低点，但是随后分时线却向下跌破了这个低点，此处的低点并不能再像之前的低点一样起到明显的支撑作用，在支撑失败的情况下，价格出现了较大幅度的回落。

姚助教：

从高点处的低点走势来看，我们可以得出这样的规律：低点的支撑作用如果有效，价格震荡一番以后将会继续上涨，但是，如果低点的支撑作用消失，下跌行情将会很容易出现。因此，我们可以将价格上涨以后的第一次调整的低点视为平多单的参考位，只要这个低点没有被跌破就要一直持有多单，而一旦跌破这个低点，就一定要及时地离场。

学员柳先生：

这种平仓方法的确很容易掌握，因为那个低点是事先存在的，不需要做过多的考虑。价格位于低点上方，就耐心地等待新一轮上涨行情的出现，如果价格跌至低点，就将持有的多单平仓出局。

姚助教：

相比最高点，这种平仓方法的缺点就是不能帮助投资者卖在最高位，但是，如果结合后期的下跌走势来看，在这个位置平仓出局的效果还是非常不错的。从整体波段来看，卖点属于次高位，因为价格出现了破位的走势，在下跌的概率变大的时候进行卖出，自然是非常科学的。

6.5 高位大阴平多单技巧

姚助教：

本节为大家介绍一种K线的平仓方法，称之为高位大阴平多单。您能说出为何当大阴线出现的时候我们要平掉多单吗？

学员柳先生：

阴线是空方力度大小的体现，如果空方力度比较强大，那么，阴线的实体就会比较大。在这种情况下，对于多方就不利，因此价格有可能出现调整或是下跌，所以，当大阴线出现的时候就需要平掉手中的多单。

姚助教：

在价格上涨的时候，因为多方占据着市场中的主动地位，所以，大实体的阴线很少见到。而当价格有了较长时间以及较大幅度的上涨以后，一旦出现大实体的阴线，这将直接说明多方的动能已经很弱，并且空方的动能开始增强，在这种情况下，价格继续上涨的概率将会降低，因此有必要考虑平仓多单。

学员柳先生：

在价格上涨的中途也将会出现洗盘式的大阴线，这与高位大阴线的K线形态很相似。但是，上涨中途出现大阴线时，价格还将会继续上涨，用什么办法可以加以区分呢？

姚助教：

从资金安全的角度来讲，大实体的阴线不会轻易出现，而无论在什么位置，只要出现大实体的阴线，我们应当首先想到风险，为了防止价格有可能进一步下跌，所以，有必要进行投机性平仓。而如果发现价格后期继续上涨，则可以重新入场进行做多。

从技术的角度来讲，上涨中途出现大阴线以后价格之所以还会继续上涨，就是因为整体涨幅并不是很大，多方的做多动能还未释放完毕，这与高位大阴线是绝对不同的。而识别的方法就是：查看整体上涨的空间大小；查看价格上涨时曾出现的调整次数。如果上涨时出现过多次调整的走势，一旦收出大阴线将意味着价格出现调整或是下跌；查看价格上涨时的速度，如果上涨速度过快，一旦出现大实体的阴线，价格也就很容易产生回落的走势。

学员柳先生：

请老师再结合具体的案例讲解一下高位大阴平多单的方法吧。

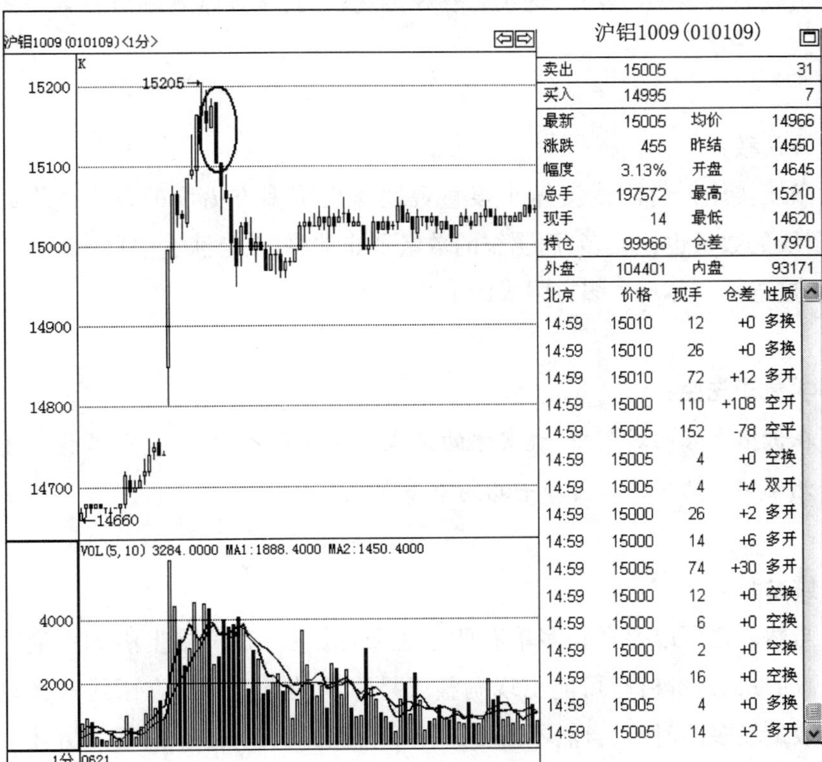

图 6－9　沪铝 1009 合约 2010 年 6 月 21 日走势图

姚助教：

在图 6－9 中，沪铝 1009 合约在 2010 年 6 月 21 日下午开盘以后，价格大幅上涨。您首先来说一下价格在上涨途中阳线的技术特点。

学员柳先生：

价格在上涨时，阳线的实体都比较大，这体现了多方力度的强大，这也是造成价格大幅上涨的主要原因。

姚助教：

在上涨过程中，阴线又有哪些特点呢？

学员柳先生：

阴线的实体都比较小，这说明空方力度较弱，多方根本不给空方还击的机会。

姚助教：

阳线实体大而阴线实体小很直观地体现了多方力度的强大。除此之外，阳线的数量也比较多，而阴线的数量则非常少，在上涨途中只出现了4根阴线，这进一步体现了多方强大的上攻力度。

学员柳先生：

在价格上涨的过程中，大实体的阴线一次也没有出现，这是否意味着只要不见大实体的阴线就可以一路持有多单呢？

姚助教：

当然。之所以要平仓多单有两个主要原因：一是价格上涨的力度开始明显减弱；二是价格有可能出现调整或是下跌的走势。而在阳线实体较大并且数量较多的时候，自然不需要进行平仓操作，因为这个时候多方还占据着绝对的主动。

在经过一轮快速地上涨以后，一根大实体的阴线从空而降，这是上涨过程中第一次出现的大实体阴线。它的出现意味着空方在此区间有了足够的能力与多方抗衡，就算价格在此区间不产生下跌，也将很难再继续强势上涨。大阴线的出现使得价格未来的变化变得复杂起来，为了防止意外的风险，投资者应当在此时平掉持有的多单。

学员柳先生：

虽然高位出现了大实体的阴线，但是，价格的下降趋势还没有形成，那是不是可以先减持部分多单，当下降趋势明确形成以后再进行清仓操作呢？

姚助教：

如果持仓成本较低，当然可以这样操作，比如持有100手多单，先卖出50手，余下仓位在价格明确下跌时再进行平仓。如果平仓以后价格继续上涨，因为还持有多单，所以，并不会有太大损失，这比起价格下跌时利润大幅回吐可幸福得多。

如果持仓成本比较高，在大阴线出现时，最好全部平仓，否则会因为持仓不占主动，而在大阴线出现时处于被动的地位。

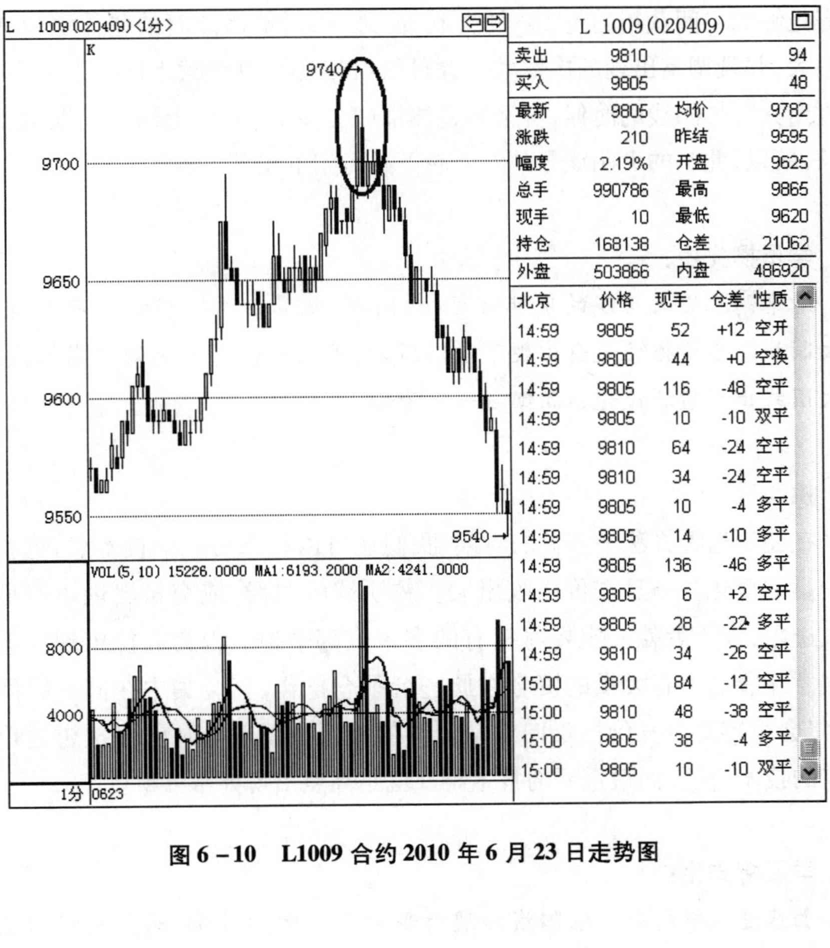

图6－10　L1009合约2010年6月23日走势图

在图 6 - 10 中，您说一说 L1009 合约在价格上涨过程中的走势是否具有共性。

学员柳先生：

上涨中途一根大阳线出现后，价格收出一根带有较长上影线的大阴线，但经过一番调整，价格又继续向上创出新高。而上涨到高点时，同样在一根大阳线出现后，收出了一根带有长上影线的大阴线。这两次的走势从 K 线形态来看非常接近，只不过价格后期的变化有极大的差异。

姚助教：

第一次出现带有长上影线的大阴线以后，价格同样出现了下跌，在此做空有足够的空间获得超过 1% 的赢利，但是，因为价格此时的整体涨幅并不是很大，并且调整出现的次数较少，所以，价格还可以继续上涨。但是，第二次收出大实体阴线的时候，价格的整体涨幅已变大，并且上涨的周期也相对较长，所以，此时的大阴线导致了一轮下跌行情的出现。

学员柳先生：

看来高位的大阴线的确非常可怕，同样，就算价格上涨幅度不大，但出现大阴线以后价格还是会出现下跌。所以，无论价格是不是处于高位区间，当大阴线出现后还是先出局回避一下为好。

姚助教：

在使用这种方法平多单的时候，我们还可以注意另一个技术点，这就是成交量的变化。一旦在价格收出大实体阴线的时候，成交量出现了明显的放大迹象，投资者就一定要将持有的多单全部平掉。因为高位出现放量大阴线意味着盘中有大量的资金在此进行平仓操作，资金集中在同一时间交易，将会很容易引发价格反向波动走势的出现。无形老师曾多次讲过价格高点的技术特征，而最重要的技术特征就是高点出现异常巨量。

学员柳先生：

上涨过程中最后一根阳线出现时形成了异常的放量，而大阴线出现时量能也明显放大，并且创下了上涨以来的最大量，这样的技术特征很容易掌握。不过，有的品种高点并没有出现异常巨量，而有的则出现了，这又该如何区别对待呢？

姚助教：

高位出现大阴线以后，如果形成放量现象，这时必须出局；如果没有形成放量现象，则可以适当减仓，在下降趋势进一步形成时再清仓操作。高位放量大阴线是多方必须要回避的一种走势，它的杀伤力巨大。

6.6 上涨时量能萎缩平多单技巧

姚助教：

本节将结合成交量的变化为大家讲解一种平仓的方法，不知道您是否还记得无形老师关于成交量与价格的说法吗？

学员柳先生：

量价分析不离家，对价格进行分析的时候，一定要结合成交量进行分析。只对价格进行分析，得出的分析结论相对片面，只有结合成交量的变化进行同步分析，这样的分析结论才较为准确。

姚助教：

这几句话是大家必须要牢牢记住的，因为很多时候，成交量的形态可以直接决定价格的波动形态。您再来想一下，价格在正常上涨的时候，完美的量价配合是什么样的呢？

学员柳先生：

价格上涨时，完美的量价配合为：上涨时成交量随着价格的上行连续放大，而在价格出现调整走势时，成交量则出现萎缩，调整结束价格再上涨，成交量需要再放大。

姚助教：

关于不正常的量价配合，您能举出一两个例子吗？

学员柳先生：

不正常的量价配合有价格上涨时出现异常放量的现象，或价格调整时成交量连续放大。

姚助教：

除此之外，另一种量价配合不正常的形态就是价格虽然保持着连续上涨的走势，但是成交量却出现萎缩的状态。在价格上涨时量能出现萎缩，这意味着什么呢？

学员柳先生：

意味着资金此时做多的积极性开始降低，这有可能是因为价格连续上涨以后，面对过大的涨幅、投资者做多的心态较为谨慎。

姚助教：

您说的很正确。成交量就像是汽车的油门一样，想要车跑得快一些，油门必须要加大，而当您开始减小油门的时候，车速必然会降低。一旦成交量开始降低，上涨的力度也就会随之减弱，价格此后的变化要么是出现调整的走势，要么是出现下跌的走势，而无论出现何种走势，投资者都有必要将持有的多单进行平仓操作。

这就是本节要为大家讲解的：上涨时量能萎缩平多单的方法。下面我们结合具体的案例为大家进行讲解。

在图 6－11 中，L1009 合约价格出现了一轮大幅上涨的走势，且涨幅的周期较长，上涨的幅度较大，这说明资金在场中做多的态度非常积极。在价格上涨的时候，您来看一下成交量的技术特征。

学员柳先生：

在价格上涨的时候，成交量都保持着放大的状态，特别是在第一轮上涨的过程中，成交量非常密集。

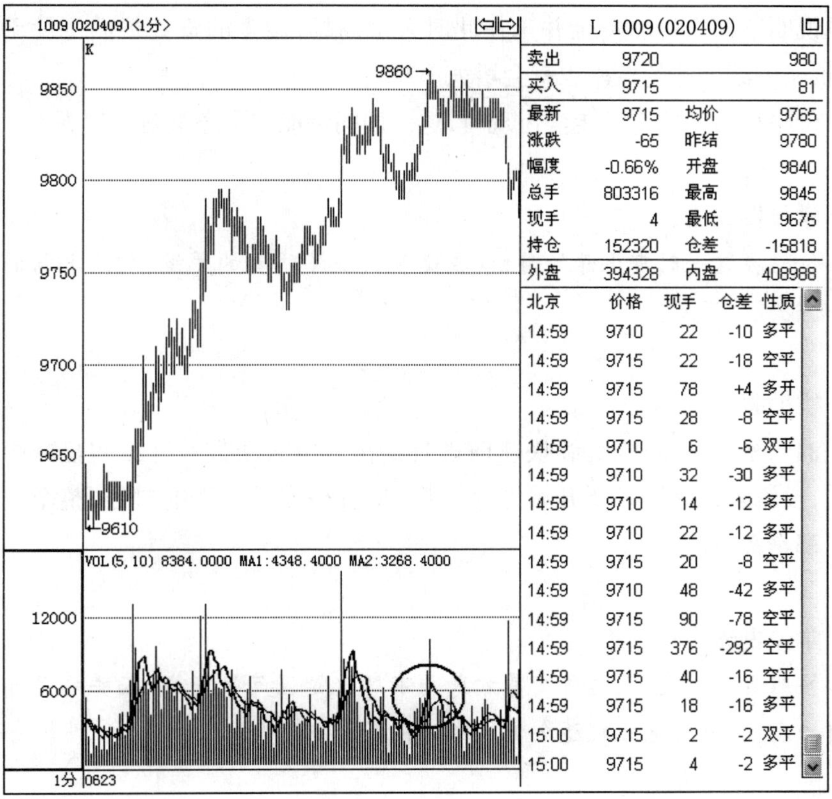

图 6－11　L1009 合约 2010 年 6 月 24 日走势图

姚助教：

量能越大说明资金入场的数量越多。由于价格形成上升走势，所以，这意味着入场的资金都在积极地进行着做多的操作（虽然有等量的资金在做空，但是，做多的资金却占据着主动的地位，因此称资金的态度为做多）。

在价格出现调整走势的时候，成交量的变化又有什么样的特点呢？

学员柳先生：

在价格调整的时候，成交量则出现了萎缩的迹象，上涨放量调整缩量，这是完美的量价配合形态。

姚助教：

在价格调整时成交量萎缩虽然说明此时资金入场的数量明显减少，但却也说明前期入场的资金并未在此时大量离场,做多的资金仍然沉淀于场中,价格继续上涨的概率也就会增大。

价格最后一轮上涨走势出现时,这一期间量能的形态又是如何呢?

学员柳先生:

价格在这一时期上涨的时候,成交量出现了明显的萎缩,相比之前的上涨,量能减少了不少。

姚助教:

油门松了,车还能继续快速前进吗?在资金入场数量开始明显减少的时候,投资者也就有必要开始考虑退出,在价格缩量上涨的时候,整个上涨区间都是卖点。

学员柳先生:

按照老师的说法,这种交易方式是不是也是区间性卖点,而并非是精确性质的卖点,并且也比较适合低成本的投资者使用呢?

姚助教:

只要卖点针对的是一个相对大一些的区间,就都适用于低成本的投资者。对于高持仓成本的投资者,应当在价格缩量上涨时运用其他的技术进行卖出。

学员柳先生:

当发现价格出现缩量上涨走势时,做好出局的准备,而一旦上涨明显乏力,或是价格向下回落时再平掉持有的多单。

姚助教:

这种方法是更为细化的平仓方法。我们都知道,想要卖在最高点只能靠运气,而不能依靠技术。价格缩量上涨是一种风险将要到来的信号,虽然风险近在眼前,但还没有马上出现,因此,完全可以像您所说的那样做好准备,一旦风险到来,价格出现下跌,就可平掉多单。只要持仓成本较低,无论是在价格上涨过程中,还是在价格出现下跌走势时进行卖出都是正确的。

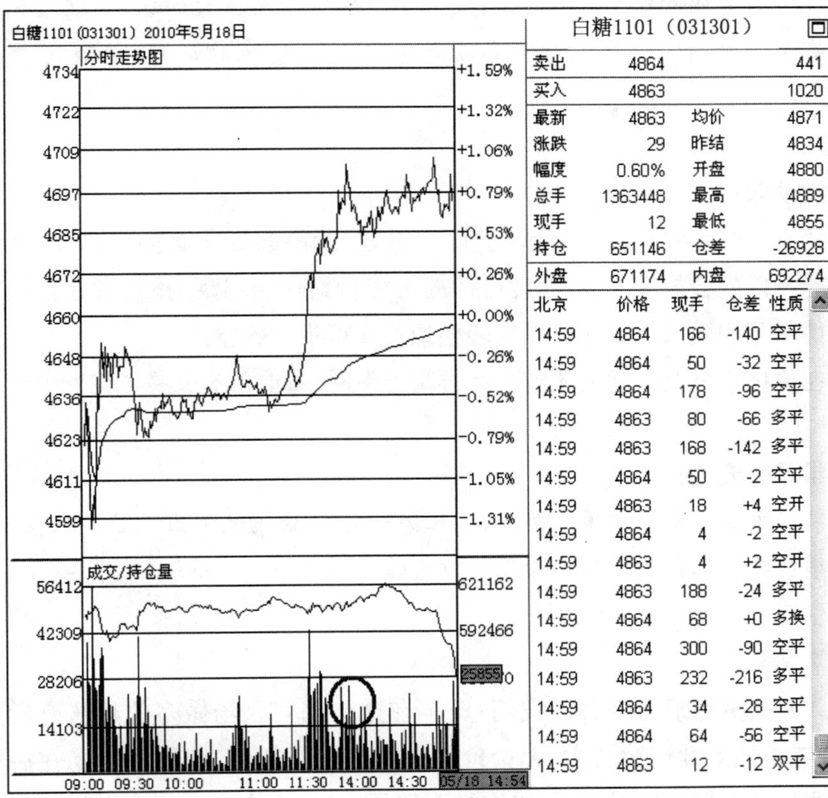

图 6-12 白糖 1101 合约 2010 年 5 月 18 日走势图

在图 6-12 中,白糖 1101 合约在 2010 年 5 月 18 日下午开盘以后,价格的波动有什么样的变化呢?

学员柳先生:

下午开盘以后,价格突破了盘中的高点,突破走势的出现意味着行情趋多,在突破盘中新高的时候,可以入场投机性做多。

姚助教:

在价格形成突破走势的时候,成交量又是什么样的?这样的量能形态意味着什么?

学员柳先生：

在价格突破盘中高点的时候，成交量出现了密集放大的状态，这意味着此时有大量的资金入场做多，突破走势得到了量能的认可，使得可信度加大。

姚助教：

从下午的走势来看，在价格上涨的时候，量能的变化是多么的重要，只要量能可以配合放大，一轮高度可信的上涨行情便会出现，投资者在量能放大的情况下积极入场操作可以很轻松地实现可观的收益。

在价格经过短时间的调整之后再次上涨时，量能形态又是如何？

学员柳先生：

第二轮上涨走势出现的时候，相比第一轮上涨成交量出现了萎缩，并没有像第一轮上涨行情那样继续保持放量的状态。

姚助教：

此时的量能形态告诉了我们：资金在这一期间入场做多的热情有所降低，量能不能继续连续放大，无论价格是否创出了新高，都将很容易在后期出现调整的走势。所以，在价格缩量上涨的时候，投资者一定要做好出局的准备。

学员柳先生：

指标在追随价格变化的过程中，有背离的现象，那么，我们是不是可以把这种不正常的量价配合也视为一种量能的背离现象呢？

姚助教：

之所以称之为背离现象，就是因为指标的波动趋势与价格的波动趋势不符。而站在量能的角度来看，价格上涨时应当继续配合放大，但只要没有按照要求出现放大，就可以视之为背离现象。

指标的背离现象出现之后，价格后期将会追随指标的趋势方向波动。而在价格上涨的时候量能出现背离，那么价格也就很容易出现反向的波动。

学员柳先生：

在不正常的量价配合出现以后，价格果然没有再出现上涨的走势。虽然也没有下跌，但在这一时期继续持有多单也是比较难受的事情。

姚助教：

之所以将多单平仓，不仅仅是因为价格将会下跌，只要上涨的力度有所减弱，或是价格将有可能产生震荡调整走势，都有必要平仓多单。在价格下跌的时候平仓多单可以保全收益，回避风险。在价格上涨力度减弱以及震荡调整时平仓，同样可以保全收益，还可以同时把握其他品种的做多机会，而没有必要与一个不能再继续上涨的品种较劲。

6.7 横盘震荡破位平多单技巧

高助教：

价格在波动的时候有三种常见的趋势，您知道是哪三种吗？

学员柳先生：

我虽然刚刚接触期货不久，但您的问题无形老师曾提到过，价格常见的三大波动形态为上涨、下跌和横盘震荡。

高助教：

之前两位助教为大家讲解了一些价格上涨时的平仓方法，本节我将为大家讲解价格横盘震荡时的平仓技巧。

学员柳先生：

我认为出现横盘震荡走势时的操作最麻烦，因为价格此时不涨也不跌，平仓，担心价格出现上涨；不平仓，又担心价格会出现下跌的走势，真是左右为难。

高助教：

横盘震荡区间价格没有明显的趋势，无论怎样操作，在新趋势形成之前都不能说是正确的，这是让人感到操作难以进行的原因。但是横盘震荡走势的操作方法却又是最简单的，因为价格不会一直保持横盘震荡的走势，总会选择出新的方向，所以，在价格横盘震荡的时候，我们所要做的就是按兵不动，静待新方向的出现。

通过我的提示，您能说出当价格出现横盘震荡走势时，我们该如何平掉持有的多仓吗？

学员柳先生：

按照老师的讲解，在价格横盘震荡的时候如果持有多单，就要在价格开始下跌的时候将其平掉。

高助教：

方法是正确的。我们又应当在何位置平仓多单呢？

学员柳先生：

在价格向下跌破横盘区间的低点时平仓多单。

高助教：

价格在横盘震荡一段时间以后必将会选择新的方向，要么向上，要么向下。如果价格向上则会向上突破横盘区间的高点，这个时候只需要继续持有多单，但是，如果价格向下跌破横盘区间的低点，则必须要及时平仓，破位走势的出现将意味着价格很有可能会继续下跌。

下面我们结合具体的案例为大家讲解横盘震荡下破位平多单的方法。

在图6－13中，白糖1101合约在2010年6月22日形成了标准的横盘震荡走势。您能说出价格在横盘震荡区间的技术特征吗？

学员柳先生：

价格在横盘震荡的时候，上下波动的幅度将会非常小，虽然在这个区间也有上涨与下跌，但是，整体波动重心却保持着水平的状态，趋势在此时没有明确的方向。

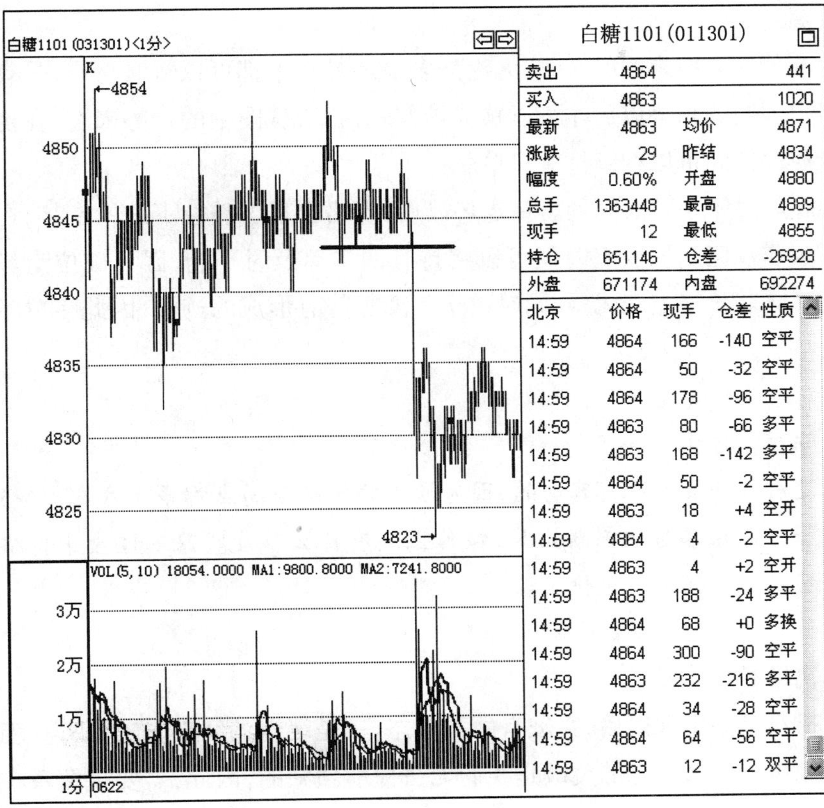

图 6－13　白糖 1101 合约 2010 年 6 月 22 日走势图

高助教：

因为价格在这一区间波动幅度非常小，所以，投资者进行操作不会获得可观的收益，因此，收益预期必须要降到最低，或者干脆就不要在此时进行操作，因为在此时操作有一些赌方向的性质，期货交易必须要科学地进行，而绝对不能以赌博的心态进行操作。

假设在价格形成横盘震荡走势之前投资者已经持有了多单，那么，在这一区间有必要平仓吗？

学员柳先生：

没有必要在横盘震荡区间平仓多单，虽然价格在此时没有明确的方向，有下跌的可能，但也有 50% 上涨的可能，所以多单可以继续持有。

高助教：

在价格方向未明的时候，无论是多单还是空单都可以暂时持有，只有在价格出现明确趋势以后才可以顺势操作。因此，从图中的走势来看，在价格横盘震荡区间可以继续持有多单。

在经过了一段时间的震荡走势以后，价格出现了破位下跌的走势，在跌破横盘震荡区间的低点时便可以将持有的多单及时平仓，因为破位走势的出现意味着价格上涨无望，同时由于下降趋势有形成的迹象，因此多单不宜继续持有。

学员柳先生：

这种方法其实也挺容易的，因为横盘的低点与高点都事先存在，价格突破与否可以很容易地判断出来，操作上没有什么难度。只不过盘中价格在向下突破的时候速度太快了。

高助教：

横盘走势出现以后，突破有两种形态：一是缓慢的突破，二是快速突破。但到底出现什么形态的突破是我们无法提前预知的，因此，需要投资者在价格横盘震荡的时候盯紧价格的变化，一个放松就有可能出现超过预期的亏损。

在价格向下突破的时候，我们还要关注哪些的技术信号呢？

学员柳先生：

还需要对成交量的变化进行关注。我记得无形老师说过，放量向下突破是最可怕的，因为放量向下突破意味着大量资金在此时集中做空，这会很容易导致价格快速回落。

高助教：

价格突破的时候成交量也有两种技术形态：一种是放量突破，另一种是无量突破。但无论突破时是否放量，都必须要及时出局，特别是出现放量现象时，更是要快速离场。

在图 6－14 中，沪锌 1009 合约在 2010 年 6 月 24 日收盘时形成了标准

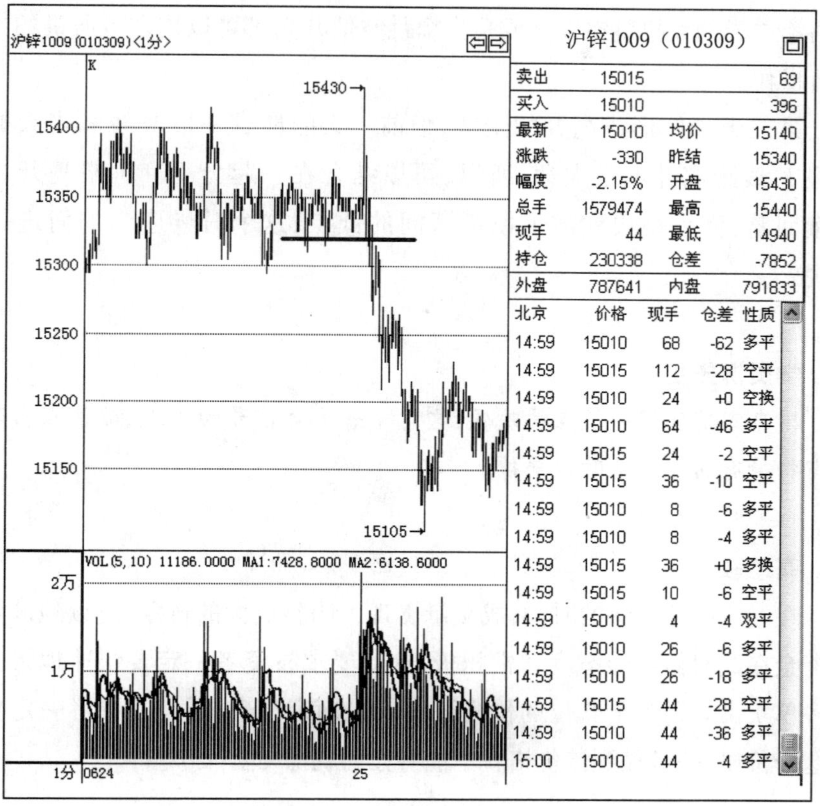

图 6-14　沪锌 1009 合约 2010 年 6 月 24 日走势图

的横盘震荡走势。在价格横盘震荡过程中，成交量有什么样的变化呢？

学员柳先生：

我记得无形老师曾说过，价格之所以涨也涨不上去，跌也跌不下来，而形成横盘震荡的走势，就是因为没有过多的资金在此时进行操作，所以，成交量往往在价格横盘震荡的时候保持着无量的状态。

高助教：

从图中的走势来看，在价格横盘震荡的时候，成交量相比前期的走势减少了很多。有一句话说得好，“无量震荡”，针对的正是这样的走势。

前一个交易日收盘时形成了横盘震荡的走势，这并不影响第二天的操作，只要这两天的最后一根 K 线与首根 K 线之间没有大幅度的断裂走势(指价格第二天的大幅跳空高开或是大幅跳空低开)，都可以用本节所讲的方法进行操作。

第二天价格形成高开的走势，但前一天的最后一根 K 线和当天的第一根 K 线距离并不是太远，所以，可以结合在一起分析。价格高开之后连续回落，而后很快跌破了横盘区间的低点，这个时候应当如何进行操作呢？

学员柳先生：

横盘震荡区间的低点被跌破，这意味着平仓信号的出现，破位点出现时应当将持有的多单及时地平掉。

高助教：

在形成破位走势的时候，成交量出现了明显放大的迹象，连续地放量说明资金在此时做空的态度非常积极，这就要求投资者一定要快速地将持有的多单卖出。因为平仓位的价格可以事先确定出来，所以投资者一定要盯紧这个价格，一旦见到该价格就不能有任何犹豫马上操作。

学员柳先生：

从这两个案例来看，在价格向下突破横盘区间低点以后，都出现了不同幅度的下跌，这是不是意味着在破位点还可以进行反手交易呢？

高助教：

当然可以。从正常的角度来讲，平多单的方法不等于做空的方法，但唯独在价格横盘震荡区间平多单的方法与做空的方法是互通的。软件中都有反手委托，所以，投资者在破位点可以用这项功能进行操作，以节省下单的时间。

价格跌破横盘区间的低点，意味着趋势已经形成，方向向下。所以，多单不可再留，而由于趋势明确向下，自然就可以顺势做空。

横盘震荡走势是价格波动过程中常见的走势，虽然价格波动幅度较小，并且反复上下波动，但其实操作的方法却是非常简单的。

6.8 跌破重要阳线平多单技巧

高助教:

在进行分析的时候,除了要对各种技术指标进行关注以外,我们还必须要对K线形态进行分析,而在对K线形态进行分析的时候,我们更多地需要对那些走势较为重要的K线进行关注,因为这些K线图可以为我们提示重要的信息。

学员柳先生:

纪助教在此之前讲解的利用上影线K线图平多单的技巧,和姚助教之前讲解的高位大阴线平多单的方法就是利用重要的K线图,这一节高助教将讲解什么样的重要K线图呢?

高助教:

这一节我们对重要的阳线进行分析,并且利用这些重要的阳线是否破位来决策多单的平仓时机。

您认为什么样的阳线是比较重要的呢?

学员柳先生:

根据老师们的思路来看,实体较大的阳线都是比较重要的。

高助教:

实体较大的阳线都比较重要,但还需要结合位置进一步判断,重要的阳线有底部的大阳线、上涨中途形成的大阳线,以及顶部的大阳线,或者可以说是上涨途中最后一根大阳线。这些大阳线在实战分析的时候,都占据着重要的地位。

您能分别说出在这几个位置出现的大阳线的作用吗?

学员柳先生:

底部大阳线用来扭转价格的下降趋势,它是下跌结束以及上涨行情将要开始的信号。上涨中途的大阳线则是上升趋势进一步延续的信号。而顶部大阳线就不是太清楚了，还希望老师赐教。

高助教：

有一些顶部大阳线具有的性质是加速赶顶，它们一旦出现价格就将会出现回落，比如那些高位出现的带有异常巨量的大阳线。还有一种高位的大阳线出现以后，虽然它想继续使上升趋势得以延续，但是无奈多方的力量已经消耗完毕，最终无法起到支撑的作用，而被后期的阴线吞没，这样的K线就是我们本节要交流的内容：跌破重要阳线平多单。

学员柳先生：

老师的这个方法运用的是大阳线的支撑作用吧？只要支撑作用有效，价格就会继续上涨，而只要支撑作用失效，价格就会产生回落。

高助教：

正是这个意思。促涨与支撑是大实体阳线最重要的两个特点，而当大阳线出现以后，既无法促使价格继续上涨，又无法起到支撑作用时，下跌行情也就很容易出现。

下面我们根据两个案例来讲解一下跌破重要阳线平多单的具体方法。

在图6-15中，棉一1101合约在2010年6月25日的盘中出现了一波投机性上涨行情，价格上涨时先后收出了两根大实体阳线。面对这两根阳线我们应当持有什么样的分析观点呢？

学员柳先生：

这两根大阳线的上涨速度很快，从正常的角度来讲，价格上涨的速度越快，上涨的周期也就越短，所以，这两根阳线反映的第一个信息就是价格上涨的周期肯定不会太长。

两根大阳线在上涨的时候，成交量急剧放大，量能很不稳定，属于突发性放量，这样的量能形态也使得价格上涨的幅度受到限制。按照完美量能的要求，如果价格继续上涨，量能该放到多大啊！

从以上两点来看，面对这两根阳线只能进行投机性交易，而不适合进行

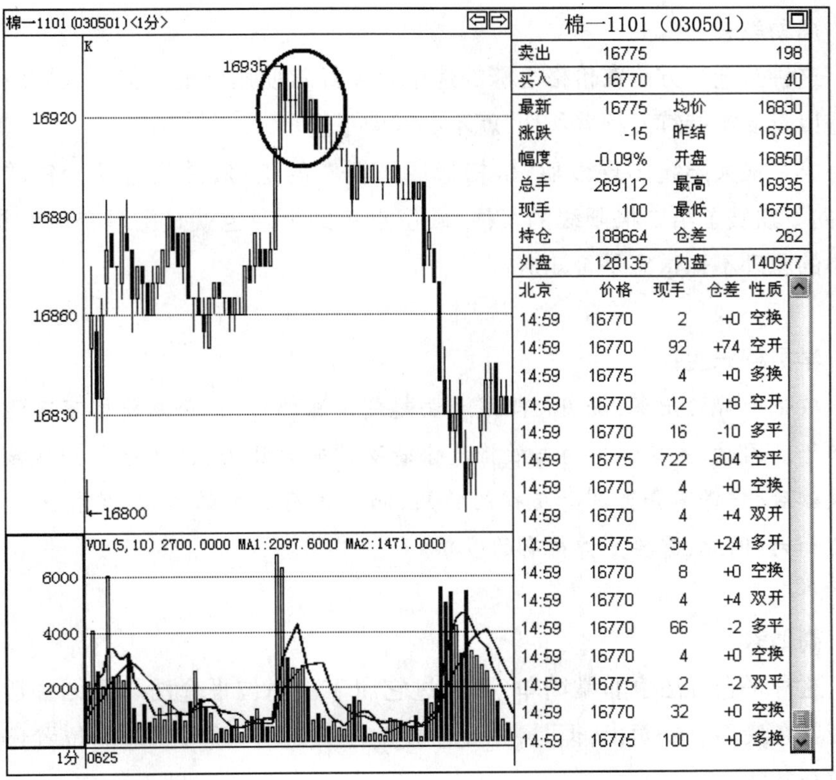

图 6－15　棉一 1101 合约 2010 年 6 月 25 日走势图

盘中波段操作。

高助教：

从量价配合的角度对这两根大阳线进行了准确的分析。通过这样的分析我们可以判断出价格上涨的周期，后面的操作就会变得非常简单了。

由于大阳线具有促涨和支撑的作用，那么，在什么情况下我们可以继续持仓呢？

学员柳先生：

只要最后一根阳线的实体没有被阴线吞没掉，就可以继续持仓。假设价格继续上涨，又收出第三根大阳线，那么，只要第三根大阳线没有被吞没掉也可以继续持仓，依此类推。

高助教：

这种持仓的方法在价格上涨的途中是要经常使用到的。只要大阳线的促涨以及支撑持续发挥着作用，就不必考虑平仓。

第二根大阳线出现以后，价格形成了调整的走势，并经过几分钟的震荡，向下跌破了第二根阳线的实体，破位走势的出现也就是平多单的时机，其中的原理不知道您是否知道？

学员柳先生：

破位走势的出现，说明大阳线无法起到促涨的作用，否则价格不可能连续回落。同时，支撑作用的失效将意味着支撑转为压力，这一根大阳线被向下跌破后，它将不会再具有支撑的作用，而是具有压力的作用，价格上行的难度加大，因此，需要平掉持有的多单。

高助教：

这种平仓方法也非常简单，只不过它属于次高位平仓法。虽无法帮助投资者在最高点处卖出，但是，相比后期的下跌走势来看，平仓的位置还是非常合理的。

在图 6－16 中，PTA1009 合约在 2010 年 6 月 25 日盘中的上涨有什么样的技术特点呢？

学员柳先生：

价格在上涨的时候，阳线连续出现，并且成交量配合持续放大，量价配合非常完美。从整体走势来看，属于单边投机波段上涨，这样的走势对于进行日内操作的投资者来说，是最好的操作形态。

高助教：

价格在上涨的过程中，大阳线的促涨作用不断发挥，一根大阳线出现后，只要后期可以连续出现大阳线，上涨行情就不会出现，直到最后一根阳线被阴线吞没为止。在行内有一句话是这样说的："价格只要能创新高，就会一直创新高，直到创不出新高为止。"反而在盘中的走势中，只要价格能够收大阳线，就会一直上涨，直到收不出大阳线为止。

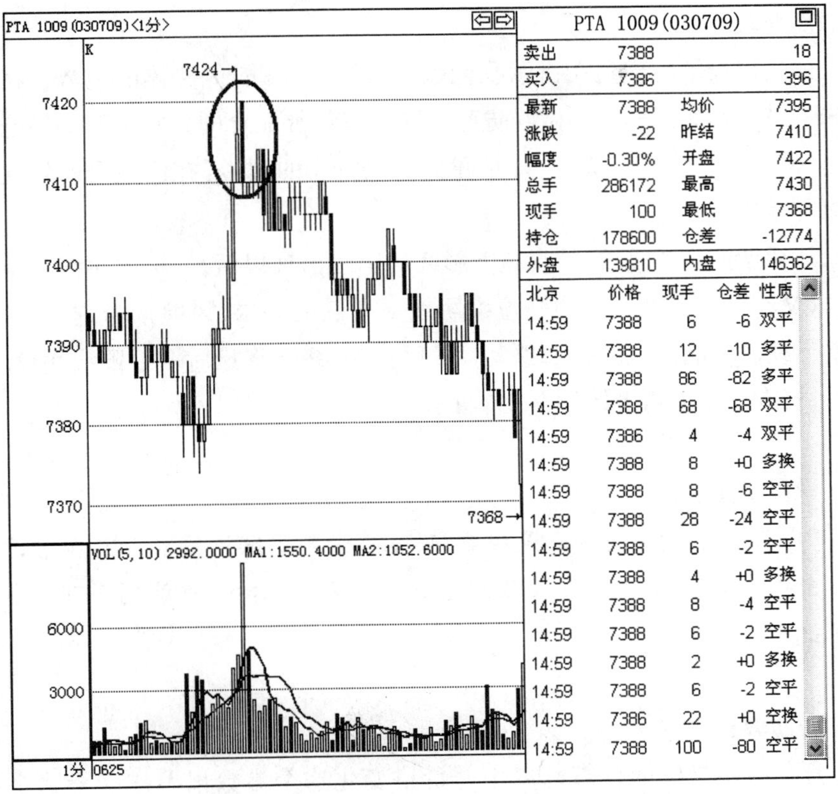

图 6－16　PTA1009 合约 2010 年 6 月 25 日走势图

上涨途中的最后一根大阳线有什么样的技术特点呢?

学员柳先生:

首先,最明显的技术特点就是成交量异常放大。根据无形老师的分析理论,异常放量将会容易导致价格的反向波动。所以,面对这一根大阳线,就应当谨慎了。

其次,最后一根阳线带有较长的上影线。根据纪老师讲解的上长影平多单的方法,这一根大阳线也需要谨慎对待。

最后,由于这根大阳线具有相对较大的实体,所以,还可以暂时持仓或开始减仓操作,余下仓位跟踪观察,虽然量价形态有很多不完美之处,但是,只要最后这根阳线还没有被阴线吞没,就不能说下降趋势一定会形成。

高助教：

风险信号的出现是在提示我们价格有可能下跌，但实体的走势价格还并未下跌，所以，我们需要做好防范的准备。量价配合的异常是我们减仓的理由，但由于趋势还未改变，则是我们可以持仓的理由（在已减仓的情况下可以继续持仓）。

从后期的走势来看，带有长上影线的阳线出现以后，一根大阴线从空而降，这又符合了姚助教讲的高位大阴线平仓法的要求，风险信号越来越多，价格下跌的可能性也就越来越大。最后，阴线终于将最后一根阳线吞没，至此，投资者就不能再继续持有多单了。

学员柳先生：

PTA1009 合约的走势真是经典啊，几位老师讲解的技术形态在它的趋势中全都出现了，看来只要 K 线形态和成交量变化学得好就完全可以直接用来操作。

高助教：

任何技术指标的计算都离不开价格变化这个参数以及成交量这个参数，所以说，量价是分析的核心，如果连核心的知识都搞不懂，又怎么能够实现“每天赢利 1% = 一年十倍”的目标呢？

6.9 下跌破均价线平多单技巧

高助教：

本节为大家讲解利用分时线与均价线的关系进行平多单的方法。您知道均价线两个最主要的作用是什么吗？

学员柳先生：

均价线最主要的两个作用是支撑作用和压力作用。

高助教：

在价格形成上升趋势以后，当调整走势出现时，均价线将会对调整的低点起到强大的支撑作用，价格回落至此往往会停止下跌继续上涨，这就是均价线的支撑作用。

而当价格形成下降趋势的时候，一旦反弹走势出现，均价线将会对反弹的高点形成强大的压力作用，促使价格继续下跌，这就是均价线的压力作用。

之前我们已经说过，只要当支撑作用不断发挥作用的时候，价格的上涨就不会停下来，而一旦支撑作用失效，下跌行情也就会随之出现。所以，我们本节要讲解的平多单的方法就是利用均价线的支撑作用。您能说出如何利用均价线进行平多单吗？

学员柳先生：

顺着老师的思路回答，利用均价线平多单的方法就是：当价格出现向下跌破均价线支撑的时候，就需要将持有的多单平掉，如果分时线一直位于均价线上方则可以继续持有多单。

高助教：

无形老师说过，均价线是价格的多空分水岭，价格位于均价线之上，就应当考虑找低点做多，而如果分时线位于均价线下方，就应当找高点的机会进行做空。所以，当价格向下跌破均价线的时候，也就意味着价格由多转空，因此不可以再继续持有多单。这就是下跌破均价线平多单的原理。

学员柳先生：

均价线的波动比较稳定，价格的变化往往较为平缓，所以，平仓点位都可以提前预测出来。不过在价格上涨的过程中，分时线往往都离均价线有一定的距离，那这种平仓方法也应当属于是次高位平仓法吧？

高助教：

的确如此。下跌破均价线平多单的方法不能帮助投资者卖在最高位区间，它最大的作用就是帮助投资者在价格步入真正的下降波段时提示投资者离场。一旦平仓信号出现,价格已经出现小幅下跌的走势,所以,在通常情况下,适合持仓成本比较占优势的投资者使用。

下面我们结合具体案例为大家讲解一下下跌破均价线平多单的方法吧。

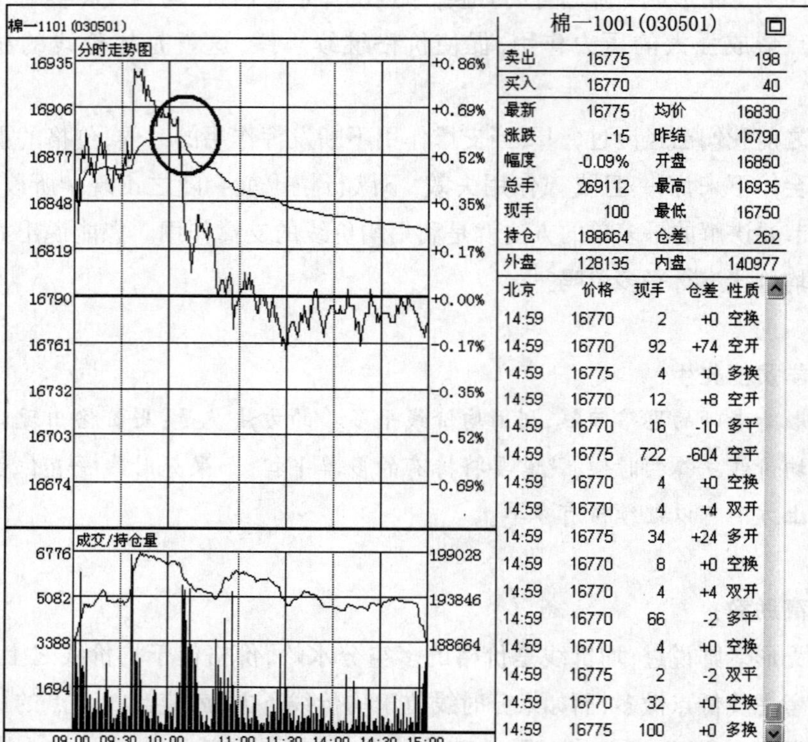

图 6－17　棉一 1101 合约 2010 年 6 月 25 日走势图

在图 6－17 中,棉一 1101 合约在 2010 年 6 月 25 日的开盘后出现了高开的走势,随后价格分时线的波动重心保持着上移的状态,并且盘中出现了一波放量上涨的走势。从整体走势来看,分时线与均价线有什么样的技术特点呢?

学员柳先生:

分时线长时间位于均价线的上方,均价线对分时线的调整低点起到了一定的支撑作用。

高助教:

支撑作用的存在不仅是为了阻止价格的下跌,还是为了促使价格在后期的进一步上涨,这也是价格经过一番震荡调整以后出现放量上涨的原因。从早盘的走势来看,我们可以得出这样的规律:只要价格位于均价线上方,上涨就会变得比较容易,投资者在此区间进行做多获利的概率要相对大一些。

价格上涨到高点以后,又出现了怎么样的走势呢? 量价配合有何特点?

学员柳先生:

上涨到高位以后,成交量出现了明显的萎缩。量能的萎缩说明做多资金的谨慎,失去大量资金的推动,分时线开始连续回落,并且呈现放量下跌的走势。

高助教:

在价格下跌的时候,分时线毫不留情地向下跌破了均价线的支撑,多空分水岭失守意味着价格的波动性质由多转空,此时多单还能再留吗?

学员柳先生:

不能再留。结合价格的上涨走势来看平仓点的位置并不算是很理想,因为相比高点平仓点要低不少,但是,如果相比价格后期的下跌走势来看,平仓位却又非常及时。

高助教:

利用均价线平仓最大的优点就是,总是可以在价格进入主跌浪的初期提示投资者平仓多单,从而回避价格下跌的风险。但缺点就是,相对高点平仓位,此时平论不算太合适。非要在高点和价格明确下降趋势形成之间做选择,这是很困难的事情,既然操作讲究顺势而为,那么,我们就顺从于趋势,在价格破位下降趋势明确形成的时候顺势平掉多单。

在图 6－18 中,我们继续来看棉一 1011 合约的表现,只不过是在 2010 年 5 月 25 日。这一天价格低开后出现快速上冲的走势,从开盘初期的走势来看,多头迹象非常明确。

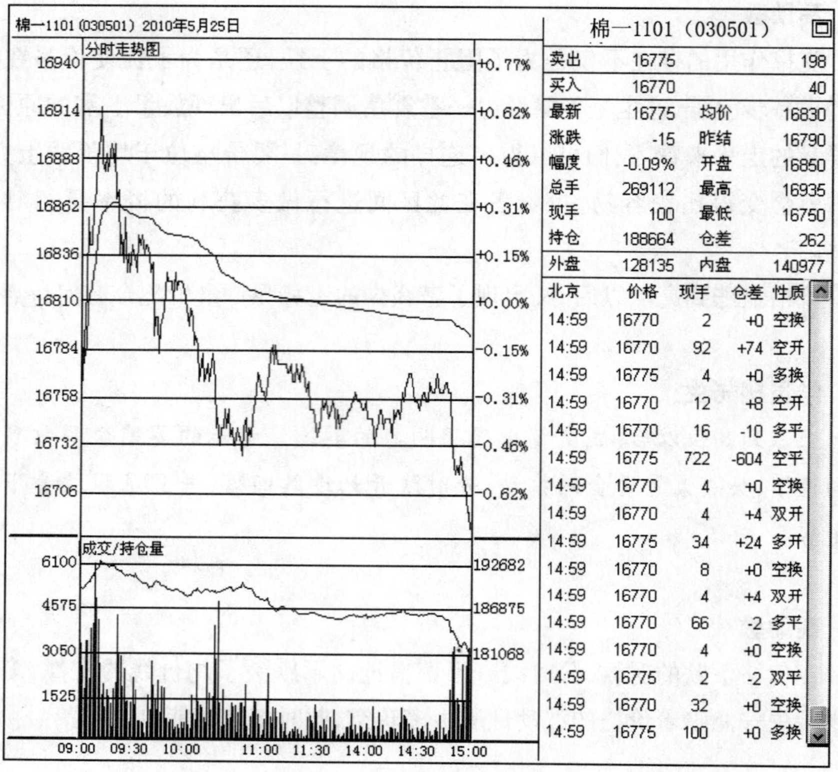

图 6-18　棉一 1101 合约 2010 年 5 月 25 日走势图

价格快速地上涨，为了防止价格出现突然性的回落，我们需要对价格波动的多空性质进行判断，只要价格保持着多头的状态，便可以继续持有多单。那么，我们应当如何判断价格的波动性质是多还是空呢？

学员柳先生：

要将分时线与均价线结合着来看，只要分时线位于均价线上方，便可以确认价格的波动具有明显的多头性质，而一旦回落至均价线下方，价格的波动性质则会由多转空。

高助教：

均价线是分时图中除了分时线以外，必须要参考的指标之一，因为它具有促涨与促跌的作用、压力与支撑的作用，还可以帮助投资者判断价格波动的多空性质。细心的投资者应当知道，在绝对的多头市场中，分时线总是会位于均价线的上方，而在绝对的空头市场中，分时线又总是会位于均价线的下方。

因此，在开盘初期分时线位于均价线上方的时候，就没有必要考虑做空，而应当继续持有多单。从盘中的走势来看，什么时候平仓空单是比较合理的呢？

学员柳先生：

在分时线向下跌破均价线支撑的时候将持有的多单进行平仓是最为合理的。价格跌破均价线意味着多头迹象消失，空头迹象出现。在价格趋空的时候，自然不能再继续持有多单。

高助教：

均价线的波动相比分时线要平缓很多，因此，平仓的点位很容易提前判断出来。虽然卖点并不是最高位，可一旦价格步入真正的下跌浪，它对风险的提示作用还是比较及时的。投资者在进行日内投机性交易的时候，以利用其他高点平仓的方法为主，利用这种方法为辅，就不会出现什么大问题了。

7.空单平仓技巧

在学习了多单平仓的各种方法之后，学习空单平仓技巧的方法就会比较轻松，在期货市场中，无论什么样的做多方法翻转过来就是做空的方法，而做空的方法翻转过去就是做多的方法。虽然，做多与做空有相似之处，但也会有一些区别，因此，本章将详细介绍平空单的方法和技巧。

7.1 低点抬高平空单技巧

无形:

价格在下跌的低点区间,都会形成哪些常见的技术形态,你是否可以说出来?

学员柳先生:

有V形底,这样的低点最难把握,价格跌得快,见底后涨得也快。还有头肩底,不过这样的技术形态较少出现。我觉得最常见的就是W底。

无形:

没错。W底是价格下跌之后最容易出现的技术形态。W底有三种表现形式:一是我们常说的W底,是指两个低点保持水平状态的底部形态;二是左高右低的底部形态,不过,这种底部因为出现了破位的现象,在抄底的时候是最后考虑的;三是左低右高的底部形态,这种底部形态最容易引发价格的反弹。

学员柳先生:

左低右高的底部形态就是无形老师经常说的:低点抬高走势!这种方法用来抄底成功率很高的。

无形:

低点抬高有两个作用,抄底只是其中之一,这也是大家必须要掌握的分析方法,这个方法为我们带来了很多获利的机会。另一个作用就是平空单,在价格连续下跌的过程中,一旦形成低点抬高的走势,就需要将手中的空单进行投机性平仓,因为随后价格很容易出现反弹的走势。

学员柳先生:

我只知道这种技术形态适合抄底以及平仓空单,但原理还不是太清楚,希望老师可以详细讲解一下。

无形：

价格在连续下跌的过程中会出现正常的反弹，但是，反弹过后，如果价格还会继续下跌，那么，必然会出现破位的走势，只要出现破位的走势，下降趋势就可以很好地延续。但是，反弹过后，价格再度回落时却无法创出新低，这就说明空方的力量已经很小，而多方进行强劲的抵抗，因此，价格才会容易形成反弹。

在价格出现反弹走势的时候，投资者可以考虑进行投机性做多的操作，以及需要在此时平仓空单，因为价格无法再继续创下新低，持有空单会有一定的风险。

学员柳先生：

虽然只是局部的形态，但价格无法创新低却已说明了空方力度的变化，在空方力度变小的时候，可以考虑逢低做多，以及要及时平仓空单，空方不能再继续左右价格的下跌，也就没有必要继续持有。

无形：

在图 7－1 中，棕榈 1105 合约 2010 年 8 月 23 日开盘以后出现快速的上冲走势，但很快价格出现回落，在价格第一轮下跌的时候，有什么样的技术特点呢？

学员柳先生：

价格在第一轮下跌时成交量出现了放大的迹象，这使价格具有了快速下跌的动力。同时，价格第一轮下跌的幅度非常深，跌破了上涨波段的二分之一，这样的跌幅已使得价格的趋势发生了明显的变化。

无形：

价格上涨以后我们可以允许出现正常的回落，一般情况下，要求回落的幅度不要超过上涨波段的二分之一，在此范围内价格的回落都会有很大的可能继续上涨。一旦超过此范围，说明空方的力度较为强大，价格后期再创

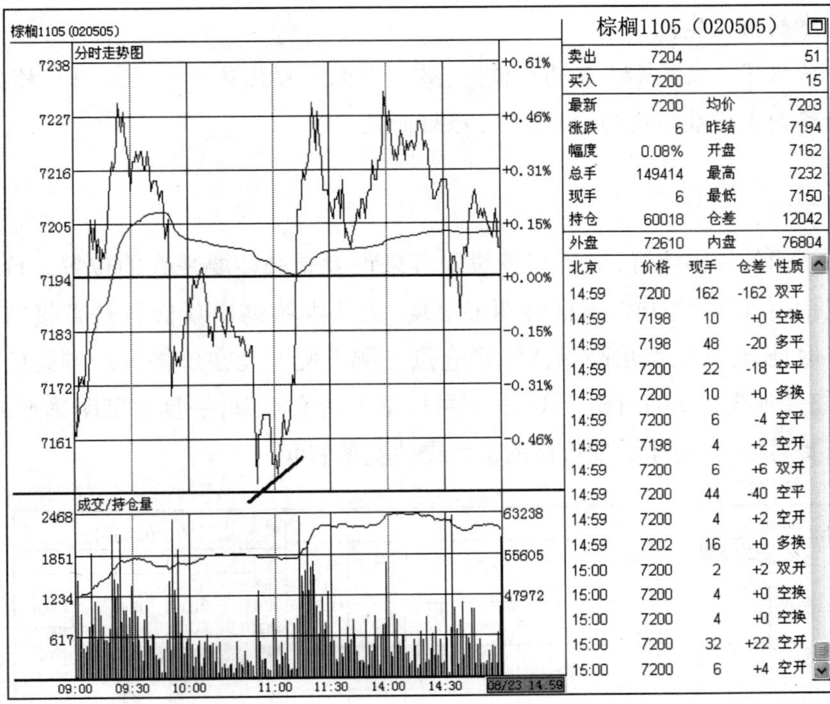

图 7-1　棕榈 1105 合约 2010 年 8 月 23 日走势图

新高的难度比较大。

从图 7-1 中的走势来看，杀跌低点远远地跌破了上涨波段的二分之一，因此可以说，价格的性质发生了改变。

价格第二轮杀跌的时候又有着什么样的技术特征呢？

学员柳先生：

价格在第二轮下跌的时候，成交量相比第一轮下跌减小了很多，这说明此时资金做空的数量明显减少，价格下跌动力不足。

无形：

由于成交量的明显减少，使得价格后期又出现了一轮大幅反弹上涨的走势，如果投资者在价格上涨的时候继续持有空单，利润转眼就化为乌有。所以，我们就要想办法在价格上涨的初期阶段将空单平掉。

价格下跌的低点处有什么样的技术信号呢？

学员柳先生：

价格下跌之后形成了两个低点，第二个低点相比第一个低点明显抬高，在价格向上突破颈线的时候，就是很好的做多位。

无形：

正确的做多位置，对于空单投资者来说就是必须要平仓的位置。价格低点抬高，说明空方力量已经明显衰竭，无法继续创出新低就是直接的证据。但是，价格低点抬高具体的平仓点在哪里呢？就在价格突破颈线的时候，如果颈线有压力价格上不去，则可以继续持有空单，一旦突破明确形成，就需要离场，以防止后期价格的上涨侵蚀空单利润。

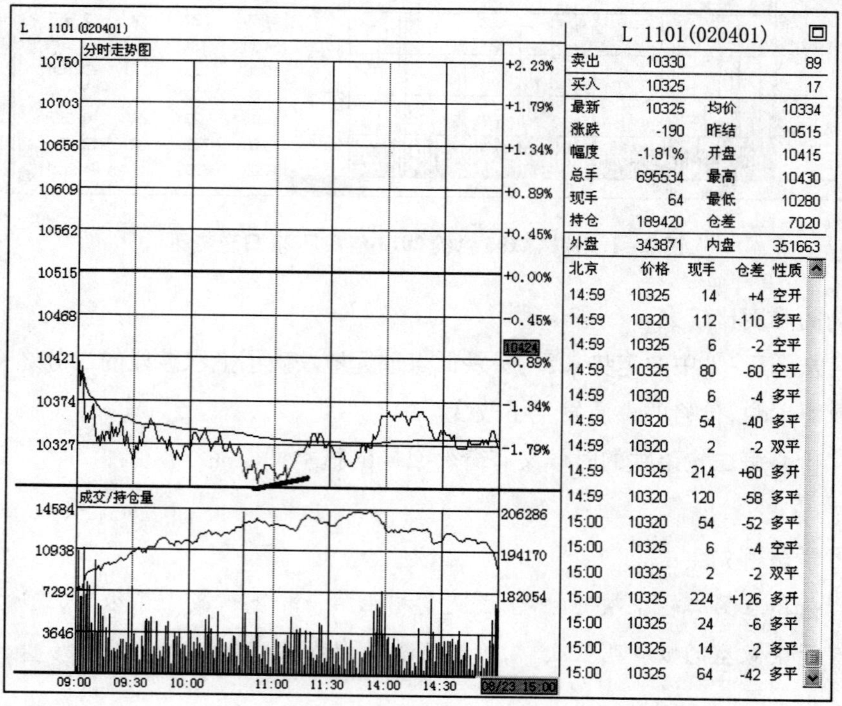

图 7－2　L1101 合约 2010 年 8 月 23 日走势图

在图 7－2 中，在价格首轮下跌之后出现低点抬高现象时，是否需要积极地平仓空单或是进行做多的操作呢？

学员柳先生:

不可以。记得无形老师曾说过,只有在价格连续出现三波以上的下跌走势时,低点抬高的走势才适合做多以及平仓空单,价格刚刚形成一轮下跌,调整之后继续下跌的概率极大,所以,不宜平仓空单。

无形:

如果市场状况是多头的,哪怕是弱多,在价格首轮下跌的时候,是需要将空单平仓的。但是,如果整体市场是弱空或是强空,那就绝不要在首轮下跌之后轻易平仓空单。

在价格下跌的中途会经常遇到低点抬高的现象,很多投资者见到低点抬高就将空单平仓,结果价格后期又创新低继续下行,这些朋友就会认为这个方法不管用,其实,并非是这个方法无效,而是应用的环境不对。空方的力度还没有完全消耗尽,价格又怎么会形成连续反弹的迹象呢?

学员柳先生:

这一点我的理解还是比较深的,在实际操作时,价格不出现至少两波杀跌,我往往是不会轻易平空单以及做多的。等空方跑累了,没有力气与多方抗衡的时候平仓空单以及择机做多效果才好。

无形:

在图7－2中,从L1101合约2010年8月23日的走势来看,在上午10:00左右形成了一次低点抬高的迹象,此时应当如何操作呢?

学员柳先生:

既然形成低点抬高迹象,就说明价格有可能会出现反弹,平仓空单也是适合的。但因为价格此时的整体下跌幅度并不是太大,所以,在反弹的高点还可以进行做空的操作。从图中的走势来看,价格反弹至均价线的时候,便受到了强大的压力,此时可以再次做空。

无形:

反弹受压以后,价格继续回落并创下盘中的新低,之后,在低点处形成了十几分钟的横盘震荡走势，价格此时始终无法破位，这说明空方力量有所减弱，并且在后期震荡的时候，价格的低点形成抬高的迹象，面对这种走势就需要考虑将持有的空单暂时平掉，以防止价格出现反弹。

学员柳先生：

到这个时候，价格连续下跌的时候已经比较长了，并且也有了更大一些的下跌空间，所以，出现技术性反弹也很正常，但由于整体走势趋弱，所以，就算反弹空单也并不会太大。

无形：

在空头市场中，价格的反弹空间都是比较小的，就算出现暂时性的上涨，也只是空方的休息。从顺势交易的角度来讲，在空头市场中，形成低点抬高走势时，只适合进行平空单的操作，而尽量不要做多，这样交易资金安全性比较高。

从图中的走势来看，在低点抬高之后，虽然价格的上涨空间并不是太大，没有创下盘中的新高，但是，如果此时持有投机性空单也是比较被动的。

请大家记住一句话：价格能创新低就会继续下跌，直到创不出新低为止，而创不出新低的技术信号是什么呢？就是低点抬高。所以，在空头市场中，价格连续下跌之后，一旦出现低点抬高的现象，大家最好及时将持有的空单平仓出局，然后再寻找机会逢高做空。

7.2 低点长下影平空单技巧

无形：

之前我们与大家探讨了价格上涨高点时的技术特征，不知您对此是否有印象呢？

学员柳先生：

价格上涨的高点常会形成长上影线的走势，另一个技术特征就是形成高点的异常巨量现象，这节内容无形老师已经为我们进行过多次的培训，我现在用这些方法已经可以很好地判断出价格的高点。

无形：

进行期货交易，价格上涨的技术形态翻转过来就是价格下跌的技术形态，那么，在价格下跌的低点处K线方面会有什么样的常见形态呢？

学员柳先生：

我认为应当会出现较长的下影线以及低点的异常巨量。

无形：

在价格震荡下跌的时候，较长的下影线是较少出现的，因为空方的打压力度很均匀，多方很难瞬间大力度反抗。但是，在价格快速下跌的时候，下跌的低点往往就会形成较长的下影线，这是因为快速地下跌透支了空方的动能，所以，多方有机会大力度反击。在此情况下，价格大幅下跌后，多方一旦反攻，怎么跌下去的就会怎么快速地涨上来，从而形成了较长的下影线。

学员柳先生：

较长的上影线说明价格上涨时，空方发力打落价格，而较长的下影线则说明价格下跌后，多方发力拉升价格。较长的下影线反映了盘中多空双方的力度变化。

无形：

在价格连续下跌的时候，阴线的实体往往比较大，并且很少会带有较长的上影线以及下影线，但是，一旦在下跌的低位出现这样的走势，我们一定要意识到：多空力量有所转化，价格后期就算是不上涨，也往往很难再深幅回落，所以，此时就应当考虑将持有的空单平掉。

在图7-3中，PTA1101合约在2010年8月23日的盘中出现了一轮大幅下跌的行情，在价格下跌的时候，有什么样的技术特征呢？

学员柳先生：

价格下跌的时候，最明显的技术特征就是：成交量始终保持着放大的状态，资金做空的态度非常坚决。无形老师说过：哪里有量哪里就有好机会，这个区间进行做空操作真是非常棒的选择。

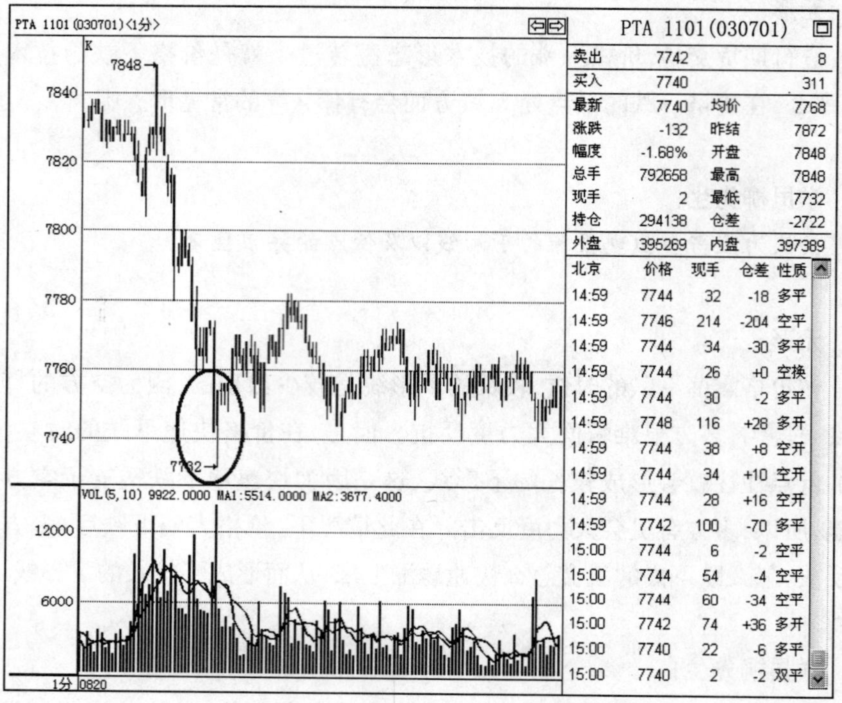

图 7－3　PTA1101 合约 2010 年 8 月 23 日走势图

无形：

在价格下跌的过程中，我们可以看到，阴线虽然带有下影线，但是，下影线却并不长，这说明多方反击的力度有限，空方依然控制着价格的波动方向。

当最后一根大阴线出现之后，K 线方面出现了什么样的变化呢？

学员柳先生：

最后一根大阴线出现以后，第二根阳线带有较长的下影线，这一根下影线是价格下跌以来最长的，它说明多方在价格下跌之后进行了大力度的反击。

无形：

在价格形成较长下影线的时候，成交量状态又是如何？这样的量能又该如何解读呢？

学员柳先生：

较长的下影线出现时，成交量异常放大，并且创下了下跌以来的最大量，这说明此时有大量的资金在此进行了交易，巨大的量能说明资金此时的操作产生了严重地分歧，一旦资金交易方向变得混乱，价格也就很容易发生反向波动，这一点无形老师也经常提到。

无形：

异常巨量伴随着较长的下影线一同出现，这是较为常见并且可信度较高的见底形态。从后面的走势来看，当这样的量价配合出现以后，价格的确产生了一定幅度的反弹，如果投资者在价格反弹时继续持有空单，就显得被动了。

在具体平空单的时候，在巨量下影线形成的那一刻平仓，或是在第二分钟进行平仓都是正确的。因为价格已经有了较大的跌幅，所以，一旦反弹，上涨的速度也往往比较快，这一点对于空单持有者来说不得不防。

图 7-4　豆油 1105 合约 2010 年 8 月 19 日走势图

在图7－4中，豆油1105合约在2010年8月19日下跌的中途出现了一次小箱体震荡的走势，此时的波动有什么样的技术特点呢？

学员柳先生：

价格反弹的时候，最明显的技术特征就是成交量并未放大，这说明资金并不认可价格此时的上涨，这与后期价格上涨时的连续放量有着极大的差别。得不到资金的认可，那么，价格后期继续延续前期趋势方向波动的概率就会是很大的。

无形：

在价格下跌的过程中，一旦形成反弹，首先要看一下成交量的变化，如果成交量较为低迷，这说明上涨不会延续太久，并且上涨的空间也将较为有限，所以，这是应当继续持有空单的信号。

在价格下跌的低点处又有着什么样的技术特征呢？

学员柳先生：

价格下跌到低点以后，最明显的技术特征就是成交量的异常放大，大量资金在此又产生了极大的分歧，需要留意价格的反向波动。同时，在价格下跌的时候，下影线非常长，这说明多方此时已经有了较大的能力与空方抗衡，这也是需要留意的价格上涨的信号。

无形：

较长的下影线伴随着异常巨量的出现，这是非常经典的平空单技术信号。较长的下影线就算没有放量，也需要平仓空单，而一旦带量，则必须要平仓空单。长长的下影线就是空方力量虚弱的表现，价格由此在后期将很难再形成强劲的下跌，再加上资金此时分歧较为严重，因此，不适合再持有多单。

学员柳先生：

就图中的低点的走势，在平仓的时候，我们还需要再注意哪些情况呢？

无形：

价格下跌后形成低点异常巨量并带有较长下影线这是平空单的预警信号，后期的价格往往有两种形态：一是因为价格明显趋弱，所以形成弱势震荡的走势，也就是无形老师说弹而不起的走势，虽然价格具有反弹的性质，但却涨不起来；二是形成上涨式的反弹走势，这样的走势出现时就必须要平空单了。

但在实际操作时，我们不可能提前知道是形成弹而不起的走势还是上涨式的反弹，所以，就将下跌后的第一次反弹的高点视为平仓点，如果价格后期始终超不过这个高点，就可以继续持有空单，价格此时形成弹而不起的概率较大。但如果价格向上突破首次反弹的高点，就需要及时离场。

当然，价格在波动的时候会有各种各样的技术形态，我们也要区别对待，如果价格见底就直接快速上涨，以上所说的方法就不适用了，此时就需要运用其他的方法进行辅助判断。

7.3 突破首根 K 线平空单技巧

无形：

首根 K 线分析是最为重要的一种分析方法，它是在价格出现大幅高开或是低开的情况下，唯一可以给投资者以提示的技术信号，所以，进行期货交易的朋友一定要对它多加重视。

学员柳先生：

为何它是早盘期间唯一的技术信号呢？这一点我有一些疑惑。

无形：

如果价格早开盘的第一根 K 线与前一个交易日最后一根 K 线之间没有较大的断档，这两根 K 线挨得非常近，那么，任何指标都是有效的，这时不仅首根 K 线可以用来分析，指标也可以起到辅助分析的作用。

但是，如果价格出现大幅度的跳空高开，或是跳空低开，当天第一根 K 线与前一个交易日最后一根 K 线之间存在着较大幅度的断档，那么，各种指标必然失真，比如，前一个交易日最后一根 K 线收盘价为 5000 元，而当天首根K线收盘为4900元，二者相差100元，指标在进行计算的时候，将收盘价平均计算，指标线的落差也就非常大，所以，就会产生失真的现象，使用失真的指标进行分析，肯定不会得到正确的结果。

学员柳先生：

难怪无形老师总是提示我们必须要关注首根K线的变化，原来是这个原因。那么，如何利用首根K线来平空单呢？

无形：

你知道首根K线有什么样的作用吗？

学员柳先生：

首根K线有支撑、压力、促涨、促涨以及确定方向的作用。

无形：

利用首根K线平空单，就是利用它压力作用的失效来进行的。下面我们结合具体案例来进行讲解。

在图7－5中，豆油1105合约在2010年8月20日开盘的时候，当天的首根K线相比前一个交易日最后一根K线之间留有较大的断档，这样的走势我们可以使用技术指标来分析吗？

学员柳先生：

按照老师的讲解，两者之间出现较大的断档是不能使用技术指标进行分析的，因为价格相差过大会导致指标的失真。

无形：

一定要记住这一点，碰到价格出现较大断档走势的时候，千万不能用任何指标在早盘期间进行分析。只有当时间的长度超过指标的参数时，技术指标才会恢复正常。在价格的早盘期间K线形态有什么样的特点呢？

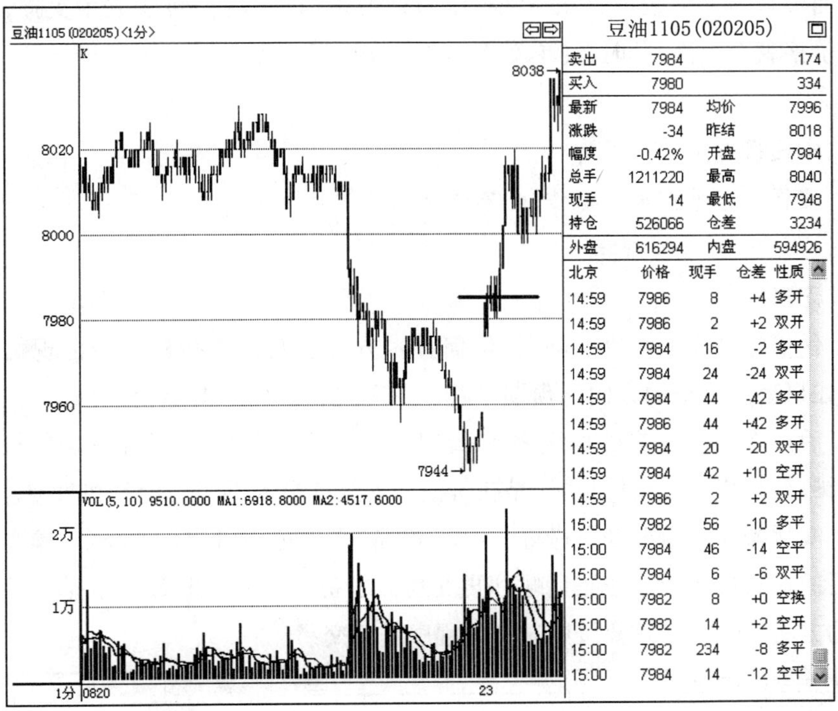

图 7-5　豆油 1105 合约 2010 年 8 月 20 日走势图

学员柳先生：

开盘后价格便站稳于首根 K 线上方，并且在后期出现了一轮大幅上涨的行情，根据无形老师讲解的首根 K 线的应用方法，应当在价格向上突破首根 K 线时进行做多的操作。

无形：

前一个交易日价格尾盘出现大幅下跌的走势，这可能会使得一些投资者预期 2010 年 8 月 20 日盘中也会出现下跌，在价格出现跳空高开的时候，可能就会有一些投资者进行做空的操作。有这样的想法也不能说是错，只要价格跌破首根 K 线，必然可以实现赢利，但可惜的是，价格却向上突破了首根 K 线，K 线位于首根 K 线上方，这说明后期价格上涨的概率较大，此时持有空单可就危险了。

因为首根 K 线是一道重要的压力，如果 K 线位于其下，则下跌的概率较大，而一旦向上突破了首根 K 线，压力被突破以后，就会转变成为支撑，所以，价格就会上涨，此时，空单就必须要平仓出局。

学员柳先生：

这样进行平空单的操作，会不会碰到伪信号的事情呢？

无形：

伪信号是无法解决的问题，任何技术方法以及技术指标都会出现伪信号，如果后期价格的方向与预期不符，就一定要及时止损。价格突破首根 K 线以后如果又回至首根 K 线之下，此时就涉及两个操作：一是在突破首根 K 线时进行投机性止损操作，二是在价格回落至首根 K 线下方时择机做空。

实战操作一定要随时做好"三手"准备：操作正确后的止盈准备、操作失败后的止损准备以及止损后顺序再交易的准备。因为首根 K 线就是一种投机的方法，所以，必须要按照这样的程序进行交易。

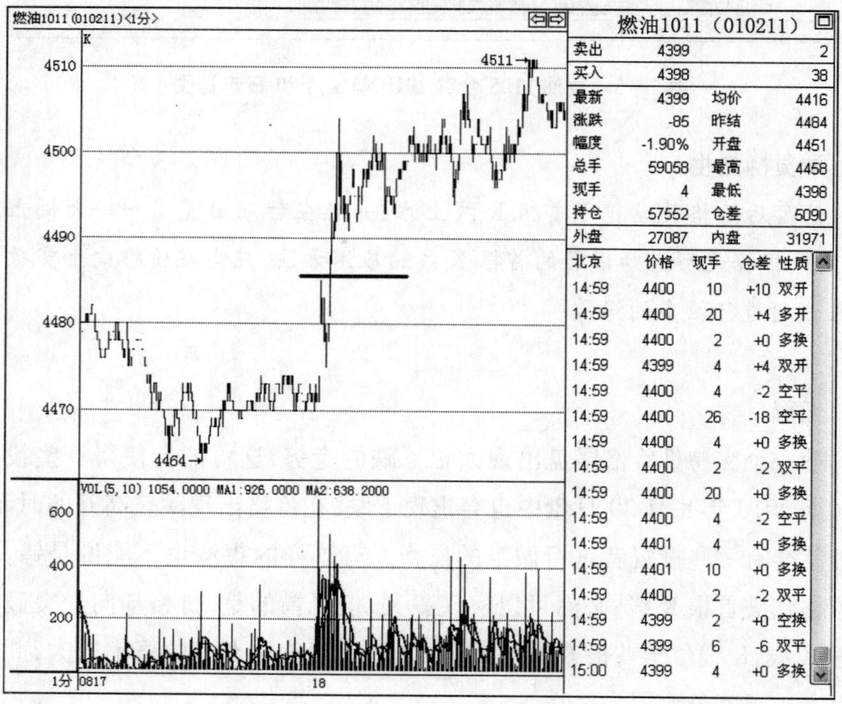

图 7－6　燃油 1011 合约 2010 年 8 月 17 日走势图

在图7－6中，燃油1011合约在2010年8月17日开盘之后出现快速下滑的走势，从这一时期的首根K线来看，我们该如何进行操作呢？

学员柳先生：

首根K线出现以后，价格出现了下跌的走势，在有效跌破首根K线的时候，可以入场做空，价格这样的波动实现1%的收益还是没什么问题的。

无形：

经过几分钟的下跌，价格又向上突破了首根K线，此时又该如何进行操作呢？

学员柳先生：

如果此时没有将空单平仓，在价格向上突破首根K线的时候，就要进行止损操作，同时，还可以在价格向上突破首根K线的时候入场做多。

无形：

在价格出现下跌走势以后，首根K线将会具有强大的压力作用，而一旦价格上涨突破重大的压力，压力就会转变为支撑，而支撑作用的存在同时又将会具有促涨的作用，从而会增加价格上涨的概率。

利用首根K线平空单其实原理很简单，在压力失效的情况下就应当将空单平仓，价格在盘中波动的过程中，一旦突破重要压力我们不是也需要将空单平掉吗？

使用这种方法需要注意的就是，它是一种绝对的投机方法，如果大家认为价格后期必然下跌，则可以忽视这种方法，但如果进行纯粹的投机交易，这种平仓空单的方法就需要熟练掌握了。

学员柳先生：

方法其实并不难，因为首根K线是事先存在的。不过我有一个新的疑问，如果首根K线实体非常大，用这种操作方法平空单效果是不是就不好了？因为在这种情况下进行平空单会造成亏损的增大。

无形：

你说的的确是一个很重要的问题，在首根 K 线实体范围过大的时候，这种平空单止损的方法显然就不合适了，这个时候，我们就需要采用固定比例止损法，比如投资者一笔交易能承受的最大亏损是投入资金的 3%，那么，当价格的波动达到这样的亏损幅度时，就需要进行止损操作。

总之，我们要把握平空单的核心思路，就是因为价格将会展开上涨的走势，只要价格形成上涨，我们就一定要在上涨的初期将空单及时地平仓，以此将损失限制在可控制与可接受的范围内。

7.4 上涨创新高平空单技巧

无形：

在价格下跌的时候，如果持有空单，我们最希望出现什么样的走势呢？

学员柳先生：

最希望出现的走势就是价格可以连续创下新低，因为只要价格能不断地创新低，就可以一个劲地下跌。

无形：

如果持有空单，我们最不希望看到的走势又是什么呢？

学员柳先生：

持有空单最不希望看到的就是价格创新高，因为一旦价格突破重要的压力创出新高，往往预示着后期还将会继续上涨，这对于空单来讲，就是很大的危害。

无形：

价格在下跌的时候，连续创新低，预示着空方的动力十足，这是价格继续下跌的基础。而在价格上涨的时候，如果可以连续创出新高，这说明多方动力十足，价格具备持续上涨的能力。

如果持有空单，我们最常见的止损点就是在价格突破某些重要压力的时候离场,这种方法有助于在新一轮与持仓相反方向的行情形成初期就限制住亏损的幅度。所以,大家必须要掌握住这个方法。

在实战操作时,有一些投资者喜欢在早开盘时就进行操作,这是因为在很多时候,价格早开盘的波动幅度往往非常大,假设此时进行了操作,又如何进行止损呢?

学员柳先生:

无形老师教过我们首根 K 线的应用方法,在早盘期间进行了操作,可以利用这种方法进行交易。

无形:

首根 K 线这种方法的确是非常重要的,它是投资者在早盘期间进行操作必须要掌握的分析技巧,虽然它具有提示做多与做空的功能,以及止损的效果,但是,我们还必须要掌握一种在早盘期间平空单的方法。其实这个方法也很简单,就是利用价格形成新高突破走势的时候进行决策操作。

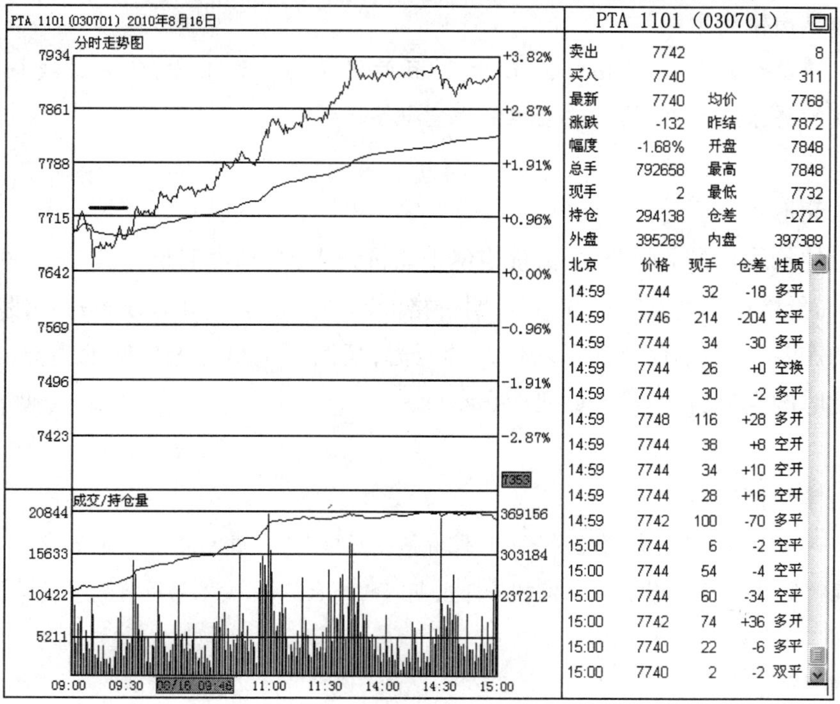

图 7 –7 PTA 1101 合约 2010 年 8 月 16 日走势图

在图7-7中，PTA1101合约在2010年8月16日开盘后，略作上冲便形成了杀跌的走势，这样的开盘形态肯定会有很多投资者在此顺势做空。

学员柳先生：

的确是这样。如果是我，我也会在此时入场做空，因为按照无形老师首根K线的应用方法，当价格向下跌破首根K线的时候就可以进行做空。

无形：

你的思路我明白，不过在用这种方法进行操作的时候，请一定记住：既然我们是进行做空的操作，那么，一定要在日K线处于下降趋势的情况下使用，如果日K线趋势向上，这岂不是逆大趋势而为吗？这将会是很危险的事情。

价格从开盘区间的高点至杀跌的低点，跌幅接近1%，这样大的杀跌空间做空也没有任何不对，但是，快速的杀跌之后问题来了，你能说一下后期的走势有何特点吗？

学员柳先生：

杀跌结束以后，价格缓慢上行，并且站稳于均价线上方，从分时线与均价线的关系来看，价格的波动性质由空翻多。

无形：

均价线是多空的分水岭，价格位于均价线上方，则说明价格波动性质偏多，而价格位于均价线下方，则说明价格波动性质偏空。分时线经过一段时间的震荡上行，不仅突破了均价线的压力，还回到了早开盘期间的高点，面对此时的走势，我们又该如何操作？

学员柳先生：

此时要做好"二手"准备：一是如果价格受压回落，形成高点不过走势时，可以继续做空；二是如果价格向上突破早开盘期间的高点，则需要入场进行做多的操作。

无形：

最终价格选择了向上突破的走势，突破点就是做多点，而做多点对于空单持有者来说，就是止损点。因为价格一旦形成突破向上的走势，便意味着下跌行情彻底结束，而新一轮上涨行情就在眼前，此时如果不进行平仓的操作，价格后期的上涨就要对空单进行毁灭性的打击了。

学员柳先生：

在早开盘期间一旦价格突破盘中新高就进行止损，因为止损点是事先存在的，所以在技术的判断上没有任何难度。

无形：

价格想要在当天出现较大的涨幅，并且多方想要在后期继续上攻，就需要尽早拉升价格，越早上涨，当天的结算价就越高，这对于价格后期的上涨将有好处，如果尾盘才开始拉升，结算价的上涨空间就小很多了。

突破早盘期间的新高就进行止损的操作，这对于在刚开盘期间就进行操作的投资者来说是一种会经常用到的方法。

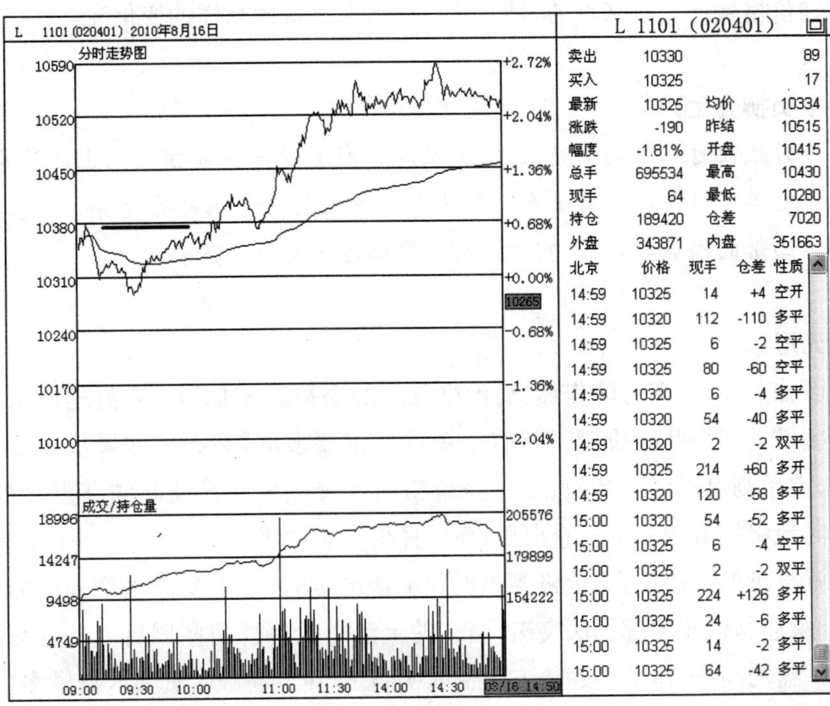

图 7-8　L1101 合约 2010 年 8 月 16 日走势图

在图 7 - 8 中，L1101 合约在 2010 年 8 月 16 日开盘后价格便出现了下跌的走势，并且第一轮下跌反弹后，价格继续创新低，面对这样的技术形态入场做空也是正确的。

学员柳先生：

如果不结合日 K 线来看，早盘期间价格的波动呈现了明显的空头状态，一开盘就可以捕捉到获利的机会，我想这也是很多投资者愿意在早盘进行交易的原因。

无形：

价格在早盘期间出现较大幅度波动出现的概率超过 40%，只要把握住此时的机会，当天 1% 的收益就可以很轻松地完成，同时，一开盘便实现了赢利，鼓舞了士气，所以，会有许多投资者愿意去承担一些风险来换取这个好兆头。

在价格接近开盘高点的时候，分时线形态有着什么样的变化呢？

学员柳先生：

分时线此时位于均价线上方，并且均价线也开始形成拐点向上的迹象，这对于空单来讲并不是好现象。虽然在前高点处形成调整的走势，但是，价格此时回落的幅度非常小，空方无力将价格过深地打落下来。

无形：

面临前高点，多方略作休息，价格此时的小幅震荡是为了更好地向上方进行突破。如果此时投资者持有空单就一定要多加留意了，如果价格受压回落，空单则可以继续持有，而一旦价格向上突破早开盘期间的高点，就应当及时地将持有的空单平仓出局，而后择机入场做多。

就早盘的走势而言，价格要想展开上涨的走势，必须要克服早开盘的高点，如果连这道压力都无法突破，当天的上涨行情将要费些周折。一旦突破了早开盘的高点，价格的趋势方向也就明确了，更容易吸收资金入场做多。

除了首根 K 线是早盘期间必须要关注的分析信号以外，早开盘的高点也是必须要重视的，因为它对于价格的上涨而言是非常重要的压力，这道压力不被突破，价格下跌的可能性较大，而一旦完成突破，上涨的概率则会是极大的，所以，这个位置对于空单而言，很有必要平仓出局。

7.5 下轨支撑平空单技巧

无形：

考你一个关于布林线指标应用的方法，当价格上涨到高点回落的时候，布林线指标的什么位置将会具有支撑的作用？

学员柳先生：

布林线指标中轨以及布林线指标下轨将会具有强大的支撑作用，无形老师曾在聊天室详细为我们讲解过这方面的操作技巧。

无形：

价格形成强势波动的时候，布林线指标的中轨将会是第一道重要的支撑位，价格回落至此往往会停止下跌转为上涨，这也是在多头市场中经常运用的一种做多技巧。而如果价格回落的力度较大，或是价格累积上涨幅度较大，布林线指标的中轨就不一定会必然产生支撑的作用，价格在此时跌破布林线中轨支撑的可能性将会是极大的，并且在后期将会寻找布林线下轨的支撑。

布林线下轨是价格回落过程中最后一道防线，如果价格再击穿下轨，则前面的上升形态将会遭到完全的破坏，所以，布林线下轨对于多头来讲是非常重要的，除非价格的波动性质的确改变，否则，它很难失效。

学员柳先生：

这是不是意味着在操作的时候，如果价格向下击破布林线指标中轨的支撑，我们就可以继续持有空单，而一旦回落至布林线指标下轨的位置，并且价格有迹象很难再跌下去的时候，就需要考虑平仓空单了。

无形：

平仓空单有两个原因：一是价格将有可能产生上涨的走势，这是必须要平空单的,此时平空单有可能是止损行为;二是价格的下跌有结束的迹象,价格跌不下去就无法再产生新的赢利,同时,还要面临价格上涨造成利润回吐的现象,因此,就非常有必要将空单平仓出局。

因为布林线下轨是重要的支撑位,所以,价格回落至此将会受到支撑停止下跌,因此,我们也就有了平仓单的必要。下面我们结合两个案例讲解一下如何在布林线指标下轨处平空单。

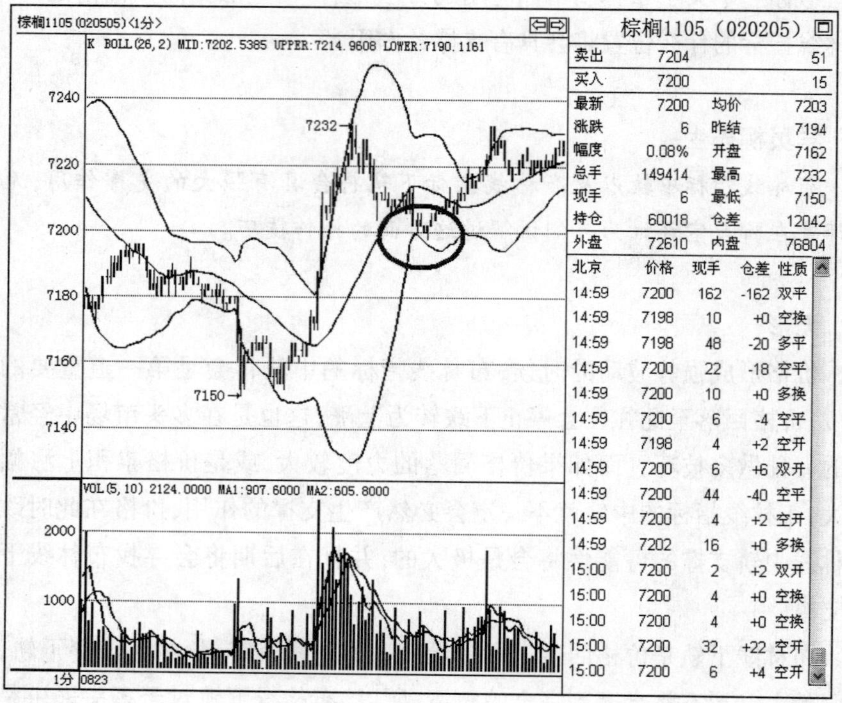

图 7－9　棕榈 1105 合约 2010 年 8 月 23 日走势图

在图 7－9 中,棕榈 1105 合约在 2010 年 8 月 23 日盘中形成低点抬高的走势以后,一轮放量上涨的行情随之出现,上涨到高点区间以后,量价配合出现了什么样的形态?

学员柳先生:

价格上涨到高位以后,成交量开始连续萎缩,量能的变化说明资金此时变得不愿再继续追涨操作,失去了资金的推动,是造成价格产生回落的主要原因。

无形：

因为价格这一阶段上涨的幅度还是比较大的，所以，布林线中轨并没有起到明显的支撑作用，价格涨幅越大，调整的空间往往也会越大，没有经过充分的调整，价格往往很难重新上涨。

价格下跌到布林线下轨的时候量价配合又有什么样的特点呢？

学员柳先生：

价格跌破布林线指标中轨以后，虽然又有了一定幅度的回落，不过，成交量此时并没有明显放大，这说明并没有太多的资金在价格下跌的时候进行做空的操作，既然做空的资金数量也比较少，那么，价格下跌的动力就不足，在不放量的情况下，价格很难产生深幅的回落。

无形：

成交量的萎缩是导致价格回落的主要原因，同时，也是价格无法大幅下跌的原因，所以，布林线指标下轨的支撑作用发挥了效果。从图7-9中的走势来看，在价格回落至布林线指标下轨处时，下跌停止，而后又展开了第二波的上涨行情。

在布林线指标下跌支撑明确成立的时候，我们应当如何进行操作呢？

学员柳先生：

此时应当将空单平仓，因为价格无法再继续下跌，这就意味着无法给做空的投资者带来更多的赢利，所以，空单不适合继续持有。同时，应当考虑进行做多的操作，因为支撑作用的有效将会促使价格上涨，结合前期的上涨走势来看，价格上涨后经过了充分的调整，形成二次上攻的概率将会是极大的。

无形：

从图7-9中的走势我们可以找到在布林线下轨支撑发挥作用时平仓空单的理由：支撑作用的有效使得下跌难以延续，因此，需要将空单平仓；支撑作用使得价格得以重新上涨，更需要将空单平掉。因为布林线指标下轨在什么位置我们可以提前计算出来，所以，也就等于可以提前得知空单的平仓位具体在哪里，这是一种很简单但却是很有效的操作方法。

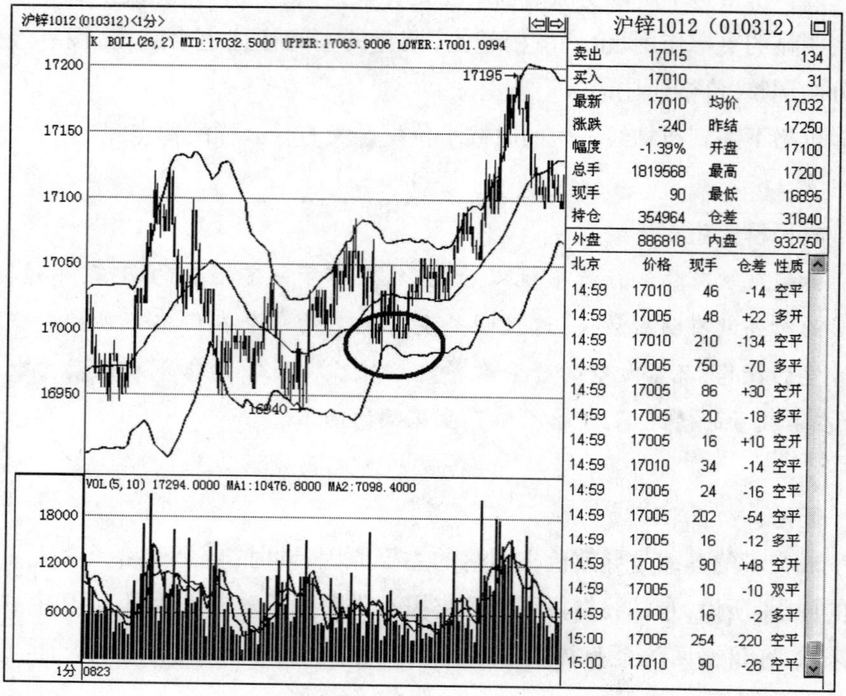

图 7-10　沪锌 1012 合约 2010 年 8 月 23 日走势图

在图 7-10 中，沪锌 1012 合约 2010 年 8 月 23 日的盘中走势波动较为复杂，面对这样的 K 线形态，如果不借助指标辅助进行分析，是很难判断出价格波动性质的。

从图 7-10 的走势来看，借助布林线指标进行分析，价格波动的高点、低点以及趋势的方向便可以较为轻松地判断出来。

学员柳先生：

从图中的走势来看，价格反弹至布林线上轨时受到了压力，而回落至布林线指标下轨时又受到了明显的支撑，K 线始终在布林线指标通道内进行波动。

无形：

超过 80% 的时间，K 线都会位于布林线指标通道内上下波动，这也是我们为什么要重视这个指标的主要原因。

价格在下跌的低点形成多重底走势以后出现了震荡上涨的走势,高点的出现会使得一些投资者入场做空,在后期波动的过程中,价格放量向下跌破了布林线下轨的支撑,这成为继续持有空单的理由。但是,巨量过后价格的波动性质又有了新的变化,你能看出来吗?

学员柳先生:

虽然布林线指标中轨的支撑并没有发挥效果,但是,布林线指标下轨却对价格的回落低点起到了强大的支撑作用,价格回落至布林线指标下轨以后,停止下跌转为上涨。由于这一时期布林线指标中轨趋势向上,所以有理由认为价格的调整已经到位。

无形:

在布林线指标中轨向上的情况下,布林线指标下轨的支撑力度将会是非常大的,我们可以把价格此时的回落视为正常的调整,并且做多的位置就是布林线下轨附近,价格在该区间上涨容易下跌难,既然是上涨中途的做多点,那也就意味着这是空单的平仓点。从后面的走势来看,投资者如果不在此平掉空单,资金将会面临着亏损的可能。

学员柳先生:

在这个案例中还有另一个技术点,如果这一根 K 线是价格的正常波动,那么,异常巨量出现以后,价格将会很容易形成反向波动的走势,同时,异常巨量出现的低点还受到了支撑,因此需要进行平仓操作。

如果这是开盘时的首根 K 线,那么,后期价格始终无法跌破开盘的首根 K 线,也需要进行平仓操作。

无形:

你的分析很细致,考虑了多方面的因素,分析就是要这样进行,结合的因素越多,分析的准确性也就越高。布林线指标下轨支撑平空单的方法结合成交量的因素,会提升它的成功概率,如果再结合 K 线的具体形态,我们就可以完全放心、大胆地按照分析的方向进行操作。

7.6 均线向上平空单技巧

无形：

本节内容要为大家讲解的平空单的方法是比较简单的，但是，在期货市场中存在这样的问题，越是简单的技术点，越是容易被投资者忽视。

我们在进行操作的时候，最需要注意的事项是什么呢？

学员柳先生：

顺势而为。我刚刚学习期货的时候，身边的朋友就不断地告诉我这句话。只有顺应价格的趋势方向，才可以使赢利的概率大幅提高，而亏损的概率降到最小。

无形：

趋势一旦形成往往具有延续的特性，正是这个特性使我们具有了追涨做多与杀跌做空的机会。在投资者亏损的比例中，逆势而为是造成亏损最为主要的原因，我们不得不作出深刻的反省。

在各种指标中，什么指标可以有效地追踪价格的趋势方向呢？

学员柳先生：

除了无形老师经常提到的布林线指标以外，移动均线可以非常有效地追踪价格的趋势，并且，不同周期的移动均线有不同的分析效果，无论是进行什么周期的交易，它都适用。

无形：

使用移动均线最简单的方法就是：均线向上的时候我们进行做多的操作，均线向下的时候我们顺势做空。做多的方法就是空单平仓的方法，而做空的方法则是多单平仓的方向，所以，在移动均线向上的时候及时地对空单进行平仓，就是本节与大家交流的内容。

在图 7－11 中，橡胶 1101 合约在 2010 年 8 月 23 日的下跌低点形成了一个标准的技术图形，你能看出来是什么吗？

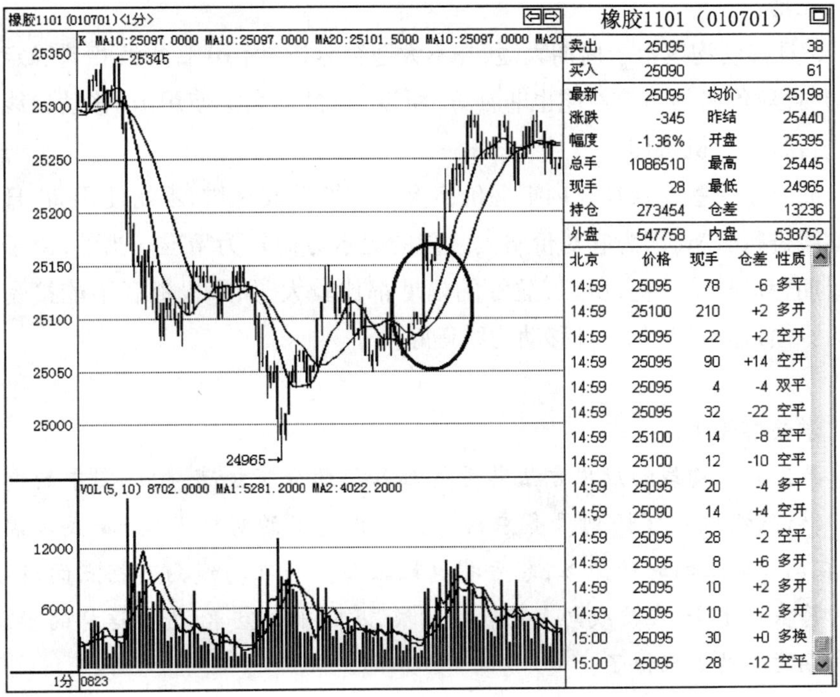

图 7-11　橡胶 1101 合约 2010 年 8 月 23 日走势图

学员柳先生：

头肩底形成，此时的走势真是太经典了，很少会见到这样标准的底部形态。技术形态的出现，一下子使操作的方向变得清晰起来。

无形：

价格形成右肩以后，在成交量放大的推动下出现了一轮上涨行情，放量突破颈线就是最漂亮的买点所在。

随着颈线的突破价格的上行，移动均线也由下降趋势转变成为上升趋势，此时的操作也是非常容易的，均线向上就要顺势做多，同时，如果此时持有空单，就一定要及时地在均线拐点向上的时候平仓空单，千万不要逆势交易。

学员柳先生：

在使用移动均线平仓空单的时候，我们应当选择哪种周期的均线进行分析呢？

无形：

5 日移动均线由于周期太短，并不太适合分析，而 10 日均线相对稳定多了，并且对价格的追踪性能也非常好，所以，我推荐大家使用 10 移动均线辅助进行日内投机操作。

而对于一些喜欢在日内把握价格大趋势的朋友来讲，不妨使用 20 日移动均线进行分析，因为它对价格大波段的提示方向较为精准。当然，由于均线周期相对长了一些，所以，盈亏的幅度都比较大，如果投资者不能接受太大的亏损，还是使用 10 日移动均线得好。

学员柳先生：

虽然移动均线的应用方法算是基础入门的分析技巧，但从图中的走势来看，依然能从中领悟到很多东西。在均线向下的时候做空，赚钱非常容易，在均线向上的时候做多，想亏损也比较难。而在均线向下拐点的时候，及时将多单平仓，在均线向上拐点的时候，及时平仓空单，进行这样的操作，玩转期货真是太轻松了。

无形：

在图 7－12 中，菜油 1101 合约在 2010 年 8 月 23 日形成了明显的涨跌行情，在价格下跌的时候，K 线与均线之间有着什么样的关系呢？

学员柳先生：

价格下跌的时候，K 线始终位于均线下方运行，无论 K 线如何变化，均线始终保持着向下的状态，在此情况下，投资者应当积极地进行做空的操作。

无形：

下跌到低点后价格上涨，这一时期两者之间又有何关系呢？

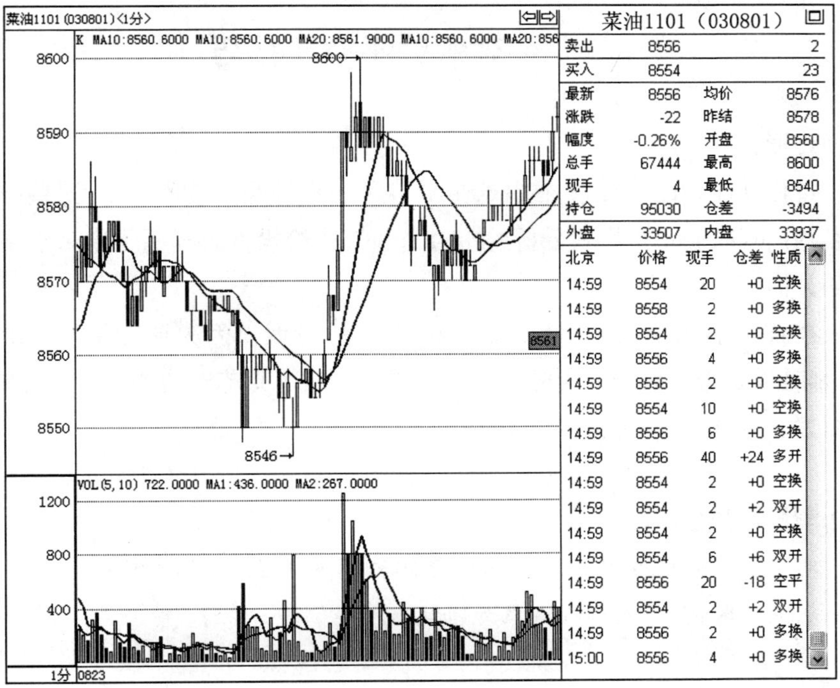

图 7-12 菜油 1101 合约 2010 年 8 月 23 日走势图

学员柳先生：

在价格上涨的时候，K 线始终位于均线上方运行，而均线则保持着笔挺地上升趋势，这是做多的大好时机。

无形：

在价格上涨到高点以后我们可以看到，10 日移动均线在价格的下跌初期就及时地提示了投资者多单风险的到来，投资者在均线向下拐点的时候及时平仓多单，则可以保全收益回避价格下跌风险。

而在价格下跌的低点区间，10 日移动均线向上突破拐点的时候，空单持仓者就需要进行平仓操作，这样一来，价格的上涨就不会侵蚀赢利。

由此我们可以看到顺应均线趋势进行操作的重要性，同时，也可以看到，根据均线是否在拐点处向上做为空单的平仓位效果也是非常不错的，这种方法总是可以在价格上涨的初期阶段帮助投资者锁定利润，回避价格上涨给空单带来的风险。

7.7 突破颈线平空单技巧

无形：

价格在波动的过程中，往往会形成各种各样的经典技术形态，这些技术形态的出现减轻了投资者分析的压力，同时，也给投资者指明了未来价格波动的方向。

在各种形态中，我们最需要注意的就是：颈线。因为形态是否明确成立，都是以是否突破颈线为标准的。如果某种技术形态最终没能突破形态，那么，我们只能说这种技术形态是一个半成品。

学员柳先生：

对于标准的技术形态其颈线还是比较容易确立的，但当价格波动没有明显规律的时候，我就不知道该如何找出颈线位的所在了。

无形：

如果价格的波动的确让人很难找到颈线位的所在，最简单的做法就是在连续两个高点或是两个低点之间画一条线，这一条线就可以视之为颈线。从标准的技术图形上来看，颈线其实就是连接高点或低点形成的压力线，所以，找不到颈线在哪里的时候，画一条压力线也是具有同样效果的。

当价格突破颈线以后，我们该如何进行操作呢？

学员柳先生：

如果空仓，则可以顺应突破的方向进行操作，价格向上突破颈线就做多，向下突破颈线就做空。如果投资者有持仓，并且突破的方向与持仓方向相反，在价格突破颈线的时候就需要进行平仓操作，而后再顺应操作的方向重新开仓交易。

无形：

下面我们结合两个案例讲解一下如何在价格向上突破颈线时平仓空单吧。

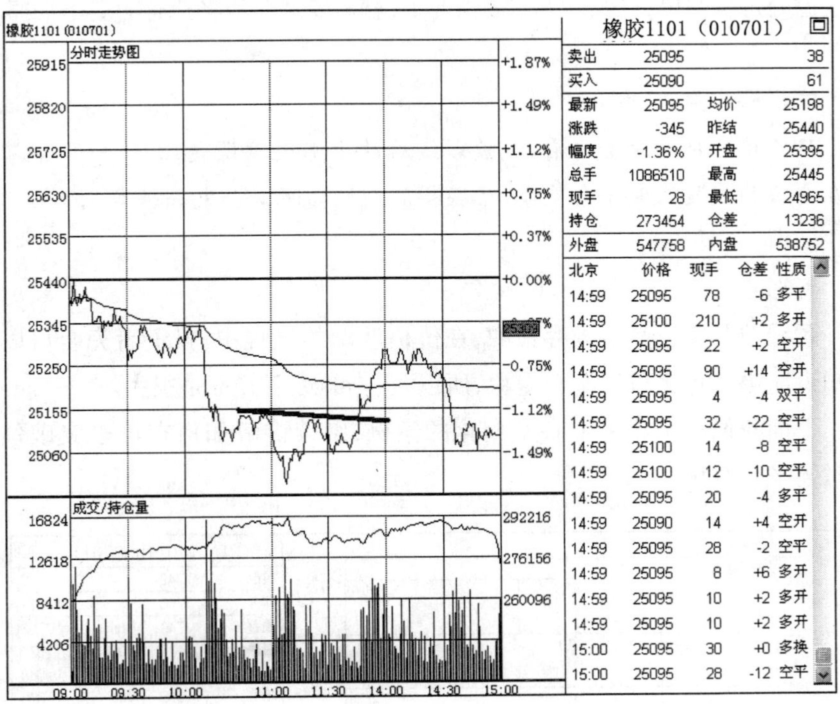

图 7－13　橡胶 1101 合约 2010 年 8 月 23 日走势图

在图 7－13 中,橡胶 1101 合约在 2010 年 8 月 23 日下跌的低点区间形成了头肩底,此时的颈线应当如何画呢?

学员柳先生:

找出左肩的高点,然后再找出右肩的高点,将这两个高点连线,就是颈线。橡胶 1101 合约这一天的颈线是向下倾斜的。

无形:

从图 7－13 中的走势来看,这条线其实就是压力线,如果价格无法突破这道压力,就会继续下行。而一旦突破这道重要的压力,上涨的概率就比较大。因为价格要上涨必然会突破重重压力,突破不过压力就会继续下跌。

右肩形成以后,在成交量放大的推动下,价格顺利地突破了颈线,这预示着一轮上涨行情将会出现,由于之前的趋势是向下的,所以必然会有投资者在颈线位处持有空单，在颈线失守的情况下，就需要及时地将持有的空单平掉。

学员柳先生：

从价格后期的走势来看，突破颈线后的上涨速度还是比较快的，如果没有在突破颈线处及时平仓空单，已获得的利润转眼就会失去很多。

无形：

颈线位其实也是事先存在的，在价格波动的过程中，投资者完全可以提前知道应当于什么位置平仓空单，所以，操作的难度并不是很大。

下面我们再来看一个有所变化的案例，继续讲解如何在价格突破颈线的时候平仓空单。

图7－14　PTA1101合约2010年8月23日走势图

在图7－14中，PTA1101合约在2010年8月23日出现了连续走弱的走势，其实，无论价格怎样下跌，盘中都必然会有上涨走势的出现，只不过涨幅的大小有所区别而已。这些上涨对于空单投资者来说就构成了风险，特别是在某些时候，价格大幅下跌之后的上涨往往是非常迅猛的，更容易侵蚀做空的赢利，所以，我们必须要在价格有明确上涨走势出现的时候及时地将持有的空单平仓处理。

从图7－14中的走势来看，PTA1101合约的颈线位容易确定吗？

学员柳先生：

PTA1101合约的走势在图中没有任何明显的规律，价格形成了长时间窄幅震荡的走势，箱体也许就是其下跌后的技术形态。

无形：

从图7－14中的走势来看，颈线位的确较难画出来，不过我们明白了颈线位的含义与作用以后，就可以将它较为准确地画出来。因为颈线位具有压力的作用。所以，我们将价格下跌后的两个反弹高点进行连线，这就是颈线。

学员柳先生：

在后期的走势中，这条颈线还发生了变化，之前的第一条颈线始终对价格产生着压抑着作用，但后来它就失效了。

无形：

它的失效是因为第三个低点更低了，这个时候，我们就需要对颈线进行一下修正，将最新的两个高点进行连接得出一个新的颈线，一旦价格向上突破这条新的颈线就需要考虑将空单平仓。

学员柳先生：

价格后期突破了颈线以后的确出现了一波上涨，就盘中的走势来看幅度也不算小，虽然后期又下跌，但在高点区间却有其他的技术点可以继续做空。

无形：

价格突破颈线就意味着上涨概率大，因此，在上涨初期就需要将空单平仓，上涨对于空单来说又是新的机会，因为有了更高的位置可以继续做空。

之所以要在价格突破颈线位平仓空单，就是因为压力一旦被突破，就会转为支撑，从而促使价格上涨，因此，有必要回避这种风险。突破颈线的位置就是价格上涨的起点，在这个位置平仓效果还是非常不错的。

7.8 放量反弹平空单技巧

无形：

价格在下跌的时候，我们最不希望什么样的现象出现呢？

学员柳先生：

我觉得就是价格突然以较大力度的上涨，因为这有可能意味着下跌已经到达底部，所以多方开始集中发力。

无形：

这是K线形态方面的走势，如果再结合成交量的变化，那是我们最不希望看到的是：价格出现放量上涨的走势。一旦成交量有所放大，就说明盘中增加了很多做多的力度，这对于空头来讲就是最不幸的事情。

学员柳先生：

无形老师曾说过：价格如果形成放量上涨的走势，将是真实可信的，在上升趋势确立时形成这样的走势是比较危险的，而在价格下跌后出现这样的现象也是很危险的。

无形：

在价格下跌的时候，如果出现缩量反弹的走势，这是需要继续持有空单的，因为缩量说明没有多少资金平仓空单，而多方资金也不敢入场，所以，价格的趋势方向必然还会继续向下。

但一旦出现放量反弹上涨的走势，价格的波动性质则发生了变化，无形老师也教过大家，下跌之后一旦出现放量反弹就不能再继续做空，就是因为放量反弹上涨说明资金的交易方向出现了转变。

在交易资金出现转变的时候，价格形成放量反弹的时候，空单也就是该放手的时候了。因为一旦成交量延续放大，价格上涨的速度将会是极快的，甚至可将空单的全部利润“秒杀”。

学员柳先生：

看来在价格形成下降趋势的时候也不能过于轻松，还需要留意随时有可能出现的放量反弹的现象，并要将这样的走势视为平空单的信号。

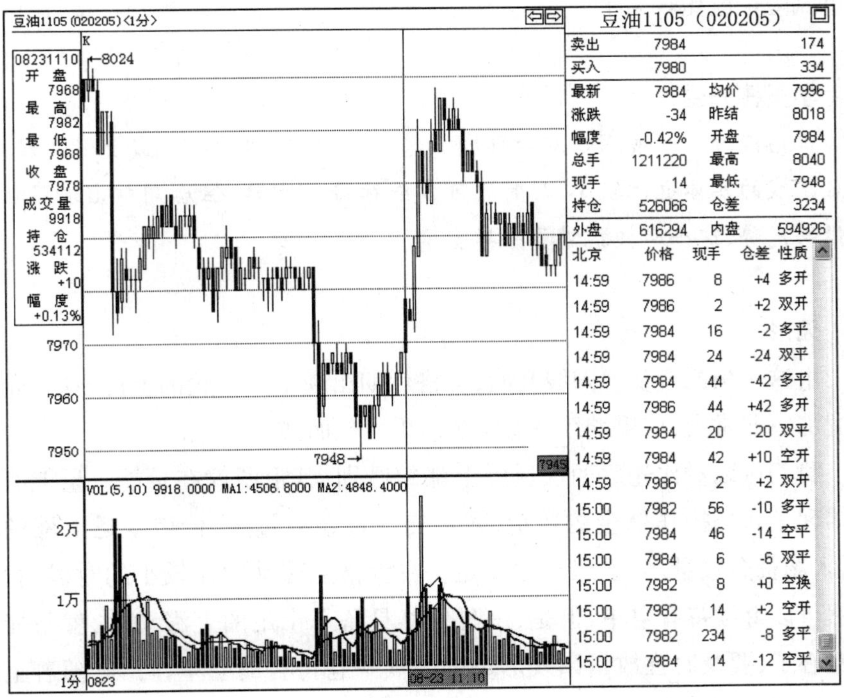

图 7-15　豆油 1105 合约 2010 年 8 月 23 日走势图

无形：

在图 7-15 中，豆油 1105 合约在 2010 年 8 月 23 日的走势中价格在下跌中途出现的反弹走势有什么样的技术特征呢？

学员柳先生：

从K线形态来看，价格反弹的力度并不强，没有出现实体较大的阳线，从成交量的角度来看，量能在价格反弹的时候始终没有放量，这预示着价格还有进一步下跌的可能，这是可以继续持有空单的信号。

无形：

价格在下跌中途会出现各种各样反弹的走势，反弹幅度小的走势成交量必然会连续萎缩，因此可以继续持有空单，而反弹幅度大的走势因为得到了资金关注，所以量能往往比较大，在价格具有上涨动力的时候，继续持有空单风险也就比较大了。

学员柳先生：

价格经过了一波下跌以后再度上涨时，初期反弹的时候成交量比较小，并且阳线的实体也比较小，此时还可以继续持有空单，但后期却出现了放量反弹的走势，这个时候就需要平掉空单。

无形：

由这一根放量反弹阳线开始，价格后期出现了又一轮的上涨，这一轮行情的涨幅非常大，如果继续持有空单后果可想而知。

我们可以对比先后两次反弹上涨的区别，其根源就在量能。量能的大小体现了入场操作资金的数量，入场交易资金数量少，价格缺乏上涨的动力；入场资金数量多，上涨动力十足。在价格上涨动力比较小的时候，我们自然可以继续持有空单，但是，一旦价格具备了十足的上涨动力，就不能掉以轻心了，要及时在放量阳线形成的时候平仓持有的空单，否则，随着上涨的延续，利润回吐是小事，产生亏损就是大事了。

学员柳先生：

从图7－15中的走势来看，放量反弹阳线好像多出现于上涨的中途，这是为何呢？

无形：

放量反弹阳线容易出现在上涨的中途，而并不是多出现于上涨的中途。这是因为随着前期小幅反弹的延续，资金入场做多的积极性开始提高，在这种情况下，价格越是上涨就越是会吸引来更多的资金，从而形成良性循环，价格也就越涨越高。初期反弹操作的资金也只是抱着做反弹的心态而来，而一旦价格连续上行确定上升趋势，资金的操作态度必然会发生转变。

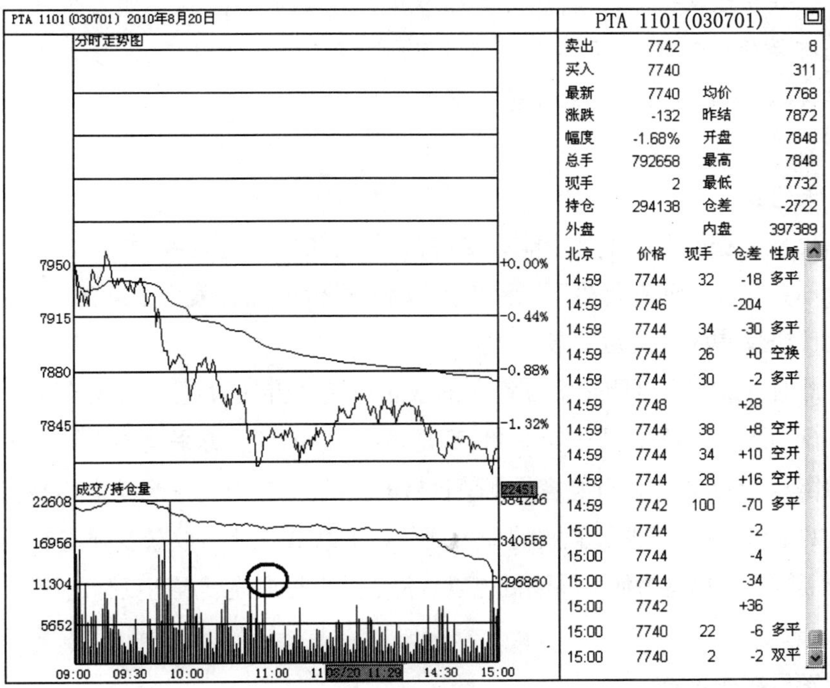

图 7－16　PTA1101 合约 2010 年 8 月 20 日走势图

在图 7－16 中，价格在下跌的时候形成了什么样的经典波动形态呢？

学员柳先生：

形成了放量下跌的走势，价格每一轮小波段的下跌都伴随着巨大的成交量出现，这说明有大量的资金在场中进行着积极地做空操作。哪里有量哪里就有机会，在此区间进行做空操作真是太爽了。

无形：

从量能的形态我们可以看出，资金对价格涨跌的影响是多么得大。只要资金入场积极参与，价格就会形成连续同一方向的波动。如果在价格下跌的时候成交量并没有连续放大，还可能跌这么多吗？

在价格下跌中途出现反弹的时候，成交量的状况又是如何呢？

学员柳先生：

下跌中途反弹的时候，成交量都形成了萎缩的迹象，这说明资金在此时并没有大量平仓空单，多单也并不认可价格的反弹，所以，反弹形成的时间都非常短，并且价格最终继续破位下跌。

无形：

价格上涨如果得不到量能的支持，就不会长时间地延续，并且上涨的幅度也不会太大。而在价格下跌到低点以后，量价的配合发生了新的变化：低点处价格反弹时成交量明显放大。

此时的放量有可能是多方资金的抄底买盘，也有可能是空方资金集中的平仓盘，无论是哪种性质的交易单，都是多方的力量（空方平仓要做买入平仓的动作）。多方的大量开仓容易促使价格的上涨，而空方的平仓单也容易促使价格的上涨，并且减少了做空的动力，所以，下跌低点处的放量反弹有利于价格的上行。这也是为何下跌到低点以后价格后期形成连续震荡反弹的原因。

学员柳先生：

看来下跌低点形成放量反弹的走势，不仅是一种平仓空单的信号，还可以用来进行做多的操作，一种方法有两种交易的技巧。

无形：

从这个案例我们可以看到，放量反弹并不见得常出现于上涨中途，还会在价格上涨的初期出现，这说明资金很看好当前的低点机会，所以，我们也要顺势转变操作思路，及时将空单平仓，以防止后期价格的上涨削减利润，同时择机入场做多。

7.9 突破均价线平空单技巧

无形：

均价线对于进行日内投机的投资者来说是很重要的指标之一，我们需要经常在盘中查看价格与均价线的关系，并据此制定相关的操作策略。你能说出均价线的几种作用吗？

学员柳先生：

均价线具有压力、支撑、促涨和促跌的作用。价格由下跌转为反弹，均价线会对反弹的高点起到压力的作用，价格由上涨出现调整，调整低点则会受到均价线强大的支撑作用。当均价线与分时线同时保持上升趋势的时候，将会对价格的上涨起到促涨的作用，反之则会起到促跌的作用。

无形：

在进行实战操作的时候，如果分时线位于均价线下方，我们则需要找机会进行做空的操作，而如果分时线位于均价线上方就需要逢低点做多。均价线就是价格波动时的多空分水岭，价格与均价线的关系就是我们操作的方法。

正是由于均价线具有压力的作用，所以，我们在进行操作的时候，它就是空单持有者的一道防线，这道防线一旦失守就需要将空单平仓出局。

学员柳先生：

均价线的波动往往比较平缓，用这种方法进行平仓很容易确定平仓点的所在，技术上不存在难度。请老师结合具体案例再详细讲解一下吧。

无形：

在图 7－17 中，沪铜 1012 合约在 2010 年 8 月 16 日开盘后出现了放量杀跌的走势，这样的走势对于投资者来说，构成了早盘期间的做空机会。经过二波下跌以后，价格开始出现反弹的走势，此时一方面做好价格有可能继续回落的持仓准备，同时也要做好价格连续上涨时平空单的准备。

从图中的走势来看你认为在什么位置平空单比较好呢？

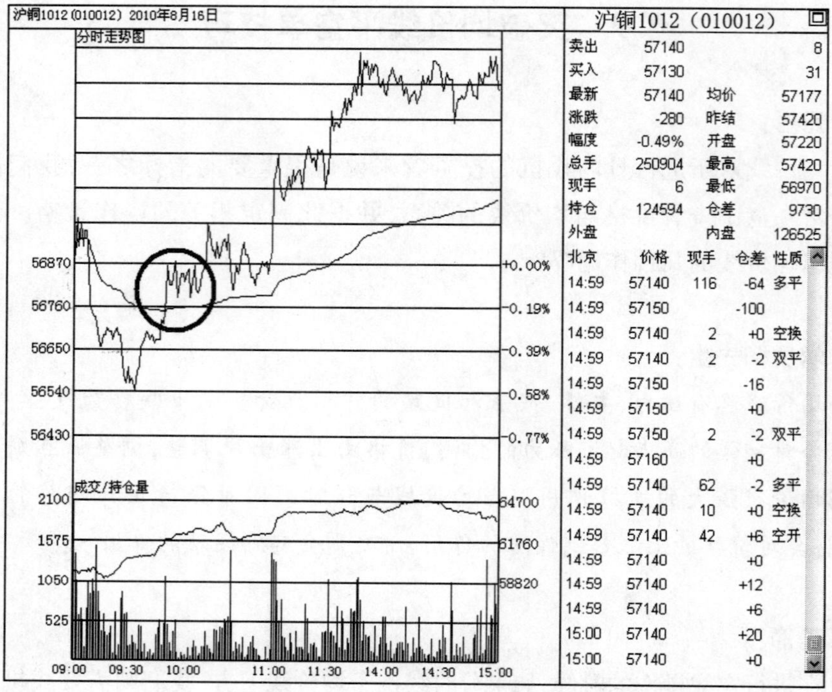

图 7-17　沪铜 1012 合约 2010 年 8 月 16 日走势图

学员柳先生：

价格下跌的低点处形成了一个小级别的头肩底形态，在价格突破颈线时需要平仓空单。

无形：

这是一种方法，如果结合均价线的波动形态来看，在分时线向上突破均价线的时候，我们需要平空单，这两种平空单的方法都是正确的。

从价格突破均价线的走势来看，压力被突破后转变成为支撑，价格后期无论如何震荡都没有跌破均价线，均价线产生了强大的支撑作用，这个时候如果继续持有空单可就太危险了，一旦价格发力向上，空单的亏损必将增大。

学员柳先生：

从整体走势来看，价格突破均价线的时候，恰是多空性质转变之时，突破的出现使得早盘期间的空头盘面转变成为多头盘面,在盘面转多的时候离场恰到好处。

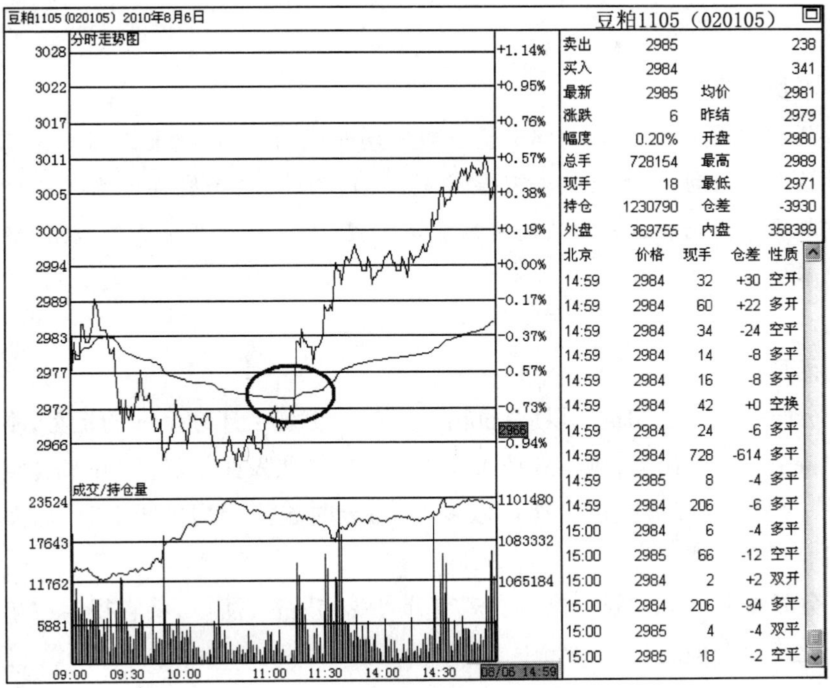

图 7-18　豆粕 1105 合约 2010 年 8 月 6 日走势图

无形:

在图 7-18 中,豆粕 1105 合约在 2010 年 8 月 16 日开盘以后略作震荡,便形成持续下跌的走势,从这一时期的走势来看,均价线与分时线保持着什么样的关系呢?

学员柳先生:

分时线始终位于均价线的下方,均价线与分时线同时下行。

无形:

分时线位于均价线的下方,我们就要在这一时期择机进行做空的操作,从图中走势来看,做空的确有着很多的机会。

经过一段时间的震荡下行,随着低点的连续抬高,分时线开始上行,这个时候就需要密切留意均价线的压力作用是否有效，如果均价线始终压着分时线，则可以继续持有空单等待价格的继续回落，而一旦分时线向上突破均价线的压力，就需要及时地将持有的空单平仓出局。

学员柳先生：

从后期的走势来看，价格放量突破了均价线的压力，放量上涨本身就是空单最大的威胁，并且还突破了重要的压力，因此，这个时候就需要将持有的空单平仓出局。这种方法的确很容易掌握，而且从这两个案例来看，效果也很不错。

无形：

分时线突破了均价线以后，价格在下午便出现了连续上涨的走势，不及时地将空单平仓出局，风险真是太大了。多空性质发生了转变，在平仓空单以后，投资者就要寻找机会择机做多，因为分时线位于均价线上方，做多赢利相对容易一些。

分时线明确地为我们提示了多空分界线的所在，所以，将它视为空单的平仓位是很合理的。

8.实战案例解析

本章将把之前的章节中所讲述的有针对性的内容综合起来进行分析，投资者可能学会了这些方法，但在实际运用中却有可能做不到运用自如。在实战操作中，不可能只运用一种方法就能取得成功，必须要将很多方法融合起来才可以使分析的结论更符合市场的真实方向。

8.1 指标背离交易技巧操作解析——L1009 合约案例

无形：

L1009 合约在 2010 年 6 月 23 日这一天的走势非常经典，形成了过山车的走势，价格在盘中大起大落，有许多值得总结的地方，并且价格在波动过程中，有许多走势都满足我们经常讲到的技术要点。历史总会重演，对这一天的走势进行深入的总结，以后再遇到这样的行情，我们就可以两头赚钱了。

学员冯先生：

这一天的走势真可谓是惊天动地，价格大幅上涨，而后又大幅回落。我身边一些朋友在这一天都产生了较大的亏损，还好我有老师护航，在这一天不仅赚到了钱，还学到了很多知识。

价格震荡幅度很大，但我的朋友在亏损后反而不敢操作，不知道这是什么样的心理。

无形：

价格震荡幅度越大，越是应当积极地进行操作，因为面对这样的行情，完成每天 1% 的收益简直是太轻松了。而投资者之所以不敢入场操作，主要就是担心价格再次出现较大幅度的逆转，从而又产生新的亏损。在赢利之后投资者的胆子一般比较大，因为有赢利的资金做本钱，就算做亏了，也不至于损失本金。但在亏损出现以后，思想上的压力就会比较大，在这种情况下进行操作自然就放不开，价格波动越猛烈就越是怕出现更大的亏损，此时脑子里想的全是风险，而不是想办法把价格较大幅度的震荡视为机会。

其实，造成这种恶性心态的主要原因是自身的技术不到位。没有好的方法去识别价格的波动性质，对价格的波动看不明白，自然会有很多不必要的顾虑。而解决这种恶性心态的方法也很简单，就是要不断地进行学习，只要学到了足够多的方法，什么样的波动都有办法应对。

学员冯先生：

看来错误的心态来自于技术的不成熟。我总是认为心态就是心态，无论技术多高，心态都是无法改变的，听老师这么一讲，原来心态可以通过技术而改变。

无形：

举一个例子，刚学会开车的人胆子一般都比较小，这些人会开的很慢，不与别的车抢道，甚至也很少超车，这并不是因为他们的胆子小，而是技术不熟练造成的。但是，随着开车时间的延长，技术越来越高，胆子也就开始大了起来。所以，心态是依靠于技术的，只有技术真正成熟的投资者才会有好的心态。

下面我们开始对 L1009 合约进行总结。

在图 8 -1 中，你先来谈谈 L1009 合约在 2010 年 6 月下旬期间 K 线形态有什么样的技术特征。

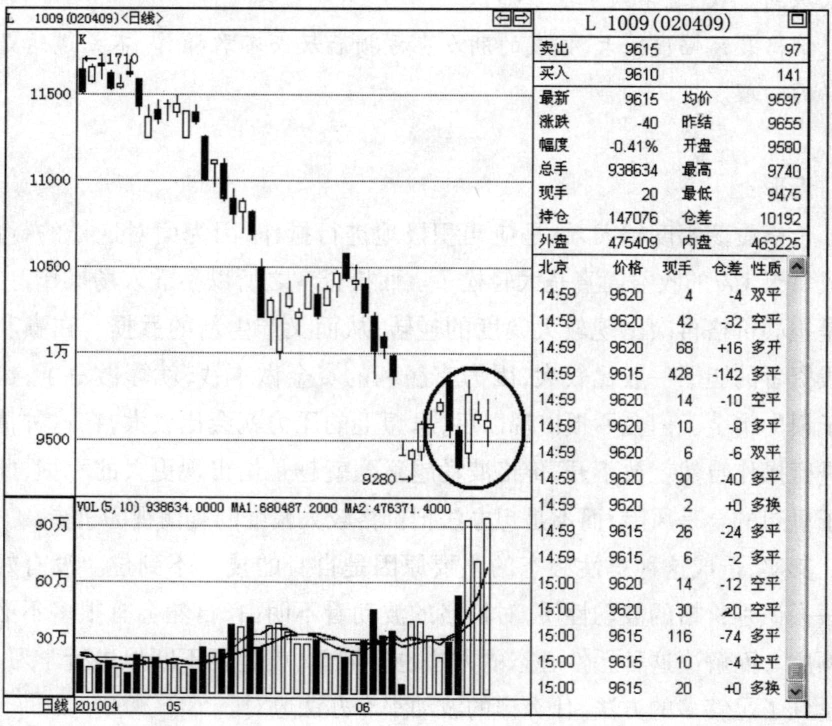

图 8 -1　L1009 合约 2010 年 6 月 23 日走势图

学员冯先生:

价格经过连续下跌以后,在2010年6月期间开始出现反弹的走势。连续收出4天小阳线以后,两根大实体的阴线看似价格又有向下破位的迹象,但随后的一根大实体的阳线守住了低点。大阳线出现后,价格再度形成调整的走势。

无形:

从这一时期价格的波动形态来看,初步有底部形成的可能,不过最为明确的底部形成信号是要以价格向上突破那两根阴线为标准,如果价格始终在这两根阴线实体之内震荡,底部就未必一定会在该区间。我们只能说这是价格连续下跌之后出现的低位震荡走势。

学员冯先生:

这一时期的K线形态和上一次价格反弹时的K线形态有类似之处,波动重心都没有明显上移。

无形:

真正的底部形成以后,价格必然会不断上行,这是因为资金都在积极做多导致的。但是,如果波动重心没有明显上移的迹象,这就说明多空双方势均力敌。

学员冯先生:

按照老师的说法,趋势性交易也不适合进行吧?因为价格保持着震荡的走势,所以,最好进行日内投机。

无形:

我们根据趋势性交易的名称就应当知道这是一种顺势的交易方式,它要求趋势必须明确形成,但是,L1009合约在这一时期形成明确的趋势了吗?显然没有,所以,在价格震荡的过程中最好进行日内投机,投机性隔夜仓也尽量要少持有。

下面我们结合价格盘中的波动形态总结一些日内投机的方法。

在图 8 －2 中，根据首根 K 线的方法，在开盘的时候我们应当如何操作呢？

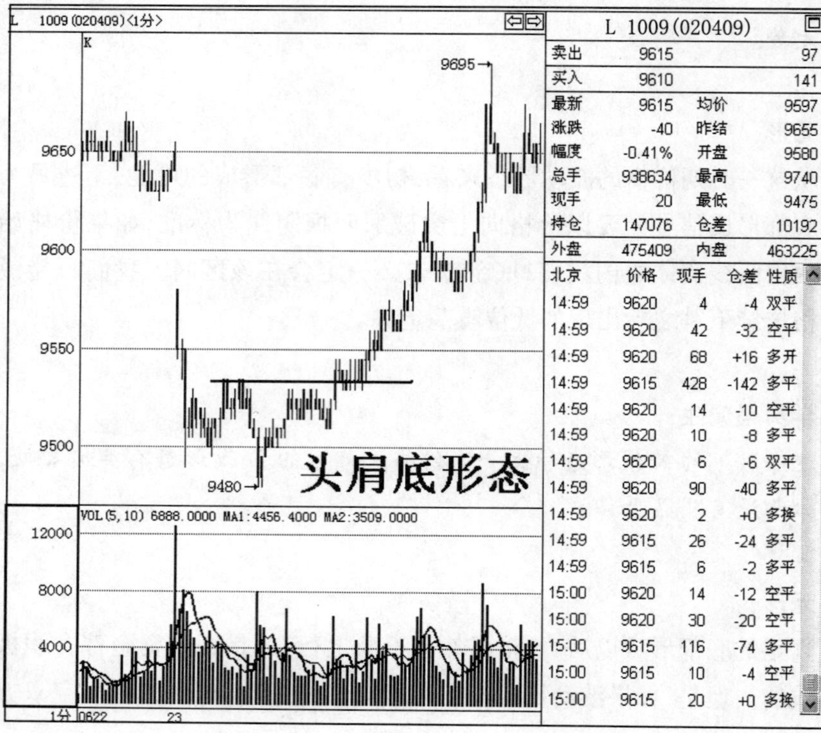

图 8 －2　L1009 合约 2010 年 6 月 23 日走势图

学员冯先生：

L1009 合约在 2010 年 6 月 23 日出现低开的走势，首根 K 线是一根阴线，并且后期的价格都位于首根 K 线下方，因此，应当在早盘期间进行做空操作。如第三分钟价格下跌的时候就是一次好的投机性做空机会。

无形：

经过一次反弹价格出现破位走势时，低点的成交量有什么样的变化呢？

学员冯先生:

价格出现破位走势的时候,成交量急剧放大,形成异常巨量,这样的走势出现后会导致两种结果:一是成交量继续放大,价格随之继续下行;二是成交量萎缩,价格出现反向波动。

正常情况下,当下跌的低点出现异常巨量时,会很容易引发反向波动的出现。这种方法是老师的经典分析方法,现在我对它的应用还是很熟练的。

无形:

在图8-2中,低点形成异常巨量之后,价格出现反弹的走势,在之前反弹的高点处出现调整,但随后向上形成放量突破的走势,从这一时期的K线形态来看,形成了一个标准的"头肩底形态"。

学员冯先生:

价格突破颈线位的走势也非常标准,形成放量突破的走势,突破点就是做多点,这也是一种必须要熟练掌握的分析技术。

无形:

对各种形态进行操作,是入门技术。价格在波动过程中形成的技术形态越是标准就越值得信任,投资者也就应当开始考虑进行投机性做多的操作。但在操作的同时还需要留意另一件事情:始终不要忘记首根K线具有压力的作用,价格运行至此一定要多加小心,一旦有上涨乏力的现象就可以考虑平仓投机性多单。

我们继续总结,看看后期的走势中还存在哪些重要的技术点。

在图8-3中,价格在突破了颈线以后,在成交量放大的推动下连续上行,这一时期价格上涨的形态比较单一,持仓没有什么难度。

学员冯先生:

价格在上涨的时候,紧顶着布林线上轨上涨,但又没有突破,这是一种什么性质的上涨呢?

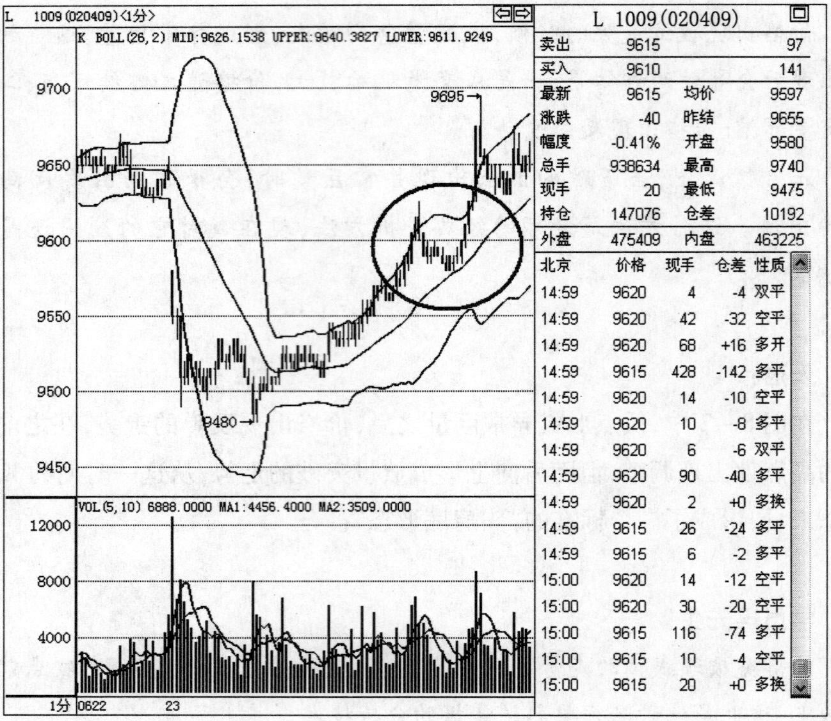

图 8－3　L1009 合约 2010 年 6 月 23 日走势图

无形：

我之前为大家讲解过强势上涨，它是指在价格上涨时，K 线始终位于布林线上轨的上方。而 L1009 合约上涨时，K 线始终顶着布林线上轨，但又没有突破，这是中等强势的上涨。如果价格上涨时，K 线在上轨与中轨之间震荡上行，这属于弱势上涨。价格在上涨时，上涨的力度越大，上涨的空间也就越大。

学员冯先生：

布林线指标真是不错，还能反映出价格涨跌的力度，难怪老师在操盘时会经常使用这个指标。

无形：

价格在上涨中途形成了一个经典的技术点，你能看出这是什么方法吗？

学员冯先生：

布林线中轨支撑的上涨中途买点。价格在突破首根K线以后，出现调整的走势，这是回踩首根K线的支撑，同时，调整的低点回落至布林线中轨后便停止下跌而转为上涨。在价格受到布林线中轨支撑的时候，就可以开仓做多。

无形：

价格在上涨的过程中，成交量连续放大，而在调整的时候，成交量随之萎缩，量价配合非常完美。在量价配合完美的情况下，一旦价格回落至布林线中轨的时候，才可以入场开仓做多。

在使用这种方法的时候一定要注意，这是一种上涨中途的买入方法，所以，我们要求价格的整体涨幅不过能过，即在形成这种走势之前，不能出现多次调整的走势。我们要求当前的调整次数是第一次调整，或是第二次调整，调整的次数越多，这种方法的准确性也就越低。

学员冯先生：

此时的调整是价格明确上涨以来的第二次调整，因此，符合老师所讲的技术要求。

无形：

期货交易的常见方法其实就那么几种，仅凭这一招就足以给投资者带来持续性的赢利，正所谓“一招鲜吃遍天”，懂得多但样样不精这不行，只用一招但可以把它运用精通，这就是一种本事。

在图8－4中，布林线中轨支撑买点出现以后，价格再次出现了一波上涨行情。因为上涨的幅度已经比较大，并且上涨的周期也比较长，接下来的操作就是要留意调整走势的出现。从价格上涨高点的走势来看，有哪些技术信号可以提示我们调整行情的到来呢？

学员冯先生：

价格上涨到高点以后，再次出现异常巨量的现象，这两根成交量柱体是近一段时间最大的量能，有大量资金在此进行交易，很容易使价格出现反向波动。因此，一旦后期量能无法延续放大，就要留意调整走势的出现。

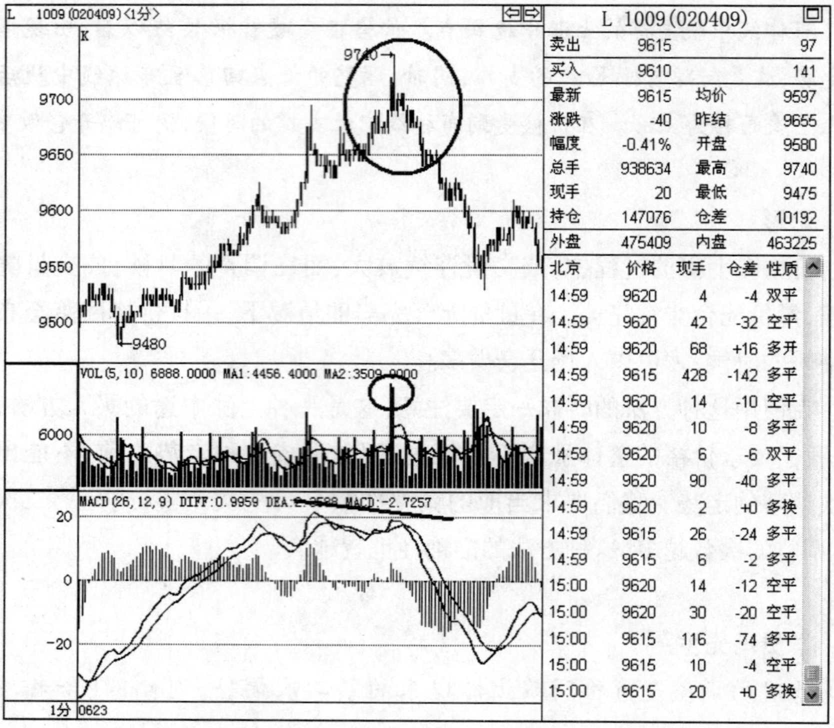

图 8-4　L1009 合约 2010 年 6 月 23 日走势图

无形：

这又是一次经典的技术形态：高点异常巨量。从后期的走势来看，在异常巨量出现以后，价格果然连续下跌。除此之外，还有哪些技术信号可以告诉我们调整走势的出现呢？

学员冯先生：

MACD 指标的顶背离现象。在价格最后一波上涨的时候，MACD 指标没有随之上行，而是形成高点降低的迹象，这是一种常见的风险信号。

无形：

价格在之前上涨的过程中，MACD 指标始终与价格的趋势保持一致，而在价格最后一波上涨的时候，虽然价格再次创下新高，但是，MACD 指标却并没有创下新高，这与价格的趋势形成了差异，这就是指标的背离现象。

在价格上涨的高点区间一旦指标形成背离现象,上涨行情将很难再延续下去,这时很容易形成调整或是下跌的走势,不管价格后期如何变化,投资者都有必要在此时平掉手中的多单。

将 MACD 指标的背离现象与高点异常巨量结合起来进行分析,投资者该如何操作就显得一目了然了。那些看不懂价格波动规律的投资者,肯定没有掌握这些必需的操作方法。

在图 8 - 5 中,L1009 合约价格在 MACD 指标出现顶背离以及高点异常巨量之后出现了一波下跌的走势,并且下跌的幅度比较深,波段跌幅超过 1.5%,这意味着在这一区间做空也可以实现非常不错的收益。因为价格的下跌形态非常单一,没有任何技术难度,所以,我们不过多地进行讲解。

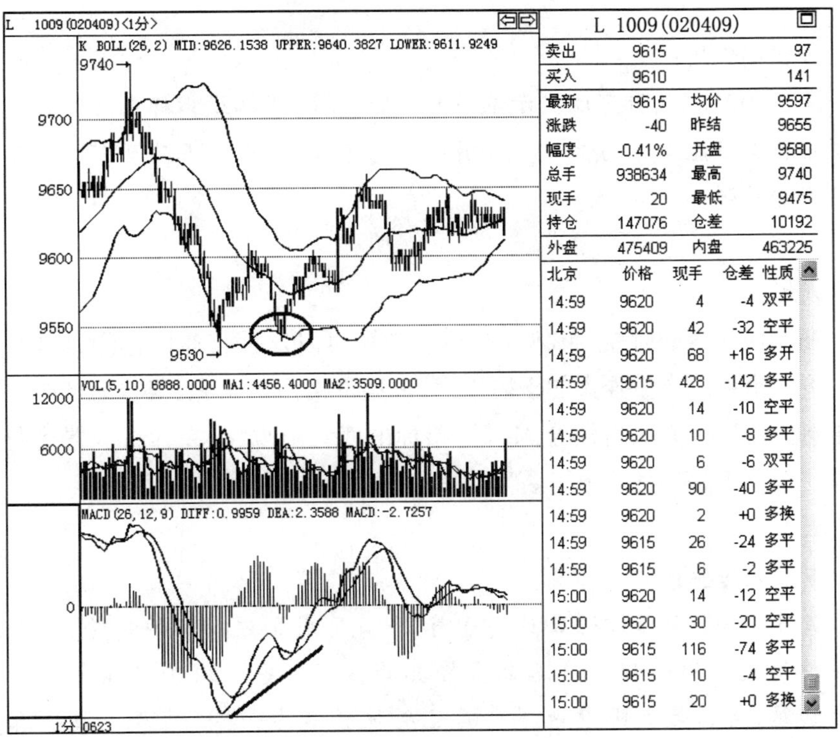

图 8 - 5　L1009 合约 2010 年 6 月 23 日走势图

您来说一下价格下跌后的低点又有哪些技术特征呢?

学员冯先生:

在下跌的低点形成了双底的技术形态,并且在此时MACD指标又形成了底背离的迹象。刚才的顶背离预示着价格的下跌,而现在的底背离则是价格将要上涨的信号。

无形:

虽然价格两个低点保持水平的状态,但是MACD指标却形成了上升的趋势,指标与价格的波动方向发生差异,因为出现于下跌的低点区间,所以将其称之为底背离。在底背离现象出现以后,一轮反弹行情将随之出现。用这种方法判断下跌后赢利的机会非常容易吧。

学员冯先生:

除了MACD指标可以提示做多的机会以外,布林线指标在此时也发出了价格将有可能上涨的信号。从图中的走势来看,价格下跌至布林线下轨时便开始反弹。

无形:

在价格回落的时候,布林线指标的中轨可以发挥支撑的作用,同时,布林线下轨也可以产生强大的支撑作用,一旦价格回落至此,很容易产生上涨的走势。用这种方法再结合MACD指标的底背离现象,在什么位置进行抄底操作也就不是一件难事了。

学员冯先生:

虽然L1009合约在2010年6月23日形成了过山车的走势,但没想到在价格变化的过程中有这么多经典的技术形态。跟着老师每天进行盘后总结,可以最大限度地提升自己的操作能力,这样的学习效果真是太棒了。

无形：

学习必须要结合实战，只学习不实战，学来的东西没有任何用处，因为您没有用真金白银去感受价格波动带来的种种压力与喜悦是无法成长的。而只实战不学习、不总结也是万万不能的，因为如果这样的话水平只会在原地踏步，不会有所提升。

用实盘操作用来检验我们盘后学习与总结的效果，而盘后的学习与总结是保障实战成功率的基础，二者缺一不可。

8.2 上冲、回落与震荡操作解析——沪锌 1009 合约案例

无形：

沪锌 1009 合约在 2010 年 6 月 24 日上午和下午分别形成了极具代表性的走势，本节我们对它的走势进行总结。

学员张先生：

沪锌是比较活跃的品种，我经常对它进行操作。不过在 2010 年 6 月 24 日这一天，对它的操作不是太理想，也很想听老师讲一下这一天的走势有什么样的技术要点。

无形：

沪锌 1009 合约在这一天需要让我们必须掌握的技术点是：首根 K 线的应对以及价格形成震荡走势时的应对方法。特别是价格形成震荡走势时的技术特征更是广大投资者必须要掌握的一种操作技巧。

学员张先生：

我就是在下午价格震荡的时候，把上午赚的钱又吐了出去，价格一会儿涨一会儿跌真是难以进行操作，这方面的知识我可要好好地掌握。

无形：

如果价格的波动趋势比较单一，任何投资者都可以轻松地实现赢利，但

是，一旦形成震荡走势，无论是谁都觉得难以操作，因为此时价格的波动幅度都非常的小，能给投资者带来的实际收益远低于投资者心目中的获利预期。

大家一定要记住一点：只要价格形成震荡的走势，就一定要降低收益预期，每一次的操作只要能够获得1%的收益就要感到满足。如果一次操作想赚很多，不仅在价格震荡时赚不到钱，反而还会出现亏损。虽然受到价格波动幅度较小的影响，亏损的幅度也不会太大，但是，如果连续操作几次都出现失误，累积起来的总亏损也是非常大的。

下面我们结合沪锌1009合约2010年6月24日的具体走势进行讲解。

图8-6　沪锌1009合约2010年6月24日走势图

进行日内投机交易首先要对日K线走势进行分析，在顺从大方向的情况下，才会更容易实现赢利。在图8-6中，您来说一下沪锌1009合约在2010年6月中下旬有什么样的技术特征。

学员张先生：

价格在连续下跌以后，于 2010 年 6 月中下旬期间出现连续反弹的走势，日 K 线在此时的上升趋势非常明显。这意味着在盘中进行做多操作获利的概率要大一些。

无形：

两根调整阴线出现以后，一根涨停大阳线的出现使得上升趋势更加明显。日 K 线整体趋势向上，并且又出现涨停大阳线，这意味着价格后期继续上涨的概率将会是极大的。在价格走势非常强劲的时候，切记不可以随意入场做空。

学员张先生：

涨停大阳线出现以后，价格略作震荡，而后再出现一根实体较大的阳线，并且形成新高突破的走势，这是否意味着价格还会继续上涨呢？

无形：

当然了。价格可以不断地创出新高，那么，它就会一直上涨，直至再也无法创出新高为止。

日 K 线上升趋势非常明确，在进行日内投机交易的时候，也要首先考虑多单，除非整体盘面明确趋空，否则，空单一定要谨慎。

下面我们结合盘中的走势总结一下这一天比较重要的技术点。

在图 8 -7 中，受到日 K 线明显上升趋势的影响，以及前一个交易日大阳线的影响，沪锌 1009 合约在 2010 年 6 月 24 日出现了跳空高开的走势。首根 K 线为一根阳线，面对这种走势应当如何操作呢？

学员张先生：

日 K 线趋势明确向上，价格出现跳空高开的走势，并且首根 K 线是一根阳线，这是典型的投机做多机会。面对这样的走势应当积极入场进行做多操作。

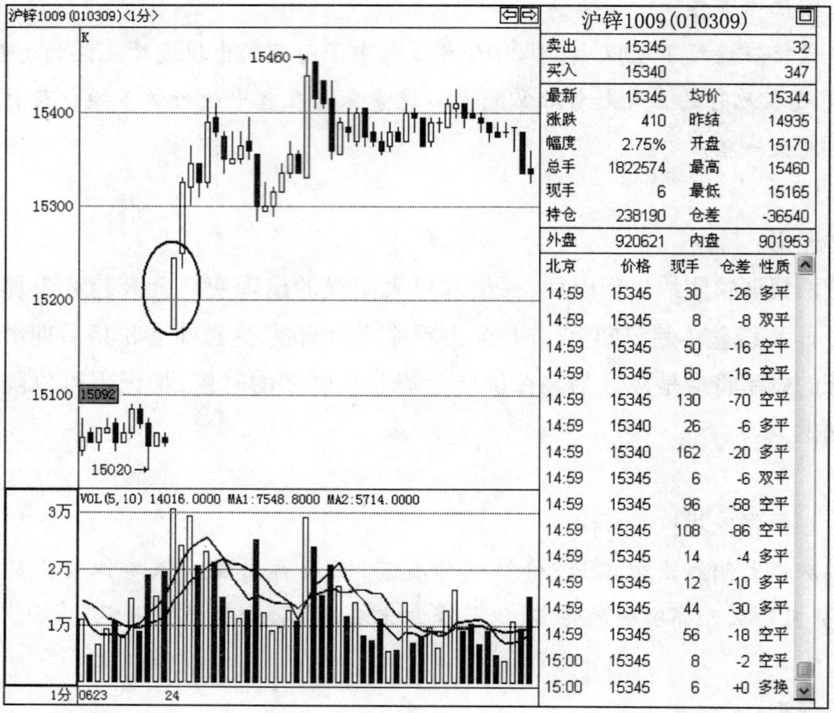

图 8－7　沪锌 1009 合约 2010 年 6 月 24 日走势图

无形：

价格刚开始，因为出现跳空高开的走势，使得所有指标均处于失真的状态，因此，没有任何可以参考的辅助信息，这就会给操作增加了一定的难度，但是，如果结合首根 K 线进行分析，这个问题就可迎刃而解了。

请记住沪锌 1009 合约 2010 年 6 月 24 日开盘时的技术形态，这样的走势必然还会在未来不断地重演！

为何首根 K 线是一根阳线的话后期就会存在做多的机会呢？

学员张先生：

切记并非首根 K 线是一根阳线价格就一定会上涨。在首根 K 线出现以后，后期的 K 线只有位于首根 K 线上方时，才会给投资者提供做多的机会。如果首根 K 线是一根阳线，但随后价格下行跌破首根 K 线，这也不能视为做多的机会。

无形：

首根长线形成后，我们需要重点关注，一旦后期的价格位于首根 K 线上方就可以入场进行投机性做多。之所以判断沪锌 1009 合约开盘后还会上涨，除了首根 K 线以及第二根 K 线继续上涨以外，日 K 线的整体趋势是最主要的原因。

从这一天的开盘走势我们应当明白一个道理，日 K 线的趋势就算不能对当天的整体波动起到指引的作用，但或多或少也会对开盘时的走势起到同方向的带动作用。

日 K 线明确向上，首根 K 线是一根阳线，并且价格第二分钟继续上攻，这就是早盘期间投机做多的机会。当然，这种机会对于风险承受能力较强、操作比较激进的投资者最为适用，若是稳健的投资者还是耐心等待后期的操作机会为好。

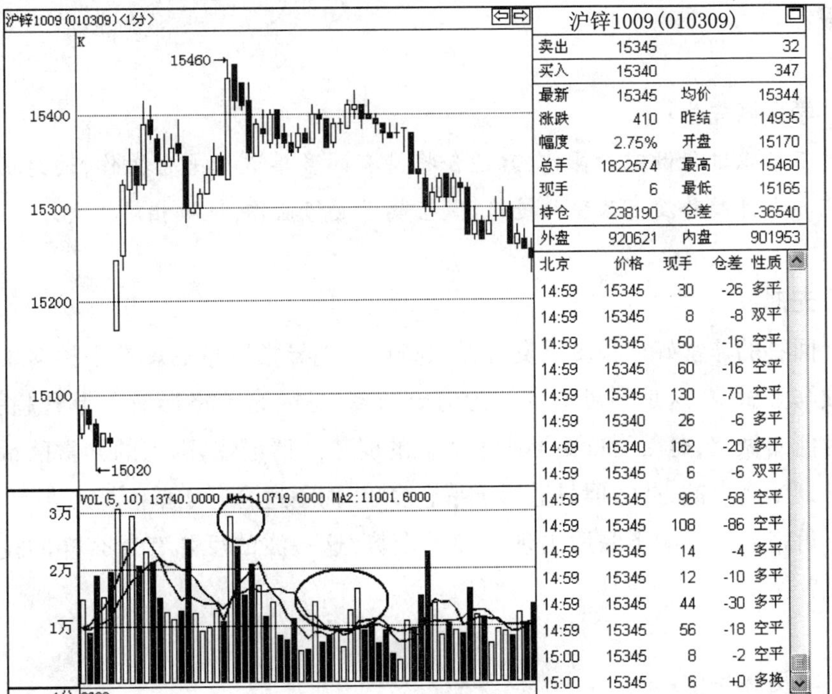

图 8－8 沪锌 1009 合约 2010 年 6 月 24 日走势图

在图 8－8 中，通过首根 K 线的方法我们可以找到开盘期间获利机会的存在，但价格按预期出现上涨之后，在高点处又形成了什么形态的波动呢？

学员张先生：

早开盘的第一波上冲结束后，价格出现调整的走势，随后一根大实体的阳线向上创出了新高。K线形态还是非常漂亮的，只不过量能的变化出现了大问题：异常巨量从空而降。

无形：

在价格首次调整的低点处就形成了一根异常巨量，这根巨量出现以后，价格反向波动继续上行，而在高点的时候，异常巨量又一次出现，这必然也会促使价格形成反向波动。K线当前是上涨的，反向波动自然就是下跌。

从图中的走势来看，异常巨量出现的时候，我们是否可以进行做空操作呢？

学员张先生：

不可以进行做空的操作，只适合将持有的多单进行平仓操作，因为价格当前的上升趋势没有改变的迹象，做空属于逆势操作，风险相对较大。

无形：

回答的非常好。很多投资者看到高点出现异常巨量后就在平掉多单的时候马上做空，这是不可取的。为何要做多，是因为价格形成了上升趋势；而为何要做空，是因为价格形成了明显的弱势。请记住，高点的异常巨量是一种判断高点的方法，但只适用于平仓多单，而不适合开空单。

价格经过一波下跌后出现反弹的走势，这一波的反弹有什么样的技术特点？

学员张先生：

价格反弹的幅度比较小，这体现了多方力量的虚弱，同时，反弹的时候，成交量也比较小，这说明资金做多的意愿并不强烈。

无形：

除了您说的技术特征之外，价格还形成了高点不过的走势，因为高点明显降低,再加上散乱的量价配合,因此,投资者可以考虑在此时进行做空的操作。

假设利用高点不过方法进行了做空,一旦价格上涨,该在什么位置进行止损操作呢?

学员张先生:

在价格向上突破前期高点的时候进行止损操作,一旦价格再次创出新高,便意味着多头趋势仍在延续,这个时候就不能再持有空单。

无形:

高点的异常巨量提示了价格将会出现调整的信号,反弹时较少的成交量提示了多方力量的虚弱,多弱空强自然要顺势做空,在价格趋弱的时候做空任何时候都不算错。这一时期的两个技术特征也是大家必须要熟练掌握的。

在图8-9中,在高点不过技术形态出现以后,价格果然出现了一波下跌的走势。在价格下跌的过程中,因为形态非常单一,没有什么太多的操作技巧。

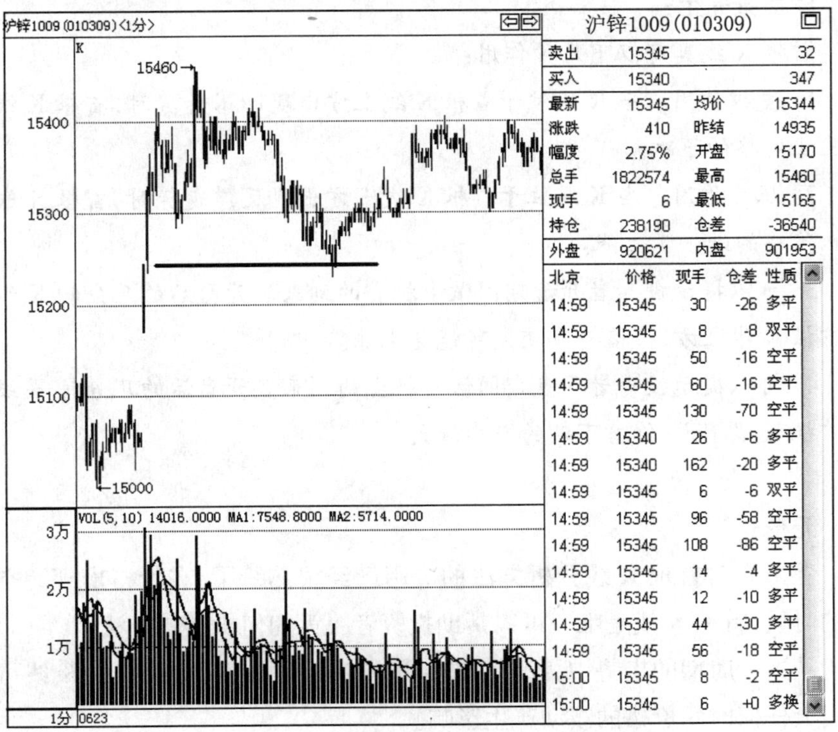

图8-9 沪锌1009合约2010年6月24日走势图

这一时期我们需要学习的知识仍与首根K线有关，您来看一下价格下跌的低点有什么样的技术特征呢？

学员张先生：

价格下跌到首根K线收盘价的时候，便停止了下跌，首根K线对后期的走势起到了明显的支撑作用。

无形：

首根K线能对当天任一时期的调整低点产生或多或少的支撑作用。在价格下跌至首根K线支撑区间的时候，我们就需要留意其他技术指标的形态，比如MACD指标是否在当前位置形成了背离、KD指标是否在当前位置的数值非常低，如果答案是肯定的，那就可以在该位置入场进行做多操作。

首根K线都具有什么作用呢？

学员张先生：

首根K线具有以下几种作用：

1. 支撑作用。当K线位于首根K线上方出现回落走势时，首根K线就会阻止价格的下跌。

2. 压力作用。当K线位于首根K线下方出现反弹走势时，首根K线会阻止价格的进一步上涨。

3. 可以提示投资者开盘期间做多机会的到来。开盘后的几分钟K线位于首根K线上方，价格将有较大可能会上涨。

4. 可以提示投资者开盘期间做空机会的到来。开盘后的几分钟K线位于首根K线下方，价格下跌的概率较大。

无形：

看来您对首根K线分析方法的应用已经很熟练了，在价格出现跳空高开的时候，首根K线是唯一可以帮助投资者决策如何操作的方法。

从这一时期的走势中，我们又总结出了这样的技术要点：首根K线可以对当天任何时间价格的波动产生影响。

在图8－10中，受到首根K线支撑的作用，价格首次出现上涨的走势，但是，上涨至前期高点附近时，价格出现了回落，而后价格便进入长时间的震荡之中。当价格形成震荡走势的时候，我们应当使用什么指标进行操作呢？

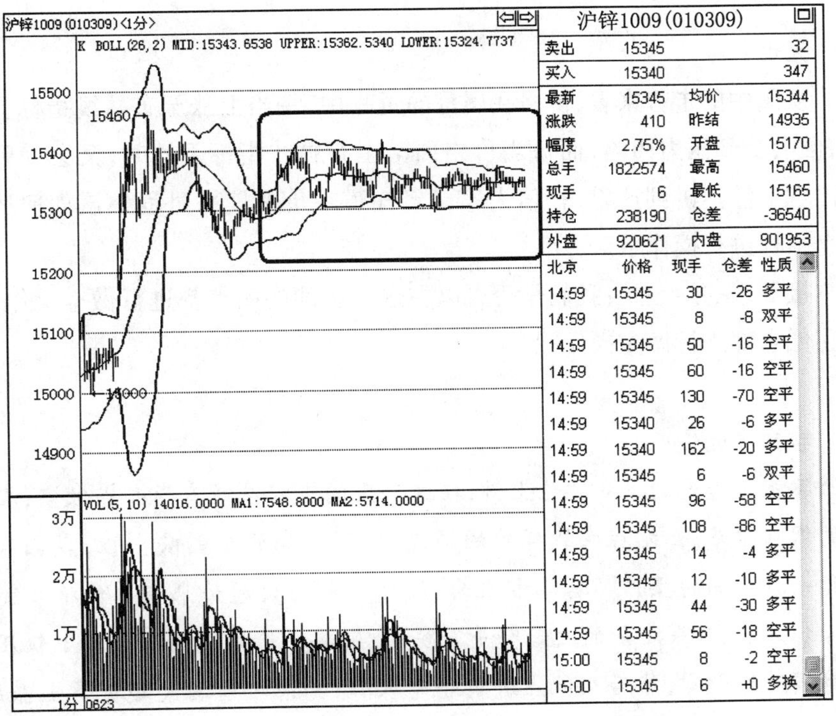

图 8－10　沪锌 1009 合约 2010 年 6 月 24 日走势图

学员张先生：

布林线指标。一旦价格形成无方向的横盘震荡，其他指标都很难在这一区间提示投资者应当如何操作，只有布林线指标才可以帮助投资者。

无形：

价格单边涨跌的时候，任何指标都可以发出准确的提示信号，而一旦价格形成横盘震荡的走势，就是使用布林线指标的时候了。在价格震荡时，我们利用布林线指标操作的原理是什么？

学员张先生：

布林线指标的上轨具有压力的作用，而下轨则具有支撑的作用。利用指标的支撑作用逢低做多，利用布林线指标的压力作用逢高做空。

无形：

从图中的走势来看，价格在震荡的过程中，每当上涨至布林线指标上轨时，便会受到压力回落，而每当价格回落至布林线指标下轨时，又会受到支撑出现上涨。讲到这里，相信大家已经知道在价格震荡过程中该如何运用这个指标进行操作了。

接下来的问题是：我们是否可以在这一区间的高点都进行做空操作，同时在低点都进行做多操作呢？

学员张先生：

答案是否定的。从理论上讲，在这一区间可以在所有的高点做空，在所有的低点做多，但站在实战操作的角度，为了提高资金的安全性，我们只能进行一种方向的操作。具体方法为：结合之前的大趋势来指导价格震荡时的操作方法，如果之前的大趋势是下跌的，则要在价格受到布林线上轨压力的时候进行做空，然后在低点进行平仓操作；如果之前的大趋势是上涨的，则需要在价格受到布林线下轨支撑的时候进行做多操作，而后在价格受到布林线上轨压力的时候进行做空操作。

无形：

从图中的走势来看，前期的大趋势方向是向上的，因此，在价格横盘震荡的时候，我们的操作方向就是做多，因为大方向向上，价格上涨的概率大于下跌的概率，因此，做空存在一定的风险。

再从图中的走势来看，价格震荡区间可以为投资者提供四次做多的机会，只要把握住其中的一次机会，就可以轻松地完成每天1%的收益。

在价格震荡区间操作的时候，因为结合了上轨的压力作用以及下轨的支撑作用，所以，在低点开多单的时候，这笔单子能够赚多少钱是可以提前预知的：布林线通道有多宽，我们就可以实现多大的收益。

学员张先生：

通过分析沪锌1009合约2010年6月24日的走势，又让我复习了一遍首根K线的应用方法以及价格在震荡区间的正确操作方法，我对这两种方法的应用感悟又深了一步。

无形：

温故而知新。学习新知识是每天要进行的工作，而复习已经学习过的知识则是更重要的工作，一样也不能少。

8.3 空转多交易技巧操作解析——橡胶1011合约案例

无形：

橡胶1011合约在2010年6月25日盘中形成了许多重要的技术点，这些技术点大多是结合布林线指标进行分析的，对这一天的走势进行总结有助于我们进一步提高实盘中布林线指标的应用技巧。

学员陈先生：

橡胶的波动都非常活跃，每天对它交易的资金都非常多，这也是造成其价格波动较大的原因。对于这种过量资金交易的品种，操作会不会很少出现经典的走势呢？

无形：

相比成交量中等的品种来讲，橡胶价格的波动的确是非常剧烈的，但并不能说过量资金交易价格就很少形成经典的走势，有的时候资金操作态度高度一致，价格也是会很容易形成标准技术形态的。

对于成交量过大的品种，我们需要盯紧它们的走势，因为它们的波动较为剧烈，一个小波段的波动就可以帮助我们轻松实现每天1%的收益。当然，如果价格在波动过程中没有形成任何经典的走势，我们还是不去操作为好，而一旦形成我们经常所讲解的技术形态，那就要大胆地入场进行操作。

学员陈先生：

橡胶在能源化工板块中的地位是什么呢？从它的成交量较大的现象来看，我认为它应当是能源化工板块中的龙头品种，无论是上涨还是下跌都应当是幅度最大的一个。

无形：

您说得非常对。橡胶在绝大多数的时间里，都是能源化工板块中的龙头品种，不管价格是涨是跌都是波动幅度最大的，只有极少数时间因为价格窄幅波动而形成跟风的走势。因为价格涨跌幅度都比较大，所以非常适合在盘中进行投机性交易。

当然，在价格波动幅度较大与走势标准之间，我们还是要选择走势标准的品种，虽然它们的涨跌幅度不一定是最大的，但因为走势稳定，便于投资者分析决策。

图 8－11　橡胶 1011 合约 2010 年 6 月 25 日走势图

下面我们结合橡胶盘中的走势总结一下这一天的经典技术特征。

在图 8－11 中，您先来说一下橡胶的日 K 线图有什么样的技术特征。

学员陈先生：

价格下跌见底以后出现了反弹的走势，经过一定幅度的上涨以后，价格出现了震荡的走势，阳线的实体开始变小，并且上影线经常出现，从整体走势来看，价格又有可能出现震荡调整的走势。

无形：

价格出现调整走势的时候，一定会下跌吗？

学员陈先生：

并不见得一定会下跌。价格调整时有三种技术形态：

1. 上涨的速度明显减慢，之前连收出大阳线，而调整区间则是收出实体较小的阳线，这是最强势的调整形态。

2. 价格调整时以横盘的方式进行，这也是通常所说的强势调整。

3. 价格的调整以下跌的方式进行。

无形：

说到调整，很多投资者都会认为价格将要下跌，这其实是一种错误的想法，虽然经常在出现调整时，十个品种中有可能会有六七个出现下跌，但请切记，调整并不等于下跌。

在图 8－12 中，您首先来说一下橡胶 1011 合约在 2010 年 6 月 25 日开盘时都有哪些技术特征。

学员陈先生：

首根 K 线是一根阳线，随后价格都位于首根 K 线上方震荡。由于价格的日 K 线明确向上，因此，对于这样的走势可以考虑入场投机性做多。

无形：

这是一种较为常见的开盘形态，只要日 K 线向上，并且开盘后一分钟 K

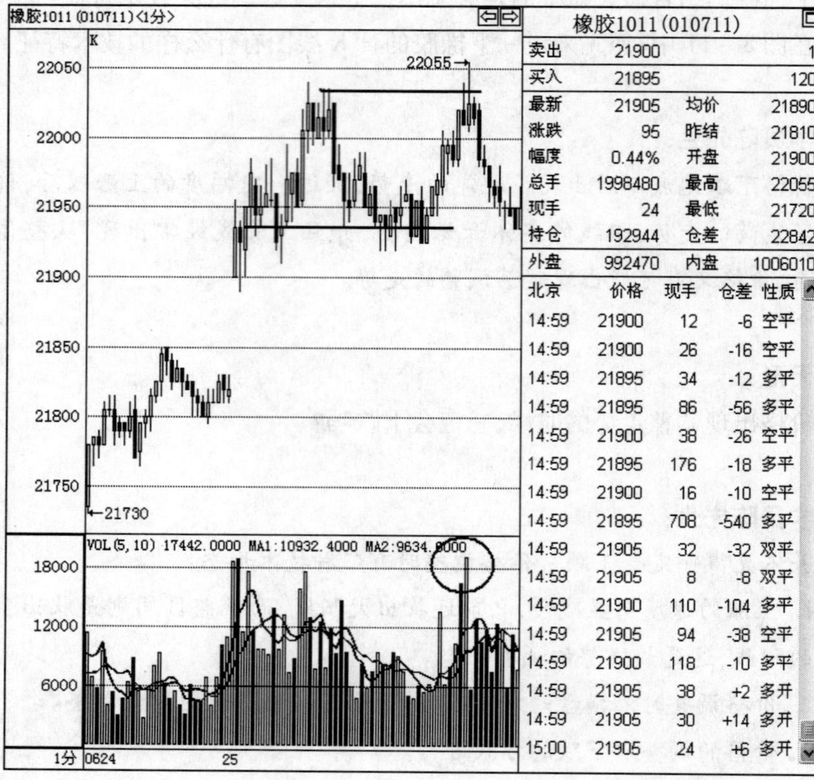

图 8-12　橡胶 1011 合约 2010 年 6 月 25 日走势图

线均位于首根 K 线上方，便可以入场做多。

第一轮上涨行情结束之后价格出现回落，回落的低点有什么样的技术特征呢？

学员陈先生：

当价格回落至首根 K 线收盘价的时候，受到了强大的支撑，而后开始再次上涨。

无形：

从此时的走势中我们又看到了经常讲解的一种技术形态：首根 K 线的支撑，支撑作用体现了价格的波动，又提供了一次做多的机会。

在价格第二轮上涨的高点处，又存在什么样的技术特征呢？

学员陈先生：

价格上涨到高点以后出现了异常巨量的现象，量能的异常变化将会很容易导致价格出现反向波动的走势。面对这种走势，投资者应当考虑平仓多单。

同时，第二轮上涨走势的高点与第一轮上涨的高点基本在同一位置，K线的波动形成了标准的高点不过走势。面对这样的走势，投资者必须要在此时平仓多单。

无形：

面对前期高点但却无法顺利突破，这说明资金在这一区间做多的态度较为谨慎，再结合异常变化的量能形态，价格出现调整走势的可能性非常大。

接下来的问题是：面对这样的走势我们可以在第二个高点处进行做空操作吗？

学员陈先生：

我认为是不可以的。因为日K线趋势明确向上，当天的分钟K线虽然形成了高点不过以及高点异常巨量的走势，但是，由于整体走势还处于多头状态之中，所以，不适合进行做空操作。

无形：

投资者不能因为价格受到压力或是涨得多了就进行做空，而必须要在价格形成下降趋势的时候才可以做空。从图中的走势来看，下降趋势并没有出现，而是只形成了上涨暂时停顿的走势，所以，平多单是正确的操作，但却不能开空单。

想要进行做空操作，必须要等到下降趋势明确形成，或是早开盘的大震荡区间遭到破坏。

在图8－13中，价格形成高点不过走势后，在首根K线处形成了一个小横盘的走势。此处的走势有什么样的技术特征呢？

学员陈先生：

价格在横盘震荡的时候，成交量出现萎缩的迹象，并且K线位于布林线

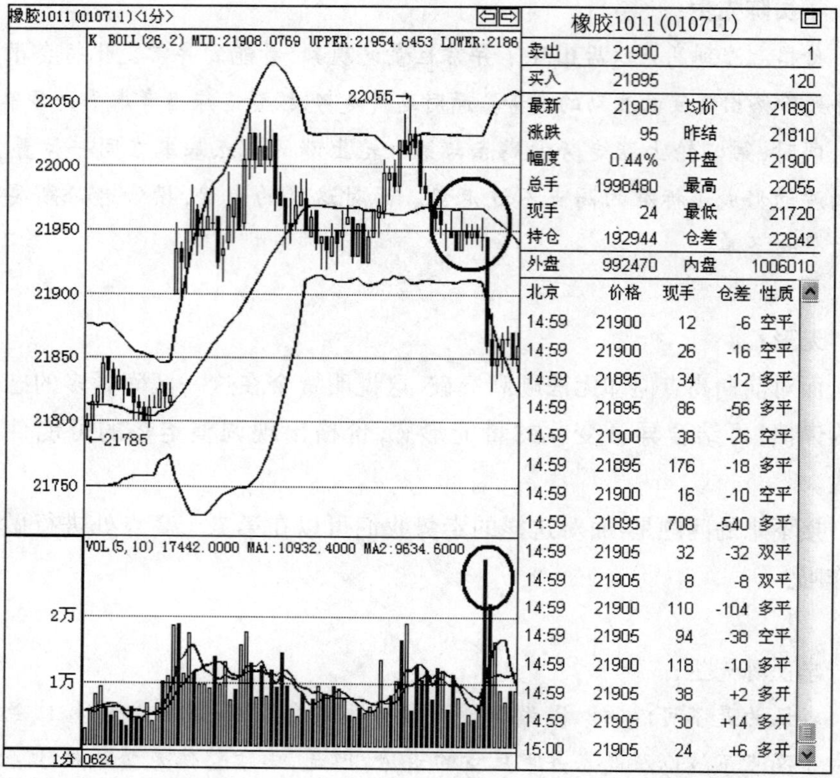

图 8－13　橡胶 1011 合约 2010 年 6 月 25 日走势图

中轨下方，价格暂时处于趋势未明的状态。

无形：

面对这样的走势，我们应当如何制定操作策略呢？

学员陈先生：

价格后期有可能形成两种走势。第一种走势是继续受到首根 K 线的支撑，而后再次出现上涨的走势，一旦价格再次上行，则可以进行投机性做多操作，我认为可以在价格向上突破布林线**中轨**的时候考虑做多。做多后，如果价格向下破位跌破横盘低点区间则需要止损。

第二种走势是价格顺应当前的小趋势出现下跌，因为在横盘出现之前，价格已经形成局部下跌走势，而横盘出现在下跌的中途，因此，一旦价格向下跌破横盘区间的低点则可以入场做多，并且可以把布林线中轨视为止损点。如果价格向上突破布林线中轨则需要进行止损操作。

无形：

对于这种走势您制定的操作策略非常周全，并且止损位都已提前制定了出来，这非常好。每一次进行操作，我们都无法保证必然获利，如果不提前设置止损位，当风险到来的时候，就会变得手忙脚乱，这又怎么可能会以平和的心态进行操作呢？

经过几分钟的横盘震荡以后，价格出现破位下跌的走势，下跌的低点又出现了什么样的现象？我们又该如何进行操作呢？

学员陈先生：

价格破位下跌的低点出现了异常巨量的走势，面对这种走势我认为应当考虑平仓空单，量能的不稳定也将会导致价格的不稳定。

无形：

虽然开盘后大的震荡形态遭到了破坏，但是由于下跌低点出现了异常巨量，因此，我们必须要按照技术信号进行操作，在异常巨量出现的时候先将空单平仓，等待新的机会然后再重新操作。

见到价格下跌，投资者总是会变得过于贪婪，希望价格再跌得深一些好多赚些钱，但是，当价格波动有较为明显的反向波动信号时，却依然非常贪心，这就是一件很不好的事情，获得的收益将会很容易交还给市场。

在图 8－14 中，下跌低点出现了异常放量现象之后，价格形成了反弹的走势，我们在此时应当如何预测价格反弹的空间呢？

学员陈先生：

预测的方法其实很简单，价格反弹的第一目标就是布林线中轨的位置，价格反弹的第二目标就是布林线指标上轨的位置。

无形：

下跌过程中一旦价格出现反弹，我们必须要掌握这种预测反弹空间的方法，因为这种方法可以帮助多单投资者在相对的高点止损出局，同时，也

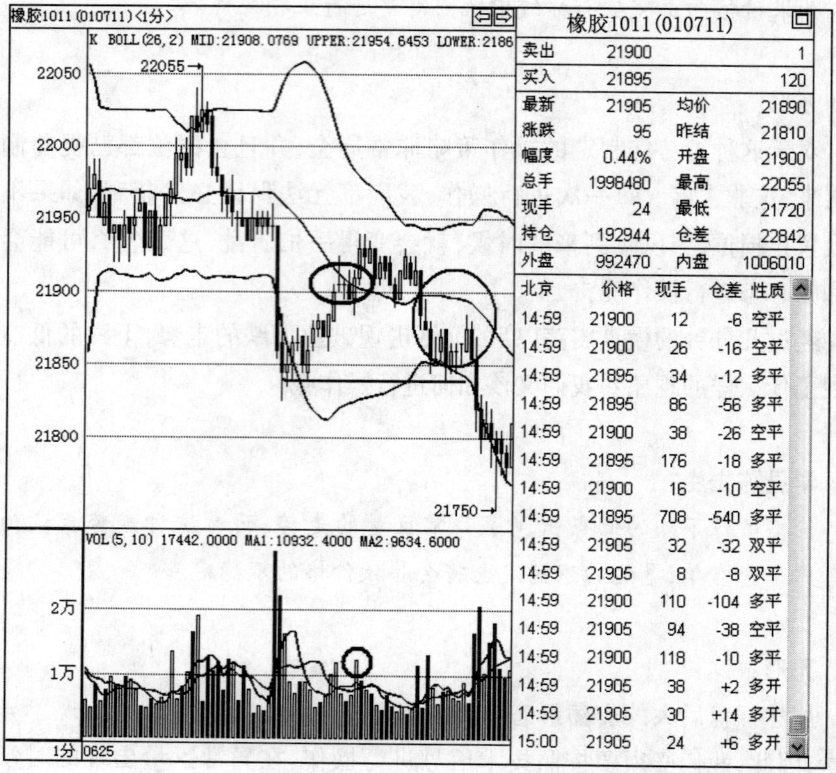

图 8－14　橡胶 1011 合约 2010 年 6 月 25 日走势图

可以帮助想要做空的投资者把握又一次的做空机会。

在价格波动过程中，触及布林线中轨时，除非整体盘面明显趋空，否则如果是弱多市场，则不宜过早地做空，因为布林线中轨的压力相比上轨压力要小一些。但是，一旦反弹至布林线指标上轨区间时，就可以考虑进行投机性做空的操作了。受到上轨压力以后，价格很容易回落至布林线中轨附近。

从反弹的高点来看，量能有什么样的变化呢？

学员陈先生：

成交量在反弹的高点出现了放大而后萎缩的迹象，虽然此时的放量并没有形成异常巨量，但是，放量后又连续缩量，这说明价格的上涨动力不足。

无形：

价格突破布林线中轨继续反弹，但由于量能没有形成连续放大的状态，因此,价格继续回落。回落至前一个下跌低点的时候,价格又有什么新的变化呢?

学员陈先生:

首先是受到了布林线下轨的支撑,其次是受到了前期低点的支撑,但是在价格受到支撑反弹的时候,成交量非常稀少,这说明资金并不认可此时的上涨,这也是价格反弹幅度非常小的原因。

无形:

从整体走势来看,价格在此时的下降趋势非常明确,因此,投资者可以转变观点找机会继续做空。虽然价格受到了布林线下轨以及前低点的支撑,但从反弹的幅度来看,多方力度非常虚弱,反弹的高点连布林线指标的中轨都没有触及。

对于这样的走势我们需要注意价格形成前低点蓄势突破的走势。无量小幅波动很有可能是空方的暂时停整,为的是聚积力量继续向下突破。在价格无量小幅反弹的时候,我们需要关注什么样的技术信号呢?

学员陈先生:

我认为一是要关注价格是否会形成向下突破的走势,一旦形成向下的突破,就需要入场进行做空操作。同时,也需要关注量能的变化,无论价格后期是涨是跌,只要成交量出现放大的迹象,方向的信号就会变得非常准确。

无形:

因为此时的K线位于布林线中轨的下方,所以,价格下跌的概率相对较大。而从后期的走势来看,在价格向下破位的时候,成交量明显放大,放量突破走势的出现意味着价格将会再下一个台阶,此时要做的就是顺应下降趋势及时在破位处开仓做空。

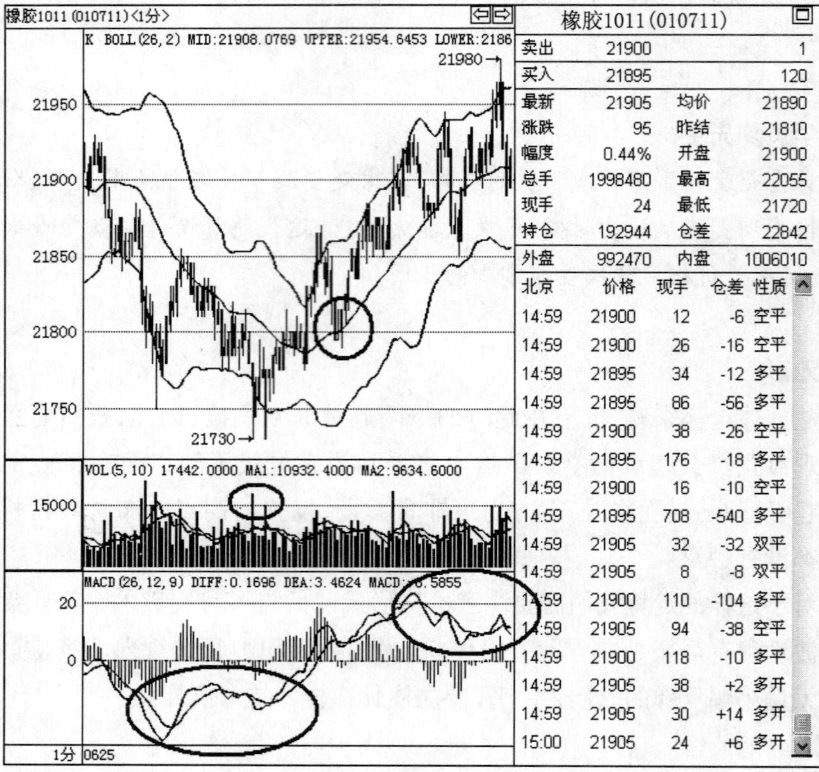

图 8－15　橡胶 1011 合约 2010 年 6 月 25 日走势图

在图 8－15 中，价格破位之后又出现了一波下跌的走势，随后的反弹再次触及布林线中轨之后而结束上涨，布林线中轨对下降趋势中的反弹高点起到了强大的压力作用。

经过又一轮下跌，价格在低点处又有了什么新的技术特征呢？

学员陈先生：

价格下跌的最低点又形成了一次明显的放量，这是需要关注的第一件事情。而最值得关注的技术信号就是，MACD 指标先于价格形成上升趋势。

无形：

在价格破位下跌的时候，MACD 指标却形成低点抬高的迹象，因为这种现象出现于下跌的低点区间，因此称之为底背离。指标的变化形态预示着价格的下跌将会告一段落，后期上涨的概率将变得较大。在MACD指标形成底背离的阶段，投资者应当考虑择机做多，或必须要平掉持有的空单。

一波快速的上涨之后，价格回落时的技术形态又如何呢？

学员陈先生：

价格见底后的一波上涨力度比较大，不仅突破了布林线中轨的压力，连上轨都没有阻挡住。虽然价格出现了调整的走势，但是，调整的低点却受到了布林线指标中轨的支撑，同时，布林线指标中轨在此时已经明确向上，这预示着价格又将会重新上涨。

无形：

因为橡胶的日K线明确向上，盘中连续震荡下跌后，在MACD指标形成底背离现象时，就需要留意做多机会的到来。价格见底后第一次上涨而后回落，调整低点回踩布林线中轨支撑，并且带动布林线中轨转头向上，这是价格趋势反转时常见的技术走势。

见底上涨，出现调整但回落低点受到强大支撑，而后再次上涨，这种趋势反转时的标准形态要牢记于心。

在价格连续震荡上涨的高点又有什么样的现象出现呢？

学员陈先生：

在价格依然保持着上升趋势的时候，MACD指标却形成了高点降低的走势，这是顶背离技术形态。

无形：

价格震荡下跌的低点形成了底背离，从而导致一轮上涨行情的出现，而震荡上涨高点区间又形成了底背离，这将预示着价格有很大的可能出现调整的走势，因此，在这一区间投资者要做的就是择高点平仓持有的多单。

从这一天的整体走势来看，价格在变化的过程中，布林线给投资者提供了很多极有价值的技术信号，同时，再结合其他技术信号进行分析，我相信大家对这一天的走势就可以看得很明白了。

8.4 大幅杀跌做空技巧操作解析——螺纹1101合约案例

无形：

螺纹1101合约在2010年6月28日盘中出现了经典的下跌走势，并且成为这一天的领空品种，对于盘中形成最大下跌幅度的品种，我们自然需要对它这一天的走势进行详细的总结。

学员刘先生：

跟着无形老师学习了一段时间后，现在每天不仅把盘中波动幅度较大的品种都认真地总结一番，而且对于跟风上涨品种的走势我也进行了分析，学习它与龙头品种之间的波动关系。原来的学习没有头绪，不知从何下手，而现在每天都知道该去学一些什么。

无形：

要想在期货市场长久立足，并且经常性获利，就必须要不断地学习，你能下多少苦功就能获得多少收益。那些懒得学习却又一心想赚钱的投资者，注定是要被市场淘汰的，我们可不要做这样的人。

学习不一定就能赚钱，但不学习必然赚不到钱，系统性学习可以提高我们的判断能力，增加赢利的概率，就像我们每天1%的基础收益目标一样，如果通过学习可以让我们获利的概率以这样的速度提高，那也是一件很了不起的事情。

学员刘先生：

对于螺纹1101合约我有这样的感觉，它每天的走势都比较独立，与其他品种走势的关联性好像并不是太大。

无形：

不仅仅是螺纹、黄金、白糖还有棉花，这几个品种的走势相对来讲都比较独立，因为按照我们的板块划分方法，这几个品种不属于任何板块，所以，不与其他品种存在同涨同跌的特征。因此，要操作它们，就必须从整体市场的多空状况着手进行分析。

学员刘先生：

在独立品种和具有板块归属的品种之中，应当更多地对存在板块归属的品种进行操作吧？

无形：

是这样的。“一个好汉三个帮”，螺纹、黄金、白糖和棉花都是孤军奋战，自然不如有板块归属的品种要好操作一些。因为某个板块中的品种一旦形成上涨，由于可以得到该板块相关品种的呼应，所以上涨的空间都会相对大一些，并且上涨的周期也会相应长一些，同时，即使错过了龙头品种的涨跌，而不敢进行追涨或是杀跌操作，我们还可以对跟风品种进行操作，做它们的补涨行情，而这对于走势较为独立的品种而言就无法获得这样的好处了。

下面我们对螺纹 1101 合约进行总结。

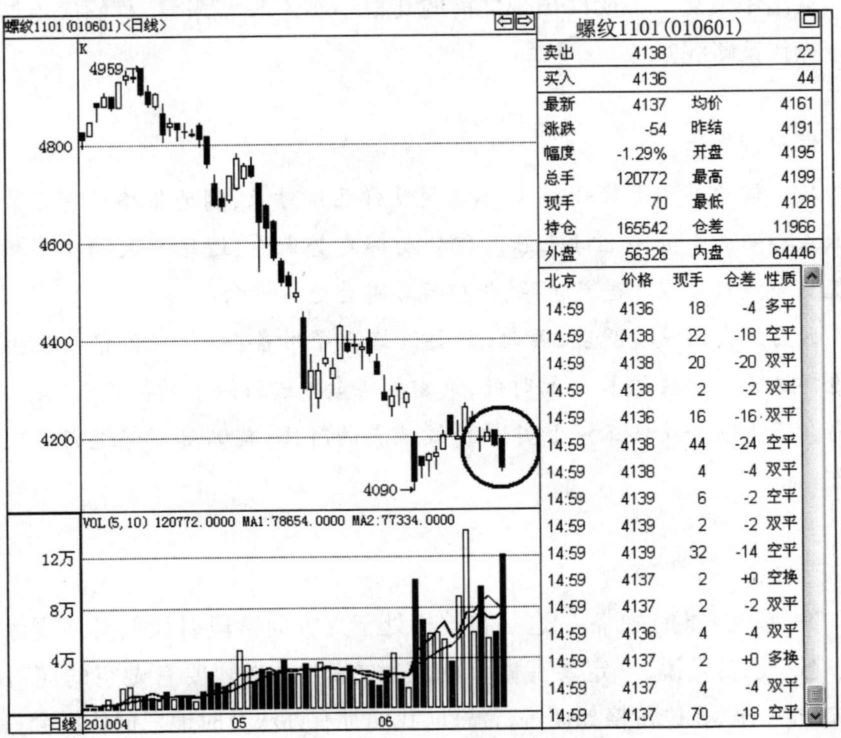

图 8－16　螺纹 1011 合约 2010 年 6 月 28 日走势图

在图 8－16 中，您先来看一下螺纹 1101 合约在 2010 年 6 月下旬的走势有什么样的技术特点。

学员刘先生：

从日 K 线图的走势来看，在下跌的过程中，螺纹 1101 合约形成了三次反弹的走势，虽然价格起涨的位置各不相同，但却有一个明显的特征：反弹的幅度都比较小。从 2010 年 6 月下旬的走势来看，价格保持着短线弱势的状态。

无形：

6 月下旬期间一根反弹的大阳线出现之后，价格没有进一步上攻，而是出现短线回落的走势，这使得价格短线的弱势特征再次出现。价格连续三天的调整把反弹大阳线的全部实体都吃掉了，K 线形态处于关键的波动时期。

从图中最后一根阴线出现之前的几根小实体 K 线来看，我们应当如何制定操作策略呢？

学员刘先生：

从反弹的整体走势来看，还不能说反弹已经结束，因为价格还有可能形成低点抬高的走势而继续上涨。但从局部走势来看，连续三天的小实体 K 线说明多空双方在此进行争夺，价格后期将会选择方向。

因为方向还没有明确，因此，需要做好两手准备：一是当价格向上上涨并吃掉这三根小实体 K 线的时候，则需要在盘中进行做多的操作；二是如果价格向下下跌并跌破三根小实体 K 线低点的时候，就需要顺势进行做空的操作。

无形：

“一颗红心两手准备”，这是在价格处于无方向阶段时我们必须要保持的心态。也就是说，一定要有做多的应对方案，也必须要有做空的应对方案，这样一来，无论价格如何进行波动，我们都有办法及时地把握住机会。

下面我们结合盘中的走势进行进一步总结。

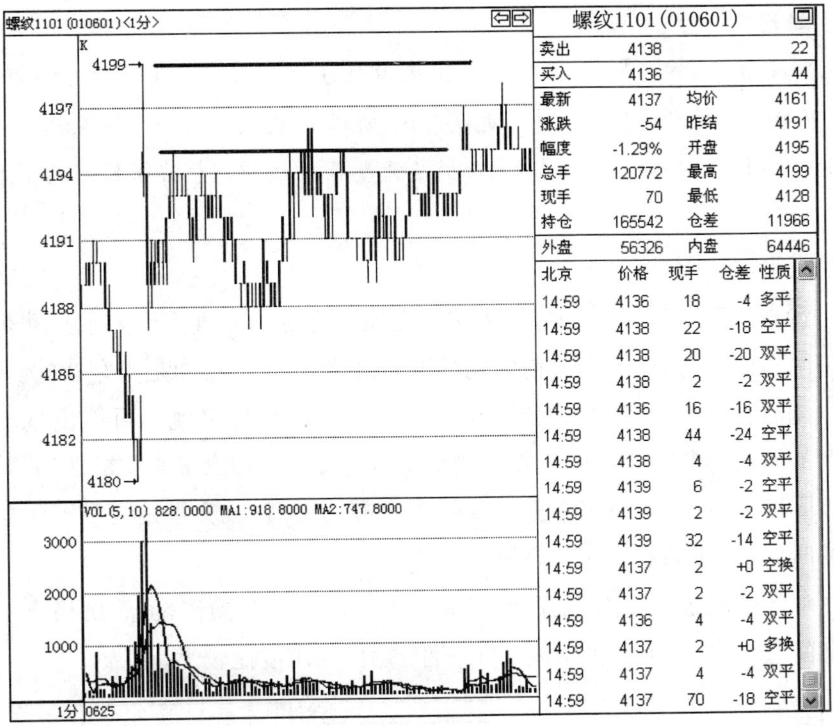

图 8－17　螺纹 1011 合约 2010 年 6 月 28 日走势图

在图 8－17 中，螺纹 1101 合约在 2010 年 6 月 28 日开盘以后，价格的波动有什么样的技术特点呢？

学员刘先生：

首根 K 线收出了一根带有较长上影线的阴线，之后较长时间内 K 线都始终位于首根 K 线下方波动，这是典型的弱势特征。在这一区间应当找机会进行投机性做空的操作。

形成低点抬高走势以后，成交量也出现温和放大的迹象，但价格却始终无法有力地向上突破首根 K 线的压力，这使得做多的操作依然不能进行。

从开盘之后的整体走势来看，成交量普遍较小，这也是价格形成较小波动的原因，同时，较小的成交量也使得价格无法突破首根 K 线这道重要的压力。

无形：

首根 K 线的压力都体现在什么地方呢？

学员刘先生：

您曾讲过，首根 K 线的压力体现在四个方面：开盘价、收盘价、上影线区间、下影线区间以及整个实体。也就是说，首根 K 线的任何一个位置都会对后期的价格起到压力的作用，当然，前提是开盘后 K 线都位于首根 K 线的下方。

无形：

看来您对首根 K 线的应用方法还是比较熟练的。其实压力本身就是一个区间性的概念，而不可能精确到具体的价位，这样的压力是不存在的。

同时，您对成交量的分析也很到位，量能较小，价格就不可能出现较大幅度的波动；同样，较小的量能也绝对不可能促使价格突破重要的压力位。

因此，在价格始终位于首根 K 线下方震荡，并且成交量始终没有明显放大的时候，做多的操作还是要停一停的。

从图中的走势来看，投资者在这一区间最好不要操作，虽然价格有一定幅度的波动，但是波动的空间过于窄小，操作的难度比较大。

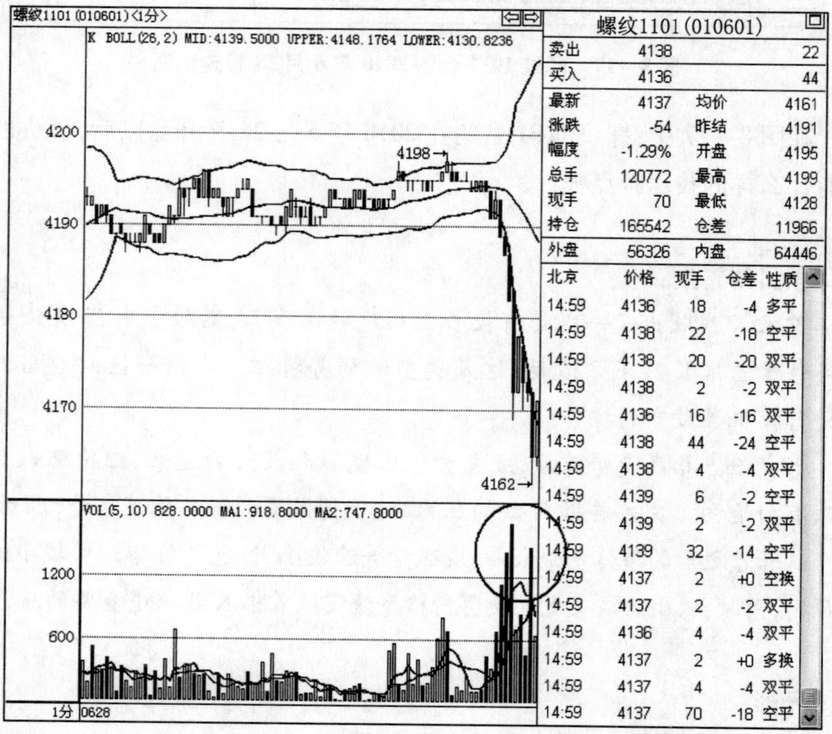

图 8－18　螺纹 1011 合约 2010 年 6 月 28 日走势图

在图 8－18 中，价格的小幅震荡使得布林线通道变得非常窄，我们把这种现象称为什么呢？

学员刘先生：

布林线通道非常窄意味着价格将会在后期选择出新的方向，把布林线的这种形态称为变盘信号。

无形：

变盘信号形成以后，什么样的情况才可以确认新方向的出现呢？

学员刘先生：

一旦布林线指标出现张口的走势，新的方向就会形成，此时我们可以留意价格的具体变化然后顺势操作。

无形：

经过一段时间的缩口以后，随着价格的下跌，布林线指标形成张口的走势，趋势方向明确形成。在价格下跌的初期以及下跌的过程中都有哪些必须要掌握的技术点呢？

学员刘先生：

布林线指标张口以后，K 线跟着下轨走，这说明变盘的方向是向下的，因此，需要顺势做空。同时，在价格变盘选择新方向的时候，要求新方向出现时成交量必须放大，这样一来，新方向的可信度才会较高。而螺纹 1101 合约盘中的走势满足了技术的要求。

在价格下跌的过程中，K 线始终位于布林线指标下轨之下运行，这是经典的强势下跌技术形态，只要 K 线不回归布林线通道内，就可以继续持有空单。

价格下跌时成交量连续配合放大的状态，形成完美的量价配合形态：放量下跌。

无形：

在价格上涨的时候，完美的量价配合形态是：价格上涨成交量放大，价格调整成交量萎缩。而在价格下跌的时候,完美的量价配合形态则是:价格下跌成交量放大,价格反弹成交量萎缩。

在放量下跌现象始终延续的时候,千万不要有任何平仓的打算,当然,这是针对技术性平仓而言的。如果价格的下跌达到了投资者的收益预期,那么,将空单平掉也是完全正确的。

从这一时期的走势我们需要进一步学习与掌握三个重要的技术点:

1. 价格变盘的方向如何确认。

2. 价格强势下跌具有什么样的技术特征。

3. 什么是价格下跌时的完美量价配合形态。

以上三点是价格波动过程中常会出现的走势,投资者对于这种类型的波动形态也就知道该如何进行正确操作了。

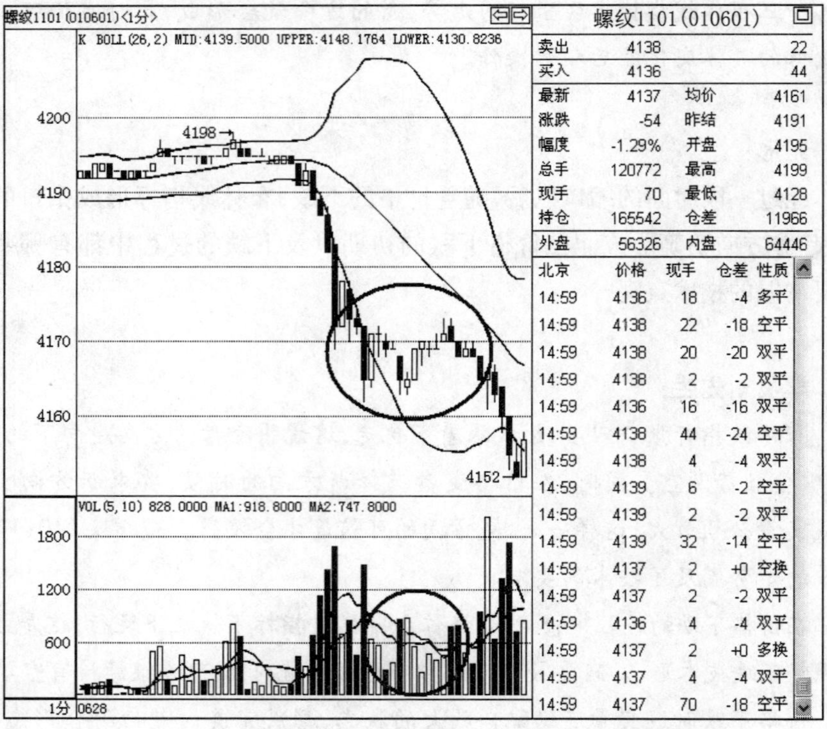

图 8 - 19　螺纹 1101 合约 2010 年 6 月 28 日走势图

在图 8 - 19 中,价格放量下跌一段时间以后,出现了反弹的走势,此时我们有必要将手中持有的空单平掉吗?

学员刘先生：

此区间绝对不能将空单平掉。在价格反弹的时候，成交量出现了萎缩，这符合完美量能的要求：下跌放量无量反弹，这样的技术形态说明价格还将会继续下跌。同时，K 线还位于布林线中轨的下方，没有任何理由进行平仓。

无形：

放量下跌之后出现无量反弹，这说明无量反弹区间没有做多的力量，空方的平仓方式是买入平仓；而多方开仓的方式是买入开仓，无量则说明没有资金提供做多的力量，同时无量反弹还反映了放量下跌区间介入的做空资金并未大量平仓。即没有多方买盘的出现，也没有空方平仓盘的出现，价格就还会继续下跌。

同时，K 线位于布林线中轨之下，这说明价格的波动性质依然是空头为主，并没有形成多头状况，所以空单需要继续坚定持有。

除此之外，根据价格的变化特征，还有什么理由可以继续持仓呢？

学员刘先生：

图中的无量反弹是价格下跌后的第一次反向波动，根据价格的波段运行方式：下跌、反弹、再下跌，后期价格还将会再次下跌，就算新一轮的下跌无法创出新低，也将会再跌至低点区间，那时可以在新低不破的时候再考虑平空单，而不必在反弹高点处平空单。

无形：

价格大幅下跌说明资金一致看空，因此，价格的波动往往会是较长周期的波段形态，所以，在下跌途中会有多次反弹走势的出现。而当第一次反弹行情出现的时候，这只能意味着是下跌的中途阶段，因此，需要继续持有空单。

假如错过了价格放量下跌的做空时机，此时又该如何操作呢？其实刚才您已经回答了这个问题。

学员刘先生：

在价格反弹至布林线中轨的时候再继续开空单，或者在价格反弹时，阳线的成交量萎缩到最小时开空单。

无形：

在价格强势下跌的时候，反弹的高点有时会距离布林线中轨保持一段空间，这个时候，如果等待中轨压力做空点出现再操作就有可能会错过机会，因此，可以使用另一种方法做空。因为反弹阳线的量能缩至极限，这说明再也没有资金支持做多了，这样一来，价格回落的概率也就会增加很多。

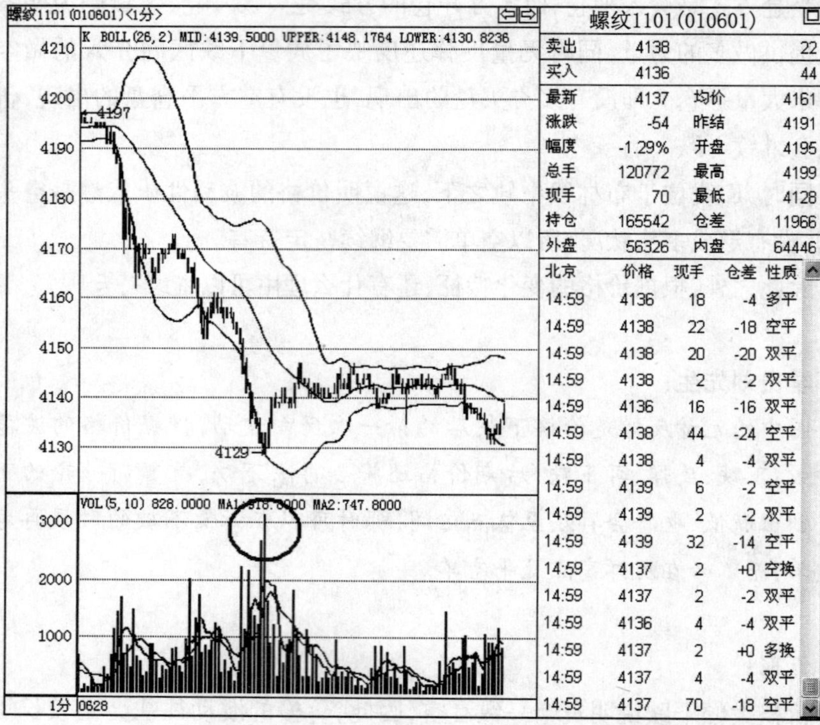

图 8－20　螺纹 1101 合约 2010 年 6 月 28 日走势图

在图 8－20 中，第一轮反弹结束以后，价格再次下跌，从下跌的走势来看，量价配合又有什么样的特点呢？

学员刘先生：

在价格下跌的过程中，成交量依然保持着放大的状态，这说明资金在场中做空的态度非常积极，而在反弹的过程中成交量仍然保持着萎缩的状态，完美的量价配合形态依然没有改变，再加上 K 线始终处于布林线中轨下方，因此，需要继续坚定做空。

无形：

价格下跌时完美的量价配合形态没有发生改变，就要坚定做空。从第二次反弹的走势来看，成交量继续明显萎缩，虽然价格出现上涨，但依然要继续持有空单。价格波动时量能配合越是完美，趋势方向延续的周期就会越长，同时，价格波动的幅度也会越大。

经过三波下跌之后，在低点出现较大量能的时候我们接下来又该如何操作呢？

学员刘先生：

低点出现巨量就需要考虑继续平仓，因为价格已经连续三波下跌，而并非第一波下跌，所以低点的巨量就需要谨慎判断，因为有很大的可能是做空资金在此时进行大量投机性的平仓操作。

而按照波浪理论来看，价格连续三波下跌以后，很容易引发反弹浪，因此需要在下跌的低点先将手中持有的空单平掉，毕竟三波下跌已经有了足够大的获利幅度，未来数日的收益一天就完成了，应当感到知足。

无形：

下跌的低点出现放量现象是考虑平仓的一个技术原因，而这一波下跌结束之后的反弹量能也与之前的反弹量能有着极大的差别，那就是这一次反弹的成交量有所放大，这样的量能要么是多方资金的介入，要么是空方资金的平仓，所以，空单在此时就需要谨慎持有。

主要的下跌波段结束之后，价格后期又形成了什么性质的波动，我们又该如何进行操作呢？

学员刘先生：

价格后期形成了较长时间的缩量震荡走势，量能的萎缩说明资金操作活跃性开始降低，在缩量区间就不适合进行操作了，您曾说过“哪里有量哪里就有机会”，既然这时没有量能的放大现象，机会也就很小了，所以，应当考虑收手。

如果非得要操作，思路依然以空为主，具体的介入点就是在价格触及布林线上轨的时候开空仓。不过由于量能萎缩比较明显，即使卖点判断正确，获利的空间也是比较有限的。

无形：

不要企图把所有的机会都把握住，在实现较大收益以后，要懂得收手才行，过于贪婪是要被市场惩罚的。

螺纹 1101 合约在这一天的下跌走势非常经典，对这种下跌形态我们要多多复习。

8.5 低开上冲的做空技巧操作解析——橡胶 1011 合约案例

无形：

橡胶 1011 合约在 2010 年 6 月 29 日出现了经典的下跌，在这一整天的波动里，有许多重要的技术点需要我们进行总结。

学员郝先生：

橡胶的价格波动幅度经常会比较大，这是我每天都会重点关注的目标品种，并且我觉得一旦橡胶形成经典的走势，各类指标发出的信号都非常可信。现在跟着无形老师学习了一段时间后，感觉自己在技术上对它的把握能力又提高了许多。

无形：

其实不仅是橡胶，任何一个品种只要形成经典的走势，其技术信号都是值得信任的，只不过橡胶价格的波动幅度比较大，一旦技术信号出现，就会马上按照技术信号的方向快速波动，而不像有些品种可能在技术信号出现之后还会有所反复。

任何品种都会有形成标准走势的时候，也会出现没有任何规律波动的走势。对于那些没有规律的走势，从技术的角度来讲很难进行把握，这样的走势我认为并不是我们操作的机会，只有那些有明确技术信号的走势才值得我们去积极地操作。

虽然技术性信号在一天之内可能给投资者带来最多三四次赢利的机会，但是我认为，只要把握住一次机会就可以了，因为我们每天的收益目标要求并不高，每天只有1%的赢利目标，所以，只要有耐心，就可以做到持续性的赢利。

学员郝先生：

以前我就是这样，对价格所有的涨跌机会都想把握住，但越是这样想、这样做，反而资金的收益越不理想。现在不仅跟着老师学到了很多实用的技术，心态也有了很大的改变，只追求自己技术上可以把握住的机会，而不去过分地追求过多的机会。有老师帮着我们制定合理的赢利目标，有了方向，每天哪怕用很长的时间去等待，也不会觉得心烦意乱了。

无形：

我始终认为在期货操作中三分技术七分心态，如果在操作的时候，心态不稳定，技术越高反而越容易出差错。而如果投资者心态比较稳定，即使技术一般，也照样可以经常性地实现赢利。

好的态度我认为更主要的来自于合理的赢利目标，假设你的赢利目标设定过高，每天要让资金增值10%，这样一来，就会总想着把所有的机会都把握住，要不然就无法完成预期收益。事实上，这样的投资者在还没有操作之前就已经输了，因为心理压力过大，将会使操作变得冲动。而如果我们只想着每天就获利1%，心态必然很轻松，因为我们知道这样的收益价格只需要略微波动一下就可以完成，操作的时候必然不会那么冲动，这就增加了胜算。

这些心态方面的东西我们不必过多地讲解，下面还是结合橡胶1011合约的走势总结这一天的技术要点。

在图8－21中，橡胶1011合约在2010年6月末K线形态有什么样的技术特征呢？

学员郝先生：

价格经过连续下跌之后，出现较长时间的反弹走势，并且开始进入前期

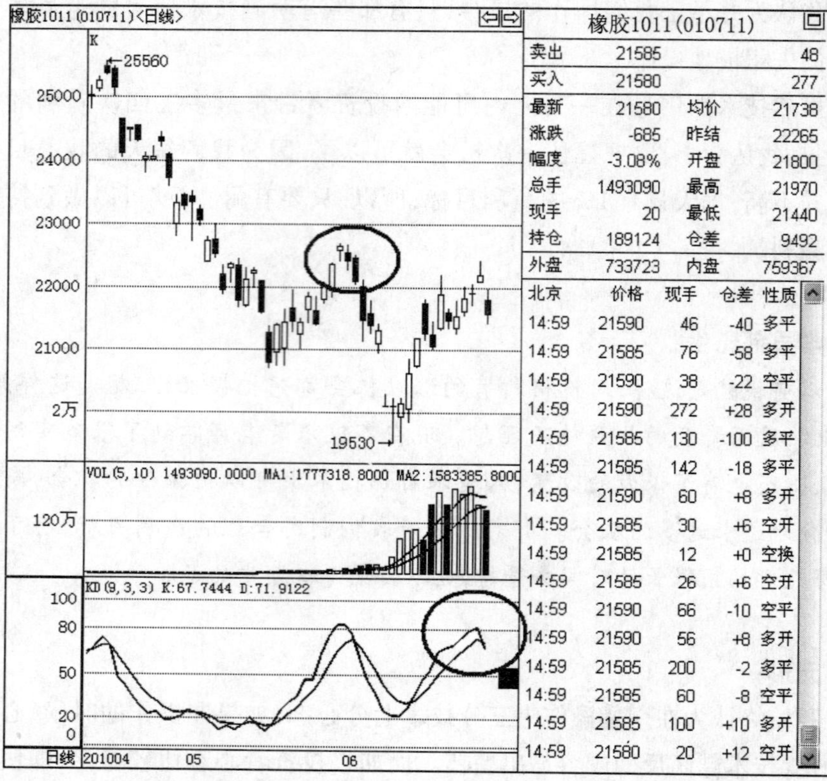

图8-21　橡胶1011合约2010年6月29日走势图

高点的压力区间，这是需要注意的一件事情。面对前期重要的压力价格要么快速地向上突破，要么出现调整。

而且我觉得此时价格连续反弹的周期也算是比较长了，并且反弹的幅度也比较大，因此，出现调整的走势也是很正常的。

无形：

您的观点有对的一方面也有错的一方面。对的是价格已进入前期高点的压力区间，而错的是认为价格上涨周期较长、上涨幅度较大就会出现调整。虽然涨幅大、上涨周期长容易导致调整走势的出现，但二者并不能画等号。很多投资者在进行分析的时候，总是喜欢跑到趋势的前面，这是不正确的。

从图中高点处的上涨走势来看，由于阳线实体开始明显减小，我们可以说这是上涨力度有所减弱的信号，但是上升走势此时并没有改变。

从技术指标的角度来看，价格的波动又有什么样的技术特征呢？

学员郝先生：

KD 指标随着价格的反弹上涨已开始进入超买区间（指标数值接近 80 值）。根据老师所讲过的，面对这种走势，在继续顺势而为操作的时候，也需要随时留意价格调整走势的出现。

无形：

由于价格上升趋势没有改变，所以应当继续顺势看多，但是由于从 K 线图的走势来看，K 线的上涨力度有所减弱，并且 KD 指标进入高数值区间，所以，需要警惕调整走势的出现。但在调整或是下跌走势出现前，不可提前于趋势做空。

下面我们结合盘中的走势来做进一步的总结。

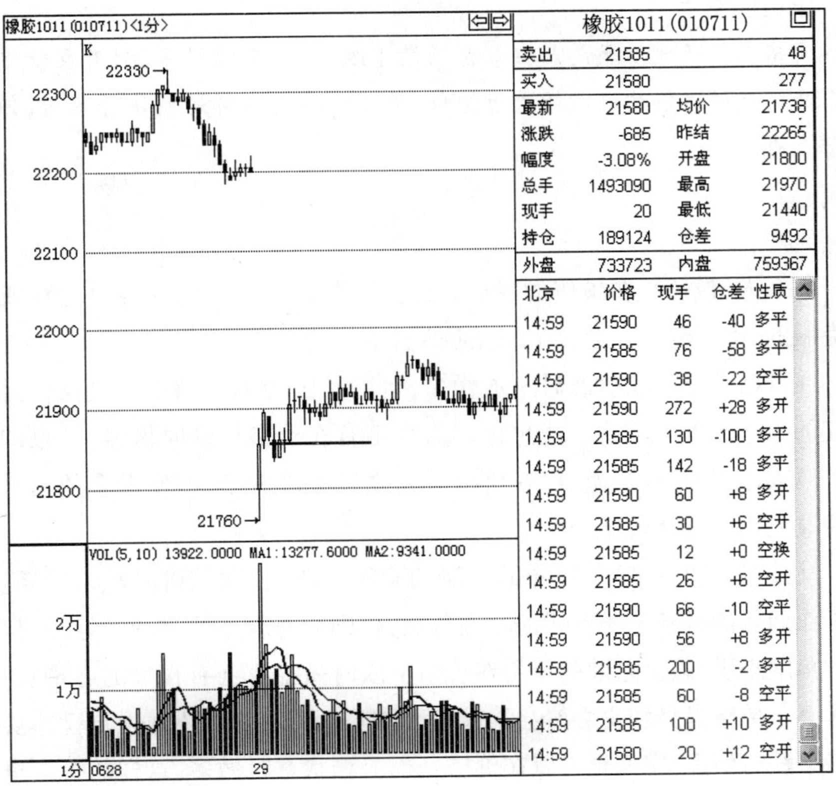

图 8－22　橡胶 1011 合约 2010 年 6 月 29 日走势图

在图 8－22 中，橡胶 1011 合约在 2010 年 6 月 29 日盘中低开之后形成了什么形态的波动呢？

学员郝先生：

价格低开之后快速上行，首根 K 线为一根阳线，并且未来几分钟的 K 线均位于首根 K 线的上方，面对这种走势应当考虑找机会进行做多的操作。

无形：

价格形成低开，但却在开盘期间有做多的迹象，从这一时期的走势来看，有可能形成空头中的多头市场，后期的价格波动虽然是未知的，但此时的 K 线形态却有做多的信号，那么我们就应当在价格始终位于首根 K 线上方的时候顺势进行做多操作。

学员郝先生：

价格在低开之后我总是担心会继续下跌，所以不敢做多，只有在价格处于上涨状态的时候才敢入场进行操作，虽然我知道这样的想法并不对，但却很难克服。

无形：

每个人，包括我在操作的时候，都会受到人性的影响，人性是无法或极难克服的，不可能有人会完全地克服人性的干扰。

在价格处于下跌状态时不敢做多，可能是因为你之前错误的操作对你现在的操作起到了干扰。我想你之前肯定有在价格下跌时做多，结果却出现了较大亏损的现象，所以，在价格低开之后不敢做多，即使做多的信号比较明显也不敢轻易入场。

从技术的角度来看，这样的想法的确需要改变，我们讲究轻松炒期货，在操作期货的时候不要有任何心理负担，否则心态就不能平和。但是，从人性的角度来讲，因为之前的经历在价格下跌时做空将会有很大的心理负担，就算下一单获得赢利也必然会觉得很不踏实，那么，就不要勉强自己非要在价格下跌时做多，您完全可以在价格处于上涨状态时做多，这样的机会也多的是，不必让自己为难。

学员郝先生：

谢谢老师的教导，看来我还是没有领悟到老师讲的轻松炒期货的意思。

那么,我就坚持我现在的操作状况,老老实实地在价格上涨时找机会做多,在价格下跌时找机会做空。

无形:

期货的获利机会太多太多了,没必要去把握那些让自己觉得难以把握的机会,打得过就打,打不过就跑,只要赚到钱就是赢家。但是,作为学习来讲,价格处于下跌状态时的做多方法还是要学习的。

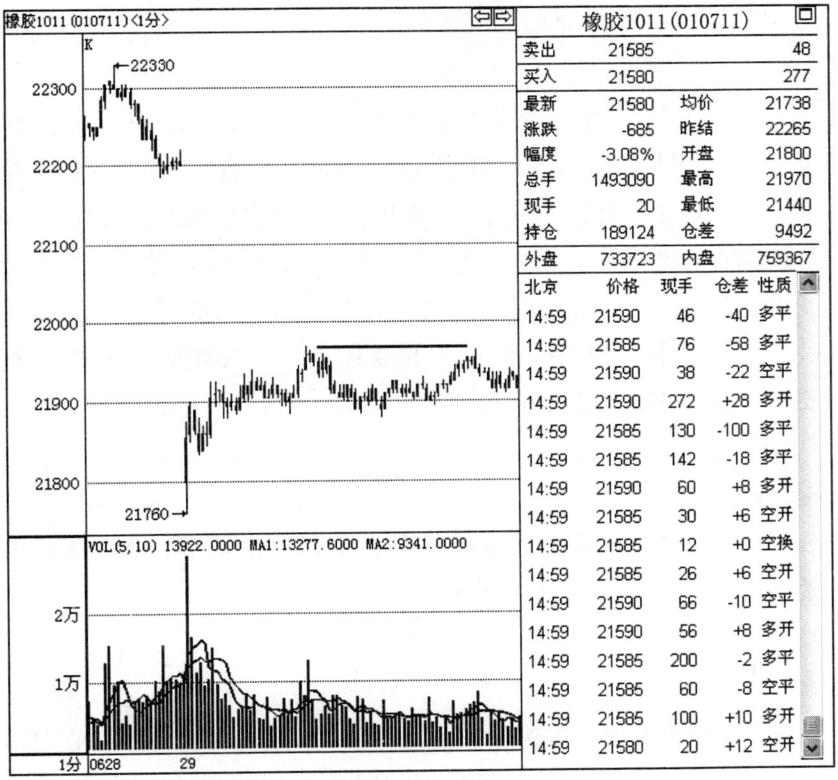

图 8-23 橡胶 1011 合约 2010 年 6 月 29 日走势图

在图 8-23 中,价格又经过一段时间的震荡,K 线又有了什么新的变化呢?

学员郝先生:

整体 K 线形态形成了高点不过的走势,并且在第二个高点处的成交量相比前一个高点的成交量明显萎缩,这预示着价格将有很大的可能进行调整。

无形：

高点不过技术形态出现以后，价格也的确出现了调整的走势，但是，面对这种走势，我们可以积极地入场进行做空的操作吗？

学员郝先生：

我认为是可以的。因为价格形成了低开的走势，这预示着调整走势的到来，并且老师说过，高点不过走势出现后可以进行做空的操作。

无形：

您的答案我认为存在一些问题。高点不过走势形成以后，价格的确容易产生调整，如果只从K线形态来看，我认为还不能进行做空操作，这是因为整体K线依然位于首根K线上方，真正的做空机会还并没有出现。

是否能做空我们必须要结合盘面状况进行分析，因为高点不过属于空头市场中经典的操作方法，如果整体盘面在此时明显趋空，我们就可以在高点不过的区间进行做空操作，但是，如果整体盘面空头迹象并不明显，我们还是要继续等待做空机会的到来。

学员郝先生：

从这一天的整体走势来看，盘面呈现了明显的空头迹象，2010年6月29日除了棉花之外，其余品种全部下跌。

无形：

这样的整体盘面再配合价格的高点不过走势，我们就可以放心大胆地进行做空操作了。从历史的走势来看，高点不过区间往往是价格下跌的起点。

因为高点不过技术形态非常重要，所以，我再具体讲解一下这个方法的应用。高点不过技术形态其实就是M头形态，因为价格波动过程中，前高点会存在压力的作用，所以，当价格上升至前高点附近但却无法顺利突破过去的时候，就可以进行做空的操作。

在使用这种方法时，还需要注意成交量的变化，我们要求在第二个高点处成交量必须是萎缩的，如果形成放量现象，就会有可能突破前期的高点，量能萎缩越明显，价格回落的概率也就越大。

高点不过方法只能在空头市场中加以运用，绝对不能在多头市场中使用，这是应用这个方法的重中之重。

价格虽然形成了较为明确的高点不过走势，并且整体盘面趋空，但是由于下降趋势并没有形成，所以，只适合激进的投资者在此做空，稳健的投资者还是要等到下降趋势明确以后再动手操作。

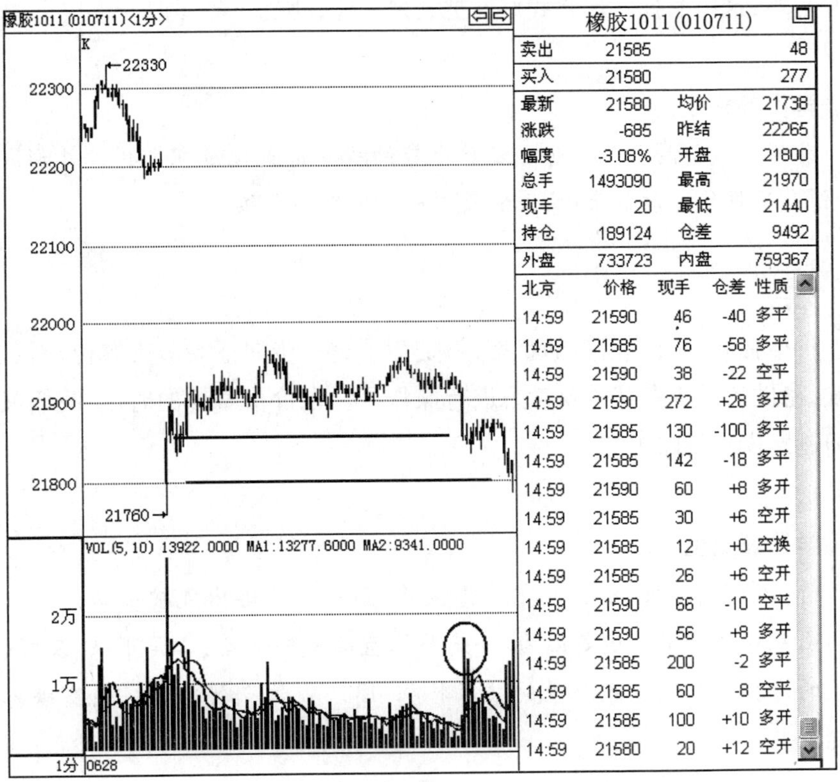

图 8－24　橡胶 1011 合约 2010 年 6 月 29 日走势图

在图 8－24 中，形成高点不过的走势以后，价格在后期出现了什么样的重要变化呢？

学员郝先生：

价格形成了放量下跌的走势，下跌的低点挑战首根 K 线的收盘价。

无形：

价格放量下跌说明延续低开的走势继续回落，这是一种弱势的信号，虽然只收出了一根大实体的阴线便出现反弹的走势，但在反弹区间成交量明显萎缩，放量下跌反弹无量，这是价格下跌时完美的量价配合。

之所以出现反弹的走势，就是因为下跌的低点受到了首根 K 线的支撑，但是，从量能的形态来看，支撑的力度却是比较虚弱的，因为价格的反弹力度非常弱，这样的技术形态我们又把它称为什么呢？

学员郝先生：

称为破位前的蓄势走势。蓄势走势的技术特点就是在支撑位处形成反弹，但是反弹的力度非常小，并且反弹时量能明显萎缩。

无形：

价格在此处形成蓄势的状态，就是为了进一步向下突破支撑位，在这个时候，稳健的投资者就需要考虑进行操作了。在价格蓄势的时候，我们又该如何制定操作策略呢？

学员郝先生：

价格在没有破位之前不宜进行操作，而一旦价格出现破位的走势就需要马上入场开空单。这是因为：一是整体盘面支持做空；二是下跌、反弹、再下跌的走势符合波段式下跌的技术特征，因此破位点就是又一轮下跌行情的起点。

无形：

在价格形成破位走势的时候，什么样的现象出现会增加赢利的概率呢？

学员郝先生：

一旦出现放量下跌的走势，就会提高做空获利的概率，而从图中的走势来看，价格在破位的时候成交量也的确形成了放大的状态，至此，无论是激进的投资者，还是稳健的投资者都应当入场进行操作。

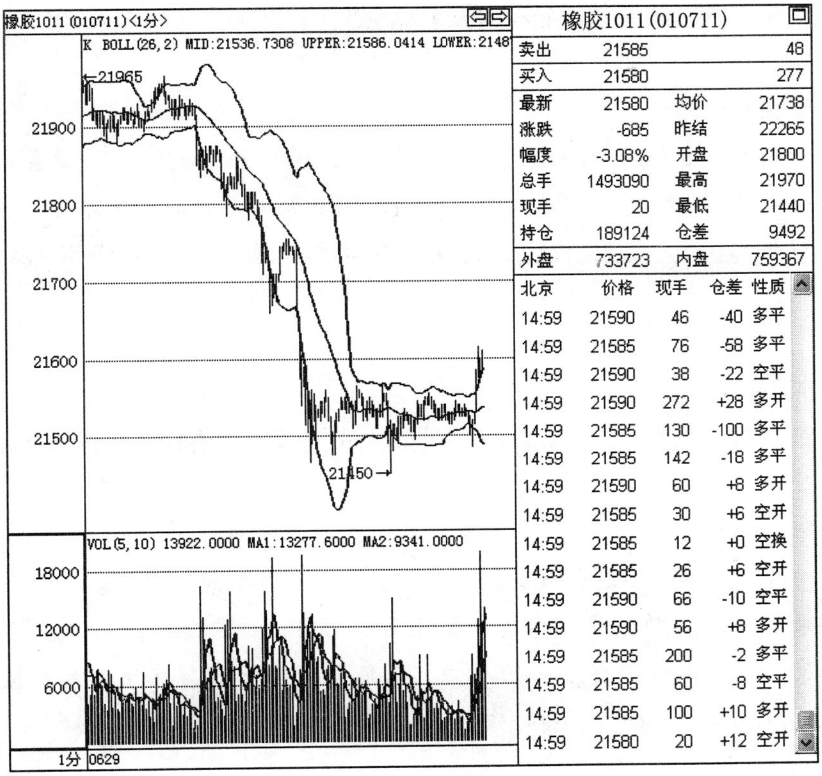

图 8－25　橡胶 1011 合约 2010 年 6 月 29 日走势图

无形：

从图 8－25 中的走势来看，因为整体盘面明显趋空，高点不过成为下跌行情最完美的做空点。在价格下跌的过程中又有什么样的技术特征呢？因为下跌时候的技术要点很多，我们一个个的来说，您先来说一下成交量的变化吧。

学员郝先生：

价格在下跌的时候，成交量堪称完美，始终保持着放量下跌、无量反弹的走势，只要这样的量能形态没有改变，价格就会一路下行。

无形：

越是完美的量能形态就越容易促使价格大幅度、长时间地下跌，在量能形态完美的情况下，投资者贪心一些是不允许的。

价格下跌时的 K 线图特征又是什么呢？

学员郝先生：

价格形成了明显的波段式下跌走势，每当下跌一定幅度以后，就会出现反弹的走势，但是反弹过后，价格又会继续下跌并创出新低。反弹的时候因为成交量比较小，所以反弹的幅度都不高，小幅反弹、大幅下跌是 K 线的主要特征。

无形：

结合布林线指标进行分析，价格在下跌的过程中又有什么样的特点呢？

学员郝先生：

结合布林线指标进行分析，价格的波动就显得更加经典了。从图中的走势来看，K 线始终位于布林线中轨的下方，并且下跌过程中所有的反弹高点都受到了布林线指标中轨的压力。根据老师讲解的震荡下跌的做空方法，价格在反弹至布林线指标中轨的时候都是极好的做空机会。

无形：

假如把握住了价格较大的下跌波动，我们应当在什么情况下进行平仓操作呢？

学员郝先生：

因为价格下跌的时候始终位于布林线中轨下方，所以，只要 K 线不向上突破布林线中轨，就要一路持有空单，而一旦价格向上突破布林线中轨的时候就需要将手中持有的空单进行平仓操作。

无形：

橡胶 1011 合约在 2010 年 6 月 29 日的走势与螺纹 1101 合约 2010 年 6 月 28 日的走势有很多相同之处，它们都形成了经典的下跌走势。这样的下跌行情虽然并不是很多见，但每月至少会有那么几次，所以，对于这样的走势大家必须要多进行总结。虽然我们只是对价格的下跌走势进行总结，但是将 K 线图形翻转过来就是做多的走势。

8.6 突破及震荡的做空技巧操作解析——白糖 1101 合约案例

无形：

白糖 1101 合约在 2010 年 6 月 30 日这一天形成了低开高走的走势，盘中有许多经典的技术特点需要我们总结与学习。并且这一天的整体盘面也有很多要点需要我们注意，你能回想起这一天整体市场形成了什么样的盘面状况吗？

学员卢先生：

受到外盘下跌的影响，2010 年 6 月 30 日这一天所有品种都出现了低开的走势，但是，开盘后不久，很多品种又形成震荡上行的走势，多数品种在日 K 线图中收出一根低开高走的小阳线，形成了空头中的弱多市场。

无形：

价格低开，绝大多数品种下跌，价格长时间保持下跌的状态，这是典型的空头市场，但是，由于价格低开后连续震荡上行的走势又符合了多头市场的特征，因此将多数品种日 K 线收出低开高走小阳线的盘面走势称之为空头中的弱多市场。

由于在这一天其他品种的波动幅度比较小，留下的标准技术性信号并不是很多，而白糖 1101 合约在这一天的涨幅最大，技术形态非常标准，所以，我们对它进行重点的研究。

学员卢先生：

记得您曾说过，在实战操作时，需要对价格波动幅度最大的品种进行研究，比如价格上涨，那么目光就首先锁定在涨幅最大的品种上，如果价格下跌，目光就锁定在跌幅最大的品种上。在盘后分析的时候，我们也应当首先对价格波动幅度最大的品种进行研究吧？

无形：

正常情况下价格波动幅度大，留下的技术信号才会比较多，并且标准的走势也会多一些，所以，我们需要首先对价格波动幅度大的品种进行关注。无论价格是涨是跌，只要价格波动幅度大，那么，它必然是龙头品种，我们自然就更需要对它们多进行关注。

在盘面进行分析的时候也是如此，先对价格波动幅度大的品种进行研究，总结其技术特征，然后再把价格波动幅度小的品种与之对比，找出两者之间存在差异的原因。虽然波动幅度小的品种值得总结的技术要点少，但我们也不能忽视，因为对它们进行总结可以帮助我们规避这类品种波动较小的风险，一旦目标品种的走势符合小波动的技术特征，我们就要考虑换其他品种进行操作，所以，对小波动的品种进行总结也是很有必要的。

下面我们对白糖 1101 合约的走势进行总结。

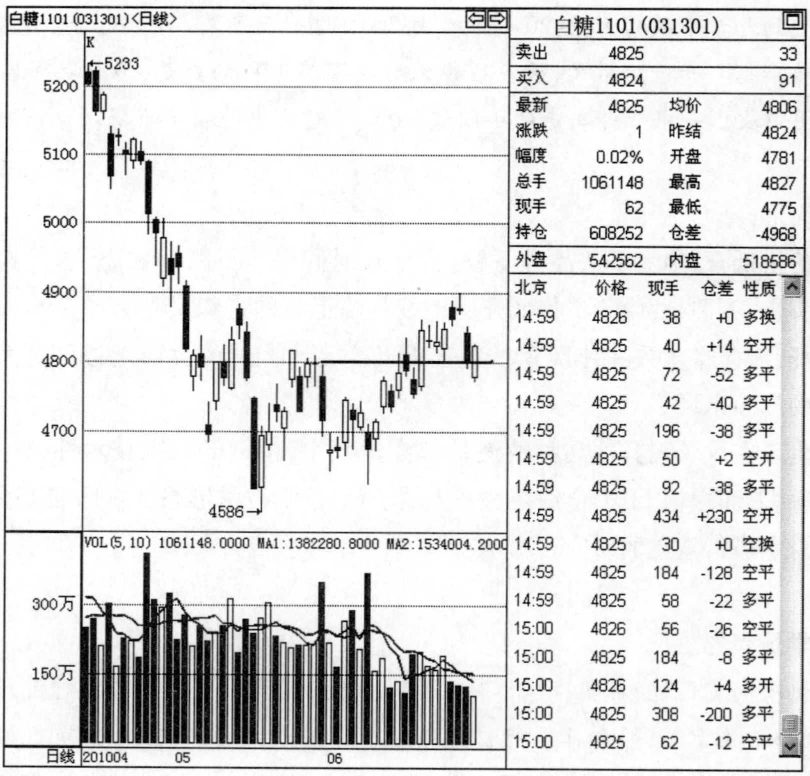

图 8－26　白糖 1101 合约 2010 年 6 月 30 日走势图

在图 8－26 中，您首先说一下白糖 1101 合约在 2010 年 6 月末的走势有什么样的特征。

学员卢先生：

在经过一段时间的震荡上涨以后，价格出现了短线调整的走势，调整的低点达到前期高点区间，处于敏感波动时期。

无形：

之所以敏感就是因为整体盘面在 6 月末明显趋空，价格有可能随之出现下跌的走势，但是，由于价格位于前高点的理论支撑区间，因此，也有可能受到支撑继续向上。

面对这样的走势我们应当如何制定操作策略呢？

学员卢先生：

在价格处于敏感区间不宜持有隔夜仓，因为价格有可能上涨也有可能下跌，不是单一的趋势，持有隔夜仓风险较大，而是应当在盘中进行日内交易，服从盘中价格波动的方向。

无形：

隔夜仓可以帮助投资者获取超额的收益，但也可以让投资者的资金以最快的速度亏损，所以，这样的操作只能在趋势单一的时候进行，一旦价格的波动较为敏感，在可涨可跌的时候，万不可轻易持有隔夜仓。

进行日内交易时，我们虽然要经常性地参考价格日 K 线的方向，但是，盘中的方向才是最主要的，因为盘中的方向直接决定投资者该如何操作，以及是否可以获得赢利。

就白糖 1101 合约的走势来看，我们应当于什么情况下做空以及什么情况下做多呢？

学员卢先生：

如果从日 K 线形态来看，而不结合盘中走势进行分析。我认为当价格向下跌破 2010 年 6 月 30 日的低点时需要进行做空的操作，而如果价格不跌破 6 月 30 日收盘价？盘中继续向上，则可以做多。

无形：

其实第二天的走势到底如何我们谁也不知道，只能通过对历史的走势做出经验的判断，您的答案就是这样的。先在第二天开盘之前制定自己的操作策略，当第二天的价格波动与预期一致时就按此操作，如果与预期不符，就进行一些调整，始终让自己的分析与价格的真实波动高度接近，这样才可以成功地实现赢利。

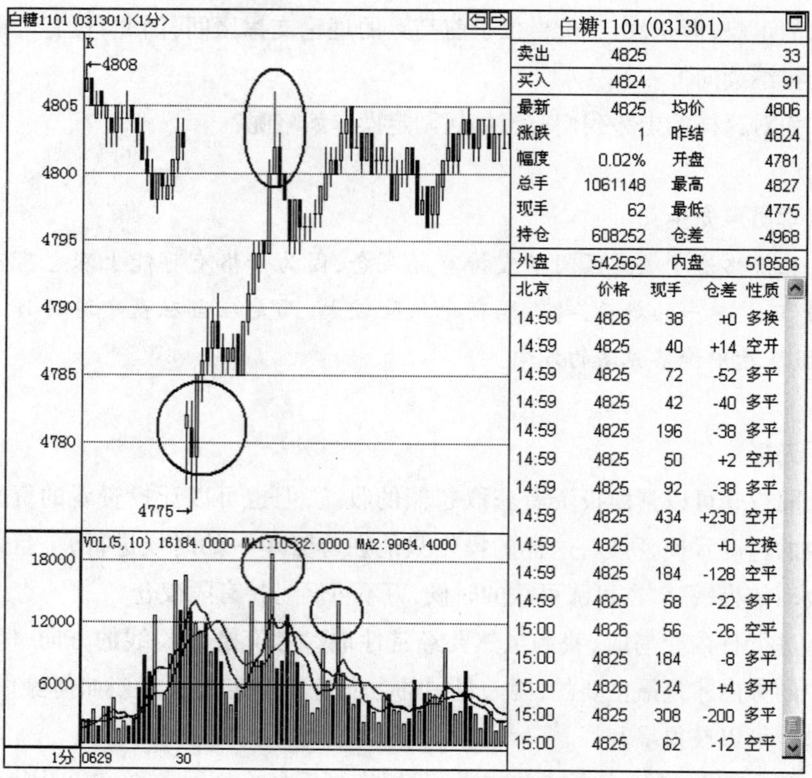

图 8-27　白糖 1101 合约 2010 年 6 月 30 日走势图

在图 8-27，一开盘白糖 1101 合约就走出了经典的技术形态。虽然这样的开盘走势我们已经讲过多次，但是，越是经典的走势我们越是要多花精力去研究它，千万不能认为自己已经掌握了这个方法就放松对这些方法的学习，温故而知新！

学员卢先生：

价格低开以后首根K线为一根震荡较大的阳线，第二根K线的震荡也比较大，但问题就出现在第三分钟的K线，这一分钟收出了一根实体较大的阳线，一举向上突破了首根K线的压力。

后期的K线始终位于首根K线上方，这就要求我们要顺势进行投机性做多操作。

无形：

价格经过连续上涨以后，在第一个高点处形成了什么样的技术特征呢？

学员卢先生：

上涨高点形成了异常的巨量，这一分钟的量能比开盘的首根K线量能还要大，这往往是价格将会出现调整的信号。同时，第一轮高点的最后一根阳线带有较长的上影线，老师有一种方法：高点异常巨量配合长上影线平多单，当这样的走势出现，意味着价格后期将会有很大可能出现调整。

无形：

异常巨量、上涨高点较长的上影线都是风险信号，这也是投资者进行期货交易时的入门分析技术，看似没有什么难点，但在实战中却可以给投资者指明方向。

那么，第二个高点又有什么样的技术特征呢？

学员卢先生：

价格调整之后再次上涨，上涨至前一个高点区间时开始下跌，从K线形态来看形成了经典的高点不过走势，因为价格整体趋势向上，所以，此时的高点不过宜为平仓多单，而空单暂时不宜入场。

无形：

在形成高点不过走势的时候，成交量再次出现异常放大。标准的高点不过在第二个高点处成交量要求是萎缩的，但是，如果出现异常巨量，那么，这个高点不过就更加可信。因为成交量的异常放大本身就预示着价格将会调整，而再结合 K 线形态，价格停止上涨的概率就会增加。

以我个人的经验来看，异常巨量的高点不过形态比无量的高点不过形态更容易导致价格调整走势的出现。只不过异常巨量的高点不过形态相对少见一些。

从早开盘的走势中我们可以总结出三个常见的技术要点：首根 K 线做多的技术形态、高点区间的异常巨量以及高点不过走势。

学员卢先生：

怪不得老师总说期货交易其实并不难，现在想想也的确如此，每天价格的波动总是会出现老师讲过的这些技术形态，现在我做好期货的信心真是越来越足了。

无形：

在图 8－28 中，白糖 1101 合约价格在上涨之前的 K 线形态有着什么样的技术特征呢？

学员卢先生：

我觉得 K 线形态是一个高点水平、低点抬高的三角形，根据经典形态的理论来看，在价格上涨中途出现三角形往往意味着上涨行情还将会延续。

无形：

从整体走势来看三角形形态是非常明显的，而从局部的走势来看，价格还具备调而不跌的特征。波动的性质为调整，但价格却始终跌不下来，这说明多方的力度比较强大。我认为这是价格在波动的时候我们最需要关注的技术形态。

学员卢先生：

是不是可以这样理解：价格面对压力而不低头，就有很大的可能继续上涨呢？

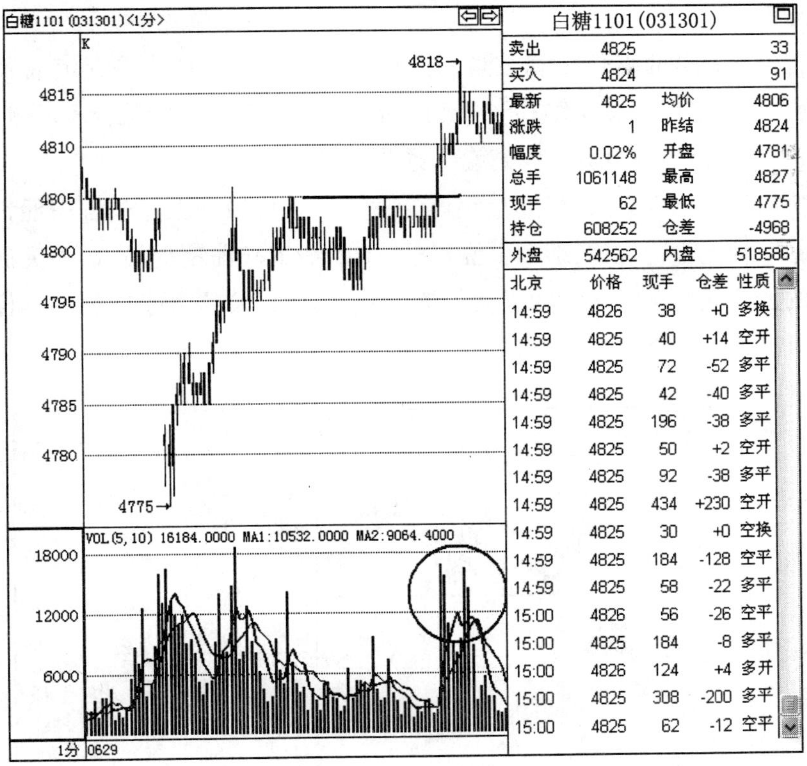

图 8－28　白糖 1101 合约 2010 年 6 月 30 日走势图

无形：

就是这个意思。正常情况下价格面对压力就会回落，但从图中震荡区间的第三次横盘调整来看，与之前的两次调整形态完全不同，前两次以下跌的方式展开调整，而这一次却是以横盘的方式展开调整，所以我们应当对这样的走势提出疑问。

价格在横盘调整结束向上突破的时候有什么样的技术特征呢？

学员卢先生：

价格在横盘调整结束向上突破的时候形成了非常标准的放量突破走势，我要把这一个图片保存下来，因为突破时的量价配合真是太完美了。价格以一根大实体的阳线完成突破，同时成交量出现明显的放大，并且在价格上涨时保持连续放大的状态，量能不萎缩价格的上涨就不会停止。

无形：

在价格突破的点位出现放量，并且连续放量，这说明资金是有备而来的，为的就是进行做多操作，资金始终在盘中进行交易，量能就会不断放大，只要这批资金依然在场中，我们就要随之进行操作。

价格的突破走势大家都应当非常熟悉，这是价格在上涨过程中经常会出现的一种走势，价格要继续上涨，就要不断地突破前期的高点，而突破后上涨的力度就要从成交量的大变上进行判断，所以希望大家能够将这样的技术形态牢记于心。

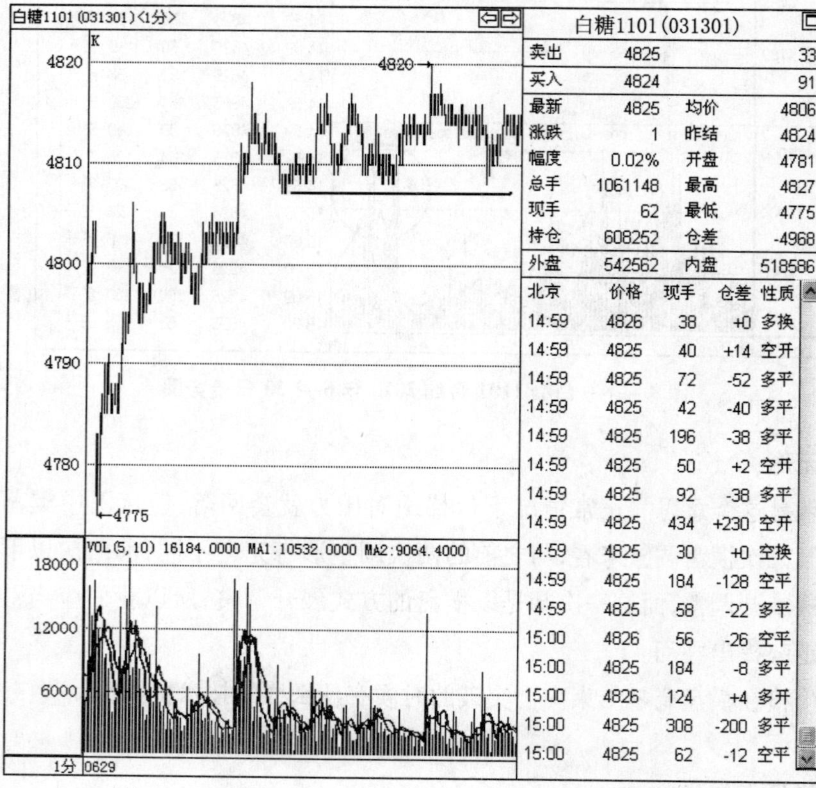

图 8－29　白糖 1101 合约 2010 年 6 月 30 日走势图

在图 8－29 中，白糖 1101 的合约的价格在经过一轮放量上涨之后，出现了较长时间的横盘震荡走势。从图中的走势来看，您可以总结出什么样的技术特征呢？

学员卢先生：

价格在震荡的过程中，成交量比较小，因为没有资金积极地在场中进行操作，所以价格的波动也比较滞缓，与之前的走势相比，活跃性大幅降低。

价格在震荡的过程中，波动的幅度非常小，触及前期高点便会回落，而到达前期低点又会停止下跌。面对这样的走势，按照老师讲解的，应当使用布林线指标来指导操作。

无形：

布林线指标是针对震荡走势最有效的方法，利用指标上轨的压力作用和下轨的支撑作用，可以准确地判断出做多、做空、平多单和平空单的位置。

同时对于这样的技术形态，我们还需要掌握另一种操作方法，那就是如何决策波段性操作的止赢位。

学员卢先生：

关于止盈的方法听老师讲过，有两种止盈的方式：一种是收益预期式止盈，一种是技术性止盈。

无形：

收益预期式止盈是指投资者在操作以后，价格按照预期的方向进行波动，在达到收益预期之后，不管技术形态如何，都可直接进行平仓操作。这样的止盈方式有助于投资者稳定心态，减少贪念。

而技术性止盈就是依据各种技术方法在价格趋势的转折点完全按照技术信号进行操作。这样的止盈方法最大的好处就是可以避免人性的干扰，在很多时候可以做全整个波段。

当然，止盈的方法多种多样，不同的技术形态有着不同的止盈方法。除此之外，投资者的持仓成本不同，即使是面对同样的技术形态，止盈的方法也是必然不同的。

就图中的走势来看，对于低成本的投资者来说，止赢位应当设置在价格上涨以后第一次的调整低点处比较合理，这样做既可以做足大型的段波，也可以给价格留下足够的波动空间。

学员卢先生：

那为何要将上涨之后的第一次调整低点设为止赢位呢？

无形：

从波段的走势来看，一旦价格跌破首次调整的低点必然会形成两个头部，而跌破这个低点也意味着颈线位的失守。这从大形态来看，价格继续回落的概率就会加大了，所以，应当在此处进行止盈操作。

而如果这个低点可以守住，未来的波动就可以理解为正常的调整，低点既然不破，自然可以继续持有多单，要是低点破了就需要选择离场。

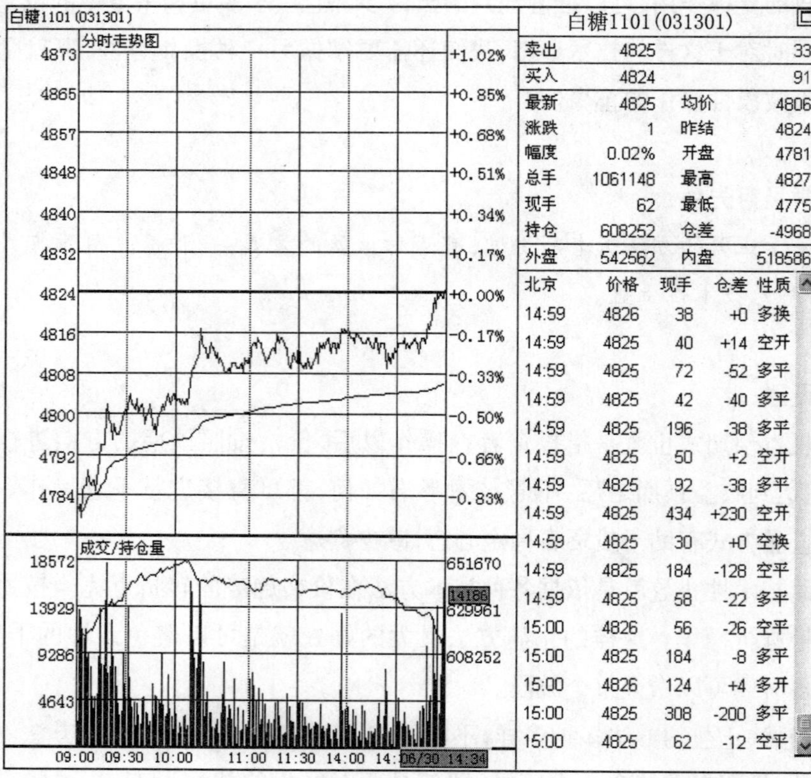

图 8－30　白糖 1101 合约 2010 年 6 月 30 日走势图

在图 8－30 中，在进行日内投机操作的时候，我们除了要对各种周期的分钟 K 线图进行分析以外，还必须要对分时走势进行分析。虽然说 1 分钟 K 线图完全体现了分时走势，但是，由于均价线这个重要的指标在分钟 K 线中无法调出，因此,我们对分时线进行分析其实就是总结分时线与均价线的波动规律。

从图中的走势来看,分时线与均价线之间有着什么样的关系呢?

学员卢先生:

早开盘期间,均价线对分时线调整的低点起到了支撑的作用,在后期价格波动的过程中,还起到了悬浮式支撑的作用。

同时,分时线的连续向上,对价格的上涨还起到了促涨的作用。

无形:

支撑作用和促涨作用是价格在上涨过程中,均价线对分时线的两个主要作用。除此之外,我们还可以看到另一种现象:分时线在一整天的时间里都位于均价线的上方,请大家记住这种技术形态,因为这样的走势在多头力度较大的情况下会经常遇到。

结合均价线进行分析,我们可以将价格的上涨力度分为三类:

1. 分时线始终位于均价线的上方,这是最强势的上涨形态。面对这种走势投资者应当积极做多,价格形成突破可以入场,价格的调整低点也可以入场进行操作,此时均价线往往以较大的角度不断上行。

2. 分时线绝大多数时间位于均价线上方,虽然盘中会有几次跌破均价线的走势,但最终都重新站稳于均价线的上方,投资者在分时线位于均价线下方的时候进行做多没有任何风险,这是相对较强的上涨形态,此时均价线的上涨角度相对较大。

3. 分时线以均价线为中心不断上下震荡,但整体趋势连续上移,这是较弱力度的上涨形态,在弱多市场中经常见到。

学员卢先生:

想不到结合均价线进行分析还有这么多的技巧,今天又学到了一些新的知识,谢谢老师的讲解。

无形:

从白糖 1101 合约在 2010 年 6 月 30 日的走势来看,我们需要掌握以下几个技术要点:

1. 价格开始时首根 K 线提示做多的判断技术。
2. 价格上涨高点的量能变化以及高点不过的技术形态。
3. 大波段止赢位的设定方式。
4. 分时线与均价线之间的关系。

这些技术要点虽然很简单，但却是盘中经常会出现的走势，所以，我们要不断地加以总结。

8.7 震荡上涨、下跌及震荡的操作解析——沪铜 1010 合约案例

无形：

沪铜 1010 合约在 2010 年 7 月 1 日这一天也形成了多种经典的技术走势，我们来对它进行一下总结。

不知道您记不记得铜在有色金属板块中占有什么样的地位呢？

学员柴先生：

记得无形老师曾说过，铜在有色金属板块中占据主导的地位。在趋势向上的时候，大部分的时间里它的涨幅都是最大的；而在趋势向下的时候，它的跌幅也往往是最大的。

无形：

对于板块间各品种的总体波动特征我们必须要掌握，比如说有色金属板块中的铝，它无论是涨是跌，在 90% 的时间里都会落后于铜与锌，因此，无论是进行趋势性交易，还是进行日内投机交易，它都不是理想的对象。

学员柴先生：

之前我对所有的品种都进行过交易，后来听了老师关于板块间各品种的属性话题，就没有再对燃油、铝和菜油进行过交易了，因为它们在板块中绝大多数的时间相比其他的品种波动都非常滞缓。

无形：

了解目标品种在该板块中的属性，才可以更好地确定谁是我们当天最好的操作对象，假如对波动最滞缓的品种进行了操作，收益率就要大打折扣。

虽然在判断正确的时候对任何品种进行操作都可以实现赢利，但是，对那些波动活跃一些的品种进行操作才可以获得更高的收益。

下面我们对沪铜 1010 合约盘中走势进行分析总结。

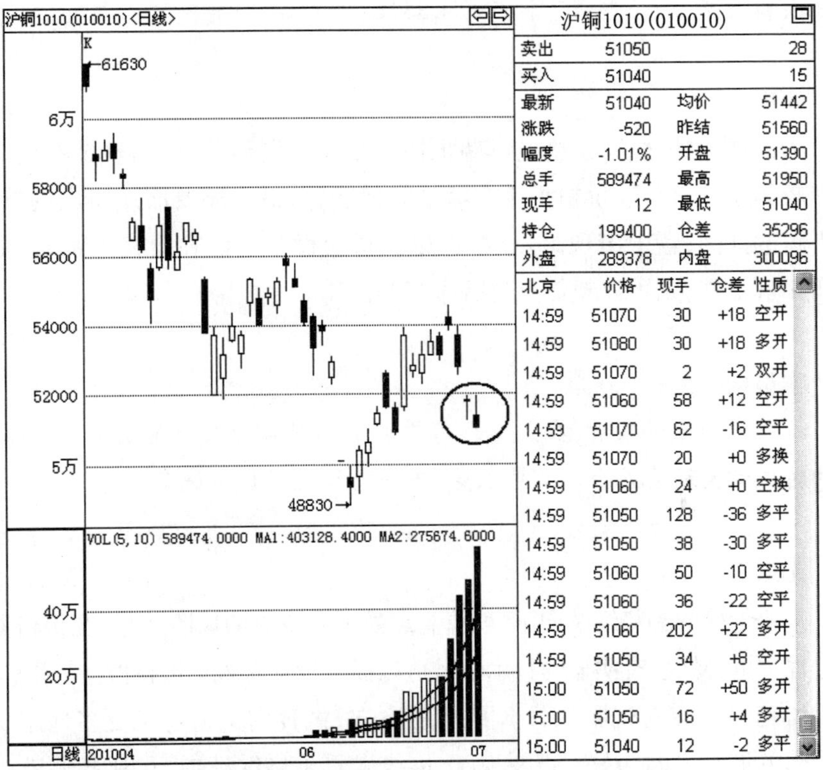

图 8-31　沪铜 1010 合约 2010 年 7 月 1 日走势图

在图 8-31 中，按照老惯例，您来说一下沪铜 1010 合约的日 K 线图有什么样的技术特征吧。

学员柴先生：

经一轮反弹结束以后，沪铜 1010 合约的价格出现了连续回落的走势，在 2010 年 6 月 30 日和 7 月 1 日这两天，价格都在盘中出现了较大的震荡，但整体趋势依然向下。

无形：

您如何从日K线图中得知价格出现了较大的震荡呢？

学员柴先生：

从K线图上较长的下影线与上影线就可以做出判断。价格盘中出现下跌，但又大幅拉回，从而形成了较长影线。价格盘中冲高，而后受到空方的打压大幅回落，从而形成了较长的上影线。

无形：

大跌或大涨之后，价格的震荡也往往是非常剧烈的，因为资金在此时的争夺较为激烈，但是，价格无论在盘中如何变化，最终还要服从于大的方向。在下跌的期间，盘中出现高点时，可以找机会做空。而在价格上涨时，如果盘中出现上涨，则可以找低点进行做多的操作。

学员柴先生：

从图中的走势来看，在上影线高点处，K线有明显反弹的迹象，在价格上涨的时候做空还真是令人有些头疼，万一连续反弹就不好了。

无形：

只要价格的趋势继续向下，就算高点处没有明显的风险信号，在价格回落的过程中也必然会有明显的技术信号可以提示投资者入场进行做空的操作。

做趋势性交易就服从日K线大的方向，做日内交易还是更多地服从盘中价格的波动方向为好。既然从日K线来看价格继续向下，那我们就去看看这一天盘中是否有明确的技术信号可以提示我们进行做空的操作。

在图8－32中，价格顺势出现低开以后并没有下跌，而是形成了上涨的走势。进行日内投机操作，我们以服从盘中的趋势方向为主，在早盘期间价格上涨时都有哪些重要的技术特征呢？

学员柴先生：

首根K线为我们提示了早盘期间价格波动的方向，开盘后价格在一分钟的时间里快速下探，而后又快速向上拉回，后期的K线都位于首根K线的

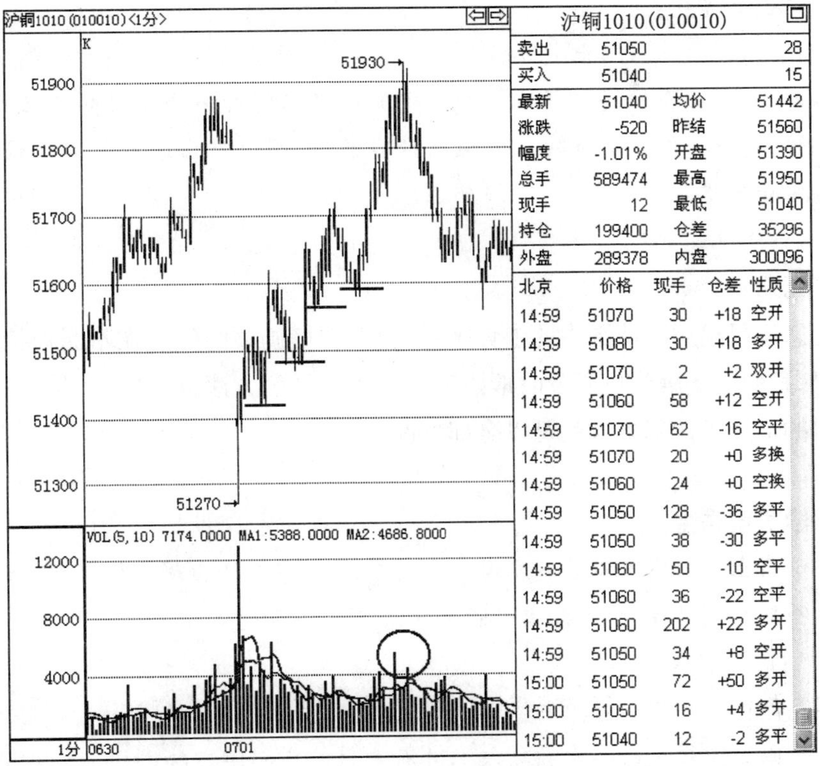

图 8-32 沪铜 1010 合约 2010 年 7 月 1 日走势图

上方，并且首根 K 线对第一次调整的低点起到了支撑的作用。

在价格上涨过程中，阳线的实体都比较大，这些大实体的阳线都对价格的波动起到了支撑的作用。虽然阴线连续出现，但是阴线的实体都比较小，K 线形态形成连续低点抬高的迹象，这是重要的做多信号。

无形：

价格早开盘的走势形成了非常标准的震荡上涨形态，我们可以把这样的形成称为进二退一。涨一涨，调一调，低点不断抬高，新高不断出现，这就是最明显的技术特征。

价格震荡上涨时的技术形态我们需要掌握，同时，从这样的技术形态中我们还可以总结出止盈的方法。您能说出如何在这种技术形态中随着价格的波动而不断修正止赢位吗？

学员柴先生：

记得老师曾说过，止赢位的设置不是死的，而灵活的，其原则就是：随着价格的上涨，止赢位要不断地抬高。我觉得可以将价格调整时的低点作为止赢位，前一个低点没有破位便继续持有多单，而一旦出现破位的走势，则需要平仓多单。

无形：

您说得很对。从图中的走势来看，由于价格调整的低点在不断地抬高，所以，我们的止赢位也要及时地跟上。利用这样的方法进行操作，价格早盘期间的上涨行情基本上就可以全部把握。

学员柴先生：

价格上涨到高点以后我发现一个问题，“A”字顶的出现使得顶部并没有太多明显的技术信号，不知道老师如何看待这个问题？

无形：

的确是这样。这一次的高点不过不像之前我们研究的走势那样有着明确的顶部信号，价格说跌马上就跌了下来。如果非要说一些技术信号的话，那就是高点形成了放量的迹象，不过高点的量能并不属于异常巨量，只是相比下形成了放大的状态。

除了量能的特征，就是在高点处的阴线也略有提示。价格上涨时阴线实体比较小，而上涨到高位以后，阴线的实体开始放大，并且有能力吃掉上涨的阳线，这也应当是一种顶部信号。不过如果要识破这种信号，就要求投资者的 K 线分析能力较强。

学员柴先生：

价格上涨时的风险信号不明确，对于我们这些水平一般的投资者来说应当如何进行回避呢？

无形：

其实回避的方法并不困难，用一些基础的分析技术就可以做出判断，比如，

MACD 指标形成死叉、移动均线形成死叉以及 KD 指标的高数值风险提示等。

不仅大家对 A 字感到难以判断，就连我也觉得这样的走势难以预测，因为面对这样的高点走势，除了运气，谁也无法依靠技术将平仓位设置得非常完美。

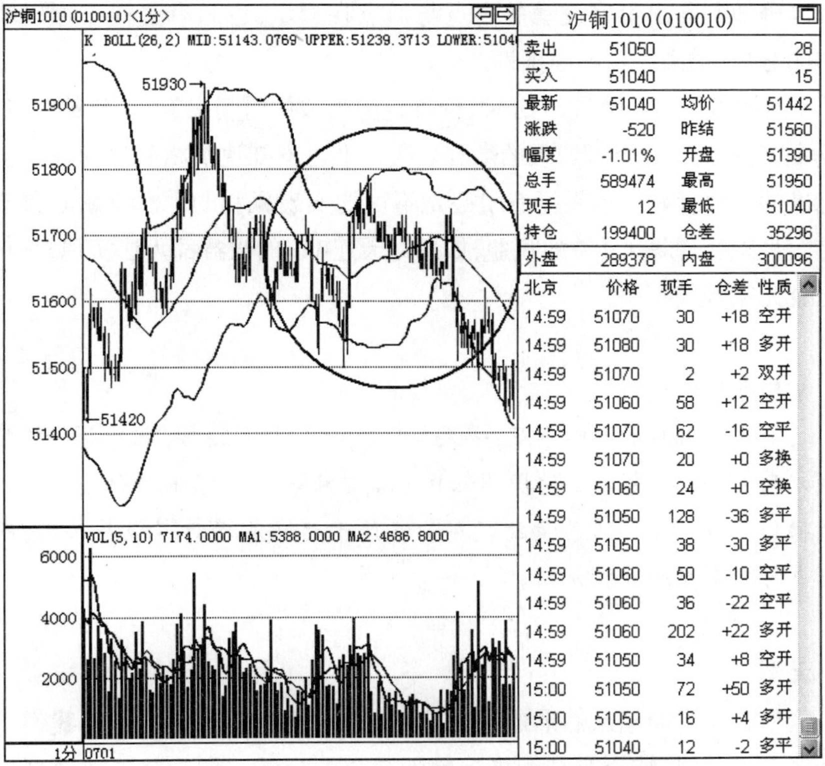

图 8－33　沪铜 1010 合约 2010 年 7 月 1 日走势图

在图 8－33 中，价格见顶之后出现了下跌的走势，经过第一轮的下跌之后，价格形成了宽幅震荡的走势，因为此时的波动又没有什么标准的技术信号出现，所以，这又一次增加了投资者操作的难度。

学员柴先生：

看来这些非标准的走势的确让人难以下手进行操作，怪不得老师总是要求我们要保持耐心等待标准走势的出现。

无形：

一天之中标准走势出现的时间其实很少，能占到 20% 的时间就非常不错了。价格在大多数时间里都保持着无序的波动，在这样的情况下进行操作，获利的难度是非常大的。因为价格波动时的高点与低点很难准确地判断出来，所以，必须要耐心等待标准走势出现，只有标准走势的出现，我们才可以准确地判断出价格波动的高点与低点在哪里，也只有这样才可以简化我们的分析，提高操作的准确性。

一天的交易时间为165分钟，标准走势形成的时间只有30分钟左右，这30分钟就决定了投资者当天的赢利。我们谁也不知道价格到底何时才会形成标准的走势，因此，如果没有耐心是不可能实现赢利的。没有耐心就不可能连续性地实现每天1%的收益，如果每天连1%的收益都无法实现，一年十倍也就无从谈起了。

学员柴先生：

之前操作时我的耐心不足，一天可以做七八十次交易，跟着老师学习与实战以来，每天10笔以上的操作都算是非常频繁的了，真正地体会到了什么叫做操作质量。操作的质量就是在价格处于无序波动时不轻易入场，而一旦形成标准走势就大胆介入。

无形：

价格在这一期间虽然形成了无序的波动，但有一种技术形态我们需要进行研究，那就是结合布林线指标判断趋势的反转。您知道趋势要形成翻转，正常情况下需要什么样的步骤吗？

学员柴先生：

价格下跌之后出现反弹上涨，触及布林线上轨之后受到压力产生回落，回落至布林线中轨的时候受到支撑而后再次向上，从而使趋势形成反转。

无形：

趋势要形成反转从K线形态上来看，必须要形成低点抬高的走势。而结合布林线指标来看，就如你所说：必须要有见底上涨，触上轨受压回落，而后回落低点受支撑再次上涨的技术形态出现。只有当布林线指标中轨发挥支撑作用的时候，价格才有可能形成反转的走势。

从图中的走势来看,价格趋势的反转走势失败。上涨触及上轨压力后回落,但回落至布林线中轨处时,中轨并没有提供强大的支撑,支撑的失败使价格延续之前的回落继续向下。

学员柴先生:

在价格向下回落的时候,成交量出现了放大的状态,放量下跌走势的出现,是此时入场做空的技术理由吗?

无形:

当然。中轨支撑无效,资金选择做空的操作,量能放大说明入场资金数量较多,而价格的下跌反映了这些资金的操作态度,所以,此时的下跌有足够的技术理由支持。

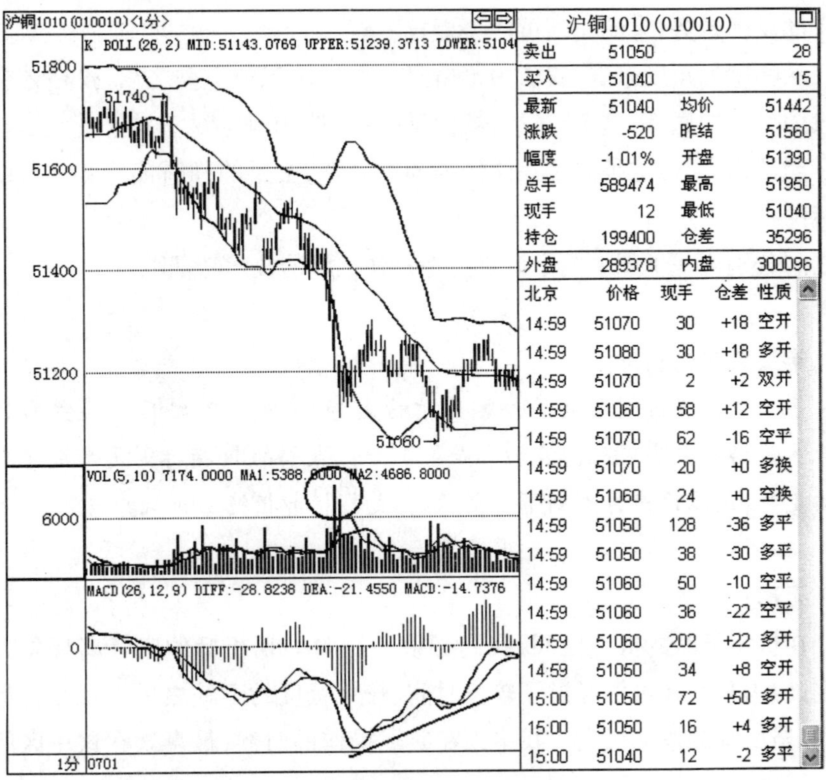

图 8－34 沪铜 1010 合约 2010 年 7 月 1 日走势图

在图 8－34 中,沪铜 1010 合约价格在波动的过程中,不会一直下跌,下跌一定的空间之后随着各种底部技术信号的出现，将会出现反弹或是趋势扭转的走势，所以，当价格有了较长时间以及较大幅度的下跌之后，我们要做的就是随时留意反弹行情的出现。

学员柴先生：

如果脱离技术指标的各种信号，老师认为价格在什么情况下才会出现反弹呢？

无形：

简单来讲就是，在价格出现较长时间与较大幅度下跌之后出现反弹。从时间的角度来讲，在弱空市场中，价格可能回落十几分钟就会出现阶段性反弹的走势；而在强空市场中，价格将会至少回落半小时才会出现适合入场操作的反弹走势，有的时间可能会更长一些。

从幅度的角度来看，我认为价格至少要经历三波下跌之后，价格才会出现较为可靠的底部，这个时候入场做反弹获利的概率较大一些。

当然，我说的这种方法只能作为辅助判断，主要的判断依然必须要结合指标的提示来进行。

您分别说一下图中两个低点处都有什么样的技术特征吧。

学员柴先生：

第一个低点区间形成了异常巨量的走势，连续下跌之后出现异常巨量意味着价格将会出现反向波动。而第二个低点 MACD 指标则是形成了底背离的走势，虽然价格再次创下了新低，但是指标却拒绝创新低。

无形：

在价格下跌的低点区间，我们必须要对 MACD 指标的底背离现象高度重视，因为只要在价格经过了较长时间、较大幅度的下跌之后出现底背离信号，价格反弹的概率极大。我本人在实战操作的时候，最喜欢在这一区间择机入场做多。

第一个低点出现异常巨量，价格的确也有了一定幅度的反弹，如果在此时进行了操作，在价格上升至布林线中轨的时候，一定要考虑先将持有的多单平掉。因为此时价格的下降趋势并没有明确的改变，真正的底部我们还是要等到第二个低点出现时再做打算。

您能说出见底期间常见的两个低点的底部形态是什么吗？

学员柴先生：

第一种是价格下跌之后，形成低点抬高的走势，这样的底部迹象更加明确，非常容易判断出价格波动的内在性质。

第二种是第一个低点形成以后，价格随后破位，但是，MACD 指标却形成背离，就像沪铜 1010 合约的走势一样。对这样的底部形态的判断需要一定的技巧，且较难判断出价格的波动性质。

无形：

在价格波动的过程中，底部会有多种技术形态，只有一个低点的底部，有两个或更多低点的底部，有破位底部，也有低点抬高的底部。面对这么多的底部形态，我认为至少有两个低点的底部是最值得信任的。大家也要多对这样的走势进行总结与学习，从历史的走势来看，无论是低点抬高的底部，还是破位但 MACD 指标形成背离的底部，都很容易为投资者带来抄底做多的赢利机会。

在图 8－35 中，沪铜 1010 合约价格连续下跌以后，出现了反弹的走势，由于日 K 线趋势明确向下，所以，价格的反弹幅度比较有限。在抄底的时候，本身就是一种绝对的投机行为，所以，在实现赢利以后，一旦价格上涨受到压力就必须要先考虑平仓出局，而不要认为价格会有过大的上涨趋势。进行反弹的操作并不是趋势性操作，二者之间有极大的区别。

从后期的整体走势来看，价格形成了什么形态的波动？其间的量价配合状况又如何？

学员柴先生：

价格在下跌的低点区间形成了箱体震荡的走势。在这一区间内，成交量比较低迷，较小的量能使得价格的波动空间变得较为有限。而无量，价格的波动就没有较大的幅度。

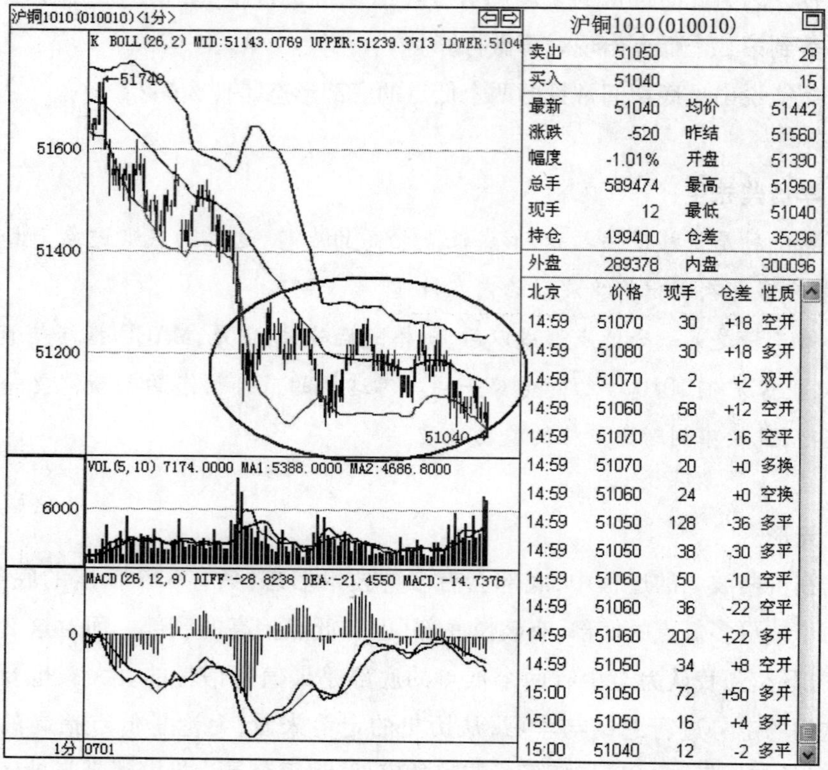

图 8－35　沪铜 1010 合约 2010 年 7 月 1 日走势图

无形：

一旦发现成交量开始萎缩，就要马上意识到价格的波动幅度必然会减小，此时无论进行什么性质的操作，都必须要降低收益预期。在无量区间还幻想可以实现较大的收益，这是投资者经常会犯的一种错误。

价格的波动幅度开始减小并且有形成箱体震荡走势的时候，我们应当使用布林线指标进行操作，因为布林线指标的上轨与下轨将会对价格的波动起到强大的支撑与压力的作用。

从图中的走势来看，我们应当如何制定操作策略呢？

学员柴先生：

由于形成震荡走势之前价格的趋势是向下的，所以，应当保持空头思路，利用布林线上轨的压力作用进行做空，而利用布林线下轨的支撑作用平仓空单。一旦价格在震荡的过程中触及上轨就可以找机会开仓做空,而一旦价格回落至布林线下轨则需要平仓多单。

无形:

从图中的走势来看,机会较多,价格触及上轨应当做空,而回落至下轨则可以平空单,同时还可以开多单,然后在价格触及上轨时再平仓多单和开空单。但是,我们在实战操作过程中,必须要服从整体行情的方向。之所以不在价格回落至下轨受到支撑时做多,就是为了防止价格突然性出现下跌的走势,因为在震荡区间始终在进行做空操作,如果价格突然破位下跌反而有助于提高收益。

同时,因为整体行情大趋势向下,价格出现突然性上涨的概率是比较低的,所以,在价格总体趋势向下的情况下,在价格触及布林线下轨的时候做多获利的空间很小,但却要承担价格破位下跌的风险,收益与风险不对称,因此,不宜进行做多的操作。

学员柴先生:

从局部走势来看,布林线上轨的压力区间应当是平多单和开空单的机会,而下轨的支撑区间则是开多单与平空单的机会。但是,为了使操作的方向与大趋势一致,所以,必须要服从价格震荡走势形成前的趋势,之前的大趋势向下,就要逢压力做空;之前的大趋势向上,就要逢低点做多。

虽然老师为我们讲过这个方法,但通过对本案例的总结,又使我对这个方法的认识进一步提高了。每天的盘后总结必不可少,这真是提高操作水平的捷径啊!

8.8　逆势走势交易技巧操作解析——L1009 合约案例

无形:

L1009 合约在 2010 年 7 月 2 日盘中的走势非常经典,价格形成了两次趋势反转的走势，对于价格这样大幅波动的走势，我们必须要对其进行详细的分析。

学员周先生：

这一天在盘中除了跟着老师进行了几次操作以外，我自己还运用老师的方法进行了几次操作，获得的收益也令人非常满意，所以，对这一天的走势印象非常深刻，也期待着盘后老师的点评。

无形：

最近 L1009 合约价格的波动幅度都比较大，并且成交量也非常活跃，所以，我们在盘中对它的关注比较多一些。而 L1009 合约因为每手需要的资金比较少，且每手波动一个最小变动单位实现的收益却比较高，因此非常适合进行日内投机性操作。

学员周先生：

在能源化工板块中，L1009 合约所处的地位如何呢？它跟 PTA 相比谁更活跃一些呢？

无形：

在能源化工板块中，橡胶是最活跃的，但是，价格的活跃在有些时候并不见得都是好事，因为价格很容易出现毫无征兆的涨跌，这就增加了投资者的操作难度。而 L 的地位紧随橡胶之后，处于能源化工板块中相对活跃的品种，这样的品种在价格波动过程中，价格波动幅度虽然相对较大，但却总是会出现经典的技术走势，非常适合投资者进行日内投机性操作。

与 PTA 相比，L 的活跃性相对高一些，不过在有些时候，PTA 的活跃性也会高于 L，区分它们谁在盘中的波动会更大一些的方法其实也很简单，那就是对成交量进行对比，谁的成交量大，谁就更适合进行操作。

由于 L1009 合约在最近的成交量始终大于 PTA1009 合约，因此，它更适合我们进行日内投机性交易。

学员周先生：

老师告诉了我一个重要的分析方法：在盘中对同板块的品种进行成交量的判断，谁的成交量大，谁就是当天最适合进行操作的目标对象。

无形：

下面我们对 L1009 合约 2010 年 7 月 2 日的走势进行总结。

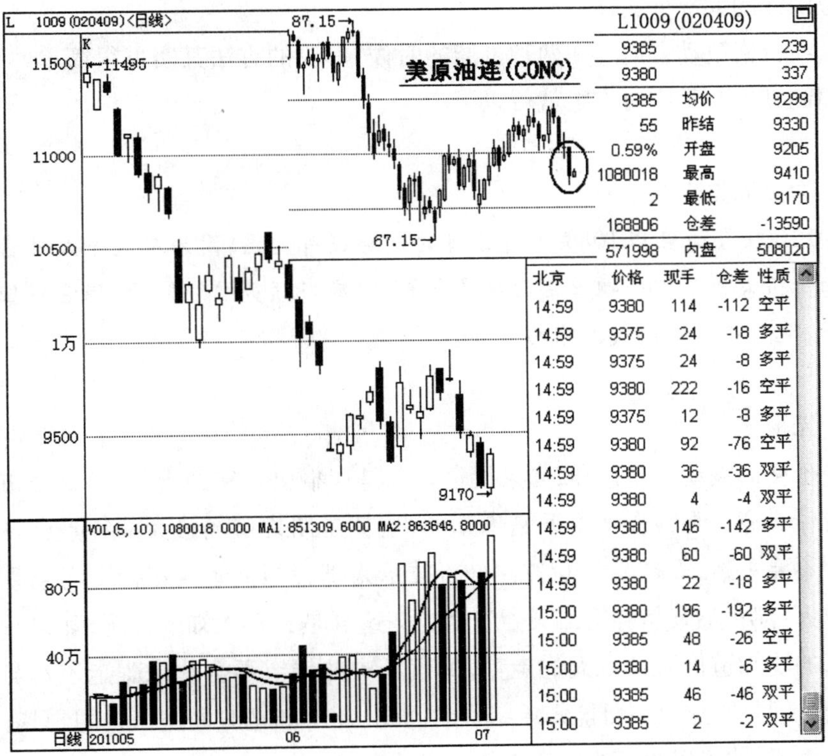

图 8-36　L1009 合约 2010 年 7 月 2 日走势图

在图 8-36 中，您来说一下 L1009 合约在 2010 年 7 月初的走势有什么样的技术特征。

学员周先生：

价格在经过一轮反弹之后再次下跌，在 7 月 1 日这一天出现了创新低的走势，按说第二天应当继续下跌，但日 K 线却都收出一根阳线，这样的走势的确让人有些难懂，价格既有反弹的可能，也有继续下跌的可能。

无形：

从日K线图形态来看，价格的确存在两种方向的波动可能。说它继续下跌也有可能，因为价格已经创出了新低，并且近期趋势依然向下。而说它会上涨也有一定的道理，因为价格破位后收出根实体较大的阳线，并吞掉了破位阴线的大部分实体。

在价格波动方向存在两种可能的时候，解决的方法其实也很简单，只要我们制订好两手应对方案就可以了。

学员周先生：

L1009 合约在 2010 年 7 月 2 日的走势挺有意思，因为在这一天外盘的原油价格大幅下跌。按正常的角度来看，它应当顺势继续低开，但它不但不低开，反而在盘中形成上涨的走势。

无形：

价格的波动就是这样，如果投资者总是能猜出未来的走势，那这个市场又有什么意义呢？未来永远是未知的，这就是期货市场最大的特点，所以，我们不要去猜，而是要学好各种分析技术来把握当前。很多投资者总爱到处向人打听，某某品种第二天会怎么走。这真是一种无知的体现，如果一个人真的能知道价格第二天的走势，那市场中的钱岂不全让他赚走了？与其浪费时间打听这个不可能知道结果的问题，还不如把时间用来学习，只有不断地学习，才可以提高投资者操作的成功率。

因为原油的走势对能源化工板块中所有的品种都影响极大，所以，我们必须要对原油的走势进行分析。2010 年 7 月 1 日晚间外盘原油出现大跌，当时我也认为 7 月 2 日 L 应当出现大幅低开的走势。当看到价格并没有低开的时候，我的第一意识就是价格有可能会在开盘后下跌，可谁知分析与市场真实走势完全相反，那么，只好修正自己的分析结论，价格上涨我们还是顺势进行做多。

正常情况下，外盘原油价格上涨时，将会带动能源化工板块中的所有品种上涨，外盘原油下跌时也将会带动能源化工板块中所有品种的下跌，即使无法对盘中的走势起到带动作用，也至少会对开盘价有极大的影响。像这种原油大跌，但能源化工板块不跌反涨的走势倒是很少出现。不过市场本身就是一个间歇式精神病患者，时而正常，时而犯病。

学员周先生：

老师的比喻真是太形象了，所以我们才要更多地服从盘中价格的趋势方向，盘中价格向上我们就做多，盘中价格向下我们就做空。日 K 线图虽然有助于我们把握价格近期在盘中的趋势方向，但既然进行日内交易，价格盘中的走势才是最重要的。

无形：

接下来我们对盘中的走势进行分析，来总结一下价格波动过程中都有哪些需要掌握的技术要点。

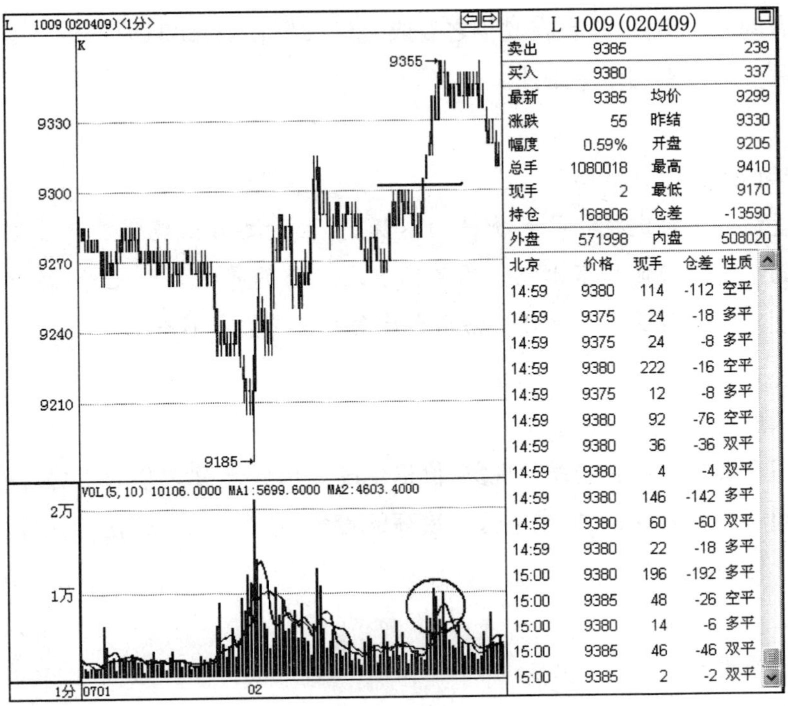

图 8－37　L1009 合约 2010 年 7 月 2 日走势图

在图 8－37 中，L1009 合约价格开盘期间的走势形态非常经典，我们也讲过多次，但还是要不断地进行总结。您来说一下开盘期间价格波动时的技术特征。

学员周先生：

虽然外盘原油价格大幅下跌，但是，L 线的首根 K 线却是一根阳线，并且随后 K 线都位于首根 K 线的上方，首根 K 线出现之后价格的波动提示了做多的方向。

无形：

价格经过三波上涨后，于高点形成了成交量明显放大的迹象，这是一种风险的信号，投资者应当于此时考虑平仓。

由于成交量连续两分钟放大，对于投资者来讲，可能会担心成交量继续放大，所以，在量能放大的时候，只要没有收出实体较大的阴线，继续持仓也是没有问题。但是，一旦在放量之后成交量大幅萎缩，此时无论价格是涨是跌都需要将持有的多单平掉。

学员周先生：

量能的不稳定将会导致价格的不稳定，巨量之后出现明显萎缩这是最常见的量能不稳定技术形态。除了高点或低点的异常巨量之外，放量之后的缩量也是一种最容易导致价格形成反向波动的技术形态。

无形：

高点形成放量后的缩量现象，价格也随之形成连续调整的走势，经过一段时间的调整以后，又形成了低点抬高的走势，这个时候我们应当如何制订操作计划呢？

学员周先生：

低点抬高说明价格有可能继续上涨，所以此时应当关注多单的机会，但是，由于此区间成交量处于萎缩的状态，所以，需要等待价格形成放量上涨形态以后再入场进行做多的操作。

无形：

低点抬高走势出现以后，很快便形成了放量上涨的走势，并且价格继续向上突破盘中的新高，只要能创新高，就会一直上涨，直到创不出新高为止。所以，价格在这一时期的走势又是一次极好的做多机会。

成交量出现放大，说明资金入场的数量比较多；而价格出现上涨，则说明资金的操作态度明确做多。大量的资金在做多我们为何不随之入场操作呢？

学员周先生：

突破走势从技术形态上来讲并不难判断，而且前高点是事先存在的，价格突破与否很容易判断。而真实的突破走势，往往会有成交量连续放大的配合，如果成交量萎缩以及只是形成单根放量，都不会促使价格的连续上涨。

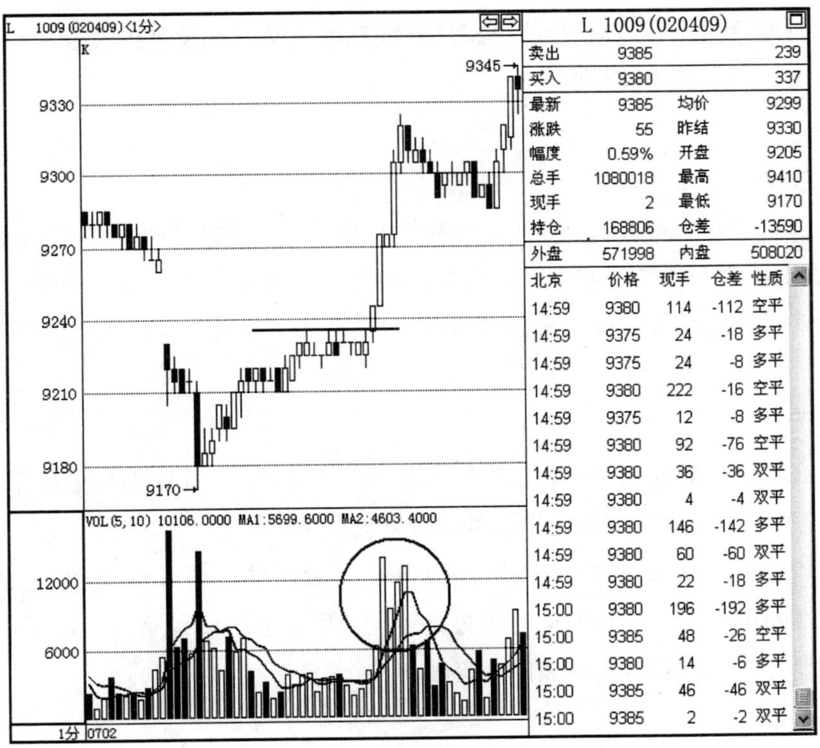

图 8－38　L1009 合约 2010 年 7 月 2 日走势图

无形：

在图 8－38 中，L1009 合约在下午开盘之后价格低开并且快速回落。从图中的走势来看，您能说出哪根量柱才是真正的低点异常巨量吗？

学员周先生：

第二根较高的阴线量柱才是低点的异常放量，虽然第一根阴线量柱成交量更大，但是这一根量柱是在下午开盘的第一分钟形成的。老师说过，首根 K 线以及盘中复牌后的第一根 K 线的量能都不能视为异常巨量。

无形：

异常巨量必须是价格连续波动时形成的，而不能是开盘时形成的，这个判断的方法大家一定要掌握。

异常巨量出现以后，价格形成反弹波动的走势。在反弹的过程中，量价配合又有什么新的特征？

学员周先生：

在价格反弹的时候，波动重心不断上移，但是，成交量却始终保持着萎缩的状态，因为量能比较小，所以，在持有多单的时候需要保持一些谨慎，因为没有得到大量资金做多的认可，价格形成大幅上涨的可能性就比较低。

无形：

在反弹的时候，我们首先要注重趋势的变化，其次就是成交量的变化。只要趋势向上，成交量的变化就可以适当忽视。

价格经过一段时间的上涨到达了下午开盘时的首根 K 线位置，这个时候就需要随时留意趋势方向有可能的变化，因为首根 K 线是一道重要的压力，价格要么受压回落，要么向上突破。

学员周先生：

从此时的走势来看，也需要做好两手操作准备：一是价格受压出现回落时需要将手中持有的多单及时平掉；二是价格突破压力继续向上，此时就可以坚定持有多单。

无形：

价格在这一时期的突破与早盘期间的突破没有什么太大的区别，在价格向上突破压力的时候，成交量都出现了放大的状态。一旦价格形成某种趋势，如果可以得到成交量的配合，趋势的方向就是完全可信的，并且量能配合状况越好，趋势延续的周期也将会越长。

由于价格在上涨的时候成交量连续放大，并且没有异常巨量的出现，那么，我们该如何判断价格将会于何时出现调整呢？

学员周先生：

量能没有异常放大，那么就可以利用缩量来判断价格是否出现调整。因为只要成交量可以保持连续的放大，价格将会继续上涨；而一旦量能萎缩，就说明做多的资金数量开始明显减少，资金介入数量降低，价格上涨的动力也将会减弱，从而导致调整走势的形成。

无形：

放量上涨、缩量调整是价格上涨时完美的量价配合，所以，在放量过程中，价格很难出现真正的调整。但是，一旦量能萎缩，调整也就会随之出现。不仅 L1009 合约具备这样的走势，任何品种在上涨过程中一旦出现缩量现象都将会导致价格调整走势的出现。

从图 8－39 中的走势来看，价格在上涨过程中出现了两次调整的走势，每一次调整走势出现时成交量都出现了萎缩的现象，所以，利用量能萎缩的特点我们完全可以判断出价格是否会出现调整。

经过一段时间的上涨以后，我们接下来要进行的工作就是考虑在何时将持有的多单平仓出局。在价格上涨的高点处都有哪些技术特征可以提示平仓位呢？

学员周先生：

第三波上涨的高点处出现了放量后的缩量现象，这是一个平仓的信号，不过此时的放量如果能够再大一些形成异常巨量就更容易判断了。因此时的量能并不算太大，所以分析时略有一些麻烦，不过缩量倒是提示了明显的信号。

在价格上涨的高点处，我认为最明显的风险信号就是 MACD 指标形成

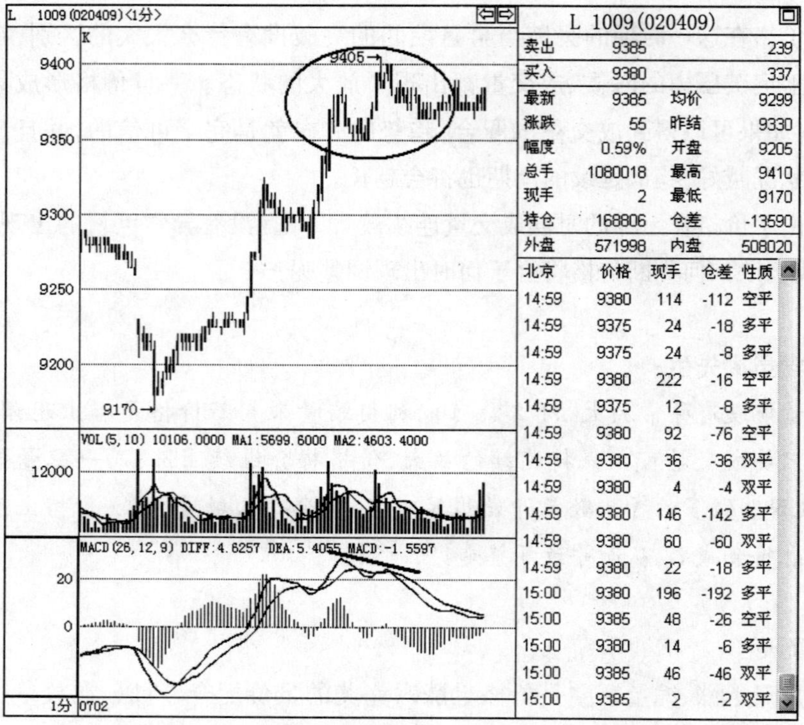

图 8－39　L1009 合约 2010 年 7 月 2 日走势图

了背离的迹象，价格创新高，但指标却无法再创出新高，这预示着价格调整的概率是极大的。

无形：

虽然说当趋势形成时我们不应当考虑平多单以及做空的事情，但是，在价格经过较长时间（半小时以上）和较大幅度（连续三波上涨）的上涨以后，我们还是必须要考虑止盈这个问题，过于贪婪终归不是什么好事。

从图中的走势来看，价格在恰恰出现三波上涨以后开始连续调整，所以，当第三波上涨行情出现的时候，就要开始谨慎操作了。

学员周先生：

为什么第三波上涨出现以后我们就需要考虑平多单了呢？这是什么原理呢？

无形：

之所以在价格上涨三波以后考虑平仓，其实使用的是波浪理论的精华。在波浪理论中，一个大级别的上涨波段共有五浪，一浪上涨、二浪调整、三浪主升浪、四浪调整和五浪上涨，其中一、三、五为上涨浪，二、四为调整浪。因此，一整波上涨行情共有三个上涨浪，一旦五浪上涨结束，将会引发 ABC 调整浪。所以，价格上涨三波以后其实也就是形成了标准的五浪上涨形态，这个时候也就会很容易出现 ABC 较大级别的调整。

学员周先生：

波浪理论我没有学习过，看来又有了新的知识需要学习，希望老师有机会在期校中讲讲这部分的知识。

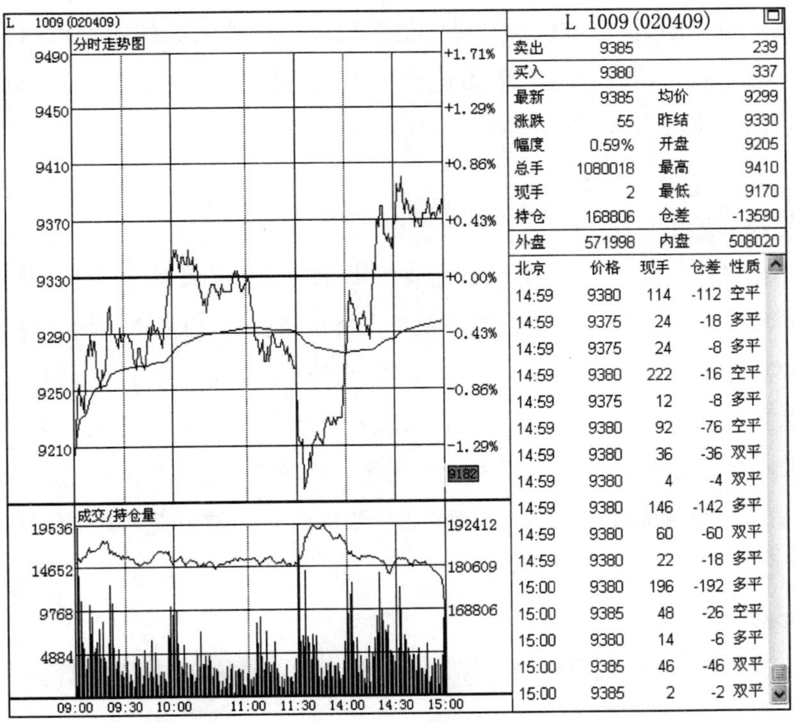

图 8-40　L1009 合约 2010 年 7 月 2 日走势图

无形：

在图 8-40 中，对 1 分钟 K 线图进行完分析以后，我们再来看一下当天的整体分时线，看看能否从中总结出一些重要的技术要点。

学员周先生：

从开盘时期的走势来看，均价线的支撑作用非常明显，一旦价格调整的低点回落至均价线处，便受到了支撑再度上涨。而在下午价格连续上涨的过程中，调整的低点再次受到了均价线的悬浮式支撑。

无形：

均价线的支撑作用是价格处于多头状态时常见的技术走势，这是大家必须要掌握的一种分析技巧。

均价线除了具有支撑作用以外，还有压力作用。从图中的走势来看，在中午临近收盘的时候，均价线又对价格的反弹形成了强大的压力作用，从而促使一波下跌行情的出现。因为这一波下跌行情的走势比较单一，没有什么特别的技术要点，所以不是当天需总结的要点。

学员周先生：

从盘中的走势来看，价格下跌前于均价线之上形成了窄幅震荡的走势，随后价格出现破位下跌的走势，并且在下跌时成交量出现放大，在形成破位的时候，就是做空的好时机。而当第二次反弹的高点受到均价线压力时，则又是一次较好的做空机会。虽然价格在下跌的时候技术形态非常简单，可是我在这一时期并不敢积极地入场进行操作，不知这又是什么原因呢？我觉得并非是我技术运用不到位，因为在那时我也准确地预测出价格将会下跌，可就是不敢入场操作。

无形：

不仅您是这样，我有时也这样。价格虽然形成标准的技术走势，可自己却不敢入场操作，这并非是技术运用不熟练，而是受到了心态上的某种变化的影响。我认为价格下跌的时候之所以不敢入场操作，最主要的原因就是受到了早盘期间价格连续上涨的影响，由于认为多头力度较强，所以，价格下跌的空间并不会太大，因此总在想着逢低做多，而不敢在场中做空，担心价格一旦调整到位又马上快速上涨延续早盘的趋势。

学员周先生：

老师讲得太对了，我当时就是认为价格虽然会下跌，可并不会跌太多，可谁知价格的确出现了较大幅度的下跌。

无形：

我有一句话是：三分技术七分心态。就算技术运用再熟练，在面对价格走势的时候，起决定性作用的还是心态的变化，技术的走势可以影响心态的变化，而每个人所具有的人性的弱点将会决定心态的变化，所以，才造成了我们面对经典走势时不敢入场操作的现象出现。

我认为如果在盘中出现了这样的问题，没有必要强迫自己入场交易，只要没有收盘，就必然还有机会，我们只要保持耐心等待那个技术与心态都允许操作的走势出现再入场就可以。做期货要轻松，而不要有过于沉重的心理负担，否则就很难连续性地获利。

学员周先生：

学到了很多技术要点，又学习了老师操作时的心态，今天我真是获益匪浅啊！坚持每天这样学习，相信不久以后我也可以依靠自己的力量做到连续地赢利。

8.9 量能放大时的交易技巧操作解析——棉一1101合约案例

无形：

棉一1101合约在2010年7月初形成了震荡下跌的走势，而在7月5日这一天其他品种有所反弹的情况下，它却出现了下跌。这样的走势比较有代表性，因此，我们需要对它这一天价格的整体运行情况进行总结。

学员钱先生：

棉花属于农产品，可为什么老师没有把它归入该板块中呢？

无形：

在我的板块划分之中，农产品板块只包括五个品种：豆一、豆粕、豆油、棕榈油和菜油，而棉花、白糖、玉米、强麦和籼稻虽然都属于农产品，但并不属于我确定的农产品板块。

我对板块划分的原则是：要求板块间各品种的走势具有高度的关联性，必须具备同涨同跌的现象，而棉花的走势不与任何其他农产品具有走势上的高度相关性，因此，在我的板块划分之中，并没有把它归在农产品板块中。

学员钱先生：

棉花的走势相比老师说的那五个农产品较为独立。在其他品种上涨的时候，棉花有可能下跌，而在其他品种下跌的时候，棉花又有可能上涨？

无形：

可以这样理解。但这只是第一层含义，同涨同跌的特征是在同一时间价格形成类似的技术形态，而棉花在同一时间与其他农产品形成类似形态的时候极少，所以，它属于波动较为独立的品种。

对于这些走势独立的品种，在操作的时候会有一定的难度，因为在正常的盘面中多空性质对它们没有什么影响。它们有可能在空头市场中上涨，也有可能在强多市场中下跌，所以操作的难度相对要大一些。在实战操作时，大家还是要选择具有高度关联性的品种进行操作为好，因为它们的波动方向会完全服从于整体盘面的多空变化。

学员钱先生：

怪不得老师很少对棉花进行操作，原来是这个原因。

无形：

对它们操作得少并不代表不操作，只要价格形成经典的走势，任何品种我们都可以进行操作，不论是具有板块效应的品种，还是走势较为独立的品种。只不过走势独立的品种在价格波动时没有过多的参照，无法通过时间差来进行补涨的操作。

下面我们来看一下棉一1009合约在2010年7月5日盘中的走势。

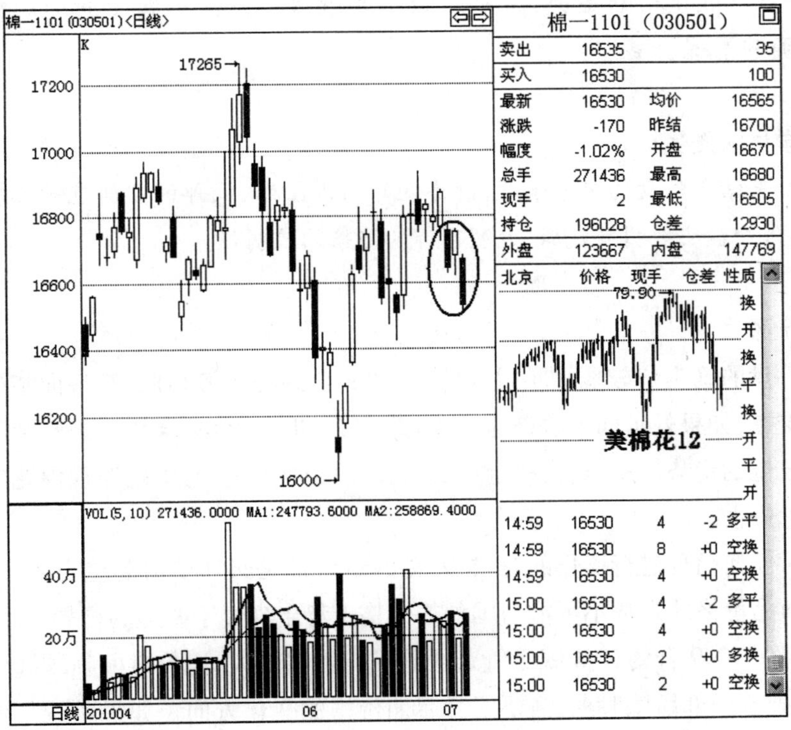

图 8-41　棉一 1101 合约 2010 年 7 月 5 日走势图

在图 8-41 中，我们先来看一下棉一 1009 合约的日 K 线有什么样的技术特征。

学员钱先生：

棉一 1009 合约从日 K 线图来看，有形成双顶的迹象。而从 2010 年 7 月 5 日这一天的走势来看，价格继续回落的概率比较大。

无形：

第一根阴线跌破了横盘区间的低点以后，价格出现反弹，但在 2010 年 7 月 5 日这一天又再度出现破位的走势，只要价格能够连续出现破位就会继续下跌，整体日 K 线正如您所说继续下跌的可能性比较大。

不过我们需要关注另一个问题是，价格再往下跌将是颈线位的支撑，是否可以守住这道支撑是一个疑问，价格在此时将会有两种变化形态，一是形成止稳的走势，二是跌破颈线继续下跌。这属于局部走势不太明确的情况。

学员钱先生：

如果结合外盘的走势来看，价格就算出现上涨，反弹的空间也是比较小的，因为外盘已经明显走弱，大型顶部的迹象比较明显。

无形：

外盘的确走势较弱。不过与棉一1009合约的走势相似，都将面临颈线位的支撑，如果外盘向下跌破这道支撑，那么，棉一1009合约也必然会随之出现破位的走势。所以，在决定第二天操作的时候，一定要把外盘棉花的走势考虑进去。

对任何品种进行操作的时候，外盘的走势都是必须要引起重视的，因为国内商品价格的走势不可能与国外的价格走势出现过于明显的差异。

棉一1009合约日K线继续走弱的可能性比较大，但价格面临颈线位的支撑，处于局部敏感时期，需要留意后期价格的变化方向。如果颈线位失守则可以更加积极地进行日内做空的操作。

在图8－42中，2010年7月2日虽然收出一根反弹阳线，但是，在7月5日这一天出现低开的走势，开盘后的走势又非常经典，我想这样的技术形态您一定知道该怎么样进行操作吧？

学员钱先生：

低开后首根K线为一根阴线，随后价格快速向下跌破首根K线，开盘期间投机做空的机会出现，此时应当在价格跌破首根K线的时候开设空单。

无形：

如果此时做空后价格并未下跌而是出现上涨，该如何进行止损？

学员钱先生：

当价格向上突破首根K线的时候进行止损，一旦价格位于首根K线上

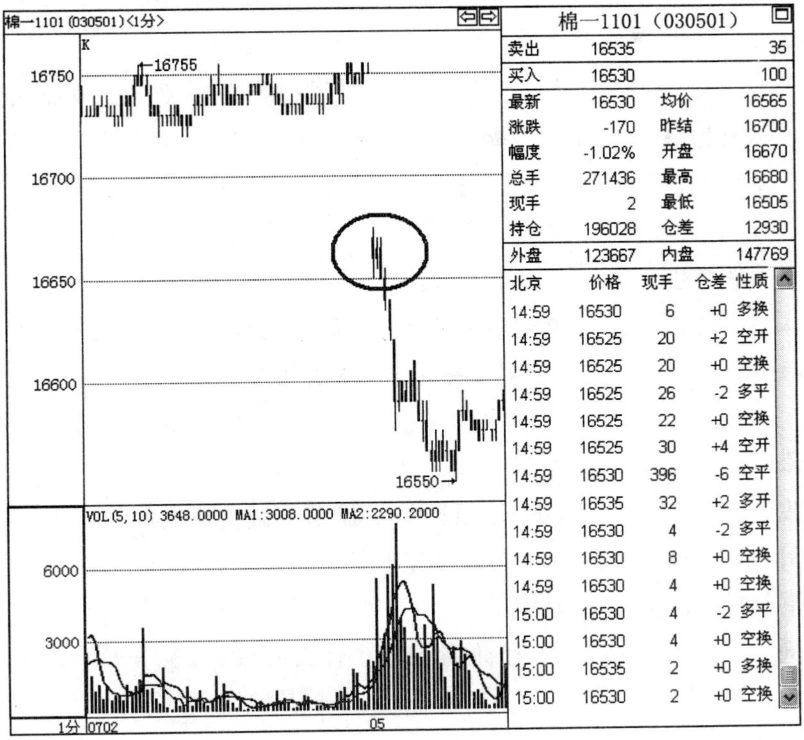

图 8-42　棉一 1101 合约 2010 年 7 月 5 日走势图

方说明上涨的概率较大，而只有在价格位于首根 K 线下方的时候，下跌的概率才会比较大。

无形：

价格跌破首根 K 线在下跌的时候又有什么样的经典技术形态呢？

学员钱先生：

价格在下跌的时候，成交量始终保持着放大的状态，这是经典的放量下跌走势。只要量能没有出现萎缩，就应当坚定地在场中持有空单。

无形：

一旦形成放量下跌的走势，阴线的实体也将会比较大，这是投资者做空的最好时机。从正常角度来讲，连续地放量一般会维持 3 ~5 分钟，这是最短的放量周期，所以，投资者可以等到价格连续收出几根大阴线以后再考虑平仓操作。

因为根据放量进行操作，所以，我们还需要再根据后期量能的变化决定操作，只要成交量没有出现萎缩迹象，投资者就不要有平空单的想法，当然，你认为赚够了想要平仓的情况除外。

学员钱先生：

从图中的走势来看，在连续放量的区间持有空单就可以将这一周5%的基本收益目标完成了。真是哪里有量哪里就有机会啊。

无形：

放量提示了做空机会的到来，而缩量提示了做空机会的暂时消失。在出现了缩量现象以后，价格的下跌力度开始明显减弱，这个时候就应当将持有的空单平掉，进行止盈操作了。

从图 8－43 中的走势来看，价格形成了什么形态的下跌走势？

学员钱先生：

价格每出现一波下跌之后，便会出现反弹的走势，但是反弹的高点却依次降低，而价格的新低也出现了好几次，这是典型的震荡下跌技术形态。

无形：

当价格形成震荡下跌走势的时候，如何进行操作才是最理想的呢？

学员钱先生：

在价格的反弹高点进行做空，而后在下跌的低点区间根据其他技术进行平仓，这是最理想的操作。因为价格下跌时一波三折，在每一个小波动的高点做空，而后低点平仓，要比在价格下跌的时候始终持仓获利更多。

无形：

我们可以在价格出现破位下跌的时候开仓做空吗？

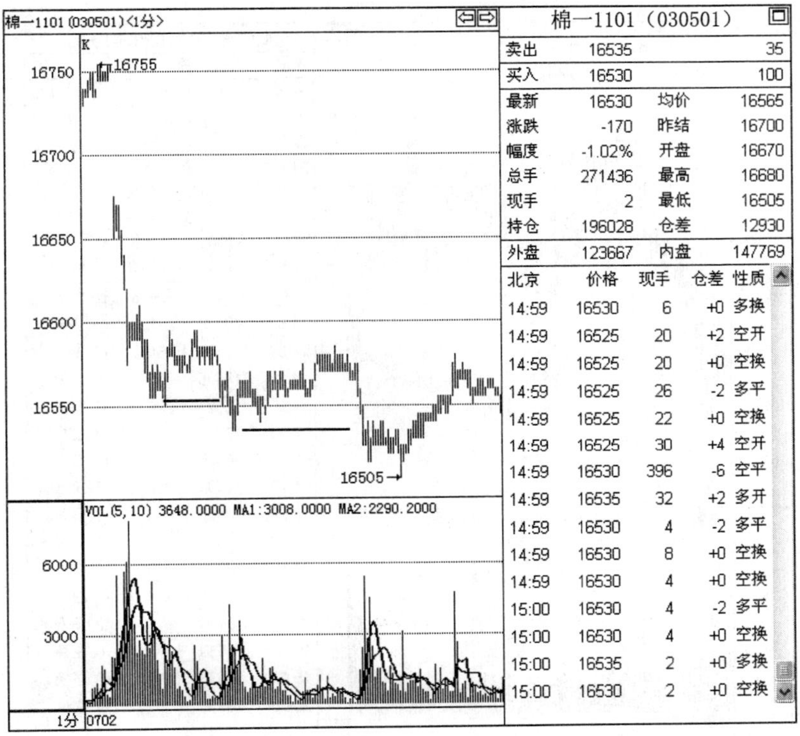

图 8－43　棉一 1101 合约 2010 年 7 月 5 日走势图

学员钱先生：

在价格形成震荡下跌的时候，于创新低时开空单虽然不会产生亏损，但这样的操作并不理想，因为价格虽然形成破位，但破位以后的跌幅比较小，获利相对有限。同时，由于在 2010 年 7 月 5 日这一天整体盘面形成了弱多的市场状况，因此，更不适合在棉一 1009 合约破位下跌的时候开空单。

无形：

价格形成震荡下跌走势时，在破位处开空单很容易碰上反弹，所以，在反弹的高点做空效果更好，再结合整体盘面的弱多市场性质就更不适合在价格破位时进行做空操作了。在价格破位时做空这样的操作方法只适合在强空市场中进行。

在图 8－44 中，棉一 1009 合约在 2010 年 7 月 5 日下午又形成了什么样

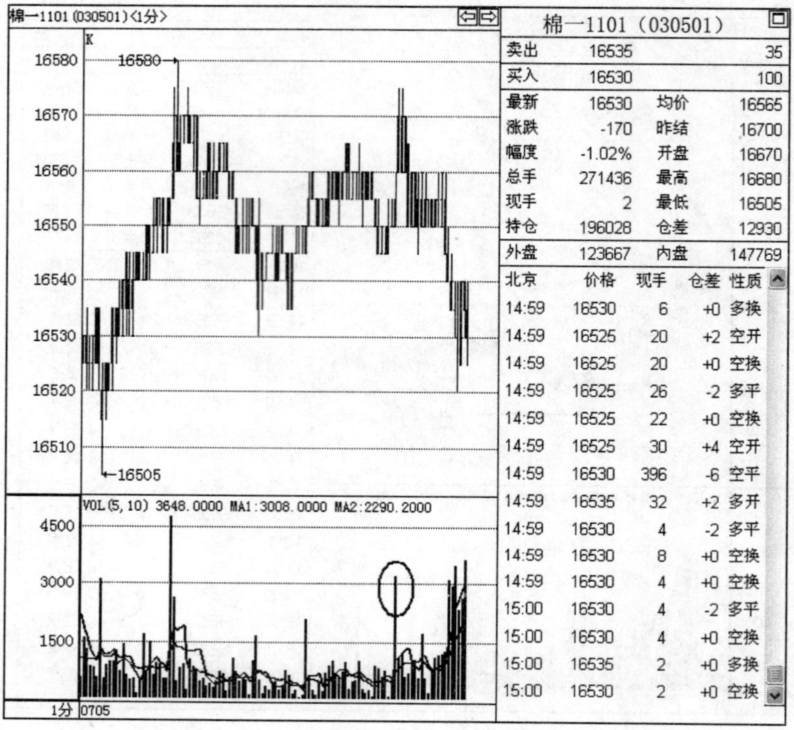

图 8-44　棉一 1101 合约 2010 年 7 月 5 日走势图

的技术形态？

学员钱先生：

从图中的走势来看，价格形成了高点不过的走势，第二个高点反弹至前期高点附近时便受到了压力出现回落，因为棉一 1009 合约在这一天的空头迹象比较明显，所以，可以在高点不过技术形态出现的时候进行做空操作。

无形：

只要价格具备明显的空头性质，那么，高点不过就是最棒的操作方法。虽然这样的技术形态可能只会在盘中出现一两次，但是只要把握住一次就足以给投资者带来可观的投机性收益。

在价格形成高点不过走势的时候，量能变化又是如何呢？

学员钱先生：

成交量较为低迷，没有明显的连续放量现象出现，同时，在高点不过形态中的第二个高点处，还形成了异常巨量。老师曾讲过，出现异常巨量的高点不过技术形态更容易导致价格的回落。

无形：

成交量没有连续放大，使得 1 分钟 K 线图形态显得比较滞缓，哪里有量哪里有机会，哪里没有量机会就要小很多，虽然高点不过的技术形态很标准，但后期的下跌幅度根本无法与早开盘期间的放量下跌幅度相比较，因此，我们应当尽量避免在成交量较小的区间进行过于积极的操作。

在高点不过的技术形态中，第二个高点形成异常巨量，这说明有大量资金在此处的操作出现分歧。资金的操作方向不统一，价格也就必然容易出现调整的走势，所以，第二个高点形成异常巨量的高点不过技术形态是最值得信任的做空信号。

对 1 分钟 K 线图进行了总结以后，我们对图 8－45 中棉一 1009 合约在 2010 年 7 月 5 日分时图的走势进行分析。您先来看一下均价线在这一天有什么样的波动特征？

学员钱先生：

均价线这一天始终保持着下降的趋势，不过下行的角度比较平缓，这说明空头虽然明显占据上风，但力度并不是太大。

无形：

均价线的下行角度可以向投资者提示价格下跌时空方力量的大小。如果空方力量较大，分时线的下行角度必然会非常陡峭，而如果下行角度较为平缓，则说明空方力度相对弱一些。这与整体盘面的弱多气氛正好吻合，在弱多市场中，那些下跌的品种均价线的下行角度都比较小。

分时线的整体技术形态又是如何？

学员钱先生：

我觉得分时线最明显的技术形态就是形成了高点依次降低的迹象，虽

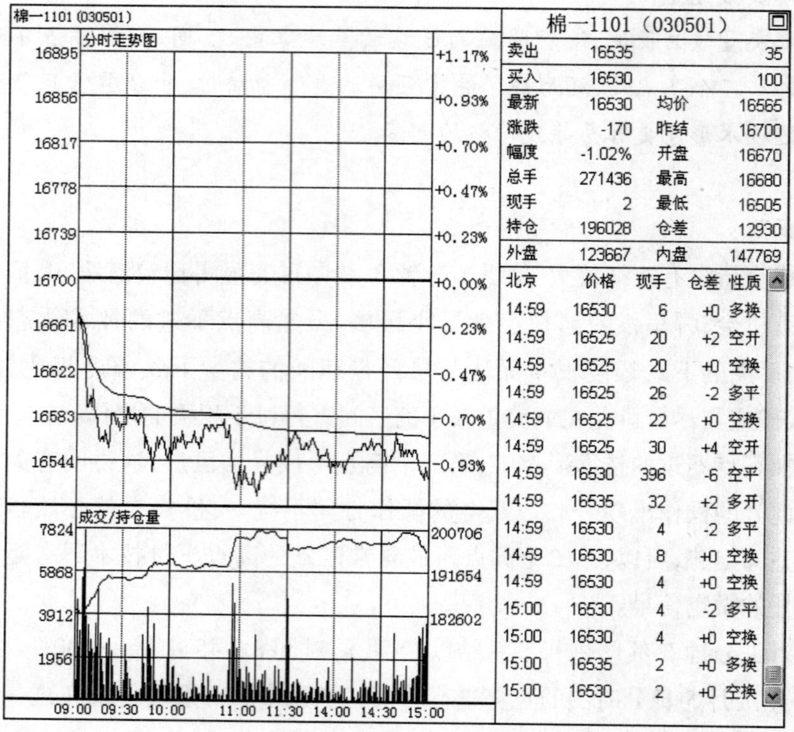

图 8-45　棉一 1101 合约 2010 年 7 月 5 日走势图

然价格在下跌之后一次次地出现反弹，但是，反弹的高点都无法向上形成突破的走势，因此，每一次反弹的高点都构成了一次极好的做空机会。

无形：

高点依次降低是价格走弱时的常见表现，这样的走势对于持仓成本较高的做空投资者也可以提供止损的参考，只要价格没有突破前期高点就可以继续持仓，而一旦突破前期的高点就应当考虑止损出局。

将分时线与均价线结合起来进行分析，又可以发现什么样的技术特征呢？

学员钱先生：

这一天分时线始终位于均价线的下方，这是典型的空头占主动的波动形态，同时，每一次反弹的高点还都受到了均价线的强大压力，这也是价格高点降低的主要原因。

无形：

在绝对的空头市场中，均价线的压力作用是极大的，价格很难有效地进行突破，所以，可以利用这一现象来决策做空的位置：当分时线向上触及均价线压力的时候，就可以开仓做空，而一旦放量向上形成突破则可以进行止损的操作。

我认为棉一 1009 合约在这一天最为经典的走势就是均价线的压力，对于这样的技术形态，希望大家可以自己再做进一步的总结。

8.10　把握高、低点的交易技巧操作解析——棕榈 1101 合约案例

无形：

棕榈 1101 合约在 2010 年 7 月 6 日这一天在盘中形成了许多值得总结的技术特征，因为它在农产品板块中的地位较为重要，所以，在平时操盘及复盘的时候，也需要对它的走势多进行关注。

学员刘先生：

记得老师曾经讲过，棕榈油在农产品板块中的表现是最为活跃的，特别在三个油脂品种中，它更是经常性地会起到领涨和领跌的作用。

无形：

没错。农产品板块包括豆粕、豆一、豆油、棕榈油和菜油，在这五个品种中，豆粕和棕榈油的波动幅度都比较大，而棕榈油的波动幅度在该板块中是最大的，因此，无论农产品板块整体是涨是跌，都应当对它进行重点关注。

除了可以对棕榈油进行投机性交易以外，还可以结合着菜油或是豆油对它进行交易，因为棕榈油的波动幅度远超过豆油与菜油，盘中价格形成的涨跌幅差异就构成了极好的获利机会。

学员刘先生：

在对棕榈油进行分析与操作的时候，它所针对的外盘走势是哪个市场呢？对美豆油的走势进行分析可以吗？

无形：

对棕榈油进行分析的时候，美豆油的走势可以起到一定的参考作用，因为美豆油的涨跌必然会影响国内豆油价格的变化，而豆油价格的变化也必然会对棕榈油价格的变化起到影响作用。

不过，最好还是结合马来西亚市场的棕榈油进行同步分析为宜，二者的关系最为密切。

下面我们对棕榈1101合约在2010年7月6日的走势进行具体的总结。

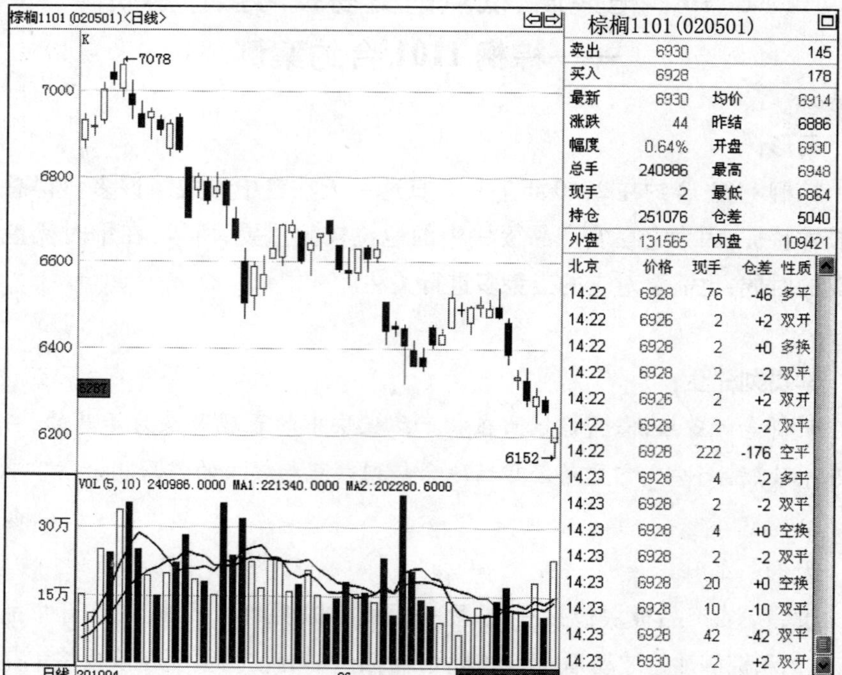

图8-46　棕榈1101合约2010年7月6日走势图

在图8-46中，我们依然先从棕榈1101合约的日K线入手进行分析，而后再来看一看盘中的走势又有哪些技术上的特征。

学员刘先生：

从日K线形态来看，价格已经出现了破位的走势，整体空头迹象比较明显，7月5日这一天的日K线图收盘价更是创下新低，这也决定了7月6日价格低开的必然。

无形：

从外盘的走势来看，马来西亚市场的棕榈油也同步形成了创新低的走势，两个市场的走势完全一致。

学员刘先生：

从外盘的走势中发现了一件比较有意思的事情，2010年6月下旬期间，棕榈1101合约出现反弹，反弹高点受到了布林线中轨的压力，而马来西亚市场的棕榈油则受到了上轨的压力，随后两个市场的价格同步出现回落的走势。

无形：

一旦外盘的走势出现某些经典的技术信号，而国内的走势也随之形成相同的技术信号，那么，二者后期的趋势必然是同一方向并且不会出现差异的。

从外盘的走势来看，6月下旬期间，国内棕榈1101合约的走势较弱，因为中轨起到了压力的作用，而外盘的走势相对略强一些，因为上轨起到了压力的作用。布林线指标压力作用的体现，促使着价格形成了一轮连续下跌的走势。这一时期预测未来方向并不困难。

从日K线图看，因为当前趋势比较单一，价格趋势向下但有可能出现反弹，分析的压力并不是很大，下面我们结合盘中的走势进行分析。

在图8－47中，棕榈1101合约在2010年7月6日开盘以后的走势比较有趣，这一时期价格的波动有着什么样的特点呢？

学员刘先生：

首根K线收出了一根较长的上影线，第二天K线随之下跌，但又收出了较长的下影线，从第三分钟开始，K线开始位于首根K线收盘价上方。

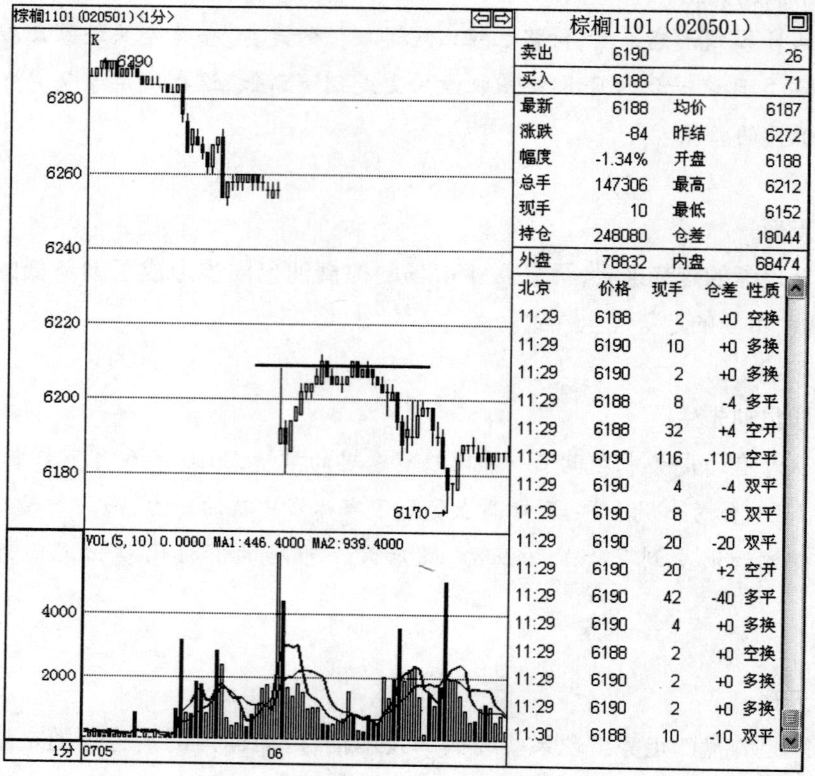

图 8－47　棕榈 1101 合约 2010 年 7 月 6 日走势图

无形：

因为价格形成低开的走势，所以前两分钟的震荡比较剧烈，从第三分钟开始，价格波动的方向开始明显，这个时候可以适当留意多单的机会。

学员刘先生：

虽然后边的 K 线位于首根 K 线收盘价下方，但依然处于首根 K 线实体范围之内，这样的形态可以积极做多吗？不是应当在突破首根 K 线范围以后才可以考虑多单机会吗？

无形：

在实战操作的时候，价格向上突破首根 K 线收盘价时（首根 K 线为阳线），可以考虑做多，但不能是积极地做多行为。而一旦向上突破首根

K 线的整体范围，就可以积极地进行做多的操作。所以，从棕榈 1101 合约开盘的走势来看，并不适合激进地做多，而是可以以分仓的方式做一次投机。

如果出现失误，我觉得如何止损应当不是什么难题吧？

学员刘先生：

如果操作失败，就在价格向下跌破首根 K 线的时候进行止损操作，这个问题很容易解决。

无形：

从首根 K 线来看，价格上涨时有可能会在什么位置受到压力？

学员刘先生：

有可能会在首根 K 线的上影线处受到压力，即使不形成受压回落的走势，在这个位置出现震荡的概率也是比较大的。

无形：

从后面的走势来看，当价格上涨至首根 K 线上影线处时，上涨随之结束，而后形成了一个小形态的高点不过走势。此时，多单最好暂进出局，等价格的波动形式进一步明确以后再找机会进行操作。

同时，因为日 K 线整体趋势向下，也可以在量能不济的情况下考虑进行投机性做空，如果操作失败，当价格向上突破首根 K 线上影线压力位时，需要进行止损操作。

价格在图 8－48 中形成了两处重要的波动形态，您能从中总结出这两个重要的操作方法吗？

学员刘先生：

我觉得第一个最重要的技术方法就是在价格跌破首根 K 线以后，下跌的低点形成了明显的放量现象。下跌低点出现异常巨量往往意味着价格将有很大可能形成反向波动的走势。

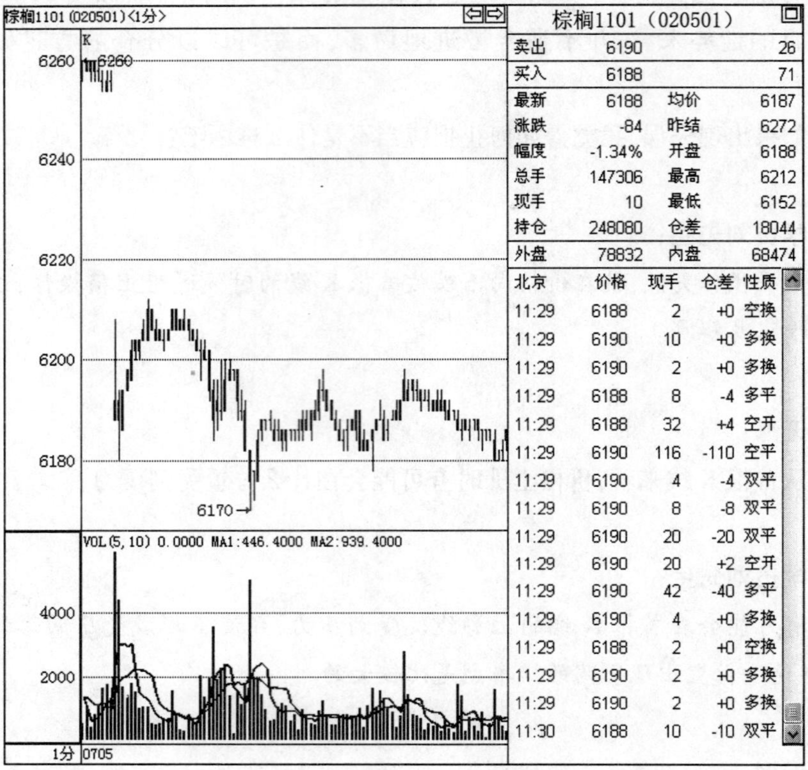

图8-48　棕榈1101合约2010年7月6日走势图

无形：

从后面的走势来看，价格的确出现上涨的走势，那么，在异常巨量的下跌低点处我们可以考虑进行做多的操作吗？

学员刘先生：

我认为是不能进行做多操作的。下跌低点的异常巨量只适合进行平空单，而不是做多的方法，这是不能做多的理由之一。虽然有可能形成反向波动，但是，价格后期能够反弹多高是无法进行预测的，我们只知道当时的趋势是向下的，应当顺势而为，做多的风险就显得大一些了，这是不能做多的第二个理由。

无形：

下跌低点出现异常巨量，从我给大家讲这个方法的时候就一再提示：这个方法只适合用来平空单，而绝不是做多的信号。正如您所讲的，此时如果做多就是逆势交易，风险要大于收益。

在价格后期反弹的过程中，还有什么样的经典技术形态出现？

学员刘先生：

形成了标准的高点不过走势，并且在第二个高点处又出现了异常放量的走势。

无形：

高点不过是空头市场中经常会出现的一种走势，这也是大家在空头市场中最适合运用的操作方法之一。

标准的高点不过应当是第二个高点的成交量小于第一个高点，这说明价格得不到资金的认可，无力突破前期的高点，所以回落的概率较大。而如果第二个高点形成异常巨量，这说明在前高点的压力区间，大量资金的操作又发生了严重的分歧，因此，价格形成反向波动的概率极大。

面对这样的走势，我们可以在第二个高点区间开空单，如果价格后期继续上涨，当突破第一个高点的时候，可以考虑进行止损操作。

在图 8－49 中，高点不过技术形态出现以后价格连续回落，这一轮杀跌的低点又有着我们非常熟悉的技术特征，您来总结一下。

学员刘先生：

一根大实体的阴线出现以后，成交量也在这一分钟急剧放大，并且第二分钟收出一根带有较长下影线的 K 线，同时量能继续放大，形成低点异常巨量的现象。异常巨量本身就容易促使反向波动的出现，而较长的下影线则进一步提高了价格形成反向波动的概率。

无形：

下跌的低点的常见 K 线形态就是出现较长的下影线，这样的走势大家要好好地记在心里。低点处较长的下影线可以是无量的，也可以是放量的，

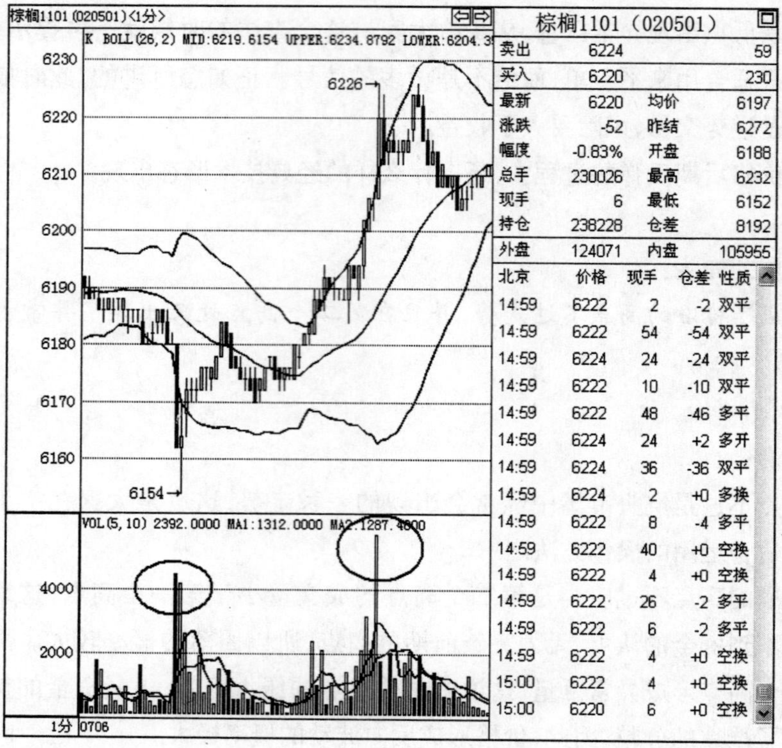

图 8－49　棕榈 1101 合约 2010 年 7 月 6 日走势图

都容易使下跌暂时结束，特别是见到异常巨量长下影线时，更是需要及时地将空单平仓出局。

形成低点之后，价格后期的波动又形成了低点抬高的走势，随后一轮上涨行情出现。在价格上涨的过程中，我们对成交量是如何要求的？

学员刘先生：

在价格上涨的时候，我们要求成交量必须形成连续放大的迹象，只有成交量形成连续放大的走势，才说明大量的资金入场在进行做多的操作，此时价格上涨的可信度就会变得非常高。从图中的走势来看，棕榈 1101 合约在上涨的时候，成交量也的确保持着放大的状态，在量能没有任何萎缩的情况下，就应当继续进行持仓的操作。

无形：

价格在上涨的时候，难免会出现调整的走势，除了对价格上涨时的量能要求放大以外，我们还要求价格出现调整时成交量必须是萎缩的，只要形成放量上涨、调整萎缩的量能形态，就是绝好的做多机会。

价格上涨到高点以后，又一次形成了我们非常熟悉的走势，高点处又有着什么样的技术特征呢？

学员刘先生：

还是异常放量，高点处的异常巨量。与下跌时的技术形态一个性质，一根大实体的阳线伴随着巨大的成交量出现，这说明资金在价格迅速上涨的时候，操作出现了较大的分歧。

无形：

从图中的走势来看，我们利用异常巨量判断价格波动时高点和低点的所在还是非常准确的，这种技术方法大家必须要熟练掌握。还要切记：低点的异常巨量只能用来平空单，高点的异常巨量只能用来平多单，除非对这个方法的运用极为熟练，否则绝对不可以在下跌低点处开多单以及在价格上涨的高点处开空单。

在图 8－50 中，价格放量上涨以后形成了震荡的走势，此时的震荡与波动重心水平的震荡形态有所差异，但又有很多相似之处。您能从图中的走势看出波动重心上行的震荡与横盘震荡有哪些相似之处吗？

学员刘先生：

成交量都在震荡区间形成萎缩的状态，这是最明显的相似之处。另外就是价格在震荡的过程中，高点都会受到布林线上轨的压力，而低点也都会受到布林线下轨的支撑。

无形：

您说的技术特征都非常正确，不同之处就在于一个是波动重心缓慢上行，一个是波动重心保持着水平状态，除此之外没有太大的差异。因为差异并不是很大，所以，我们可以运用价格标准横盘震荡时的技术方法进行操

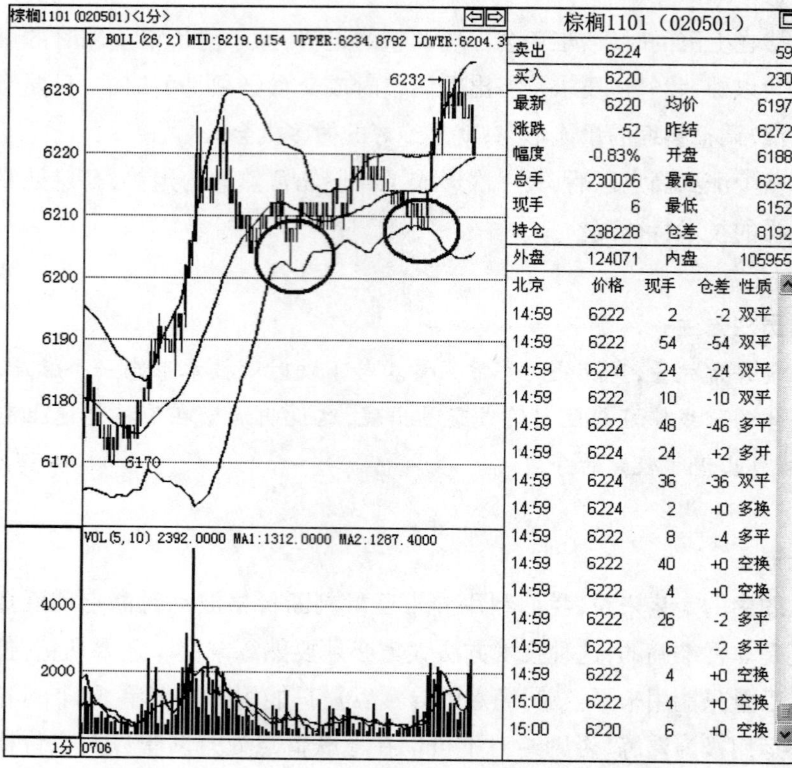

图 8－50　棕榈 1101 合约 2010 年 7 月 6 日走势图

作。从图中的走势来看，该如何结合布林线指标进行同步操作呢？

学员刘先生：

在价格的无量区间，一旦 K 线回落至布林线下轨附近，就可以开多单，如果价格接近布林线上轨的时候没有形成放量，则要在上轨处平仓多单；如果价格的上涨形成带量的迹象，则可以再多持有一会儿多单，直到成交量不能再延续放大的时候再进行平仓操作。

无形：

价格无量上涨至布林线上轨的时候，因为没有资金积极入场交易，所以很难有效向上突破上轨的压力。而一旦形成放量上涨的走势，在资金交易活跃的情况下，就有可能向上完成突破。您的回答结合了成交量变化的因素，是非常正确的。量价分析，我们无论是在分析还是在操作的时候，都要将二者结合起来。

学员刘先生：

从棕榈1101合约在2010年7月6日的走势中，我进一步学习了首根K线的应用方法、价格高点和低点的判断方法、价格上涨之后形成波动重心缓慢上移的震荡形态的分析方法。每天这样总结，能使分析能力每天得以提升。

8.11 下跌时的持仓方式操作解析——L1009合约案例

无形：

L1009合约在2010年5月11日出现了大幅下跌的走势，盘中的走势有多处值得我们学习，下面我们进行盘后总结。

学员刘先生：

除了白糖、橡胶和螺纹以外，L也是一个非常活跃的品种，跟着老师学习也有一段时间了，发现老师也经常对它进行操作。这是不是因为除了价格波动比较活跃以外，其走势也比较有规律呢？

无形：

有一些品种虽然价格非常活跃，但总不按套路出牌，很难用技术去把握，所以，这些品种并不适宜进行操作。而有一些品种虽然价格波动不是所有品种中最大的，但也非常活跃，最主要的就是走势都比较经典，完全可以用正常的技术进行操作，L1009合约就属于这样的品种。所以，我建议大家多对它进行一些关注。

学员刘先生：

L1009合约属于能源化工板块，在操作时需要结合美原油连的走势进行分析，它在该板块中处于什么样的地位呢？

无形：

对能源化工板块的所有品种进行操作都必须要参考美原油连的走势，在很多时候，二者的方向都是一致的。在能源化工板块中，橡胶无论是价格还是成交量都是最为活跃的品种，但因为资金介入量过大，所以，有时价格的波动很难用技术去把握。

而 L1009 合约的活跃性低于橡胶，但是却高于同板块中其他的品种，比如，燃油与 PVC，每天对它们操作获取 1% 的收益并不是什么难事。如果对过度活跃的橡胶感到难以把握，可以对 L1009 合约进行操作。

下面，我们结合 L1009 合约 2010 年 5 月 12 日的走势进行总结。

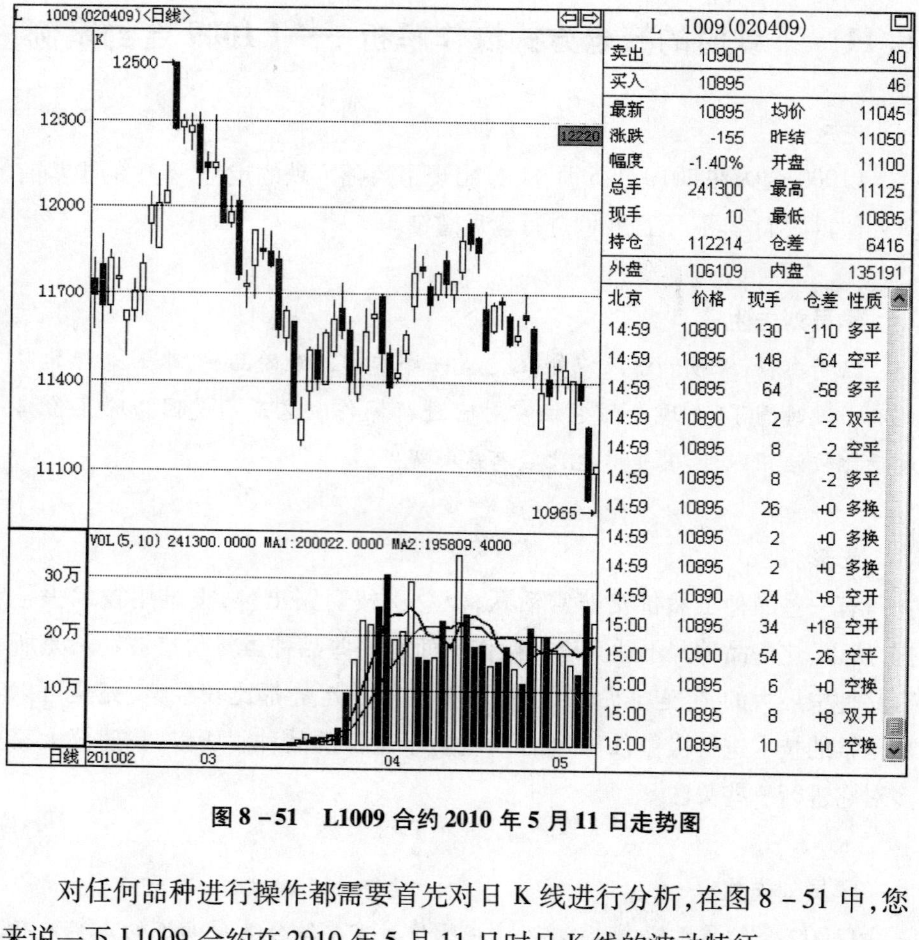

图 8－51 L1009 合约 2010 年 5 月 11 日走势图

对任何品种进行操作都需要首先对日 K 线进行分析，在图 8－51 中，您来说一下 L1009 合约在 2010 年 5 月 11 日时日 K 线的波动特征。

学员刘先生：

从整体趋势来看，价格形成较大的下降趋势；从局部走势来看，下降趋势也非常明显，并且价格刚刚突破前期低点创下新低。

无形：

无论是大级别的形态，还是局部走势，都要求投资者要在此时进行做空操作。千万不能因为价格已经跌了不少而轻易地进行抄底操作。底部一定要等明确形成以后才可以做多，很多投资者都是在价格底部没有形成之前入场企图抄底，结果出现了巨大的亏损。价格形成下降趋势就顺势做空，这才是赚钱之道。

学员刘先生：

日 K 线价格向下，盘中是不是也应当考虑找高点做空，或是在价格盘中形成破位时进行做空呢？

无形：

这是在价格下降趋势形成时的第二个主要操作思路，不过，具体的操作方式还需要结合盘中的走势进行确定。对日 K 线分析完后，我们结合盘中的走势来总结一些实战操作的技巧。

在图 8－52 中，价格开盘以后形成了一段时间的震荡走势。面对这种走势，我们该如何进行操作呢？

学员刘先生：

价格没有明确的趋势，因此只能进行投机性交易，此时的操作方法就是逢低做多，而后逢高出局。

无形：

在价格没有明确趋势形成上下震荡的时候，进行高抛低吸操作是主要的获利手段。那么，何处为低，何处为高呢？

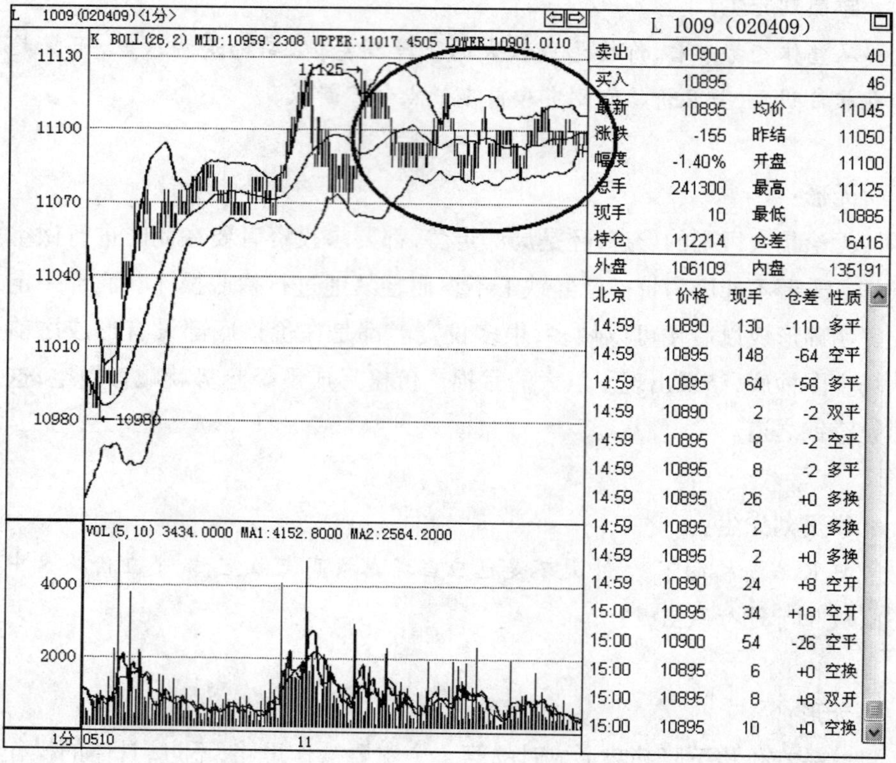

图 8－52　L1009 合约 2010 年 5 月 11 日走势图

学员刘先生：

在价格震荡区间应当使用布林线指标进行高抛低吸的操作，一旦价格回落至布林线指标下轨处时就可以顺势开多仓，而一旦价格上涨至布林线上轨处时，就可以将多单平仓。

无形：

为何要在此时进行低点做多高点做空的操作呢？能不能在高点再做空，而后在低点平空单，这样岂不是可以增加收益吗？

学员刘先生：

在价格保持上下震荡，决定是逢低做多、逢高平仓，还是逢高做空、逢低平仓时，需要结合之前的走势进行确定。从前期的走势来看，价格整体的走势向上，所以，应当低点做多、高点平仓。在前期趋势向上的时候，逢低开仓、逢高平仓;在前期趋势向下的时候,则应当逢高做空、逢低平仓。

无形:

前期趋势向上,在价格形成震荡的时候,就应当以多单为主,而不要去开空单,这样将与整体趋势的方向相反,就会存在一定的风险。而当前期趋势向下的时候,一旦价格形成震荡走势,就应当逢高开空仓、逢低平仓,这样进行操作与大方向一致,风险相对较小,而赢利的可能性则较大。

通过开盘期间的走势,我们总结出了在价格震荡过程中应当正确操作的方法,接下来,我们继续进行总结与学习。

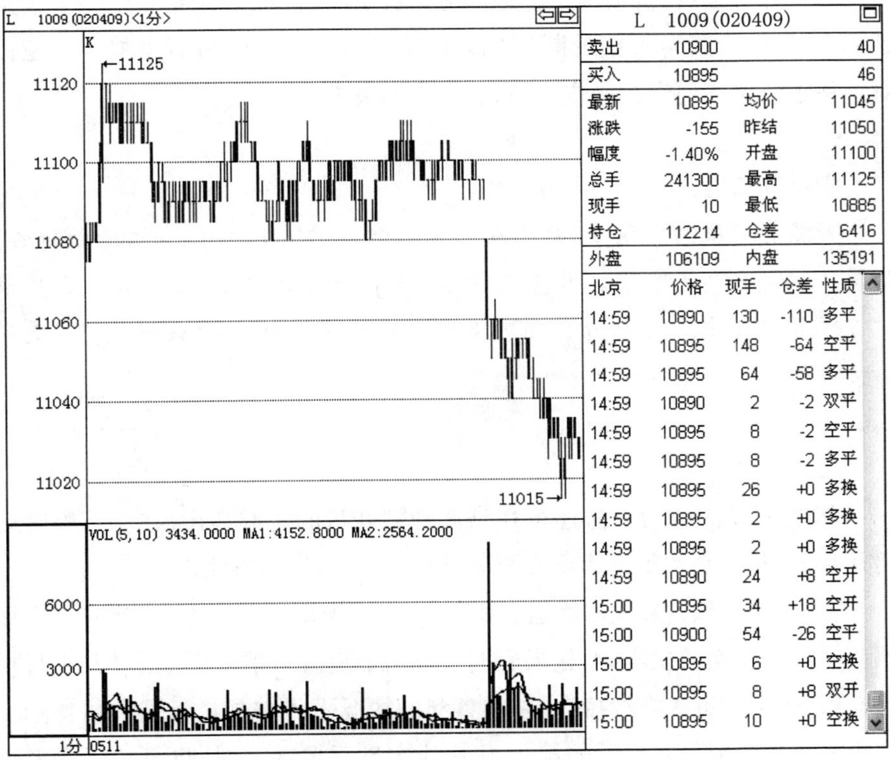

图 8-53 L1009 合约 2010 年 5 月 11 日走势图

无论价格形成什么样的波动形态,都不可能长时间地保持下去,肯定会有方向的转变。图 8-53 中的横盘震荡走势也是如此。在价格保持震荡走势的时候,我们应当在该区间内逢低开多单、逢高平仓。而当价格摆脱这种震荡走势时，我们又该如何进行操作呢？

学员刘先生：

价格摆脱震荡走势的含义就是形成突破走势，或者向上形成突破，或者向下形成突破。一旦形成这样的走势，价格将会按突破的方向前行。从图 8－53 中的走势来看，下午开盘后价格快速地向下形成了突破，这意味着新的方向已经形成，此时需要顺势做空。

无形：

下午开盘以后，价格很干脆地向下完成了突破，在 1 分钟 K 线图上留下了跳空的缺口，因为 K 线的断档比较厉害，所以，有的投资者可能不知道面对这种走势该如何进行操作。那么，您有解决之道吗？

学员刘先生：

当然有解决的方法了，那就是用老师讲过的首根 K 线方法进行操作。从图 8－53 中的走势来看，中午开盘后收出了一根阴线，而后的 K 线始终位于首根 K 线下方波动，再加上首根 K 线坚决地突破向下，这就形成了经典的弱势特征。

无形：

首根 K 线的应用方法还可在当天刚刚开盘的时候适用，在小节停牌后的开盘适用，或是中午停牌后的开盘时都适用，运用的方法没有区别。

中午开盘以后，K 线始终运行于下午第一根 K 线的下方，这就应当入场顺势做空。在实战操作时，如果后期走势向上突破首根 K 线，则需要进行止损操作，否则就可以继续持仓，并在赢利的情况下将空单进行平仓。特别是在小节停牌或中午停牌后的第一根 K 线突破重要区间时，更是需要参考这一根 K 线来指导后期的操作。

下面，我们结合后期的走势继续总结操作时需要注意的一些事项。

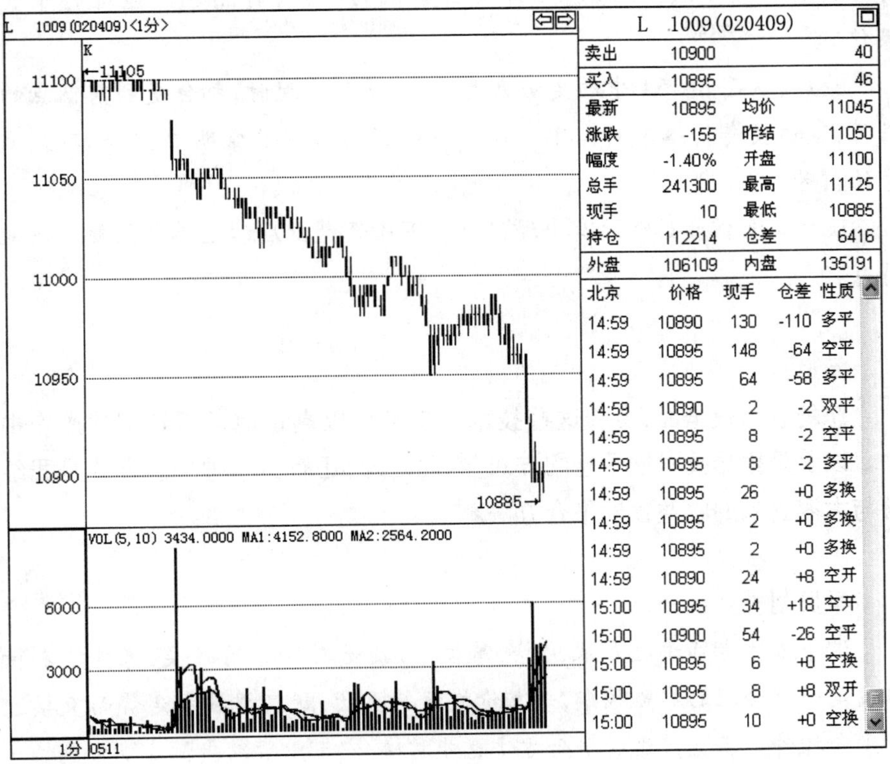

图 8-54　L 1009 合约 2010 年 5 月 11 日走势图

在图 8-54 中，根据首根 K 线的方法对 L1009 合约做空以后，接下来的问题，就是应当如何进行持仓操作了。持仓的方式其实就是寻找平仓点的方法，只要平仓信号没有出现就需要一直进行持仓。您继续来讲一下价格在下跌的过程中是否有平仓信号的出现?

学员刘先生:

从后期下跌的走势来看，我觉得没有明显的持仓信号出现，按照技术信号的提示来看，完全可以将中午的空单一直持有到收盘。

首先，在价格下跌的时候，成交量都保持着放大的状态，而当价格出现反弹走势时，成交量则出现萎缩的迹象，量能并不支持价格的反弹，这说明下跌的概率将会是极大的。

其次，每一次反弹出现以后，价格都可以创下新低，只要能创新低，价格就会继续下跌。所以，在价格创新低的时候，自然也不能进行平仓操作。

最后，从图 8 – 54 中的走势来看，每当反弹出现时，都会受到前低点的压力，这迫使着价格不断向下。前低点的压力作用非常明显，这也不是平仓的信号。

既然平仓信号始终没有出现，所以，下午开盘以后的空单自然要坚决地持有。

无形：

您的总结很全面，希望这些技术未来都可以真正地运用到实战操作中去。以上是根据技术性平仓的方式，除此之外，还有另一种平仓方式是我经常与大家讲到的收益预期平仓方法。

学员刘先生：

这个方法老师讲过多次，我也掌握了，就是在开仓的时候，根据技术特征设定一个合理的收益预期，一旦价格运行至此，就忽视技术走势而直接进行平仓操作。我觉得这种平仓方法也非常棒，它可以帮助我们减少贪念。

无形：

在开仓以后，如果价格的波动已达到预期的收益，但在这个时候，如果技术形态非常经典则不必急于平仓，可以按照技术信号进行操作。但是，如果价格的波动此时开始变得琢磨不定，那就需要尽快平仓，只有把钱装在口袋里才算是赚到了，账面上的赢利并不代表真实的赢利。

通过 L1009 合约下午的走势，我们又一次学习了正确持仓的方法。接下来，我们再来交流一下如何回避指标伪信号的话题。

在价格下跌的过程中，我们需要利用各种技术指标进行辅助式分析，这里建议大家多使用布林线指标。因为这个指标可以为大家总结出许多非常具有实战性的操作方法。比如在价格下跌的过程中，只要 K 线没有向上突破布林线中轨，则空单可以继续持有，而一旦向上突破中轨则可以考虑平仓。

但是，问题又出现了，图 8 – 55 中在 L1009 合约下跌的过程中，先后两次

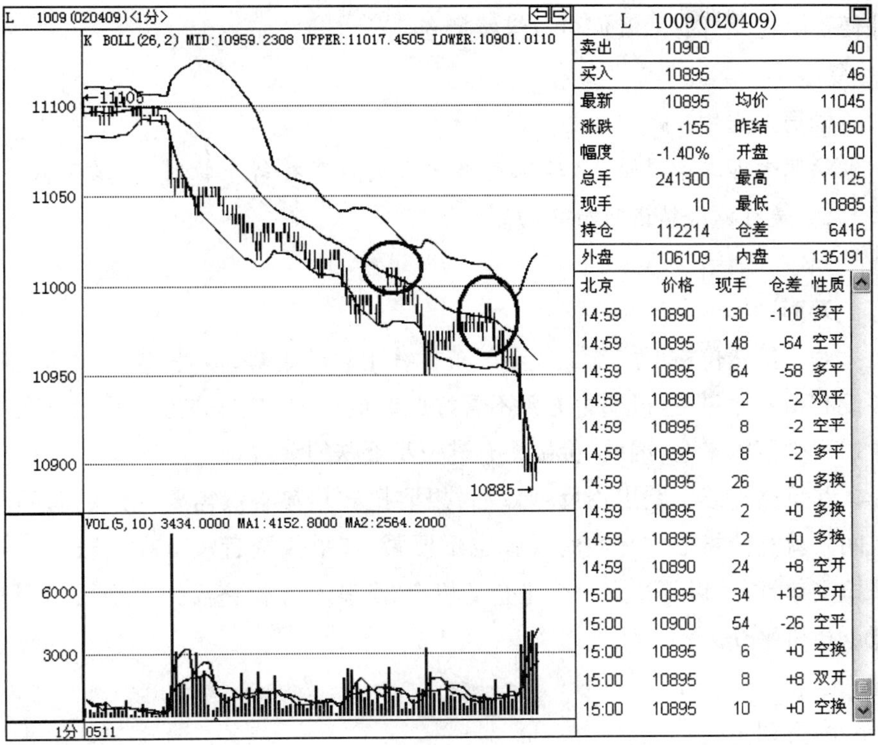

图 8－55　L1009 合约 2010 年 5 月 11 日走势图

向上突破了布林线中轨，这又该如何进行分析呢？

学员刘先生：

老师说的这个问题太关键了，如果此时不能过滤掉指标的伪信号，就不太可能赚取更多的收益。我对这方面的学习还差很多，希望老师可以详细讲解一下。

无形：

第一次 K 线向上突破布林线指标中轨的时候，整体量能并没有连续放大，只是形成了单根放量现象，这说明价格的上涨动力不足，因此，可以考虑继续持有空单。而如果成交量连续放大，在价格向上突破布林线中轨的时候就必须要及时平仓了。

首先，从量能的角度来识别指标的提示信号是否正确，量能跟不上，上涨便不会延续，因此，我们可以继续持仓。

学员刘先生：

按照老师这个思路，第二次价格向上突破布林线中轨时，也没有放量，因此，也是可以继续进行持仓的。

无形：

对。虽然价格形成了二次突破布林线中轨的走势，但是，这二次的突破并没有引发放量，这说明多方并不看好此时的反弹，并且空方也并没有在缩量过程中积极平仓，因此，价格还有进一步下跌的动力。

在价格连续下跌出现反弹以后，想要扭转趋势必然需要一定的时间与空间。就算价格形成真实的反弹也不要紧，如果投资者没有在突破中轨时平掉空单，则可以等待另一个平仓的机会，那就是在价格反弹出现后的调整低点择机平仓。

学员刘先生：

是不是这样的意思：价格突破布林线中轨以后，如果没有平仓，则继续持有，等价格反弹出现调整后，如果调整的低点受到布林线中轨支撑，并且在跌不下来的时候进行平仓。而如果价格调整后向下跌破了布林线中轨则可以继续持仓，并在下一次价格向上突破布林线中轨时平仓？

无形：

就是这个意思，您的理解很正确。下跌，反弹，而后调整，此时调整的形态就变得非常关键，如果价格还将会继续上涨，布林线中轨必然会起到强大的支撑作用。而如果价格只是正常的反弹，后期还将会下跌，必然会再度跌破布林线中轨。

调整低点受到布林线指标中轨支撑的时候，必须要择机平仓，如果跌破布林线中轨空单则可以继续持有。

学员刘先生：

通过 L1009 合约 2010 年 5 月 11 日的走势又学到了很多重要的知识，真是非常感谢老师的讲解。

8.12 高抛低吸交易技巧操作解析——L1009 合约案例

无形：

继 2010 年 5 月 11 日 L1009 合约出现经典波动形态以后，2010 年 5 月 12 日该品种再度在盘中形成经典走势。历史果真会不断地重复，既然历史的走势在当前会不断地重现，那么，我们的学习也必须要不断地重复，任何知识只学一次是绝对不行的，熟才能生巧，巧才能生钱。

学员刘先生：

以前从没有接触过老师这样的盘后学习方式，刚开始这样学习时不觉得有什么特别，但随着学习时间的延长，发现进行盘后总结是那么的重要，一天不听老师的总结课就会觉得心里少了些什么似的。

无形：

大家愿意学习我们就会愿意为大家讲解。在学习的问题上，我们要一而再，再而三地重复、重复、再重复。我认为谁要是厌倦了，也终将被市场惩罚。

持续性的学习是很枯燥的，投资者要是哪天能够觉得学习是一项非常有意义、非常有乐趣的事情，那么，您离成功就已经很近了。

学员刘先生：

我反倒觉得老师应当对某一个活跃的品种进行连续性的总结，这样好像可以使思路更加连贯。

无形：

这是一个不错的想法，但有时并不太可行，假设价格连续多日形成小幅震荡，并没有什么经典走势出现，也就没有学习的价值了。每天把各品种中的经典走势提炼出来，然后与大家一起进行总结，这样才会学到更多的知识。

L1009 合约因为连续两天的走势都非常经典，价格波动过程中涉及许多必须要掌握的技巧，所以，我们才对它进行连续讲解。总之，哪个品种的走势有值得学习的地方，我们就对哪个品种进行总结，这是我们提升操作水平的捷径。

下面，我们开始对 L1009 合约 2010 年 5 月 12 日的走势进行总结。

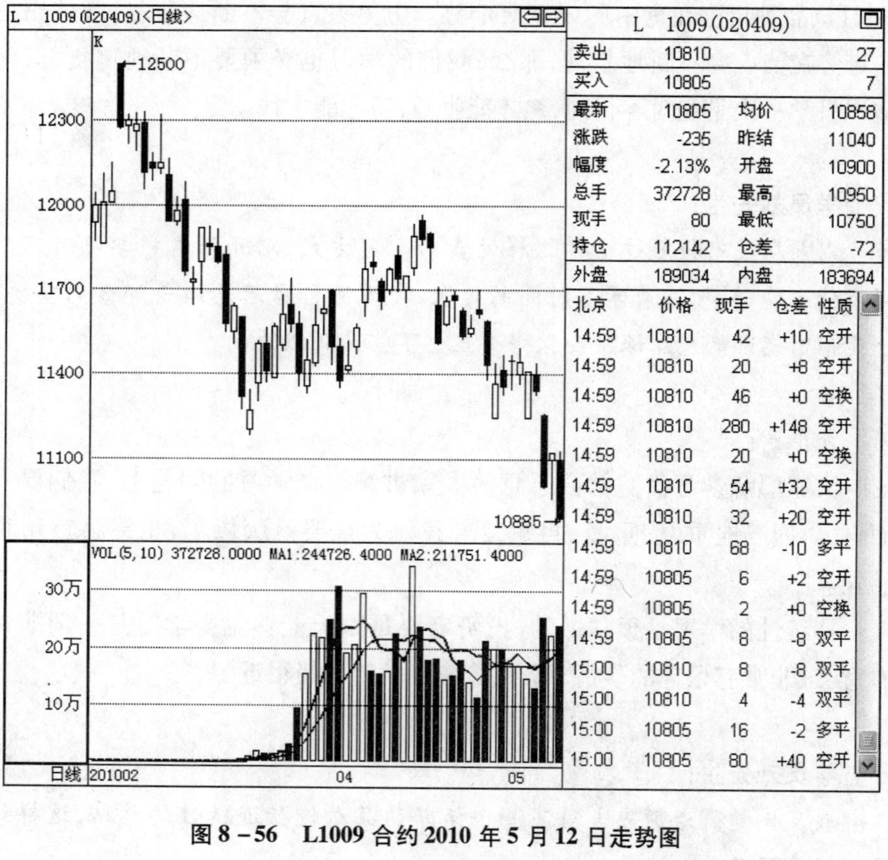

图 8－56　L1009 合约 2010 年 5 月 12 日走势图

学员刘先生：

首先进行日 K 线分析，您已说过多次，在对当天进行操作之前，整体日 K 线的走势必须要重视。老师就不用提问了，我先来说一下。

在图 8－56 中，收出一根破位大阴线以后，价格出现了反弹上涨的走势，但在2010年5月11日却再度收出一根大实体阴线，空方的力度很强大，下降趋势没有任何停下来的迹象，因此应当继续顺势做空。

无形：

养成这样的习惯很好，始终要记住：日K线的趋势很多时候都可以为我们指明当天盘中价格波动的方向。

大阴线出现后的反弹阳线看似有初步企稳的迹象，但价格又大力度下行，可见，企图在下跌过程中抄底是多么困难的事情。与其猜测底在哪里，倒真不如等底部明确形成以后再进行操作得好。

学员刘先生：

我以前花了很多时间研究底部的特点，但却很少能真正地识别出底部在哪里，跟着老师学习以后才明白，底是走出来的，而不是猜出来的。

无形：

价格下跌就不要考虑做多，价格上涨也不要考虑做空。什么时候市场给了我们明确的信号不能再继续顺势操作时，我们再反向操作。就像L1009合约的走势一样，将反弹忽视掉，把抄底忘掉，始终跟着趋势走，这才可以赚到钱。

顺势而为说起来简单，但做起来却很难，就是因为投资者总是认为自己比市场聪明，但最终却都受到了市场的惩罚。

学员刘先生：

日K线既然趋势向下，第二天就应当寻找做空的机会，除非整体市场盘面呈现多头状态，或是价格的波动有明确的做多机会，否则，做空就将是第二天的主思路。下面请老师结合盘中的走势，具体讲解一下这一天盘中都有哪些需要重视的技术要点？

无形：

在图8－57中，L1009合约在2010年5月12日开盘后略作上冲，便又快速下跌，在跌破首根K线范围以后，价格形成低点震荡的走势。从量价形

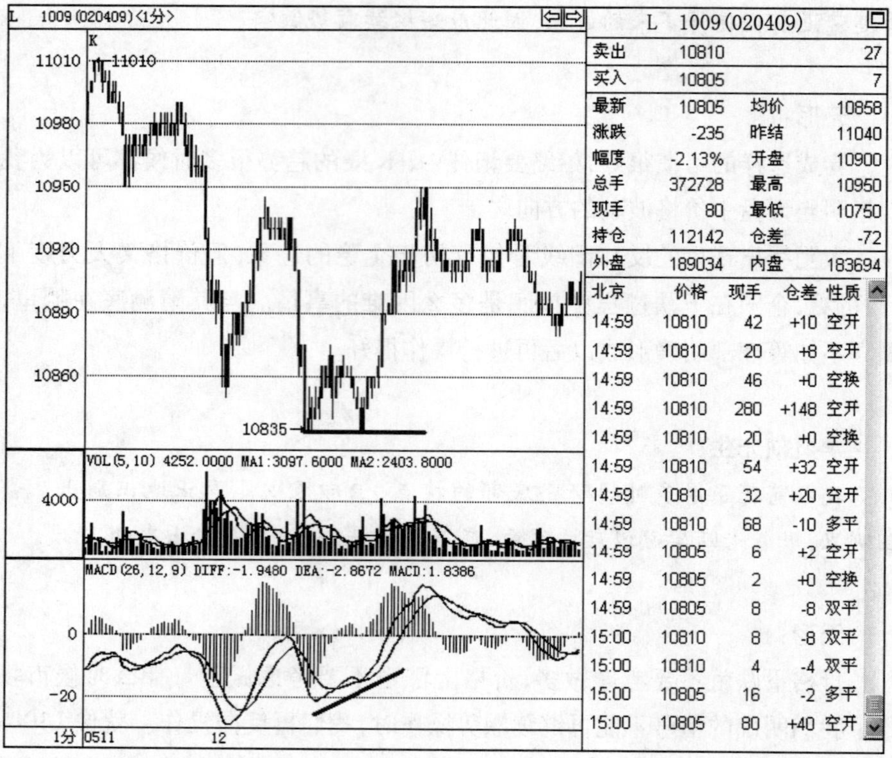

图 8－57　L1009 合约 2010 年 5 月 12 日走势图

态来看，这个位置可以进行做多的操作吗？

学员刘先生：

在这个位置做多有一定的风险，但却也有可行之处。风险在于，价格反弹时的成交量并没有放大，量能并不支持价格出现较大的上涨。而之所以可行，就是因为杀跌低点出现了放量的状态，低点见巨量意味着价格容易引发反向波动。这是做多的理由吗？

无形：

杀跌低点见巨量绝非是做多的理由，而是平空单的理由，切记不能将平空单的理由当做是做多的理由。

从 1 分钟 K 线图来看，杀跌低点见巨量后，形成了低点不破的技术形态，这是值得我们关注的第一个要点。

从后期走势来看，低点区间形成了小级别W底形态，这是第二个值得关注的要点。而在价格向上突破W颈线时，就是开仓做多的时机。

当然，仅这两个理由还是不够的，您能从MACD指标的形态中发现什么问题吗？

学员刘先生：

结合MACD指标来看的话，形成了底部背离的迹象，价格虽然连续下跌创新低，但是MACD指标却率先形成了低点抬高的迹象，这与1分钟K线图的趋势正好相反。

无形：

在价格连续下跌以后，一定要注意MACD指标底部背离现象的出现，从历史的经验来看，价格的趋势方向最终会服务于指标的运行方向。当然，这种方式不能在价格初期下跌时使用，一定要在价格已经出现较大幅度以及较长时间的下跌以后才能使用。

结合MACD指标来看，底背部离现象的形成，说明价格随时将会有反弹走势出现；杀跌低点见巨量，价格容易引发反向波动；低点不破走势也向投资者发出了需要留意反弹出现的提示信号。而后，一旦价格向上突破小W底颈线时，就可以投机性入场开多单了。

学员刘先生：

量能在价格反弹上涨时并没有形成完美的配合，这种现象也不能忽视吧？

无形：

正是由于量能没有形成完美配合，所以，价格上涨的性质才是反弹，如果量能配合放大，可能就会在盘中形成一波上涨行情了。把量能不配合的上涨视为反弹或是短线上涨，因为上涨周期都比较短，所以，不适合长时间持仓。而把量能完美配合的上涨视为一轮真正的上涨行情，可以顺势持仓，趋势不变就没必要离场。

量能的状况往往可以决定价格的波动性质，这是必须要引起重视的。

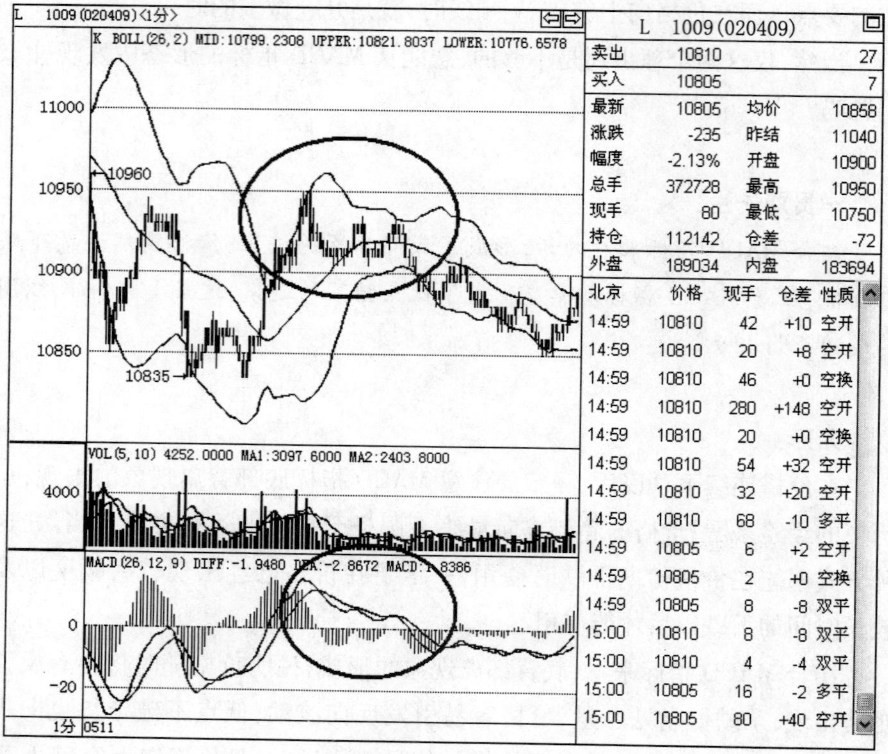

图 8－58　L1009 合约 2010 年 5 月 12 日走势图

在图 8－58 中，经过一段时间的上涨以后，价格形成局部顶部，而后震荡下行，顶部区间的技术形态也非常经典，我们将一一进行讲解。您先来说一下 K 线图中顶部有什么样的技术特征。

学员刘先生：

反弹上涨后的顶部形成高点不过的技术形态，后期的上涨始终没有突破之前的高点，加之日 K 线的下降趋势，应当在这个区间找机会做空。

无形：

在空头市场中，高点不过是一种经常会出现的走势，这是投资者必须要掌握的操作技巧之一。K 线形态分析完毕后，要再对量能形态进行分析，您再来说一下顶部区间成交量都有什么样的特点。

学员刘先生:

在价格震荡的时候,成交量连续萎缩,这使得上涨没有了后继的力量,这也是需要考虑做空的一大技术理由。

无形:

在弱市中,一旦价格上涨到高点开始缩量震荡时,盘中的局部趋势就会有很大可能得以改变。K线的高点不过,以及量能的明显萎缩,增加了价格下行的可能性。

如果结合MACD指标进行分析,您能看出此时价格的波动有什么样的技术特点吗?

学员刘先生:

这一次形成了顶部背离的迹象,价格没有形成明确的下降趋势,但MACD指标线却率先下行,按老师的话说就是:价格最终会服从于指标的趋势。MACD指标进一步增加了价格下行的可能性。

无形:

MACD指标不仅可以在低点处发出底部背离的信号,还可以在价格顶部区间发出顶部背离的信号。一旦指标有此信号出现,投资者一定要按照指标的方向进行操作,而不是按照价格的方法操作,否则很容易产生投机性亏损。

量能不配合、高点也过不去、MACD指标又形成顶部背离信号,价格想要上涨真是困难重重。

学员刘先生:

如果再结合布林线指标进行分析,价格后期的波动好像就更加明确了。在第一个高点形成价格小幅震荡时,反弹的高点受到了布林线指标上轨的压力。记得老师曾经讲过,在弱市市场中,一旦价格无量反弹接近布林线上轨,就是一次理想的做空机会。

无形：

没错。从图 8 －58 中的走势来看，价格受到布林线上轨的压力位置就是一次非常完美的做空点位。结合刚才讲的三大趋空因素，再加上布林线指标的压力提示，这个顶部的获利机会就形成了。以后再见到这种走势相信大家都知道该怎样进行操作了。

图 8 －59　L1009 合约 2010 年 5 月 12 日走势图

在图 8 －59 中，L1009 合约在 2010 年 5 月 12 日下午开盘以后形成了什么样的技术形态呢？

学员刘先生：

下午开盘后形成了一个非常标准的下降三角形形态。下降三角形是经典的中继形态，在下跌途中出现它，往往意味着价格还将会继续下跌。

无形：

在三角形区间成交量依然保持着萎缩的状态，这说明依然没有资金愿意积极入场做多，由于整体趋势明确向下，所以，价格下行的可能性非常大。同时，虽然价格的低点没有降低，但高点却在不断降低，这种形态也可以看做是高点不过技术形态。在价格处于弱势的情况下，从高点和低点的关系来看，价格上涨的可能性依然较小。

价格的波动形成经典的技术形态，那么，交易点位就非常容易确定。您来说一下应当在什么情况下开仓做空呢。

学员刘先生：

在价格向下突破三角形底边线的时候入场做空，一旦向下突破底边线便意味着价格将要延续之前的趋势。

无形：

向下突破底边线做空是三角形形态经典的做空点位，同时，我们也可以理解成为价格向下创新低时做空。

三角形是中继休整形态，空方休息完毕以后，自然会继续发力，而新一轮下跌行情如果出现，必然会向下破位，只要能够破位价格就可能会继续下跌。

还有一个问题是，我们该如何通过这种技术形态预测价格后期的下跌空间呢?

学员刘先生：

三角形形态中最高的那个点至底边线的距离就是破位后价格的理论下跌空间。三角形高点价格为 10900 元，底边线价格约为 10855 元，所以，价格后期将会跌至 10810 元。

无形：

您的回答真是太棒了！从破位后的走势来看，一根大阴线一下子就跌到了理论下跌的点位处。经典的技术形态不仅可以向我们提示交易点位的所在，还可以帮助我们预测价格未来的下跌空间。这也是大家必须要掌握的一种分析方法。

在图 8－60 中，L1009 合约于 2010 年 5 月 12 日下午 14:20 到达盘中最低点，而后出现反弹，当价格再次出现反弹上涨走势的时候，我们又该如何进行操作呢？

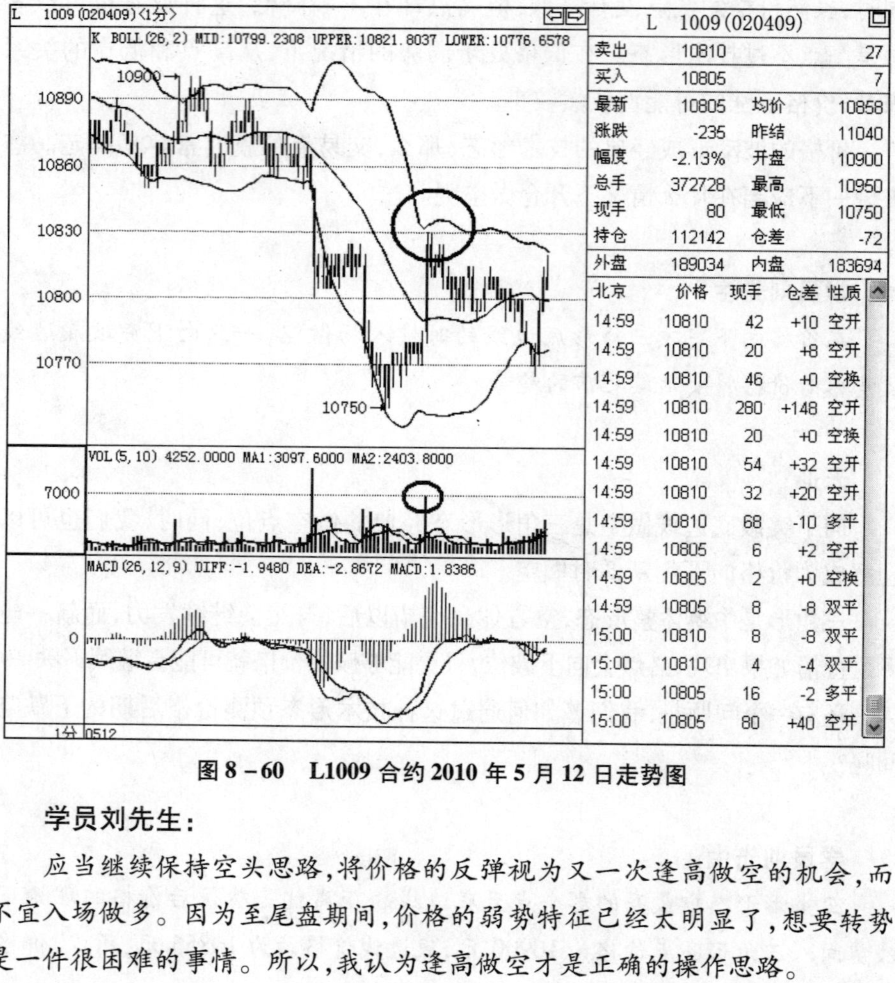

图 8－60　L1009 合约 2010 年 5 月 12 日走势图

学员刘先生：

应当继续保持空头思路，将价格的反弹视为又一次逢高做空的机会，而不宜入场做多。因为至尾盘期间，价格的弱势特征已经太明显了，想要转势是一件很困难的事情。所以，我认为逢高做空才是正确的操作思路。

无形：

思路完全正确。但是，当价格出现反弹走势的时候，我们应当如何预测高点所在呢？

学员刘先生：

这就需要再次结合布林线指标进行分析。在价格反弹的时候，布林线中轨是第一道压力位，如果价格向上突破该压力位，那么，布林线上轨将是一道巨大的压力，价格往往很难突破这道空方的防线。根据这个原理，高点要么在布林线中轨附近，要么在布林线上轨附近。

无形：

在价格下跌出现反弹的时候，就是利用这种方法预测反弹高点的所在，看来你对布林线指标的应用已经比较熟练了。从图 8-60 中的走势来看，价格反弹的高点距离布林线上轨非常近，布林线的上轨压力的确发挥了作用。所以，这就是一个比较合适的做空点位。

假如我们抛开布林线指标，价格在反弹时出现什么样的现象就有可能形成高点呢？

学员刘先生：

出现巨量现象时，价格将有可能结束反弹，因为高点巨量很容易引发价格的反向波动。

无形：

在 1 分钟之内大量资金集中成交，并且成交量柱体极高，这种量能形态就称之为异常巨量。异常巨量的出现说明资金在此分歧极大，这是导致价格反向波动的主要原因。所以，高点一旦见到巨量，反弹走势也将会随之结束。

从图 8-60 中的走势来看，那根反弹大阳线受到了布林线上轨的压力，同时还放出了巨量，在价格整体处于弱势波动的情况下，就构成了一次极好的做空机会。

在价格处于弱势的情况下，虽然存在做反弹的机会，但希望大家放过这种机会，因为这种钱赚得不稳当，一定要让我们的操作方向与价格的大方向一致，只有这样，我们才可以轻松地完成每天 1% 的收益目标。只要坚持顺势而为，"每天赢利 1% ×240 个交易日 = 一年十倍"的目标并不困难。

8.13 震涨上行交易技巧操作解析——沪锌 1008 合约案例

无形：

沪锌 1008 合约在 2010 年 5 月 21 日出现了较为经典的走势，对这一天的走势进行学习，有助于我们提高抄底的操作技巧，所以，需要认真进行总结。

学员王女士：

我觉得想要炒好期货必须要掌握四大项操作技术：底部的判断及操作方法，顶部的判断及操作方法，价格上涨中途的判断及操作方法和价格下跌中途的判断及操作方法。掌握了这四种方法，才可以从容面对价格各种形态的波动。

无形：

您说得非常正确。我们一再要求大家必须要进行系统性学习，就是出于此目的，如果学习不够全面，当价格的波动发生变化时，不可能马上制订出新的应对方案。很多朋友对价格的波动感到无所适从，其实就是因为学习不够系统。

价格上涨有办法应对，但一旦出现下跌或其他形态的波动，就不知该如何操作，这怎么可能连续性实现赢利呢？所以，一年十倍之目标下的每天 1% 的赢利目的虽然很容易实现，但想要经常性地赢利，就必须要使自身的操作方法掌握得全面、系统。

我们只有学会了抄底、逃顶、上涨和下跌中途的判断方法，才可以立于不败之地。

学员王女士：

就好像学英语一样，只学会几个字母和几个句子不可能说出一口流利的英语，必须要进行系统性的学习才行。以前的学习没有什么头绪，但参加了老师的培训以后，现在自己就可以制订出好的学习计划了，因为有了方向，所以知道该怎么样去学习了。

无形：

固定知识的学习，再加上每天必须要进行的盘后总结，操作的水平才会快速地提高，并且基础也将会非常扎实。

如何通过日K线图结合盘中走势进行抄底操作，这是一个非常重要的课题，也是大家必须要掌握的。

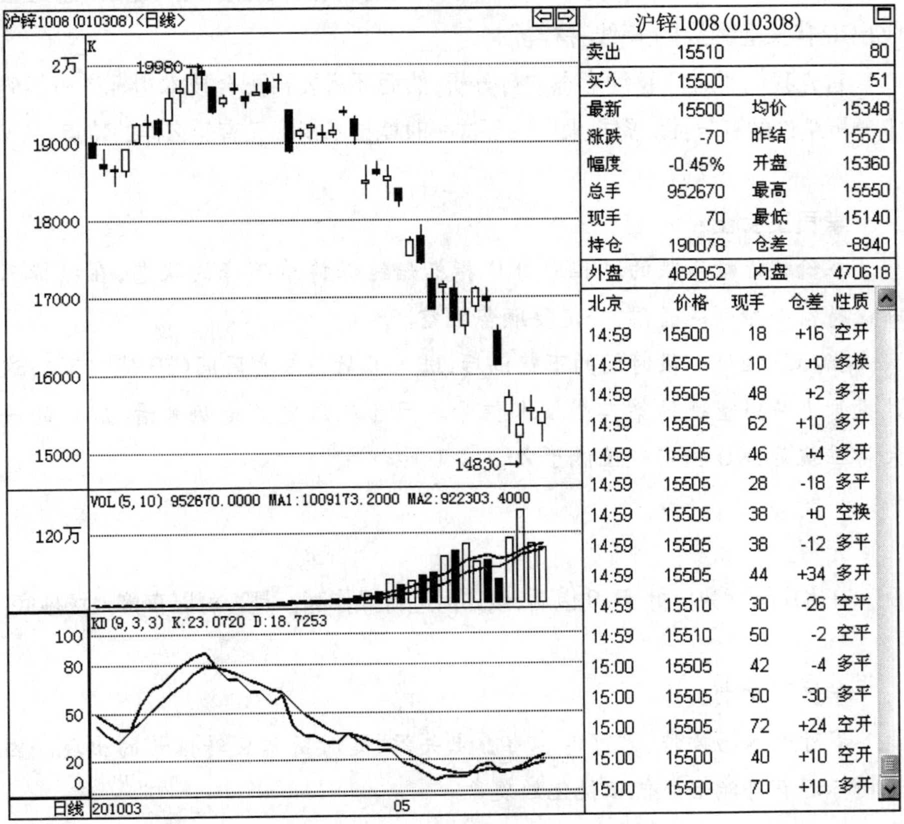

图8-61　沪锌1008合约2010年5月走势图

您来说一下图8-61中沪锌1008合约在5月下旬期间日K线图的技术特点。

学员王女士：

沪锌1008合约在此时出现了连续的下跌走势，在较短的时间内价格的跌幅非常大，技术上有反弹的要求。从日K线形态来看，长下影线出现以后，价格连续几天不再继续创新低，这预示着短线上涨行情的到来。

无形：

在下跌中途也曾出现过下影线的走势，但是由于价格的整体跌幅并不是很大，所以，不能完全确认下跌中途的下影线就是底部。但当价格有了较大幅度的下跌以后，长下影线的出现就需要高度重视。从历史的走势来看，底部区间经常会出现带有较长下影线的 K 线，就如同顶部到来以后，总是会收出带有长上影线的 K 线一样。

首先我们要对日 K 线形态进行分析，然后还需要再配合技术指标进一步确定分析结论的有效性。您再来说一下这一时期技术指标又有什么样的特点。

学员王女士：

在价格连续下跌的过程中，KD 指标始终保持着下降的状态，在指标不断保持空头排列的时候，一定要顺势做空。

指标线经过一段时间的下行以后，进入低数值超卖区间（20 值以下），这是投资者应当重视的第二个技术信号。因为从历史的走势来看，底部的一大特征就是：KD 指标数值低于 20。

无形：

在 KD 指标数值低于 20 以后，该如何进行操作呢？是否可以直接入场抄底？

学员王女士：

不可以入场操作，只可以作为重点关注，随时留意反转信号的出现。因为指标还有可能形成低位钝化的现象。

要想进行抄底操作，必须要等到价格形成低位金叉后才可以考虑介入，未见金叉最好不要过早地入场。因为很多时候，价格的最后一跌对多头的打击也是非常致命的。

无形：

从沪锌 1008 合约 2010 年 5 月下旬的走势来看，KD 指标形成了低数值双金叉的现象，这预示着底部的明确到来。此外，一个金叉足以提示出做多机会的到来，而先后两个金叉的出现则进一步提升了价格上涨的概率。

学员王女士：

记得老师曾教过我们，最可靠的底部形态就是底部双金叉。在第二个金叉形成时入场操作，获利的概率将会是非常大的。

无形：

日K线形态结合KD指标的提示，价格此时形成底部的概率已经非常大，后期的操作就是要寻找机会入场做多，而此时做空则需要加倍小心。

在进行抄底操作的时候，投资者必须要对KD指标给予足够的重视，因为它在此时所起的作用是最大的，再没有其他什么经典的指标可以在此时与KD指标相提并论。

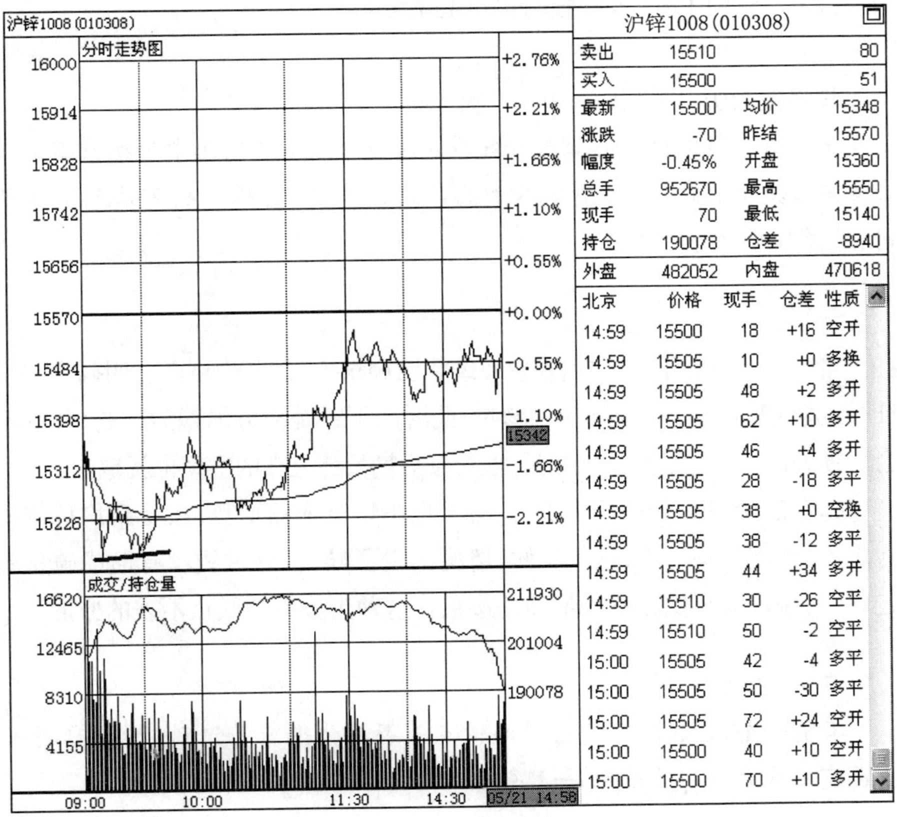

图8－62　沪锌1008合约2010年5月21日走势图

日K线的分析结论得出以后，接下来我们就要通过盘中的走势来决策具体的操作方法。

在图 8－62 中，通过对日 K 线进行分析得出价格已处于底部区间，那么，盘中的操作应当如何进行呢？

学员王女士：

操作思路就是以做多为主、做空为辅，应当尽量寻找低点的机会入场做多。

无形：

逢低做多是价格处于底部期间的操作方法，前提是价格已有明确底部特征，但还没有出现强劲反弹上涨走势时。逢低做多这个大的方向明确以后，我们应当使用哪个操作技巧去逢低做多呢？

学员王女士：

使用老师经常提到的低点不破的方法进行做多。在盘中价格只有形成低点不破走势时，才意味着下跌的力度已经衰竭，价格再也无法创出新低时，反弹行情就会随之出现。

无形：

价格开盘以后继续下探，在整体跌幅已经很大，并且价格已有明确底部特征时，这些盘中的下探走势应当珍惜，此时的下跌是空方的最后挣扎，往往不会延续太久。最后的下探跌幅越大，价格后期反弹上涨的空间也就越大。

开盘后经过几分钟的杀跌，价格出现小幅反弹的走势，在受到均价线压力之后，再度拐头向下，这个时候，情况出现了异常：分时线没有形成破位的走势，而是形成了低点略微抬高的迹象。这种走势就是低点不破的原形。

学员王女士：

有前一个低点做对比，当前的低点是否破位很容易识别。在第二个低点没有跌破第一个低点时，一旦分时线向上勾头便可以入场做多。

无形：

为何要在分时线向上勾头时才可以入场做多呢？价格下跌没有跌破前低点时不能操作吗？

学员王女士：

在价格下跌的时候，我们无法判断出前边的低点是否会跌破，如果开仓，一旦价格形成破位就麻烦了。在价格位于前低点上方，并且分时线向上勾头时操作，安全性相对大一些。因为如果价格还会继续下跌就没有必要勾头向上，而一旦勾头向上就意味着空方动量此时已经耗尽，多方开始反击，所以，就可以积极大胆地做多了。

无形：

看来您对低点不破抄底方法的运用已非常熟练了。低点不破是盘中进行投机性抄底最重要的方法，技术形态虽然非常简单，但它的威力却非常大，只用这一个方法投资者就可以做到经常性的赢利。

早开盘低点不破的技术要点总结之后，我们再对后期的走势继续总结。

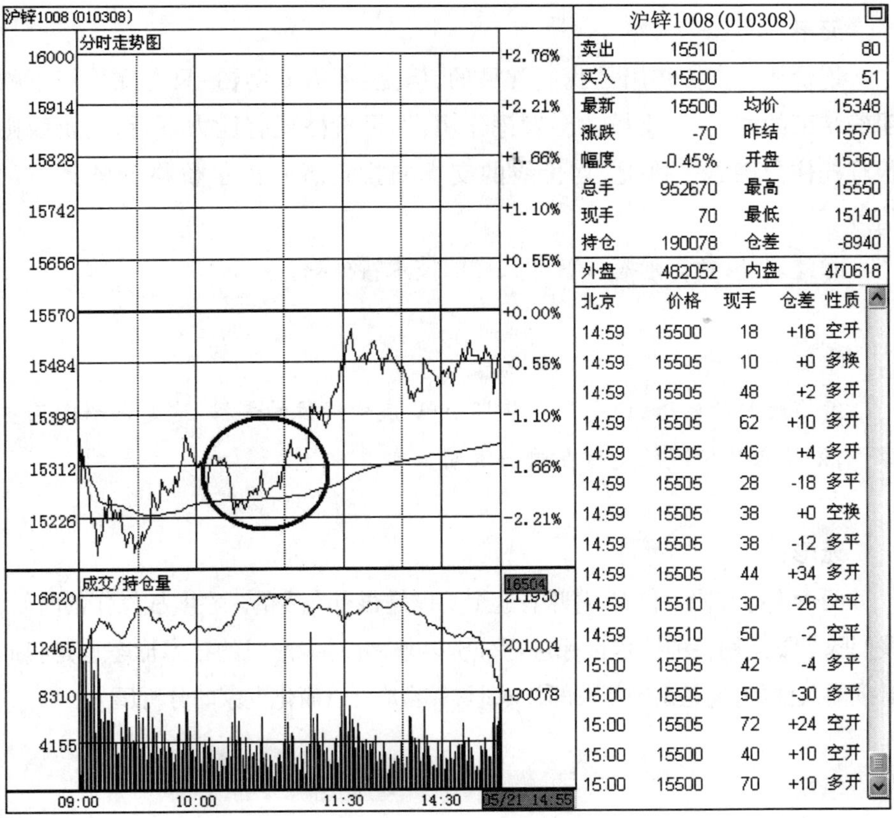

图 8-63　沪锌 1008 合约 2010 年 5 月 21 日走势图

在图8-63中，形成低点不破的走势以后，价格果然出现了一波快速上涨的走势，这是一次非常不错的投机性机会。价格上涨的过程中，震荡比较小，在低点不破处开仓以后，持仓的压力比较小。

因为价格的空头状况还没有完全扭转，这一波上冲以后，价格又出现了回落。不过，既然价格的波动已经具备底部的特征，所以，每一次的回落都是一次好的机会。

这一次价格回落的低点又有什么样的技术特征呢？

学员王女士：

最明显的技术特征就是回落的低点受到了均价线的支撑。价格在均价线处无法再形成进一步的破位向下走势。

无形：

均价线的支撑作用是我们常见的，但是，还需要明白：只有在价格下跌明确结束的情况下，支撑才会发挥作用，如果价格还有能力下行，均价线则很难托住分时线。因此，均价线的支撑向投资者发出了价格调整到位的信号。

除此之外，整体形态还有什么样的技术特征吗？

学员王女士：

价格此时的回落，还受到了前期小W底颈线位的支撑，这是一个理论支撑位，恰恰与均价线的支撑在同一位置。

无形：

两个支撑在同一位置，意味着这个支撑是很有力度的。在实战操作的时候，我们除了要运用各种技术指标进行分析以外，分时线形成的技术形态也是我们必须要关注的，越是出现经典的技术形态，越是可以简化大家的分析压力。

学员王女士：

价格突破均价线后回落，但低点却不再破位，这是否意味着当天盘中多头性质发生了改变呢？

无形：

没错。均价线是多空的分水岭，在多头市场中，分时线将会始终位于均价线上方震荡，并且极少会跌破均价线，因此，这一时期的走势意味着盘面形成空头中的多头市场。价格虽然低开，但波动重心却不断上移，所以，应当使用做多的方法进行操作。而在做多的方法中，利用均价线的支撑作用逢低开多单则是经常会用到的一种技巧。

学员王女士：

W 底颈线位的支撑与均价线的支撑看来是这一时期需要总结的技术要点，它使我们明白双重支撑更加有效。

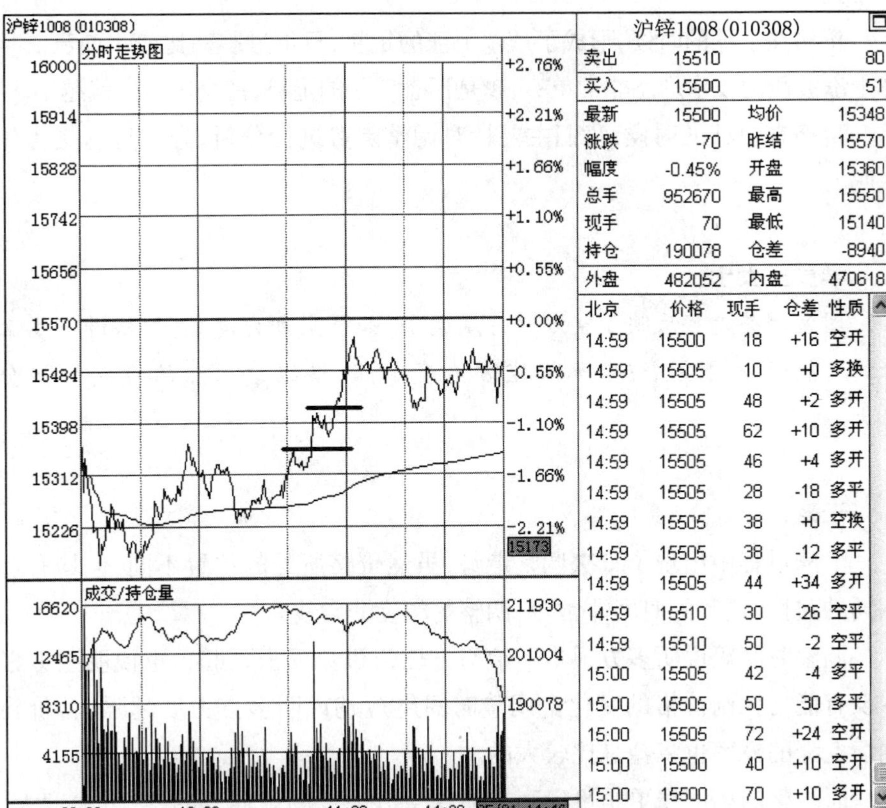

图 8－64　沪锌 1008 合约 2010 年 5 月 21 日走势图

无形：

从图 8 - 64 中可以看出，在均价线与 W 底颈线位的双重支撑发挥作用以后，价格再次出现大幅上涨的走势，这可是当天真正的主升浪，不管在哪一个上涨波段中进行操作，都可以极为轻松地实现 1% 的收益。当然，严格按照技术进行操作，这一天使总资金实现 10% 以上的收益都是没有问题的。

学员王先生：

我发现价格在这一时期的上涨非常具有代表性，属于经典的强势上涨，希望老师详细讲解一下这一波上涨时分时线的技术特点。

无形：

价格在上涨的时候，形成了震荡上涨的走势，只不过震荡比较小而已。整体上涨波段的技术形态非常单一，越是形态单一的走势，持仓压力也就越小。

价格在上涨的时候，我们主要针对调整走势进行分析，您知道这是为什么吗？

学员王女士：

因为调整走势反映了空方的力度大小，如果空方力度大，价格进一步上涨的可能性就会变小；而如果空方力度小，价格继续上涨的可能性就会很大。

无形：

上涨过程中出现了二次调整走势，虽然价格所处的位置不同，但均有着相同的共性：调整的时间非常短，调整的幅度非常浅。

调整时间短说明多方根本不给空方任何机会反击，同时，也说明空方根本没有能力控制价格的变化。调整时间越短越说明多方力度越强大，价格继续上涨的概率也将会是比较大的。

而调整的幅度浅更是可以直接体现空方力度的虚弱，如果空方力度大，价格又怎么可能不深幅回落呢？

结合时间与幅度这两个因素进行分析，盘中谁强谁弱便可以很轻易地判断了。既然多方控制着价格变化，上涨行情自然会不断地延续。

学员王女士：

面对这种走势，在价格向上再创新高时，应当就是一次投机性做多的机会吧？

无形：

对。这叫做突破买点，是在价格强势上涨时经常会运用的一种买入技巧。买入方法也很简单，在价格向上突破调整高点时开仓介入便可以。一旦新高走势出现，便意味着调整的明确结束，以及一轮新上涨行情的开始，所以，完全可以积极入场交易。

学员王女士：

这种买点真是非常简单，以后再出现这种走势时，就算错过了低点的买入机会，也不用再担心了，只要价格形成突破就及时追进。

无形：

接下来，我们结合尾盘期间的走势谈一下投机性隔夜仓的操作方法。隔夜仓有两种方式：一种是趋势隔夜仓，投资者注重价格波动的大趋势，从而在趋势没有改变之前耐心地持仓；而另一种就是投机性隔夜仓，在尾盘期间预测第二天价格涨跌的概率，然后选择一个有利的时机开仓操作，以期第二天价格按预期出现涨跌走势后，择机平仓的交易方式。

进行趋势性隔夜仓操作对盘中的走势没有太多要求，但是，如果进行投机性隔夜仓操作，就必须要注重尾盘价格的波动变化。

学员王女士：

进行投机性隔夜日 K 线的变化应当是最重要的吧？

无形：

日 K 线的形态不仅对于投机性隔夜仓来讲非常重要，对于趋势性隔夜仓也是极为重要的。无论持有什么性质的隔夜仓，操作方向必须要与价格的波动方向完全一致，如果二者不符，就将会出现很大的风险。

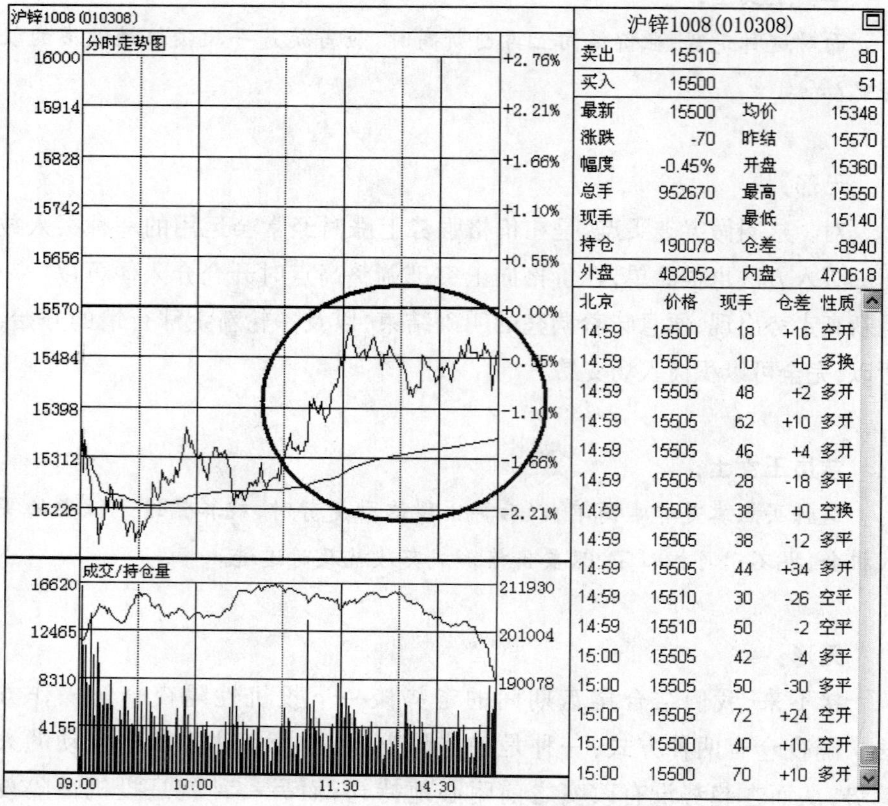

图 8－65　沪锌 1008 合约 2010 年 5 月 21 日走势图

在图 8－65 中，沪锌 1008 合约的日 K 线形态至临近收盘时已经成形，并且结合 KD 指标以及日 K 线形态来看，价格进一步上涨的概率是极大的，因此，可以考虑持有投机性隔夜仓。

学员王女士：

不过我发现一个问题，沪锌 1008 合约在 2010 年 5 月 21 日的结算价跌幅约为 1.4%，而价格在收盘区间距离结算价约有 1% 的空间，按照这个数值粗略计算，当天结算时投入资金将会出现 10% 的亏损，如果第二天高开的幅度低于 1% 就意味着亏损，只有超过 1% 时才有赢利的机会。这样的话，是不是风险有些大呢？

无形：

在进行投机性隔夜仓操作时，最好能在价格离均价线很近的时候开仓，这是最完美的了，因为不会造成过大的隔夜结算亏损。像沪锌1008合约尾盘的走势，假设第二天高开幅度低于1%，直接就产生亏损，并且晚上外盘是否可以走强也是未知数，所以，这的确存在一定的风险。

我个人的看法是：价格距离结算价过远，为了防止风险，像这样的走势还是不去持有隔夜仓为好。既然价格第二天上涨概率大，那就在第二天盘中进行投机操作，而不必为了赢利去冒险。

学员王女士：

如果价格距离结算价较近，预测第二天上涨的可能性大，就可以在尾盘持有投机性隔夜仓。而如果二者之间距离很远，需要承担较大的结算亏损风险，为了安全起见，就在第二天盘中择机操作。老师的这个思路的确不错。

假设在早盘低点不破区间就开了多单，并一直持有到尾盘，在预测第二天价格将会继续上涨的情况下是不是就可以持有隔夜仓了呢？

无形：

如果持仓成本占有优势，当然可以继续持仓，多单的持仓成本越低，在操作时就越主动，越能承担价格大幅波动的风险。不同的持仓成本面对相同的价格波动所采用的操作策略是完全不同的。

在早盘期间的低点开多单，至晚上结算时已经实现了不少的收益，就算第二天价格平仓，无非损失了一些收益，并不会造成资金的亏损，因此，风险是有限的；又因为价格第二天继续上涨的概率较大，所以，收益则是无限的。风险较低，而收益较大，这种操作自然值得去做。

8.14 突破上涨交易技巧操作解析——PTA1009合约案例

无形：

2010年5月27日PTA1009合约形成了非常经典的走势，对这一天的走势进行学习，有助于投资者掌握底部区间的做多方法。底部价格的上涨很多时候都有着独特的技术特征，所以，对底部出现的实体较大一些的阳线，我们一定要多进行总结。

学员林先生：

我对这一天的走势印象太深刻了，而且我在盘中进行了多次投机性的交易，实现了非常不错的收益，像这样的走势我觉得每天只获利1%的收益就显得非常少了。

无形：

每天1%的收益是我们把一年的总收益分摊到每一天得出的结果，价格有时波动幅度大，可以让我们多获得一些收益，但有时价格的波动幅度非常小，这样一来收益就相对少一些。同时，在这一年中我们不可能天天都实现赢利，总是会出现亏损，所以，我们把收益目标设定为每天1%还是比较合理的。

价格波动幅度大一些，在正确运用投机方法的前提下多去实现一些收益，为未来遇见小幅波动无法获得收益时做准备。

学员林先生：

明白老师的意思了，在价格波动幅度比较大时，就争取多赚些钱，这些多赚的钱是为未来某天没有赚到钱或是产生亏损时做准备的，把利润做大，积蓄能量，以备不时之需。

无形：

PTA1009合约是能源化工板块中价格波动幅度比较大，并且是走势较为标准的品种，所以，我们需要对它多进行关注。在能源化工板块中，每天波动幅度最大的是橡胶，但是由于橡胶的价格有时候其走势利用技术方法难以把握，所以，并不完全适合投机性交易。但是，PTA1009合约在这方面就好多了，价格的波动比较标准，这就减轻了投资者的分析压力。

学员林先生：

虽然PTA1009合约每天的成交量都没有橡胶大，但是，相比燃油、L和

PVC,它的成交量还是比较活跃的,从量能的角度出发,它也值得我们进行关注。

无形:

在进行分析的时候,我们需要对该目标品种在板块中的地位进行判断。再比如燃油,这个品种的成交量在能源化工板块中是比较少的,并且价格波动的幅度也相对较小,很少会连续出现大幅度的波动,如果对它进行投机性交易显然就不太适合了。

我们不仅要求目标品种每天的成交量比较活跃,还得要求价格的变化比较稳定,这个稳定的意思就是利用各种技术方法都可以找到恰到好处的做多或做空的点位。否则,如果价格总是在没有任何征兆的情况下大幅涨跌,这就不适合进行投机性交易了。

学员林先生:

老师贪心了,要求成交量比较活跃,又要求价格不要过分地波动。其实这样的品种也挺多的,除了 PTA 以外,L、沪铜、沪锌、豆粕、豆一、豆油和棕榈油的走势都是这样,每天的走势都比较经典,很少会有技术方法无法把握的走势。

无形:

虽然上市交易的品种有好多种,但是,并不是所有的品种都适合进行日内投机交易,有的品种成交量稀少而且走势滞缓,有的品种成交量巨大但价格波动诡异,这些品种都不太好操作。所以我们就要找出那些成交量相对而言比较活跃,但是价格波动又比较正常的走势,这类品种才可以很轻松地让我们去实现每天 1% 的收益。如果目标品种总不按套路出牌,谁知道用什么样的操作才能操作它们呢?这样一来,获利的压力就很大了。

我们下面来对 PTA1009 合约的走势进行总结。

在图 8-66 中,PTA1009 合约在 2010 年 5 月下旬的日 K 线以及技术指标形态有什么样的特点?

学员林先生:

价格已经经过较长时间和较大幅度的下跌,下跌过程中没有出现过一次像样的反弹，形成单边下跌的走势。初期下跌的时候，价格的跌幅相对有限，而到了末期阶段，则收出大实体的阴线，形成加速下跌的迹象。这往往预示着底部的到来，因为快速地下跌可以透支空方的做空动能。

指标方面来看，MACD 指标柱体连续缩短，这说明价格下跌的力度开始连续减弱。而 KDJ 指标低位较长时间的钝化也是一种需要高度关注的市场信号，这预示着价格已经再无可跌了。

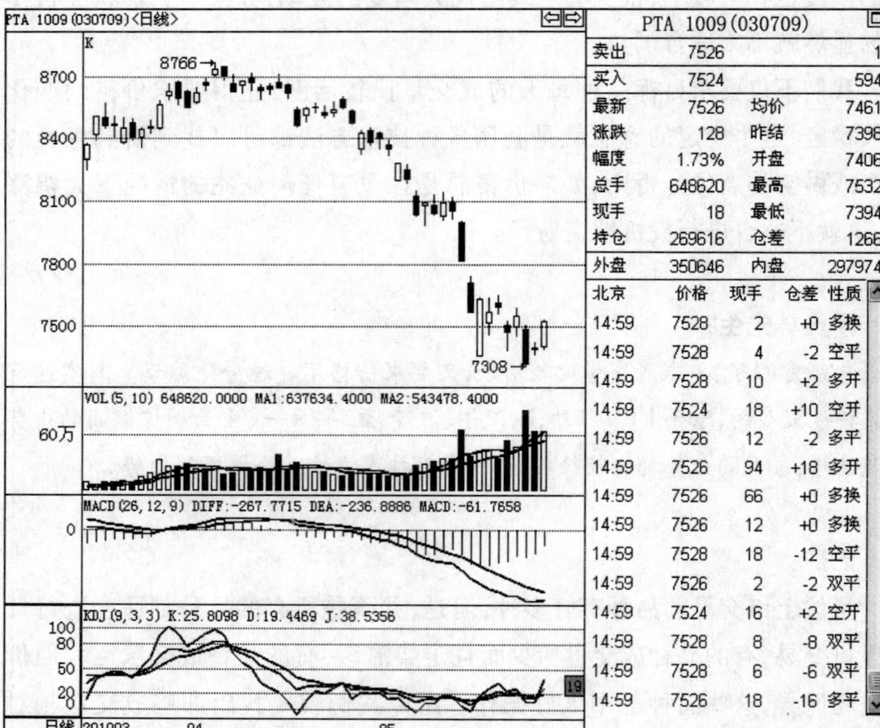

图 8－66　PTA1009 合约 2010 年 5 月下旬走势图

无形：

从整体日 K 线形态以及技术指标的形态来看，价格在这一区间虽然大的下降趋势并没有改变，但已有初步的趋势反转迹象。在底部区间开始逢低平掉空单、谨慎做空的同时，更需要积极地留意价格随时将会出现的暴发式反弹走势。

2010 年 5 月 26 日在收出又一根破位阴线以后，价格形成十字星震荡的走势，面对这样的走势我们应当如何制定操作策略呢？

学员林先生：

因为价格在大的下降趋势上没有改变，所以需要继续做好做空的准备，如果价格继续下行并跌破前一根大阴线的低点，则需要继续在盘中找机会做空。但是，如果这根十字星是转势信号，那么，价格将会在第二天出现上涨的走势，所以，也应当有做好做多的准备，一旦价格盘中有上涨的动作，便意味着反弹的开始。

无形：

不仅在这种情况下需要做好两手准备，在每一天的操作过程中，我们都要做好两手准备，价格在什么情况下将会上涨，在什么情况下将会下跌，只有把这两个问题提前搞清楚，才可以从容面对第二天的走势，且无论价格如何波动，我们都有应对的方案。

在很多时候，十字星虽然说明当天价格波动的幅度很小，但却是一种多空力量暂时平衡的体现，多空双方不可能一直对峙着，这种平衡必然会被打破。如果空方占优势，价格将会继续下行，因此，要在盘中做空。而如果多方占优势，价格将会上涨，此时就需要入场做多。但是，到底是多方会占上风，还是空方会继续控制局面，在十字星出现的当天是无法得知的，我们只能根据第二天价格盘中的变化做出判断。

下面，我们再对盘中价格的波动变化进行总结。

在图 8－67 中，PTA1009 合约开盘以后价格的波动形态非常经典，这是我们常见的走势。您来说一下早开盘期间 1 分钟 K 线图有什么样的技术特征。

学员林先生：

从 1 分钟 K 线图的形态来看，开盘第一根 K 线与前一个交易日最后一根 K 线非常接近，并没有出现 K 线的断裂现象，因此，在这种情况下，任何技术指标都是适用的。

开盘第 1 分钟收出了一根十字星的走势，由于日 K 线趋势是向下的，所以价格略作下探，但是很快又收复了上来，第 4 分钟那根实体较大的阳线一举突破了首根 K 线的高点，这种走势是非常值得关注的，有可能一波上涨行情即将拉开序幕。

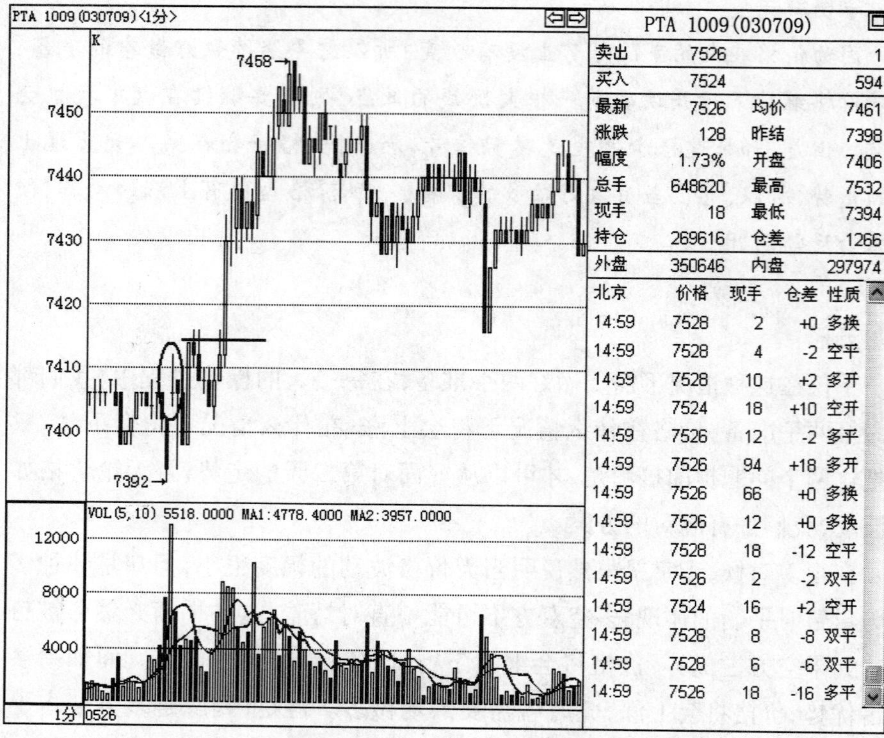

图 8-67 PTA1009 合约 2010 年 5 月 27 日走势图

无形：

1 分钟 K 线没有断裂现象使得各种技术指标均可以发出正常的提示信号，这一点您的理解非常正确。

第 4 分钟突破首根 K 线的大阳线是值得关注的说法，也是正确的，早盘的机会往往就由此引发。虽然突破大阳线出现以后，价格连续调整，但是，调整的低点依然位于首根 K 线之上，这说明首根 K 线发挥了重要的支撑作用。

在首根 K 线强大支撑的作用下，价格继续上行，并再次形成突破的走势，价格先是突破首根 K 线，而后再创盘中新高，看来当天多方要开始发力。前一交易日收出十字星以后，早盘的走势发出了多方发力推高价格的信号，在第二次突破走势形成的时候，必须要及时地入场进行操作。

学员林先生：

在价格第二次形成突破走势的时候，成交量也随之出现明显的放大，这是否也意味着突破走势非常真实可靠呢？

无形：

放量形成突破，并且量能延续放大，而不是异常放量，这意味着价格创新高的走势得到了资金的认可，于是大量资金纷纷入场进行交易。成交量放大使得价格的上涨动力十足，这是非常完美的量价配合。

如果价格突破重要高点时没有放量，则说明资金对价格上涨的认可度并不高，这样的突破则很难有大幅上行的空间，而放量突破则不一样，往往可以给投资者带来丰厚的回报。

早盘的走势虽然非常经典，但在操作时一定要注意：因为早盘期间价格的波动并没有进入稳定的状况，并且K线的数量比较少，可供参考的信号也比较少，所以，此时的操作应当抱着绝对的投机性交易的态度，除非持仓成本较低，或是日K线趋势性明确，否则最好不要在早盘期间长时间的持仓，特别是不要在价格与操作方向不符时长时间持仓。

下面，我们继续结合盘中的走势总结新的技术要点。

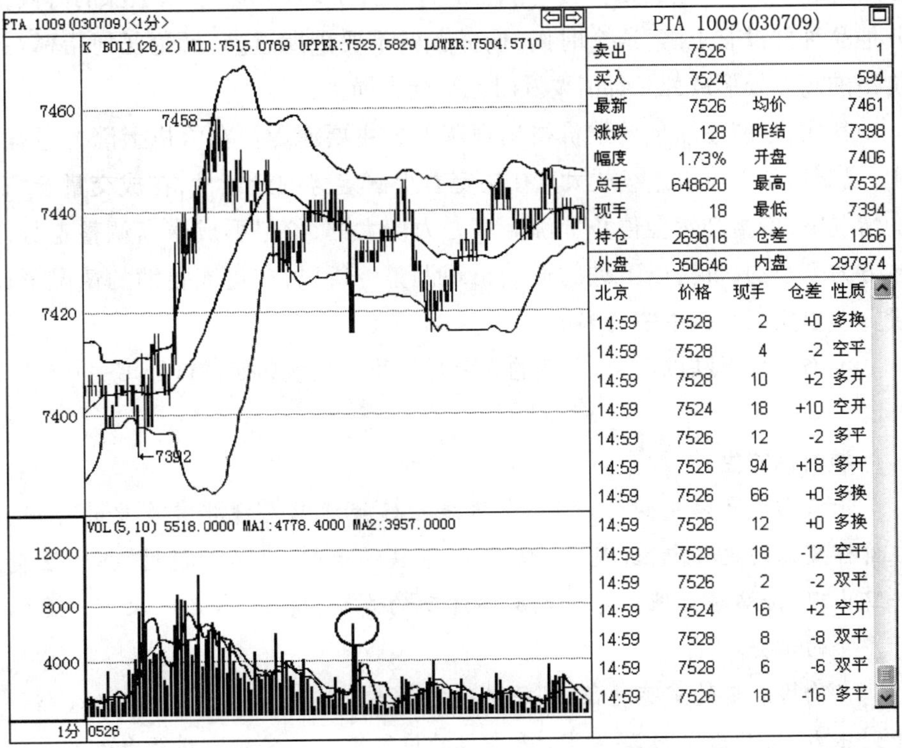

图8-68　PTA1009合约2010年5月27日走势图

在图 8 - 68 中，早盘期间的一波快速上冲行情为何结束，您能说出原因吗？

学员林先生：

在 PTA1009 合约上涨的时候，其他的品种此时并没有随之上涨，而是以盘跌为主，整体市场盘面形成弱空的局面，市场整体形成弱空性质，限制了PTA1009 合约的上涨空间。

同时，从技术走势来讲，我认为导致价格出现连续调整的主要原因，是由于成交量出现了连续的萎缩，资金入场的积极性降低，使得价格的上涨失去了动力。

无形：

首先，盘面的多空性质可以影响所有品种的波动状况，如果市场整体趋多，相信 PTA1009 合约必然会一涨再涨，但是，在 PTA1009 合约上涨的时候，其他品种并没有上涨，这个时候，投资者就不要预期过高，无论任何指标在价格的高点处形成死叉都需要及时地平仓出局。

其次，量能萎缩是导致价格出现调整的主要原因。在价格上涨的过程中，成交量是否可以连续放大直接决定着上涨走势的延续性，在成交量萎缩的情况下，价格必然会停止上涨。多方力度大的，价格形成横盘调整走势；多方力度小的，价格以下跌的形式出现调整。所以，在量能萎缩的情况下，投资者也应当平掉手中的多单。

价格出现下跌以后，对后期的震荡行情我们又该如何进行处理呢？

学员林先生：

价格形成震荡走势的时候，布林线指标就可以发挥非常重要的作用。在价格震荡的过程中，出现了一次巨量下跌的走势，老师曾说过，异常巨量一旦出现，价格将会很容易出现反向波动的走势，所以，这是一次可以逢低开多仓的机会。

在价格后期的震荡过程中，每当反弹高点到达布林线上轨的时候，都会受到压力，从而出现回落，这样，平多单的位置可以很容易地判断出来。

无形：

无论价格是形成窄幅震荡还是形成宽幅震荡走势，布林线指标都可以给我们准确的提示。从图中的走势来看，虽然对价格调整的低点提示并不是很理想，但是，对投机性多单平仓时机的提示却非常到位，每一次价格上涨触及布林线指标上轨以外，都受到了压力并产生回落。

在价格震荡区间结合布林线指标进行分时线一定要注意：成交量必须要在震荡区间始终保持萎缩的状态，如果价格震荡过程中有明显的放量现象出现，受到资金推动的影响，布林线指标下轨的支撑作用以及上轨的压力作用就会受到限制，因为资金的介入很容易促使价格形成瞬间突破的伪信号。

学员林先生：

在这一区间进行操作不能见到价格触及上轨时就做空，而是应当在触及上轨受到压力时平掉多单，这是因为价格当前的波动性质虽然为调整，但当天的总趋势重心却在向上，所以，正确的操作应当是逢低开多单，而后逢高平多单，高点不宜在波动重心没有下移的情况下做空。

无形：

震荡走势过后价格往往会形成新的突破，下面我们结合震荡之后的走势进行总结。

在图 8-69 中，结合分时图的走势，您来说一下我们应当在什么时候做好做多的准备？

学员林先生：

价格在震荡的过程中，围绕着均价线震荡了一段时间，跌破均价线后不久便又回到均线价上方，突破均价线后不久又重新跌破均价线，这一时期不必做好操作的准备，因为价格没有形成明显的多头迹象。

经过一番震荡以后，分时线不再向下跌破均价线，而是始终位于均价线上方震荡，这个时候就需要做好做多的准备了。

无形：

均价线是多空的分水岭。简而言之，价格位于均价线下方时做空容易

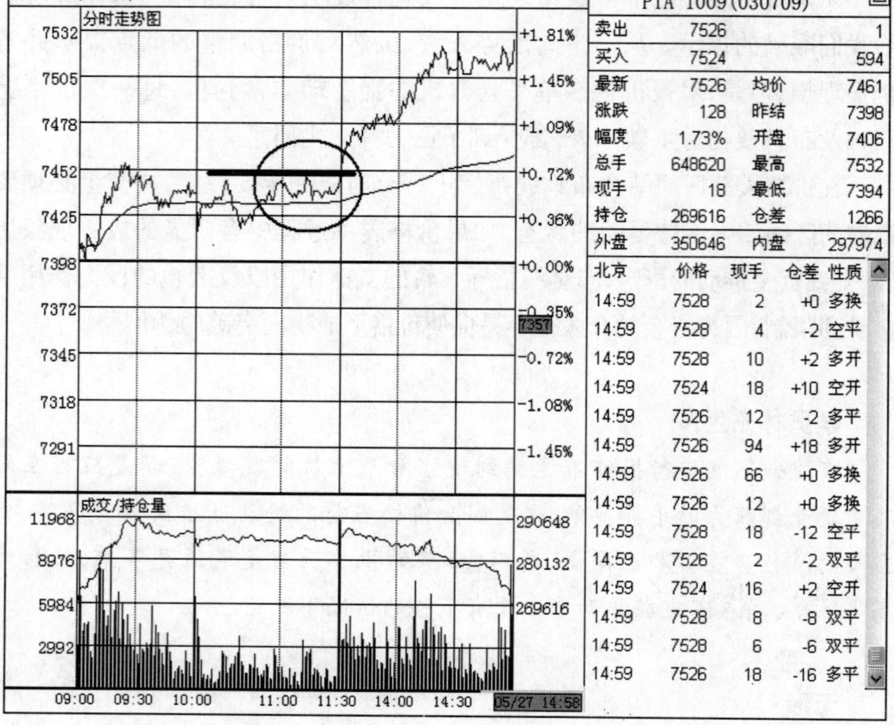

图 8-69 PTA1009 合约 2010 年 5 月 27 日走势图

获利，价格位于均价线上方时，做多容易获利。而在价格与均价线缠绕的时候既不适合做多，也不适合做空，应当等待方向的形成。

中午临近收盘的时候，分时线开始持续位于均价线上方，均线价对价格的波动起到了悬浮支撑的作用，既然多头迹象明显，自然需要做好做多操作的准备。面对这种走势，我们又该在什么情况下入场进行做多操作呢？

学员林先生：

在价格形成突破走势的时候才可以入场进行操作，在突破走势没有形成之前只能做好操作的准备，而不宜提前介入，除非整体市场明显转多。

无形：

价格没有突破前期高点，有可能进行蓄势而后择机突破，也有可能形成高点不过的走势，随后出现下跌，这属于方向未明的走势，所以，并不适合进行操作。而一旦突破走势形成，趋势的方向已无悬念，因此，可以在价格突破前高点的时候入场操作。

在价格没有形成突破时，如果其他品种均在此时发力上行，这将意味着盘面转多，虽未形成突破，但价格最终会受到整体盘面的影响而产生上涨，只有在这种情况下，才可以在价格未形成突破前入场做多。如果整体市场盘面多头力度不明显，最好耐心等待突破走势形成以后再入场交易，这样操作安全性比较高。

除此之外，如果价格形成突破，我们还需要关注哪些技术要点呢？

学员林先生：

早开盘的走势老师已经讲过，还需要关注成交量的变化，要求价格突破时成交量放大，这样的突破才是真实可靠的。

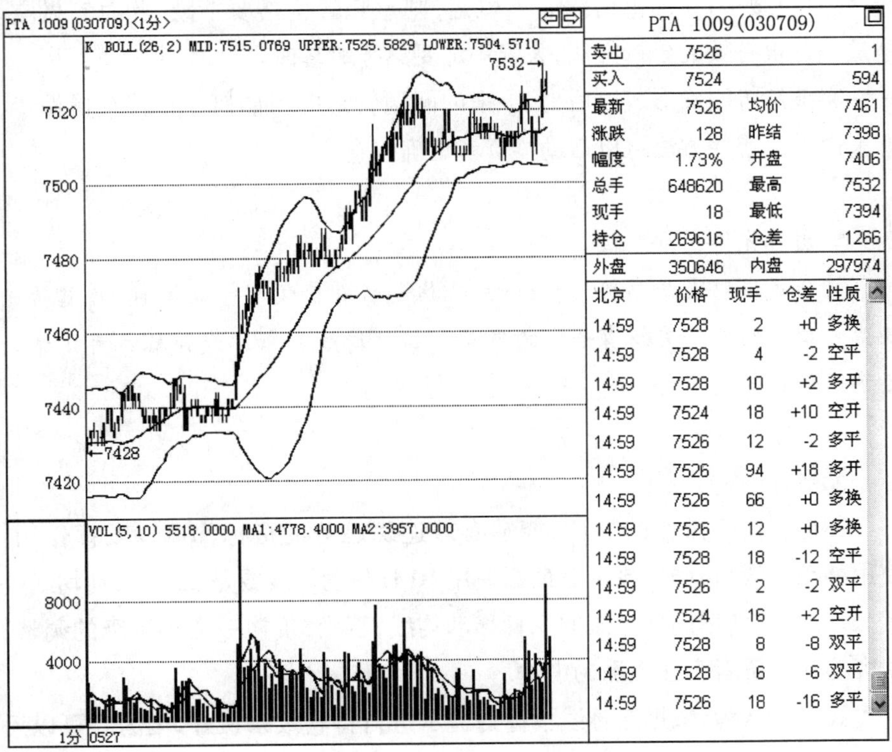

图 8－70　PTA1009 合约 2010 年 5 月 27 日走势图

无形：

在图 8-70 中，下午开盘以后，价格快速地形成突破走势，并且成交量出现明显放大，这意味着突破走势真实有效，应当于突破点积极追涨操作。在价格形成突破的时候，布林线指标有什么样的特点？

学员林先生：

价格突破前高点的时候，布林线指标出现了张口的现象，同时，K 线跟着上轨走，这也是一种经典的走势。

无形：

价格在震荡的过程中，布林线指标会缩口，通道会越来越窄，而一旦布林线指标张口，通道变宽，便意味着价格发生变盘走势，此时就需要密切留意 K 线的走势，指标张口以后，如果 K 线跟着上轨走，则意味着价格将要上涨，此时应做多；如果价格跟着下轨走，则意味着价格要下跌，此时宜做空。这是一种很有效的分析方法，大家一定要熟练地掌握。

突破走势明确形成以后，接下来的问题就是应当如何进行持仓操作了，您来说一下哪些方法可以帮助投资者正确持仓。

学员林先生：

持仓的思路就是顺势而为，一旦价格趋势转变便要平仓操作，在趋势未改变之前就需要一直持有手中的多单。移动均线和布林线指标都可以帮助投资者进行持仓操作。

无形：

在进行持仓操作的时候，能够有效追踪趋势的指标都可以发挥作用。使用移动均线持仓时，投资者最好使用 10 日移动均线或是 20 日移动均线进行操作，不宜使用周期过短的 5 日移动均线，否则，价格一个小别级的调整，就容易让投资者卖在上涨的中途。

我个人认为，依据布林线指标的提示进行持仓效果最好，因为它可以反映价格波动的大趋势。而过滤掉小级别的调整走势，容易让投资者将低成本的多单一直持有到当天的高点区间。接下来又来了一个问题，如何使用布林线指标进行持仓操作呢?

学员林先生:

您曾说过,布林线指标中轨是价格的多空的分水岭,价格位于布林线指标中轨上方,意味着多头占据主动,此时应当顺势做多,所以,当价格始终位于布林线中轨上方的时候,就不必考虑平掉手中的多单。

无形:

从图中的走势来看,价格下午开盘以后,一直位于布林线中轨上方,虽然价格上涨时小级别的波动较多,但是,布林线指标都将这些不能改变趋势的小级别波动过滤掉了,一直在提示投资者价格波动的大方向。

随着成交量的萎缩,价格在高位区间出现了调整的走势,并且跌破了布林线中轨,就算在震荡区间的最低点进行了平仓,这一笔操作是不是也可以获得非常高的收益呢?

学员林先生:

价格下午上涨的时候还有另一个重要的技术特征:成交量始终保持着放大的状态,正如老师所说,成交量是否放大可以决定价格上涨的延续性。同时,在成交量活跃的区间进行操作,获利真是非常容易啊。

无形:

学到的知识越多,获利也就会变得越容易,所以,我们的学习永远都不能停下来,谁停止了学习,谁的收益必定会停滞不前。

8.15 高开回落交易技巧操作解析——L1009 合约案例

无形:

L1009 合约在 2010 年 5 月 28 日形成了高开回落的走势,这种走势在上涨途中非常常见,也是一种必须要掌握的技术形态,所以,我们一定要好好进行总结。

学员徐先生：

本来好好的上升趋势，价格出现高开走势也很正常，但却在盘中连续回落，每一次入场做多，反而都成为错误的操作，大多数品种都翻红，却只有做空才可以获利，这样的走势真是让人头疼，真是该好好学习一下这方面的操作技巧。

无形：

不仅是您对这种走势头疼，就连我有时候也会对这种走势头疼。因为它完全逆大趋势而为，高开回落使得日 K 线收出一根阴线，它既有可能是一种洗盘走势，也有可能真的终结上涨行情。做空，担心受整体大趋势的影响而会突然上涨；做多，分时线又连续回落，还真是让人左右为难。

虽然这种的走势很令人不舒服，但是，我们还是要从盘中的走势去总结一些共性，看看这样的走势中都会存在什么样的技术特点，把这些技术特点学扎实，未来再碰到这样的走势也就没有什么可担心的了。

学员徐先生：

虽然不少品种都出现翻红的走势，但由于价格波动使重心不断下移，在日内进行投机操作时，应当采用做空的方法来进行操作吗？

无形：

是这样的。不管价格是涨是跌，我们注重的是分时线的波动形态，分时线不断上行，就入场做多，分时线不断下行，就入场做空。所以，在价格高开回落的过程中，应当采用做空的方法进行操作。

下面，我们结合盘中的走势进行分析。

在图 8－71 中，进行实战分析，首先必须要对目标品种的日 K 线形态进行分析，您来谈一下 L1009 合约在 2010 年 5 月下旬时，日 K 线都有那些技术特征。

学员徐先生：

价格经过连续下跌以后，开始出现反弹的走势，从 5 月下旬的走势来看，上升趋势已经有所形成，价格形成的趋势也比较明显，低点不断抬高，并且新高也开始连续形成。

图 8－71　L1009 合约 2010 年 5 月下旬走势图

无形：

从日 K 线的形态来看，反弹已经明确成立，在这一区间应当放弃之前的做空思路，而入场进行做多。在操作的时候，不做多头，也不做空头，而做滑头，价格往哪个方向运行，我们就往哪个方向操作。只有这样，我们才可以不断地实现赢利。

在价格反弹上涨形成的时候，我们还需要注意哪些事项呢？

学员徐先生：

还需要注意上方的压力位，在价格还没有形成大级别的趋势之前，只要上涨到压力位区间，价格就很容易出现调整的走势。

无形：

在价格下跌的过程中，常见的压力位有移动均线的压力、前高点或低点的压力、下跌末期大实体阴线的压力以及跳空缺口的压力。

从价格的走势来看，经过连续反弹已经运行至下跌末期大阴线的开盘价附近，这个位置不仅有大阴线本身的压力，还有跳空缺口的压力，于双重压力于一身。正是由于价格面临第一道压力，所以，使得2010年5月28日出现了高开回落的走势。

学员徐先生：

老师这样一说我就明白了为何这一天会形成高开回落的走势，看来在价格面临压力位时，操作上必须要小心一些。

无形：

由于上升趋势已经形成，所以应当顺势做多，但由于价格有可能面临压力出现回落，所以，操作上就要灵活一些，价格继续向上攻则顺势做多，一旦价格有走弱迹象，便要意识到压力作用已产生，此时就应择高而平仓多单，然后可以考虑择机做空，但不可过于积极地做空，并且对日K线的趋势还是要考虑一些的。

下面，我们再结合盘面的走势谈一下当天的分析和操作思路。

在图8－72中，2010年5月28日的盘面呈现什么样的状况呢？

学员徐先生：

从图中的走势来看，这一天形成了弱多的走势，能源化工板块和有色金属板块多头迹象明显，而所有农产品表现都比较一般。

但是，如果查看整体品种的走势便可以得知，绝大多数品种均在这一天形成了高开回落的走势，因此，这一天的市场性质不是弱多市场，而是多头中的空头市场。

无形：

多头中空头市场的性质我们已经做过讲解，这是一种比较特殊的市场状态，指的就是大多数品种都形成了高开回落的走势。从绝对涨跌幅角度来看，大多数品种相比前一个交易日的结算价都出现了上涨，但是，从盘中具体走势来讲，分时线却又都是下跌的。

名称	最新	幅度%	涨跌	仓差	成交量	现手	买价	卖价	买量	卖量
橡胶1009	22950	1.62	365	-22896	1225714	208	22940	22950	116	700
燃油1009	4467	1.73	76	-854	88896	10	4467	4468	3	71
PTA 1009	7586	1.66	124	-31528	551726	8	7584	7586	144	109
PVC 1009	7520	0.67	50	-3950	51394	2	7520	7525	50	126
L 1009	10440	0.34	35	-4770	201886	12	10435	10440	38	58
白糖1101	4718	-1.50	-72	113610	3520448	74	4718	4719	3	561
美精铜连	315.50	-0.44	-1.40	0	2584	2	315.45	315.55	3	2
沪铜1009	55800	1.84	1010	4366	343376	26	55790	55800	3	415
沪锌1009	16115	1.96	310	11510	1161470	42	16110	16115	138	14
沪铝1009	15505	0.91	140	6858	38294	2	15505	15510	22	1
螺纹1010	4256	0.12	5	-25470	2863524	68	4256	4257	88	552
螺纹1101	4370	0.11	5	-1588	22854	4	4370	4371	29	2
美黄豆连	947.75	-0.40	-3.85	0	3493	4	947.50	948.00	1	3
豆粕1101	2828	-0.11	-3	4424	644560	4	2827	2828	175	152
豆一1101	3868	0.00	0	1124	219636	4	3865	3869	145	24
豆油1101	7580	0.05	4	-13798	256722	4	7578	7580	126	8
棕榈1101	6666	0.33	22	-3990	109560	2	6662	6664	38	20
菜油1101	8150	-0.02	-2	512	13904	2	8148	8150	5	467
美豆油07	37.99	-0.37	-0.14	0	1682	20	37.99	38.00	20	12
棕榈油连	2457	—	—	0	0	0	—	—	0	0
棉一1101	16635	-1.25	-210	676	248628	36	16635	16640	31	51
籼稻1009	2041	0.00	0	-1784	18980	2	2040	2041	50	324
玉米1101	1915	-1.03	-20	1394	94622	6	1914	1915	496	113
强麦1009	2278	-0.26	-6	584	10762	48	2278	2279	5	54
美黄金连	1213.4	-0.08	-1.0	0	1507	1	1213.3	1213.4	2	1

图8－72　2010年5月28日市场全景图

在多头中的空头市场形成时，投资者正确的方法就是顺应分时线的趋势在日内进行投机性做空的操作。并且在价格产生较大幅度和较长时间下跌，并在指标有底部迹象时，可以逢低投机性做多。

学员徐先生：

面对这样的盘面走势，是否可以持多单隔夜呢？因为价格的回落，分时线必然位于均价线下方，如果持有多单隔夜，结算时就可以实现赢利，不知这样想对不对？

无形：

在价格高开回落调整时多单隔夜的确在结算时会有所赢利，但这只是当天的账面赢利，能否真正赢利还要看第二天的走势，如果第二天各品种延续当天的调整出现低开，就出现投机性隔夜亏损的现象，这样就会变得非常被动。

价格大趋势没有改变，应当继续做多，但由于局部走势出现调整，因此，做多就应当讲究一些方法。就这样的走势，我认为不能在价格调整时持多单隔夜，此时价格的波动存在争议，既有可能继续上行，也有可能继续调整，隔夜仓绝对不能在价格有争议的时候持有。在实战操作时，不能只想着获利，风险还是要首先考虑的。

学员徐先生：

看来在价格高开回落，特别是日K线面临压力的时候，还是不要持有投机性隔夜仓为好。不在价格存在方向争议的时候持有隔夜仓，这一点我要加强理解。

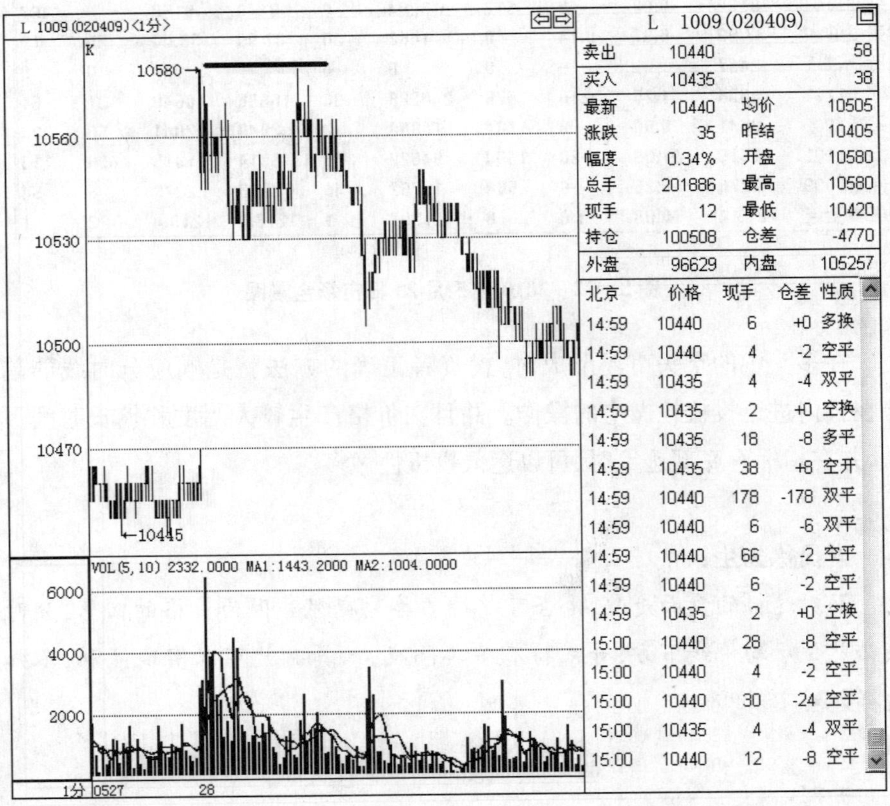

图8-73　L1009合约2010年5月28日走势图

无形：

在图 8－73 中，我们来看一下实盘的走势都有哪些技术要点需要掌握。您先来说一下开盘时期的走势。

学员徐先生：

这一天价格大幅高开，因为当天首根 K 线与前一个交易日最后一根 K 线存在较大幅度的断裂走势，所以，早盘期间各种技术指标不宜使用，而应当结合 K 线形态进行分析，老师的首根 K 线分析方法在此时最为适合。

首根 K 线收出了一根阴线，而价格一直运行于首根 K 线的下方，这不是好的走势，价格开盘并没有延续日 K 线的多头趋势继续发力向上，这说明早盘期间价格将有可能形成一段时间的调整。

无形：

无论当天开盘时 K 线是否存在断裂的现象，首根 K 线分析方法都是适用的。首根 K 线为阴线，并且价格一直位于首根 K 线下方震荡，这种形态是价格将会继续调整的信号，如果持有投机性隔夜仓，最好在此时先行将多单平仓处理，什么时候价格向上突破首根 K 线，再重新入场做多。

很多品种在形成高开回落走势的时候，要么一开盘便跌破首根 K 线，要么在短暂的上冲以后向下跌破首根 K 线，只要首根 K 线失守，就意味着价格调整的出现，因此，平仓投机性多单是很有必要的。

学员徐先生：

价格调整以后开始出现反弹的走势，这一次的反弹也非常经典，上涨的高点到达首根 K 线开盘价的时候，便停止了上涨而继续下跌。

无形：

又是一组必须要牢牢掌握的走势形态。首根 K 线压力非常大，它是当天价格的多空分水岭，如果多方控制着盘面，价格必然会向上突破这一道巨大的压力，但是，如果多方无力，一旦回升至首根 K 线处，必然会受到压力而转头向下。

在价格反弹的时候，成交量并没有配合连续放大，这意味着多方的资金较为谨慎，量能不足是价格无法顺利形成突破的主要原因。

学员徐先生：

在价格无法突破首根K线，并且在成交量没有完美配合的情况下，就可以利用首根K线压力的方法逢高做空吗？

无形：

对。触及首根K线压力的位置就是最好的做空点，这是一种常见的操作方法。同时，它也具备高点不过的技术特征，所以，做空是正确的选择。

如果在做空以后价格并未下跌，而是继续上行，一旦突破首根K线，便可以进行反手交易。因为首根K线一旦被向上突破，就意味着价格将要开始继续上行，此时继续持有投机性空单就比较危险。

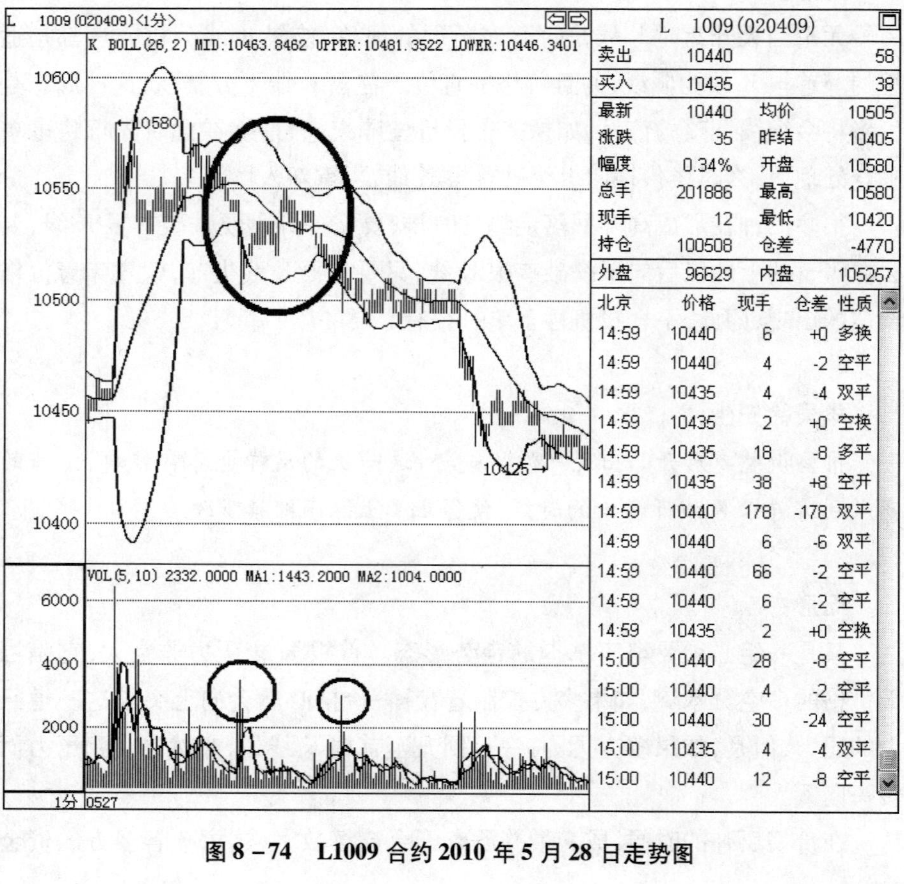

图 8-74　L1009 合约 2010 年 5 月 28 日走势图

在图 8 – 74 中，首根 K 线的压力发挥作用以后，价格果然出现一波持续下跌的走势，只要运用正确的操作方法，实现赢利并非难事。

从图中的走势来看，价格除了受到首根 K 线的压力外，高点还受到了布林线上轨的压力，这时，可以使用布林线上轨压力的方法进行做空吗？

学员徐先生：

价格受到布林线上轨压力的时间是上午 9:29，布林线中轨参数是 26，所以，指标由此开始的运行将不会再受到大幅高开的影响。不过，我觉得此时还不适合使用布林线指标进行交易，因为价格高开以后又宽幅震荡，指标的提示未必准确。

无形：

您的回答很好。在时间刚刚超过指标参数数值的时候，我们还需要再留出一些时间，让指标结合当前的数值连续正常运算，这样才可以给投资者以更准确的提示。

价格下跌的低点又形成了一次经典的走势形态，您能判断出是什么吗？

学员徐先生：

下跌的低点出现了异常巨量，意味着价格将会开始形成反向波动，这是一次较好的做多机会。

无形：

因为整体市场还保持着多头的状态，所以，低点处的异常巨量可信度是非常高的，大量资金的异常操作必然会促使价格在此时反向波动。如果投资者担心价格会继续放量下跌，可以不必在放量下跌的时候做多，但一旦随后成交量明显萎缩，就一定要及时入场进行投机性的做多操作。

假设在此时开多单后价格也形成预期的上涨，我们能否预测出价格的上涨空间呢？

学员徐先生：

预测的方法很简单，只要价格形成反弹的走势，上涨的空间就在布林线上轨处，因为此时布林线中轨已经明确向下，所以，布林线上轨将会构成巨大的压力，一旦价格触及该压力，很容易出现回落。

无形：

在价格震荡下行并出现反弹走势时，布林线指标可以为我们提供很重要的信息，价格反弹时第一道压力就是中轨的压力，如果向上突破该压力，那么，布林线上轨将会是极大的压力，除非价格完全转势向上，否则不可能突破布林线上轨，这样一来，在价格反弹成立以后，目标涨幅就很容易确定了。

如果价格向上接触布林线上轨，我们是否可以在这个位置做空呢？

学员徐先生：

可以进行做空的操作，因为价格位于首根 K 线下方，并且布林线中轨明确向下，空头迹象明确，因此，完全可以在价格受到压力的时候开仓做空。

无形：

注重价格的整体运行形态，然后根据技术要点进行操作。日 K 线趋势向上，所以放量下跌的低点可以开多单，但由于盘中趋势向下，所以，当价格受到压力的时候，则可以开空单进行操作。

在图 8－75 中，自早盘开始，L1009 合约的价格便连续回落，在价格经过了较长时间的下跌以后，我们应当持有什么样的操作思路呢？

学员徐先生：

在价格初期下跌的时候，可以入场进行做空操作。但是，当价格经过了较长时间下跌的时候，就需要考虑找机会进行做多的操作。因为从这一天的走势来看，能源化工板块的整体飘红以及 L1009 合约日 K 线的坚决向上，可以限制价格大幅下跌走势的出现。

无形：

在尾盘期间，价格形成了震荡下行的走势，同时，布林线指标中轨的下降角度有所减小，此时，我们可以用什么样的方法判断底部有可能到来？

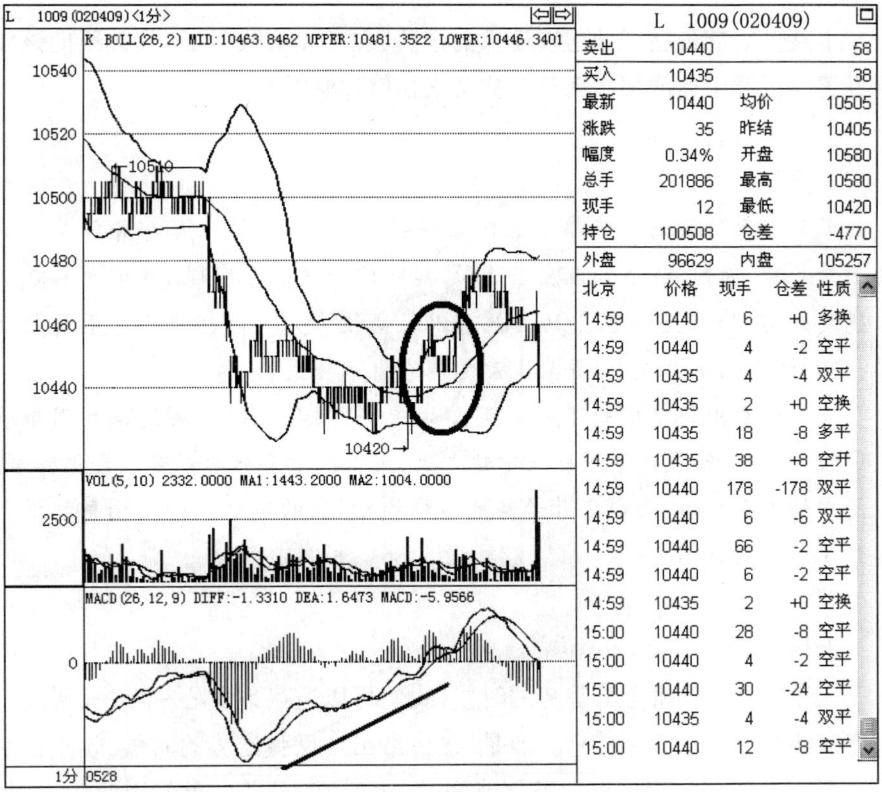

图 8-75　L1009 合约 2010 年 5 月 28 日走势图

学员徐先生：

可以使用 MACD 指标的背离现象判断底部的到来。从图中的走势来看，在尾盘价格震荡下跌的时候，MACD 指标却率先形成了上升的趋势，这意味着价格下跌的力度不足，此时可以开始找机会入场做多。

做多的方法除了要结合 MACD 指标以外，最好使用低点不破的方法逢低点介入。只要价格无法继续创出新低，反弹的概率就非常大。

无形：

利用 MACD 指标的背离以及利用低点不破的方法逢低做多，是在价格连续下跌以后经常要运用到的方法，从您的回答来看，您对抄底方法的运用已经比较熟练了。

下跌见底后价格开始出现反弹的走势，在反弹形成以后，收益预期该如何设置？反弹中途的那次调整走势又该如何过滤呢？

学员徐先生：

因为当天价格的下降趋势已比较明显，当前价格的上涨却并非是明确的上升趋势，因此，收益预期应当降低，能从这一波段中实现1%的收益就应当感到知足，如果获利超过2%，就可以脱离技术走势直接平仓。毕竟是反弹，价格的涨幅不会太大，并且上涨的周期也不会太长。

反弹过程中价格出现了一次调整的走势，回避它的方法就是利用布林线中轨的支撑，K线位于布林线中轨之上，价格继续上涨的概率就会比较大。从图中的走势来看，形成上升趋势的布林线中轨，的确对这一次调整的低点起到了支撑的作用。

无形：

在价格形成明确上升趋势的时候，我们可以适当地贪心一点，只要趋势没有被破坏便可以继续持仓。但是，在价格出现反弹走势的时候，收益预期千万不能过高，做到1%的收益您能知足，达到2%的收益就知道收手，这是非常棒的想法，一定要坚持下去。

只要拒绝贪心，市场就会愿意一直让您的资金不断增值。我们的收益目标一天只有1%，更何况一次波动就可以让我们获得这样的收益，还有何不知足的呢？

后 记

赢利之路，我将与你同行

经过几个月的写作，《一年十倍的期货操盘策略》系列(1－2)终于完稿了，在这三本书中为各位读者朋友介绍了许多实战操作时必须要掌握的方法和技巧。方法很多，但难度却并不是很高，无论您的基础如何，只要用心学习，都可以掌握。

其实在很多时候，投资者操作失败的主要原因，就是没有对市场的波动性质正确地定性，在应当做多的市场中进行了做空的操作，而在应当做空的市场中却进行了做多的操作。《一年十倍的期货操盘策略(二)》一书，重点介绍了期货市场中一些特殊市场的性质，以及它们与正常的强多、弱多、强空和弱空市场的差别。这些市场虽然特殊，但却是会经常在盘面中出现，希望能引起各位投资者的重视，避免在实战中产生错误判断和错误操作。

此外，本书还涉及了一些常见的平仓方法和技巧，因为篇幅的限制，关于详细、系统的平仓方法将会在无形期资实战系列后续的丛书中重点推出。平仓是一个很重要的操作技巧，无论您的开仓位置多么理想，如果平仓时出现问题，依然无法实现最佳的赢利，所以，在学习开仓技巧的同时，如何正确地进行平仓操作是极其重要的。

学习不能停止，未来笔者还将会对期货市场实战中的经验、方法和教训形成文字与各位读者朋友继续分享。

笔者真诚希望能与各位读者朋友就本书内容和期货投资技术等有关问题进行交流。

无形

2010年8月6日

中经理财

图书目录

高级读物

NO.01
道氏理论——股票市场分析的基石（修订版）附光盘
全国优秀畅销书
书号：ISBN 978-7-5017-8095-2
出版时间：2007年1月
定价：48.00元

道氏理论是华尔街最悠久的股市预测理论，至今还没有一种理论能像道氏理论那样经得住考验。如果投资者仅根据道氏理论投资，将比大部分基金经理干得出色。

NO.02
道氏理论实战
书号：ISBN 978-7-5017-8295-6
出版时间：2008年2月
定价：32.00元

本书提出技术分析的真正作用是为买进、卖出操作提供高度的可操作性方案，并重点介绍了分解三重运动的方法、鉴别牛市（熊市）的方法、划分三个时期的方法和编制股票指数的方法。

NO.03
李君壮操盘股谱
本书作者6年12次获得全国操盘大赛冠军
书号：ISBN 978-7-5017-9164-4
出版时间：2010年4月7日
定价：48.00元

该书作者通晓各种投资风格，敬佩江恩、索罗斯的投资理念，信奉“短线为王”，并独创一套短线研判系统——君式系统线，运用其进行了大量的权证、大盘、股票图形分析，并结合图形进一步讲解“君式系统线”的运用方法，突出实战特点。

中级读物

NO.01
图解选股与买卖
书号：ISBN 978-7-5017-9287-0
出版时间：2010年3月
定价：38.00元

学炒股，看“图”是基本功！赚大钱，先要看懂“图”、看准“图”、看对“图”！

通过鲜活的“图解”，本书请你看“图”说话，教你从一张张K线图中，挖掘掌握股市操作的必备基本功：选股与买卖！

普及读物

NO.01

炒股就这几招（绝招篇）附光盘

全国优秀畅销书

书号：ISBN 978-7-5017-6399-3

出版时间：2009 年 4 月

定价：25.00 元

本书定位为股民入市必读的股市理论初级读物，内容涵盖基本概念、技术指标、股市理论、财务指标、识破庄家、经典技巧、李几招十大绝招等板块。

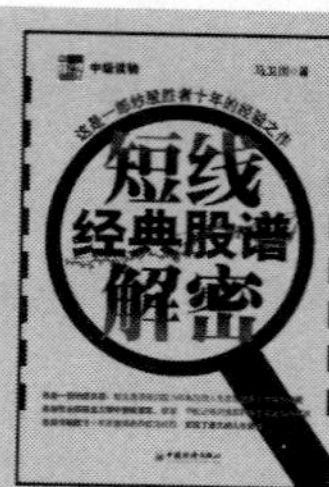

NO.02

短线经典股谱解密

书号：ISBN 978-7-5017-9733-2

出版时间：2010 年 5 月

定价：32.00 元

以中、短线操作理论为基础，系统阐述了短线风险控制、短线系统选股、短线操作手法、短线成功心理等实战方法，包括短线常用工具的巧妙运用、短线操作原则、地价优先选股原则及实战操作手法等。本书特别强调：投资者进行短线操作之前必须先认识短线操作特性。

NO.03

快乐炒股学

书号：ISBN 978-7-5017-9764-6

出版时间：2010 年 6 月

定价：30.00 元

本书以新颖、实用的角度从八个方面论述了炒股的基本原则与方法，包含沁人心脾的股市哲学及具体有效的买卖方略，是新股民学习股票操作技巧，老股民重新构建正确理念，进一步提高自己操盘技术水平的良师益友。

NO.04

散户炒股秘籍

书号：ISBN 978-7-5017-9035-7

出版时间：2010 年 4 月

定价：38.00 元

本书主要通过证券投资的相关理论和笔者多年在股市征战的经验，找到一套适合散户操作的系统方法，指导散户正确的参与股市投资，做到理性投资、科学投资、快乐投资。

板块掘金·价值投资系列

NO.01

地产股攻略

书号：ISBN 978-7-5017-9765-3

出版时间：2010 年 7 月

定价：38.00 元

本书基于价值投资理念，针对并围绕房地产这个特定行业，从赢利模式、资产健康状况、赢利能力、成长能力和企业价值定性定量评估等多个层面，系统地分析了作为 A 股权重板块的地产股，读者可以掌握股票价值投资的分析方法。

“傻瓜狼”短线狙击系列

NO.01

傻瓜狼——炒股技术与战法

书号：ISBN 978-7-5017-9931-2

出版时间：2010 年 5 月

定价：38.00 元

“傻瓜狼”不是一个炒股软件，而是一个简单实用的招数，一种出奇制胜的战法，只要你按图索骥进行操作，即使你对股票一窍不通也能在股市赢利。

"软件炒股教练"系列

本系列是指导读者使用股票行情软件轻松赢利的书籍。书中详细介绍了大智慧、通达信和同花顺这三款最大众化的股票行情软件的使用方法、指标公式编辑与使用方法，并遵循由浅入深的原则，使读者不但能够快速入门，而且还能达到精通的目的。

"软件炒股教练"系列之一

软件炒股高手速成

2010年1月出版

定价：45.00元

本书详细介绍了股票买卖的必备知识、炒股软件与股票交易、炒股软件中的图表分析方法、炒股软件中各种分析理论与实战等，并遵循由浅入深的原则，使读者能够轻轻松松地快速入门。

"软件炒股教练"系列之二

软件炒股高手进阶

2010年1月出版

定价：45.00元

本书详细介绍了大智慧、通达信和同花顺这三款最大众化的股票行情软件的使用方法和特色功能、指标公式编辑与使用方法，条件选股、五彩K线、交易系统公式编写等，并遵循由浅入深的原则，使读者能达到精通炒股的目的。

"软件炒股教练"系列之三

软件炒股高手绝技

2010年1月出版

定价：45.00元

本书详细介绍了技术分析要旨与实战公式注意事项、指标导入方法、股票买卖常用公式的编写实例，以及精选的大智慧、通达信和同花顺实战指标的使用方法与实战案例，最后给出了股票买卖的实战题解例子。通过本书的学习，读者必能达到轻松赢利的目的。

本书特别奉献了上班族利用炒股软件修练成短线高手的操作绝技。

"无形期货实战"系列

在期货交易中，大多数投资者没有正确的理念和稳定的赢利模式，混乱无序、漫无章法的操作思维模式，注定了投资结果的偶然性——赚得是稀里糊涂，亏得更是莫名其妙。本书系旨在指导投资者如何运用正确的理念和方法成为期货市场的赢家。

一年十倍的期货操盘策略（一）

书号：5017-9958-9/F·8361

2010年10月出版

定价：48.00元

本书是作者多年实战经验的总结，作者以稳健的操作理念、独特的多空市场的判断标准和操作策略、行之有效的交易技巧，与您共同实现"一年十倍"的收益目标。

一年十倍的期货操盘策略（二）

书号：5017-9959-6/F·8362

2010年10月出版

定价：48.00元

本书是作者多年实战经验的总结，作者以稳健的操作理念、独特的多空市场的判断标准和操作策略、行之有效的交易技巧，与您共同实现"一年十倍"的收益目标。